国家级教学团队精品教材・法律史系列

总主编　何勤华

中国法律思想史（2012修订版）

主　编　丁凌华

副主编　王　沛

撰稿人　（按撰写章节顺序排序）

丁凌华　徐永康

王　沛　杨师群

王立民

科学出版社

北　京

内 容 简 介

中国法律思想史（2012修订版）是研究中国历史上不同阶级、阶层、等级的代表人物及其学派的法律理论与观点的学科，其任务在于揭示这些理论与观点的内容、本质、作用与特点，阐述这些理论与观点的形成、发展与演变，以及既相互抗衡排斥又相互影响吸收的过程和规律。本书按照时间线索，介绍了自夏、商至五四运动以前的中国法律思想史。本书对不同时期法律思想的介绍兼顾了主流性与多元性，以更为全面地展示中国法律思想史的发展历程。为方便学习者更直观的感触历史，本书配有大量与史实相关的图片。

本书由华东政法大学法律史国家级教学团队编写，适用于普通高等教育法学专业本科生、专科生及法律硕士研究生，也可供参加司法考试的社会人士参考阅读。

图书在版编目(CIP)数据

中国法律思想史（2012修订版）/丁凌华主编. —北京：科学出版社，2009

(国家级教学团队精品教材·法律史系列/何勤华总主编)

ISBN 978-7-03-024092-7

Ⅰ. 中…　Ⅱ. 丁…　Ⅲ. 法律-思想史-中国-高等学校-教材　Ⅳ. D909.2

中国版本图书馆CIP数据核字（2009）第022268号

责任编辑：徐　蕊　周向阳／责任校对：钟　洋

责任印制：徐晓晨／封面设计：无极书装

科 学 出 版 社 出版

北京东黄城根北街16号

邮政编码：100717

http://www.sciencep.com

北京虎彩文化传播有限公司 印刷

科学出版社发行　各地新华书店经销

*

2009年3月第　一　版　　开本：B5（720×1000）

2012年1月修　订　版　　印张：17 3/4

2018年7月第七次印刷　　字数：340 000

定价：45.00元

（如有印装质量问题，我社负责调换）

目　录

绪　论

从传说时代算起，中华民族已有五千年的历史；即使从有确切的文字即甲骨文记载算起，中华民族也有三千多年的文明史。更重要的是，自《春秋》编年体史书以来，关于这一历史的记载几乎没有中断，发展的轨迹历历可查，因此中华民族堪称世界文明史上历史最为悠久、文化最为辉煌的民族之一。数千年的文明历程，有荣耀与璀璨，也有屈辱与沉重；有智慧的结晶，也有思想的沉滓。在中华民族丰沛浩瀚的历史文化宝库中，法律思想史即是其中一份重要的精神遗产。

人类是有思想的动物，人类历史一切有形或无形的遗产，都带有人类思想的痕迹，因此科林伍德说："一切历史都是思想史。"换言之，一切法律史都是法律思想史。所不同的是，法律制度史反映的主要是统治者的主流法律思想，而法律思想史则还包括非主流的、在野派的以及被统治者的法律思想。因此可以说，中国法律思想史是研究中国历史上不同阶级、阶层、等级的代表人物及其学派的法律理论与观点的学科，其任务在于揭示这些理论与观点的内容、本质、作用与特点，阐述这些理论与观点的形成、发展与演变以及既相互抗衡排斥又相互影响吸收的过程和规律。

本书介绍的中国法律思想史，时间上始于夏商，迄于1919年五四运动以前的资产阶级旧民主主义革命，其发展脉络大致可以划分为四个阶段：

第一阶段是夏商西周三代的神权法思想统治时期。这一时期的神权法思想以天命思想为理论基础，以天罚、神判思想为主要内容。应该看到，中国古代的神权是依附于王权的，神权法与神权政治从未强大到如西方古代社会那样凌驾于世俗政权之上，也未出现足以与王权激烈对抗的教权组织，神权法思想始终以世俗政权的政治需要为转移。这就使西周时期的"以德配天"理论可以轻易地改变传统神权法思想的走向，也使"不语怪力乱神"的儒家思想得以在汉代以后占据统治思想的地位。

第二阶段是春秋战国的"百家争鸣"时期。这一时期也是世界历史上产生柏拉图、苏格拉底等大思想家的"轴心"时代。"百家争鸣"是中国历史上第一次思想大解放，儒、墨、道、法、阴阳等影响其后中国两千多年的思想大流派均在此时相继出现。古代法律思想史上几乎所有重大问题都在这一时期被提了出来，如天人关系、人性善恶、历史观等涉及法律起源与理论基础的问题，以及礼治与法治问题、人治与法治问题、道德与法律问题、法先王与法后王问题、民本与君本问题等。这些思想先驱的光芒，使得其后一千多年的思想家们直至明末清初以前都很难超越，只能成为从不同角度阐发先贤思想的注释家。

第三阶段是秦汉至鸦片战争前的封建正统法律思想形成与发展时期。在经历了秦朝法家思想统治、汉初黄老思想统治两个短暂的过渡期之后，自汉武帝开始中国封建法律思想步入了长达近两千年的儒家思想统治时期。这一时期的法律思想往往表现为仿佛是向先秦的复归，事实上是各种思想流派的相互吸收与兼容并蓄，体现了历史的螺旋式发展。

封建正统法律思想的发展大致可分为前、后两个时期。前期以贾谊“礼法结合”论为发端，以董仲舒“天人感应”、“三纲五常”说并杂糅阴阳五行与神权法的新儒家学说为形成标志，历经魏晋南北朝引礼入律的过程，至唐而儒家思想法典化基本完成，构成了封建正统法律思想“外儒内法”的特征。后期自中唐以后，封建统治陷入空前危机，儒家思想缺乏系统的本体论支撑从而无法应付乱世局面的先天不足充分暴露，导致儒、佛、道思想三足鼎立。于是产生了以韩愈“道统”论肇始，中经周敦颐、邵雍、二程发扬，终由朱熹集大成之理学，糅合儒、佛、道三家思想，高举“存天理灭人欲”的旗帜，完成了封建法律思想的哲理化。此后六、七百年，以理学为根基的儒家法律思想巍巍然定于一尊，呈俨然不可摇动之势。

两汉迄清，在儒家思想的一统天下中，也不乏非正统思想的呐喊，如王充作《论衡》、仲长统著《昌言》、鲍敬言倡“无君论”，而明末清初黄宗羲、王夫之、唐甄等的批判“家天下”制度、主张“大公之法”的思想则代表了中国古代非正统法律思想的最高成就，成为近代改革先驱的重要思想武器。

第四阶段是近代鸦片战争至旧民主主义革命中西法律思想的交融时期。这一时期渐次发展的思想层面较为清晰。龚自珍继承了黄宗羲的思想遗产，激烈批判封建专制与封建法律，主张“更法改图”却找不到出路；魏源提出“师夷长技以制夷”，主张学习西方科技与管理，初步找到了较为可行的变法道路。龚、魏的思想代表了近代初期改革派的法律思想。洋务运动时期曾国藩提出“变器不变道”，张之洞提出“中体西用”，主张“采西法以补中法之不足”，其引进西法的范围已触及除民权、立宪外的部分西方政治法律制度。晚清新政中的法律思想是洋务派思想的延伸，代表了封建正统法律思想在封建统治行将正寝之际被动达到的最高极限，其中法理派的思想已直接冲击“三纲五常”，越出了封建统治者所能接受的范围。

近代以来法律思想最革命性的变化均由资产阶级代表人物提出，其主张也是由改良到革命的循序渐进。康有为采用“托古改制”的方法，以儒家思想旧瓶装西方启蒙思想新酒的形式宣传资产阶级进化论与天赋人权论，主张君主立宪与三权分立；梁启超公开提倡民权，主张实行资产阶级法治；谭嗣同宣扬尽变西法，“废君统，倡民主”。三者都主张自上而下的变法维新，代表了资产阶级改良派的法律思想。孙中山创“三民主义”，倡“五权宪法”，奠定了资产阶级民主革命的理论基础；章太炎极力提倡分权制与直接民主制。二者都主张自下而上的革命，推翻满清，建立共和，代表了资产阶级革命派的法律思想，达到了旧民主主义革命阶段法律思想的巅峰。

我们学习研究中国法律思想史的目的，当然是要批判继承、古为今用，为建立和完善中国社会主义法治服务。同时，学习和研究中国法律思想史，还应具备科学的方法：

首先应认识到，我们今天的法律制度、法律思想与法律文化既不是天上掉下来的，也不是由哪个前人或今人凭空杜撰的，而是千百年来无数前人的思想成果合乎规律发展的结果。一个实事求是的研究者，应该如钱穆所说“对本国以往历史有一种温情与敬意”，而不是把今天的落后一切诿过于古人。

其次，对中国历史上具体的法律思想及其代表人物，要历史地、客观地进行评价，不能以简单的、机械的唯物、唯心的标准去判断前人的功过。譬如法家思想显然比儒家思想更接近唯物主义，但不能像文革“评法批儒”那样得出法家比儒家进步的简单结论，事实上二者各有其合理性与局限性。又如董仲舒的“天人感应”说表面上看来是向先秦神权法思想的复归甚至倒退，但却提供了也许在当时是唯一可行的限制专制君权的理论依据。再如张之洞的“中体西用”思想依然维护封建三纲，但当时只有在“中体”前提下“西用”，才有可能被清廷采纳。历史改革的步子只能一步步跨越，一蹴而就的想法只能是浪漫的幻觉。正如列宁《评经济浪漫主义》一文所说：“判断历史的功绩，不是根据历史活动家有没有提供现代所要求的东西，而是根据他们是否比他们的前辈提供了新的东西。”

第一章　夏、商、西周时期的法律思想

我国是世界上文明发达最早的国家之一，大约在公元前21世纪，即建立了最初的国家组织。夏、商和西周是我国奴隶制的形成和发展时期，相传夏朝已经有了刑狱和军队，也有了最初的法律。“夏有乱政，而作禹刑。”（《左传·昭公六年》）禹刑就是夏朝法律的统称。随后，商朝和西周都不断扩充法律内容。伴随着法制的建立和发展，人们对法律的认识自然也逐渐加强，特别是奴隶主贵族的法律思想，对中国古代法律的形成和基本特征产生了巨大影响。当时，奴隶主贵族在意识形态领域主要是利用神权法思想和宗法思想进行统治，他们的法律思想也受这两者的支配。这一时期的主要法律思想，是奴隶主贵族的神权法思想和以宗法为核心的礼治思想。

第一节　夏、商、西周的神权法思想

一、夏、商神权法思想

（一）夏商神权法思想的形成

相传夏朝奴隶主已经开始利用“天命”、“天罚”的神权法思想来奴役、压迫人民和镇压其他不服从其统治的贵族。夏禹的儿子启以暴力夺取王位，同姓有扈氏不服，启兴兵讨伐，与之大战于甘，并作《甘誓》，声称自己负有代行天意的使命。可见，早在阶级社会的初期，“代行天罚”就是奴隶主阶级实行统治的主要思想武器。

随着奴隶制生产关系的发展和王权的加强，神权法思想到商朝达到了顶峰。殷商奴隶主贵族以迷信鬼神著称，天命编造了一个有意志、有人格并能够主宰一切的至上神——“上帝”，这实际上是一个自然之天与人格化的神灵（如社神、河神等）的混合体。不仅如此，殷商奴隶主贵族还强调其祖先与上帝关系密切，甚至宣称他们的祖先就是上帝的子孙，编造了许多上帝立商的神话。比如说“天命玄鸟，降而生商”（《诗经·商颂·玄鸟》），说什么商的祖先契，是其母吞食了神鸟的卵而降生的，这样就从血缘上找到了商王充当上帝代理人的合法依据，并为垄断神权找到了借口。于是，上帝与殷商神灵世界中占主导地位的祖先神也随之合而为一了。

为了把人君的行为同上帝和祖先神的意志联系起来，历代商王都专门豢养了一批向上帝请示的人，叫做巫祝，他们的主要任务是“占卜”或“卜筮”，做沟通人神的工作。商代占卜之风极盛，所有国家大事，举凡年成的丰歉、战争的胜负、城邑的兴建、官员的黜陟以及奴隶胜负逃亡等，都要通过占卜向上帝和祖先神进行祈祷或请示，甚至定罪用刑也要诉诸鬼神。在这种形式之下，服从王命等于服从神命，违抗王命也就是违抗神命，镇压和战争是商王在“代天行罚”，刑罚也是商王代表上帝在实施的。

夏、商神权法思想的形成，主要有两个原因：其一，由于当时的生产力水平极其低下，人们对自然界没有科学的了解，为宗教迷信的产生提供了广阔的市场。在原始社会和阶级社会的初期，生产力水平低下的状况使人们难以对自然界的各种现象形成正确认识，面对自然界的风云变幻、日月运行、灾异频繁，人们非常自然地产生了惊异敬畏之情，认为周围世界存在着一种能够支配人类和自然的超人类、超自然的力量，人们祈求祖先的在天之灵，祈求冥冥之中的神灵来保佑他们。在这种背景和心理的支配下，诸如“图腾”崇拜之类的宗教迷信便普遍地在各个地区流传开来，在中华民族的先民生活的地区也不例外。其二，奴隶主贵族建立王权的需要，他们通过扶植和利用宗教迷信来作为维护自己统治的精神支柱。进入阶级社会以后，社会力量的压迫比自然压迫更为严重地降临到了广大奴隶和平民的头上，“代天行罚”的神权法思想是经济压迫的最好伪装。夏、商两代，特别是商代，奴隶主贵族伪托天命、神意来实行统治，极力宣扬神的观念，力图神话他们的统治权力，使之合法化。以宗教迷信为特征的神权法思想服务于奴隶主贵族统治的效用被他们发挥到了极致。

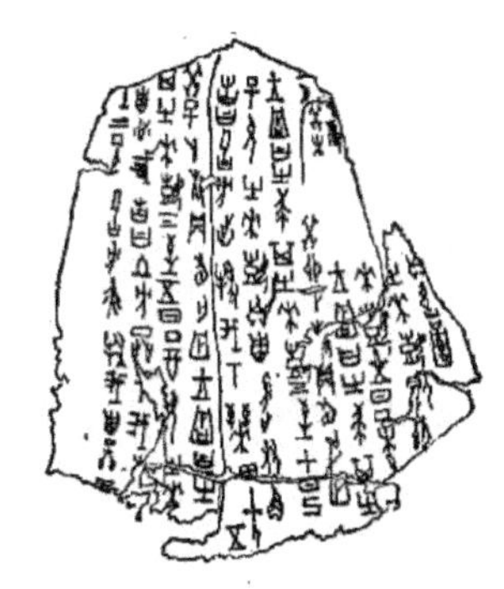
图 1-1　刻有完整卜辞的甲骨

（二）夏商神权法思想的特征

夏、商统治者的神权法思想所涉及的主要是两对关系，一是在政治观上的统治者和被统治者的关系；二是在宇宙观上的人和天（主要是指非自然神的上帝和鬼神之类）的关系。面对第一对关系，神权法思想表现出的特征是崇尚暴力，专讲刑杀，而不注重德教；而对后一对关系，其显著特征是笃信上帝，专事鬼神，而不注重人事。这一时期，在人们的观念中，和人间的帝王相对，最高之神上帝具有绝对的权威性，它统管着一切自然现象，风雨雷电等，而且还主宰人间的一切事情，如征伐、狩猎、生产、建邑、灾害等。上帝的至上性是人间王的至上性在人们心目中的反映，可以说是人创造的神，并且只代表官方的神。王权借神而神化，又借神而极端残暴。

夏、商神权法思想的特征留给中国古代法制的痕迹是很深的，诸如法必须为少数统治者所垄断，法律是对被统治者的制裁手段和镇压的工具等观念，一直顽固地盘踞在人们的意识中，并且影响和决定着中国古代法制的基本面貌。

二、西周神权法思想的改造

（一）周初对神权法思想的改造

形成于夏代、极盛于殷商的神权法思想，到了西周初期终于开始动摇，最早撼动这一权威理论并且对其进行改造的是西周初期重要的政治家和思想家周公。

周公，姓姬，名旦，周文王之子，周武王的同母弟。因采邑在周（今陕西岐山北），故称为周公。武王死后，其子成王年幼，由他摄政当国。武王死后周公平定“三监”叛乱，大行封建，营建东都，制礼作乐，还政成王，在巩固和发展周王朝的统治上起了关键性的作用，表现出了卓越的领导才能，对中国历史的发展产生了深远影响。

周公在当时不仅是卓越的政治家、军事家，而且还是个多才多艺的学者和思想家。其兄弟管叔、蔡叔等人勾结反叛，他奉命出师东征，三年后平叛，并将势力扩展至东海。后建成周洛邑，作为东都。相传他制礼作乐，建立典章制度，被尊为儒学奠基人，也是孔子最崇敬的古代圣人。其言论主要见于《尚书》的《大诰》、《康诰》、《召诰》、《酒诰》、《多士》和《无逸》等篇，这些思想是后来儒家主张“德治”的主要理论依据之一。

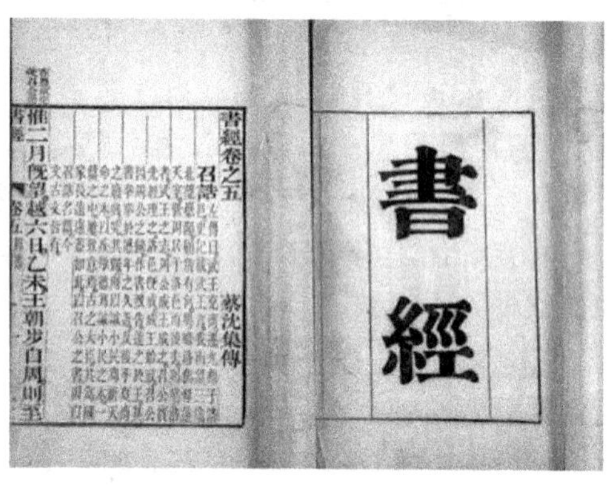

图 1-2 周公像，《尚书》（清刻本）书影

周灭商后，周公等西周统治者一面继承了夏、商时期的神权思想，用“天命”为自己政权的合法性进行论证，用“君权天授”、“君权神授”的说教，为自己的王权披上了一件神圣的外衣，一面又提出了“德”的概念，认为天命是会转移的，而不是固定不变的，只有真正有德之人才能承受天命，一旦失德也就失去了天命，因此强调西周统治者要“以德配天”，以保证权位的稳定，长享天命。

周初的思想家告诫周朝贵族，使他们认识到，要保持自己的地位就必须“有德”，专靠天命是不行的。他们说：“天难谌（音臣，相信的意思），命靡常。”天难以相信，命（运）没有永远不变的（《尚书·大诰》）。又说："天不可信。"（《尚书·君奭》）"天不可信"不是说天的存在不可信，而是说不可专信赖天的保佑。维持统治并不是容易的事，弄不好就会被推翻。所以他们说："惟王受命，无疆惟休，亦无疆惟恤，呜呼，曷其奈何弗敬！"（《尚书·召诰》）意思是说，如今周王受命，固然有无穷之美，然亦有无穷之忧，所以必须要谨慎注意（"敬"）。而天是否保佑，就要看统治者有德无德。"皇天无亲，惟德是辅。"（《左传·僖公五年》引周书）"天命"是时常变的，它随时可以"改厥元子"。这就是所谓"天命不于常"（《尚书·康诰》）；"天命靡常"（《诗经·大雅·文王》）。有天命还要统治者自己的德去配合，所谓"聿修厥德，永言配命，自求多福。"（同上）统治者只有在自己有德的条件下，才能与天命相配合。

周公等西周统治者在思想上仍然利用神权作为统治人民思想的精神武器，也尊奉一个至高无上的"上帝"，但是在更多的场合，他们是把这个"上帝"称之为"天"。他们所称的"天"，继承了殷商关于帝的人格化神灵的含义，抛弃了其自然属性，形成了真正的"天帝"的概念。他们对"天"的地位重新作了安排，由殷商时的"帝祖合一"说发展到了"帝祖分离"说，认为"天"或"上帝"和祖先神并不是同一个概念，"天"或"上帝"是天下各族共有之神，并不归哪一族所有，其地位应该在各族的祖先神之上。这种理论上的修改，既为其提出天命转移的"以德配天"说提供了依据，也可使"天"的概念更加容易被异族理解和接受。

（二）"以德配天"说提出的原因和内容

剖析周公提出"以德配天"说的原因，主要有两点：一是出于在统治理论上自圆其说的需要，二是基于对人民力量的新的认识。就前一点而言，过去夏、商统治者均宣称其权力是受于"天命"，不受其他任何力量的影响，可以与世长存，特别是殷商统治者口口声声说是"帝立商"，事事皆请示于"上天"，结果都不能长享国祚，在人民的反抗下最终先后垮台，为新的王朝所取代。一次倒台或许是意外，再次改朝换代就说明了理论的虚假，如果周王继续把自己的统治说成是天命所归，自然很难让人们信服。就第二点而言，包括周公在内的周初统治者亲自领导和参加了以武力推翻殷商的行动，他们亲眼看到了不可一世的殷纣王众叛亲离，在人民的反抗中走向灭亡的过程，因而在一定程度上认识到了劳动人民反抗力量的强大，使他们感到单靠神权是不足以维系其统治的，必须重视人心的向背，不能忽略人民的力量，这样才不会重走殷商亡国的老路。

周公接受了夏、商两代灭亡的教训，提出了许多重要的政治思想：既主张有"天命"的存在，但又反复强调"惟命不于常"（《尚书·康诰》），不能听命是从，变动不居的"天命"最终归属于谁，就看谁具有能使人民归属之"德"。因为唯有德者才可以承受天命，过去，商朝的先王有德，"克配上帝"（同上），所以天命归商，商王成了“天之元（长）子”，但是后来的殷商的统治者“不敬厥德，乃早坠厥命”（《尚书·召诰》），于是天命归周，周王理所当然地成了新的天子。由此说明，统治者要想保住天命，就不能够贪图享乐，必须敬德，通过修明德行，达到“以德配天”的目的。

周公所说的“以德配天”，其主要内容是强调“敬德”和“保民”，上天喜欢敬天、有德的人君，并且选择这样的人君代替他在人间进行统治。商王因为不敬德，惹怒了上天，所以由有德的周王来取代暴虐的商王也是顺理成章和合乎情理的。按照同样的原理，周朝的统治者也必须修德，方能求得上天的保佑，使自己的统治永远延续下去。而修德的一个重要方面，就是以殷为鉴，谨慎行事，严于律己，“咸和万民”（《尚书·无逸》）。“敬德”和“保民”，两者之间密切不可分割，形成一个紧密相联的整体，“民之所欲，天必从之”。（《左传·襄公三十年》引《泰誓》）只有关心民心的向背，发扬文王之德，才可保住天命，长久地统治下去。

“以德配天”思想的提出具有重要的历史意义，它不仅意味着神权的动摇，而且从一个侧面反映了劳动人民反抗力量的强大及其对历史的推动作用。这就在一定程度上对殷商以来的天命观作了修正，限制了天命的作用，强调了人为的力量，就这一点讲，在当时还是有一定的进步性的。

第二节　西周的礼治与明德慎罚思想

一、亲亲、尊尊原则与礼治思想

礼本源于原始社会求神赐福的宗教祭典仪式，进入文明时代以后，这种宗教祭典仪式便演化为社会性的礼仪，并趋于制度化。但这种礼仪不仅是一种动作姿态，也不仅是一种制度，它还是一种社会秩序的象征体系。按照儒家的说法，西周是个礼治的社会。西周在战胜殷商后，周公在殷礼的基础上制礼作乐，奠定了西周礼乐盛世的基础，即以礼作为指导国家运行的大法，以“亲亲”、“尊尊”为基本原则。

周部族打败殷王朝，建立起周王朝后，保持了氏族社会形成的“亲亲”的传统，再由“亲亲”而“尊尊”，建立起一个从天子、诸侯、卿大夫，最后到士阶层的金字塔式的血缘宗法的政治等级制度。西周的其余制度、规章，都是维护或从属于这个政治等级制度的。周公制作的周礼作为一种象征体系，它所象征的正是由这种政治等级制度规定的社会秩序，而且，它还起到维护、强化这种社会秩序的作用。在周礼中，分属不同贵族阶层的人，他们所使用的衣着、宗庙、乐器、佩饰等，都有着非常严格的区别。正是在这种区别中，社会的秩序得以体现并受到维护。

《礼记·大传》说："亲亲也，尊尊也，长长也，男女有别，此其不可得与民变革者也。""亲亲"就是亲爱自己的亲属，特别是以父权为中心的尊亲属（长辈）；"尊尊"就是要求奴隶和平民服从奴隶主贵族，下级贵族服从上级贵族，所有贵族都要服从周天子，不得犯上和僭越。周公在给康叔谈治民之道时，把"不孝不友"视为"元恶大憝"，认为是罪大恶极的，要"刑兹无赦"（《尚书·康诰》）。有人认为，殷人之刑惟"寇攘奸宄"，是惩罚在社会上犯罪的人，而周人之刑则并及"不孝不友"，表明了对礼制的维护。周公倡导"亲亲"和"尊尊"的实质，是要维护王权和族权的统治，"亲亲"是宗法原则，旨在维护家长制；"尊尊"是等级原则，旨在维护君主制，从而实现王权与族权的统一。此所谓："天无二日，土无二主，国无二君，家无二尊，以一治之也。"（《礼记·丧服四制》）

图 1-3　《礼记集说》书影

周公制礼的动机在于以血缘的"亲亲"原则形成统治集团内部的有序状态，免得统治集团内部因争权夺利而自相残杀，从而削弱控制政局和维持统治的能力，它反映的是贵族统治集团的利益，是一种血缘政治的产物。礼也因此在西周社会生活中占据首要的地位。和"刑不上大夫"相联系，西周统治者还明确了"刑不上大夫"、"礼不下庶人"（《礼记·曲礼上》）。"刑不上大夫"是指国家制定刑罚的锋芒是指向劳动人民，而不是指向贵族的。"礼不下庶人"是指作为被统治阶级的庶人无权享有周礼，只有各级贵族可以按照礼的规定享有各种特权。即使贵族犯罪要处以刑罚，也可以享受各种特殊照顾，这些在礼中都早有规定。

西周主张礼治对中国礼文化的形成有很大影响。华夏族以礼作为认同标志。有礼可进于华夏，无礼则视之为夷狄。华夏族人时刻以礼自任，礼成为支配人行动的思想核心。后来春秋时期的霸主们也以礼尊王，相遇行礼，这是为了使诸侯认同和拥护自己。对于一般人来说，礼则是君子小人的试金石，有礼则为君子，无礼则为小人，甚至被视同禽兽。共同的礼文化特征的存在是我们民族数千年来凝而不散的重要条件，其中的精华直到今天也仍可以借鉴。

二、明德慎罚思想

按照"以德配天"的逻辑思路继续发展，周公在国家统治的具体措施上，提出了"明德慎罚"的主张，并进而建立起一套完整的法律思想体系。

"德"和"罚"的概念，早在西周以前已经产生，但丰富其内涵、把两者结合在一起，提出"明德慎罚"口号，则是周公在系统总结夏、商统治的经验和教训后完成的。这一词语始见于《尚书·康诰》，这一篇开始就说："惟乃丕显考文王，克明德慎罚，不敢侮鳏寡，庸庸、祗祗、威威、显民。"这是周公告诫康叔时说的话，意思是要康叔昭著父亲文王的美德，崇尚德政，英明地施行赏赐和谨慎地实行刑罚，又不去欺侮那些无依无靠的小民，用可用，敬可敬，刑可刑，以显示于民。“明德慎罚”包含着两方面的内容，“明德”是“慎罚”的基础，“慎罚”是“明德”在法制实践方面的具体表现，“罚”必须服从于“德”，“德”应当指导“罚”。

（一）“明德”的内容

周公所说的“德”是一个综合的概念，它融信仰、道德、行政、政策等为一体，内容非常广泛，诸如敬天、孝祖、尊天命、恤小民、慎行罚、行教化等，凡一切用当时的标准来衡量属于美好的事物和行为都可以纳入“德”的范畴。根据“德”的原则，对天、祖要诚，对己要严，与人为善，不得已而用刑则要慎之又慎。但究其实质，“明德”主要是对统治者道德上的要求，它要求统治者勤政修德。周公认为，一是必须克制自己的欲望，记取殷人的教训，力戒荒淫，实行德治。二是要关心民间疾苦，“怀保小民”，对症下药，寻找治国的良策。它强调统治者要惠民、裕民，宽以待民，“彼裕我民，无远用戾”（《尚书·召诰》）。要求统治者重视小民的力量，以民心向背为镜，察看自己为政的得失，“天视自我民视，天听自我民听”（《尚书·酒诰》）。综合起来看，这种“明德”思想主张在中国古代思想宝库中是一块值得珍视的瑰宝。

衡量人君是否秉德的标准，是看其能否“敬德保民”。《尚书·蔡仲之命》有云：“皇天无亲，惟德是辅；民心无常，惟惠之怀”，因此人君要想“祈天永命”，就必须敬德保民。“人无于水监，当于民监”（《尚书·酒诰》）。“敬德保民”思想的提出，表明随着社会的发展，人民群众创造历史的作用逐渐显现，民本思想的萌芽开始萌发。“德”是天意的阐述，而天又惟德是选。夏、商、周朝代更替的根本原因归根于“德”的兴废，有德者为王，无德者失天下，有德而民和，无德而民叛。“德惟善政，政在养民”（《尚书·大禹谟》），只有施德于民，才能获得民心，获得百姓的支持，稳固政权，感动上苍，获得天命。这些思想虽然是出于巩固统治的考虑，却也提高了对人与人之间关系的新观点和认识，同时也标志着“迷信鬼神，不重人事”时代的结束和“既信鬼神，更注重人事”时代的诞生。

（二）“慎罚”的内容

西周初期的统治者在刑罚思想上体现了“明德”的要求，提出了许多在整个中国古代都堪称明智和宽松的“慎罚”主张。

1. 对犯罪区别情况，分别对待

在如何处理犯罪和刑罚适用原则的问题上，西周初期的统治者在总结夏商运用刑罚的经验基础上，第一次明确提出，定罪量刑时要区分故意犯罪（非眚）和过失犯罪（眚），惯犯（惟终）和偶犯（非终）。《尚书·康诰》说：“人有小罪，非眚，乃惟终，自作不典，式尔，有厥罪小，乃不可不杀。乃有大罪，非终，乃为眚灾，适尔，既道极厥辜，时乃不可杀。”“眚”意为过失，“非眚”意即故意。偶犯为“非终”，惯犯为“惟终”。前者是对故意犯罪与过失犯罪的区分，后者是对惯犯与偶犯的区分。这句话的意思是，在适用刑罚时，虽是小罪，但却是由于故意，或者是惯犯，就不可不杀；反之，犯罪虽重大，但不是惯犯，又系出于过失，或不可抗御的自然灾害的影响，就不可处死。这一原则表明了西周在定罪量刑时注重对犯罪者的主观动机等方面的考虑，是西周慎刑思想的一种表现，同时也反映了当时的刑事立法已经达到了较高的水平。

在《尚书·酒诰》中，周公还规定了对“群饮”的处罚办法：为了防止有人聚集酗酒“闹事”，凡群聚饮酒者一律判处死刑，可是对有长期饮酒习惯的殷商遗民、百工等则放宽政策，因为他们“乃湎于酒”，一时也难以纠正，同时也能舒缓和发泄掉一些殷商遗民失去政权以后的不满情绪，所以“勿庸杀之，姑妄赦之”，教育以观后效。这是因人制宜，灵活适用法律的例子。

2. 罚不连坐，罪不相及

针对殷商统治者原来“罪人以族”，滥施族刑，一人犯罪株连其家族成员的做法，周公提出了“父子兄弟，罪不相及”（《左传·昭公二十年》引《尚书·康诰》）的主张。对一般的犯罪，也注意缩小刑罚的打击面，反对“乱罚无罪、杀无辜”（《尚书·无逸》），改变了过去任意株连的做法。如《尚书·梓材》记载：“奸宄杀人，历人宥。”意即遇到发生杀人案的情况，无关的过路人不需要承担责任。

3. 用刑适中，罚当其罪

周公在《立政》这篇追述周文王德政的奏章中，特别提到周克商后担任中央司法官的苏忿生，称赞他审理案件时能“用中罚”：“司寇苏公，式敬尔由狱，以长我王国。兹式有慎，以列用中罚。”所谓“用中罚”，就是宽严适中，使用刑罚既不偏轻，也不偏重，使罚当其罪。为了做到这一点，在审理案件时一定要持慎重态度，只有慎之又慎，才能避免犯错误。

周公的“明德慎罚”思想，是适应西周初期的政治形势和经济条件而提出来的，在当时具有积极意义，而且也得到了一定程度的贯彻，直到西周中期制定《吕刑》时，仍然有相当的影响。经过战国和秦的波折，汉代以后正统法律思想体系中关于明德慎刑的主张也是以周公的这一思想为理论渊源的。

第二章　春秋时期改革家的法律思想

春秋时期（公元前770～公元前476年）是中国古代历史上的一个大变革时期。在社会形态上，由奴隶制向封建制转变；在思想理论上，旧的统治思想已经逐渐失去其统治地位，新的统治思想还没有建立起来，而各阶级、各阶层和社会集团的代表人物，面对社会的激烈动荡和变革，都提出了自己的见解和主张。在这种风气的带领下，从春秋到战国时期的诸子百家开始萌芽和形成，逐渐引导出了中国思想文化领域第一次“百家争鸣”的繁荣局面。

当时各种法律思想争论的焦点，主要集中在神权与反神权、礼与法、德与刑等问题上。其特点是：重民轻神的思潮逐渐压倒了神权法思想；改革旧法、创立新法的要求冲击着礼治的传统观点；德刑并重的主张取代了统治者一味地用刑罚治理民众的“折民惟刑”（《尚书·吕刑》）的传统思想。而这种从礼治到法治的思想上的变化也引起了从礼制到法制的制度上的变化。

由于这一时期阶级关系变化非常迅速，人们的思想也随着形势的变化不断发展，更新很快，各领一时之风骚。当时出现的主张革新的政治家、思想家主要是管仲、子产和邓析三人，他们恰好分别属于三个不同的社会集团。其中管仲代表的是奴隶主贵族中最早主张改革的人士，子产代表的是从奴隶主贵族中转化而来的新的封建贵族，邓析则代表了新兴的地主阶级。从他们三人思想的变化和发展中，我们也可以感受到历史车轮的滚滚向前。

第一节　管仲的法律思想

管仲（？～公元前645年），名夷吾，齐国颍上（颍水之滨）人。他年轻时曾经和鲍叔牙一起经商，齐桓公即位后，经鲍叔牙推荐，被任命为相（一说为卿）。他辅佐齐桓公长达四十年，在此期间，励精图治，在政治、经济、军事等方面进行了一系列改革，促进齐国政治、经济得以长足发展，使齐国日益富强，终助齐桓公成就霸业，成为春秋时期的第一个霸主，后于齐国相位上辞世。

在法律思想方面，管仲主张改革旧礼与创立新法并举，以法统政，礼法并用，重视经济与法律的关系，以法律手段促进富国强兵，对战国时期法家思想的形成影响很大。他的事迹和言论主要保留在《左传》、《国语·齐语》、《史记·管晏列传》、《管子》中。

其中托名管仲的论文集《管子》一书，并不是一人一时之笔，也不是一家一

图 2-1　管仲像，《管子》书影

派之言，而是战国时各学派的言论汇编，内容很庞杂，涉及政治、经济、法律、军事、哲学、伦理道德等各个方面，而且冶先秦诸子于一炉，但以法家、道家为主。《汉书·艺文志》将《管子》一书列于道家，《隋书·经籍志》以后则列于法家，实际上就反映了古人对此书的不同看法。它的写作年代，大抵始于战国中期直至秦、汉，有些观点源自管仲，其中有关法家的篇章主要出于战国中、后期的齐国法家。就法家思想而论，它对法律和“法治”的论述都比较精辟，并具有综合前期法家法、术、势三派，杂糅道、儒的特色，自成体系，是研究先秦法律思想的重要著作。《管子》原有八十六篇，今存七十六篇。由于这本书主要反映了“管子学派”的思想，和管仲有比较密切的联系，所以下面在分析管仲的思想时直接引用该书资料，不再另作说明。

一、兼重礼法

和西周以来的许多思想家一样，管仲也很重视礼义道德的作用，他把礼义廉耻看作是维系国家统治的四根绳索，“国有四维，一维绝则倾，二维绝则危，三维绝则覆，四维绝则灭。……何谓四维？一曰礼，二曰义，三曰廉，四曰耻。”（《管子·牧民》。维，绳索）强调“饰四维”、“张四维”，要求整顿礼、义、廉、耻这“四维”，使人民服从统治以巩固政权。

管仲在继承周礼的同时，也对周礼作了一些改造，以使其适应春秋时期的新局势。比如，他主张打破“亲亲”的宗法原则，任用那些贤能之士为国家的官吏，并且对官吏进行考核，根据其劳绩给予俸禄奖赏。他还主张改变“刑不可知”和轻视法度的旧传统，要求礼法并用，以法令作为人们言行的准则，以公开颁布的法律作为赏罚的标准，从而维护尊卑上下的等级秩序。在强调礼义道德的同时，他也主要是强调其强制作用而不是教化作用。

和前人相比，管仲对法的作用的认识要前进了一大步。他认为治国固然应该以礼义为根本，但还必须用法律来约束人民。在《管子·权修》中，着重强调了以法治民的道理：“凡牧民者，欲民之可御；欲民之可御，法不可不审。法者，将立朝廷者也；将立朝廷者，则爵服不可不贵也。……法者，将用民力者也；将用民力者，则禄赏不可不重也。……法者，将用民能者也；将用民能者，则授官不可不审也。……法者，将用民之死命者也；用民之死命者，则刑罚不可不审。”凡是统治民众的人，都希望民众便于控制，要达到这一目的，必须重视和运用法律。法律在国君树立朝廷的权威，驱使民众为其效力方面起着不可忽视的作用，建立各级官爵制度、设置各种奖赏的办法、认真选任官吏、用刑罚惩治违法行为，都是运用法律手段控制和管理民众的内容。

为了改革日益腐朽的奴隶制，适应社会发展变化的趋势，管仲提出了“修旧法，择其善者而业用之”（《国语·齐语》）的口号，并推出了一系列的改革措施。

管仲这里说的“旧法”是指西周的礼制和刑罚，但范围较广。何谓“业用”？俞樾在《群经平议·国语一》中解释：“言择其善者而次第用之耳。”也就是依次采用的意思。所谓“修旧法，择其善者而业用之”，就是要整饬旧的法律制度，并将历代政治、经济、法律等制度中对当时有用的东西都吸收过来，根据自己的需要加以改进，分别予以运用。

二、国家军政化思想

春秋时代，战争频繁而残酷。在春秋 240 多年间，记录下来的战争就有 480 多次。《说苑·建本篇》：“春秋之中，弑君三十六，亡国五十二。”管仲推出的改革措施是涉及各个方面的，其中也包括针对当时的战争形势，用军政化的方法来管理国家的思想，主张以法理政、以法统军、以法治民，并将三者在制度上结合起来，达到富国强兵、攻战制胜的目的。例如，他提出了“四民分居定业”的设想，主张严格士、农、工、商之间的界限，规定按照职业世代相袭，反对混合杂居和随意迁徙。为了做到这一点，他又提出了“三国五鄙”的制度，以划定士、农、工、商不同的居住区域。他还改革了军制，主张寓兵于农，兵农合一，把军事组织和行政组织统一起来。

西周原来的行政制度，是以分封制为基础的采邑制，诸侯和卿大夫在自己的封地内有相对的独立性，但是必须听命于周天子。到了春秋时期，随着周天子权威的衰落，各国诸侯甚至卿大夫都开始自行其是，以过去的采邑为据点，一面想方设法扩大地盘，一面尽量扩张自己的权力。管仲在相齐之初，就提出了治国的方针：“作内政而寄军令”（《国语·齐语》），即在内政改革的基础上，实现寓兵于农、兵民合一，把军事组织和行政组织统一起来。居民既是民众，又是兵士，在从事各自职业的同时，要定期参加军事训练，平时生产，战时参战。官吏们既是行政长官，又是军事统领。针对当时的情况，为了加强齐国国君的权力，管仲又对传统的分封采邑制进行了改造，实行了新的行政管理制度和军事编制制度。

管仲按照当时的社会情况，将具有自由身份的平民分为四类，即士、农、工、商，并提出“四民分居定业”论。由于春秋时期这“四民”的关系比较混杂，管仲认为，必须严格“四民”之间的界限，提出“四民者，勿使杂处”，不应该让他们混合杂居，而应将士、农、工、商划定在特定的区域而群居。具体的做法是："圣王之处士也，使就闲燕"，即让士住在国都内的清净之地；"处工就官府"，即让工匠处于官府的严格控制之下，隶属和服务于官府；"处商就市井"，商人居住在都市的周围；"处农就田野"，从事农业生产。管仲这样安排是有深意的，他认为相同职业的人同居一处，聚族而居，对提高技术很有好处，可以"少而习焉，其心安焉，不见异物而迁焉"。通过这种措施，防止因民众杂处引起思想言论活跃以维护统治秩序，这样能使"士之子恒为士"、"工之子恒为工"、"商之子恒为商"、"农之子恒为农"，各安其业，世代相传。只有农、工、商中的极少数"秀士"（即优秀者），经过"有司"的确定才可以上升为士。（同上）

为了将"四民分居定业"的设想具体化，管仲在政治方面又实行了"参（叁）其国而伍其鄙"的制度。"国"即都邑，"鄙"就是乡村。"参其国"就是把都邑划为二十一乡，分工乡、商乡和士乡三个部分居住，其中工商之乡共六个，士乡十五个。"伍其鄙"，就是将农村划分为五个行政区域，"三十家为邑"，"十邑为卒"，"十卒为乡"，"三乡为县"，"十县为属"，把乡村居民编制起来。这样，整个齐国一共分为"五属"，设立五个大夫，分别管理一属，以加强控制。可以看出，管仲非常重视运用行政手段控制社会，其辅助齐桓公成就霸业，与此应该是有关系的。

三、重视经济与法律的关系

在《管子·牧民》中，有一个著名的论断"仓廪实则知礼节，衣食足则知荣辱"，后来一直为历代的重民思想家所反复援引。比如汉代贾谊的《论积贮疏》就说："管子曰：仓廪实而知礼节。民不足而可治者，自古及今，未之尝闻。"正是这句名言，使管仲成为中国历史上第一个注意到经济与法律的关系，并且正面讨论社会经济与统治秩序及国家稳定之间的关系，将发展经济看成是法令施行与国家大治基础的思想家。

管仲看到了物质利益是人性的自然追求，也是人们遵守礼义法度的必要前提，因而他在讨论道德和法律的作用时，不是去空谈礼义法度，而是深入一步，关注到礼义法度实行的基础。他认为，"凡治国之道，必先富民。民富则易治也，民贫则难治也"（《管子·牧民》），统治者治国安邦之本，在于发展生产和改善人民生活。《管子·牧民》说："凡有地牧民者，务在四时，守在仓廪。国多财，则远者来；地辟举，则民留处。"因为务天时、就地利是农民的根本，统治者要治理好地方上的人民，必须抓好春耕、夏耘、秋收、冬藏这四季的农事，在解决了这些根本性的东西以后，才能进一步考虑治国安邦的大事。国库充实，人民富足，则很远地方的人都会来归化，纷纷迁徙过来，土地得到了充分的开垦，本国人民能够安居乐业。"下令如流水之原（源），令顺民心"（《史记·管晏列传》），只有使法令顺应追求利益的民心，法令的实施才能得到人民的拥护，就如同流水那样畅通无阻。由此可见，《管子》是非常重视衣食等物质财富的生产的，从存在决定意识的角度来看，这无疑便是经济发展决定社会状况的思想萌芽。

正是在这一思想的指导下，管仲反复告诫统治者必须采取奖励生产的政策，申述不务生产的危害。如果忘记这个道理的话，就会“不务天时则财不生，不务地力则仓廪不盈”（《管子·牧民》），最后将是“民不足，令乃辱；民苦殃，令不行”（《管子·版法》），即出现民众衣食不得温饱，于是怠慢法令，民众生活困苦，导致法令无法推行的局面。管仲在执政期间，身体力行地推行发展经济的多项措施。他根据齐国临海有渔、盐之利，而兴渔盐，设立盐、渔、铁官职加以管理，鼓励渔盐交易。他实行“均分地力”和“相地而衰征”，将土地分给平民，以提高土地的使用率，鼓励开荒，承认私田的合法性，按照土地质量区分税收数额；兴盐铁之利，设置盐官和铁官管理盐铁业，鼓励渔盐贸易；重视商业，以法令加强官营商业和手工业，同时对富商大贾又有所抑制。

管仲在齐国的改革，使齐国迅速富强起来，“九合诸侯，一匡天下”（《史记·管晏列传》），为后人所称道。他的法律思想对后世影响也很大，如兼重礼法的主张为儒家所肯定，奖励耕战、富国强兵的主张，又多为法家所继承和发展。

第二节　子产的法律思想

子产（？～公元前522年），又名公孙侨，字子美，郑国贵族。郑国立国较晚，受周王朝制度的影响也较小，而且位处中原心腹地带，面积不大。东方是齐国，西方是秦国，南方是楚国，北方是晋国，四周强敌环伺，有很强烈的危机感，不得不依靠新兴力量来改革。在这一大背景下，郑简公时，子产执政二十余年，对内进行了重大的政治、经济和法律改革，对外周旋于大国之间，内政外交都取得了很大成就。子产是春秋后期一位杰出的政治家和外交家，其法律思想折中于礼法之间，提出了颇具特色的治国方略。子产没有著述传世，他的主要言行事迹，可见于《左传》、《史记》等书。

图2-2　子产像

一、立法救世思想

子产执掌郑国国政，在内政方面，主要做了三件事，即“作封洫”、“作丘赋”和“铸刑书”。通过这些措施，郑国在列强环峙之中竟复兴起来，提升了国家的实力，不卑不亢地恢复了国家的尊严。

前面两项都是经济方面的制度。子产的父亲原为大司马，因改革田制被杀。

子产继承父志，于公元前543年至公元前522年间，采取了两大政策：一是“作封洫（音恤，田间水道）”，承认土地所有权，改变了旧有的井田疆界和水利系统，重新划定土地界限，防止互相争夺或别人侵占。同时，把已取得土地的农民按户编组，成为“田有封恤，庐井有伍。”（《左传·襄公三十年》）这项措施实行之初，效果并不明显，百姓不堪其苦，唱歌曰：“取我衣冠而赭之，取我田畴而伍之。孰杀子产，吾其与之。”但是子产坚持推行，三年后，郑国生产增加，社会安定，改革取得了成效，百姓歌颂道：“我有子弟，子产诲之。我有田畴，子产殖之。子产死之，谁其嗣之？”二是“作丘赋”，以“丘”为单位，向土地所有者征收军赋。在郑国，作丘甲称为作丘赋。《左传·昭公四年》记载了“郑子产作丘赋”。杜预注曰：“丘，十六井，当出马一匹，牛三头。今子产别赋其田，如鲁之田赋。”即是把军赋寓于田亩之中，使之与原先的税合二为一。它大致包括三个方面的内容：一是承认了个体农民对于私有土地的所有权；二是按丘征军赋，就是承认个体农民作甲士（披甲的战士）的资格，这种个体农民可以充当甲士，打破了以往甲士身份的限制，提高了农民的地位和自信心；三是私田需按田亩数交纳一定的税和赋。

在作封洫、作丘赋的基础上，子产为了巩固改革的成果，使全国上下有章可循，以适应新的社会制度和维护统治秩序，于公元前536年“铸刑书”，“以为国之常法”，第一次把法律以成文形式公之于众。“铸刑书”就是把自己制定的成文法的条文铸在金属的鼎器之上，公布于众。过去刑书完全由统治阶层暗中掌握，人民毫不知晓，听凭统治者滥刑重罚。现在子产公布了成文法，在一定程度上改变了立法的传统，在各诸侯国引起了很大的震动，自然要遭到旧势力的激烈反对。晋国的贵族叔向写了一封长信批评子产，表示坚决反对这种做法。他认为“先王议事以制，不为刑辟（法）”是多少年来的传统做法，正是这套制度，维护了上下尊卑贵贱的等级次序。如今周朝的统一法度受到了破坏，“民知有辟则不忌于上”，这是世道衰微、国家将亡的表现，是万万做不得的。子产不理那一套，回信作答说：“侨不才，不能及子孙，吾以救世也！”（《左传·昭公六年》）表明自己铸刑书的目的正是为了挽救郑国的危亡。可惜子产铸的刑鼎早已失传，我们无法了解这一重大改革的全部内容，只能在《左传》的简略记载里得知此事。

子产变革旧制、通过变法来推动社会发展的做法并非偶一为之，在变法的过程中，子产经常表现出不畏艰险、勇于牺牲的精神和强烈的责任感。在前面提到的子产“作丘赋”后，国内就有反对者指责咒骂他说：“他的父亲死在路上，他自己是毒蝎的尾巴。他的法令在国内推行，不知会把国家弄成什么样？”郑国大夫子宽把这些责难告诉子产，子产回答却是：“何害？苟利社稷，死生以之。且吾闻为善者不改其度，故能有济也。民不可逞，度不可改。《诗》曰：‘礼义不愆，何恤于人言。’吾不迁矣。”（《左传·昭公四年》）意思是：“怕什么？如果有利于国家，无论生死由它去。并且我听说做好事的不改变他的法度，所以有成功的希望。”坚决不愿意改变自己的做法。子产这种立法“救世”的思想，比之夏、商时期依靠“天命”来救世、西周时期仰仗“德治”来救世的思想无疑是一个进步，这一思想的提出，正是子产超越前人之处，也证明法律对社会发展的作用正日趋明显。

二、宽猛相济思想

重视“文德”在治国中的作用，强调“为政必以德”，为政必须“修德”(《史记·郑世家》)，是子产法律思想的一个重要内容。史书记载的子产为政的做法的确比较开明。比如，在子产执政后，郑人经常到“乡校”议论其为政的得失，“乡校”是乡间的公共场所，既是学校，又是乡民聚会议事的地方。有人看不惯这种聚众议政的现象，建议子产毁掉乡校，子产没有同意，认为执政者对待社会舆论的态度应当是允许别人议论政治，闻过则喜，择善而从之，而不应该阻塞言路，或者用暴力镇压。“其所善者，吾则行之；其所恶者，吾则改之。是吾师也，若之何毁之?”子产不毁乡校的举措，一方面有利于听取民意，减少为政过失；另一方面也有利于减少民怨，防止社会动荡。当然，其根本目的还是维护统治秩序的稳定。孔子后来评价子产这些话时说：“以是观之，人谓子产不仁，吾不信也。”(《左传·襄公三十一年》)可见孔子对子产尊重民意的评价很高。在其他方面，子产也是尽量安抚人民，打击骄横奢侈之徒，孔子也因此评价他说：“子产有君子之道四焉，其行己也恭，其事上也敬，其养民也惠，其使民也义。”认为子产具有君子的四种道德：他自己的行为庄重，他为君主做事态度恭敬，他教养百姓能施加恩惠，他役使百姓的做法合乎道义。孔子称赞这位郑国的杰出政治家是“惠人”。

但是，在不少场合，子产又表示对反抗统治的行为不能放任，提出了“宽猛相济”的思想，比如面对郑国“国小而逼，族大宠多”(《左传·襄公三十年》)的形势，子产实施了一系列改革措施，以控制和打击专横跋扈的贵族士大夫，削弱他们的势力，加强君主集权，从而改变郑以往政令不一，君令难行的局面。子产运用宽猛相济的手段，厉行改革，有效控制了旧贵族士大夫的土地兼并之风和政出多门之嫌。在“作封洫”的改革中，子产对于忠于职守、奉公节俭的官吏贵族予以奖励，对淫逸不法之徒予以惩罚，很好地运用宽猛相济的手段整顿秩序。随着年龄的增长和统治经验的丰富，到了晚年，子产也对自己的“宽猛”思想作了比较大的补充和修正。

在《左传·昭公二十年》中，记载了子产在患重病后与继位者子大叔讲的一段话，对“宽”、“猛”两手的运用作了一番非常有意思的分析：“我死，子必为政。唯有德者能以宽服民，其次莫如猛。夫火烈，民望而畏之，故鲜死焉；水懦弱，民狎而玩之，则多死焉；故宽难。”子产认为，只有自身道德高尚的统治者才能用宽仁的方法去治理民众、使民众归服，否则就应该直接用严厉的手段去压服民众。他把“猛”和“宽”两手分别比喻为火和水：火势凶猛，人见了都害怕，出于本能就会躲避，所以被火烧死的人就不会多；而水性懦弱，诱人陷身，人又天生喜欢玩水，因此历来溺水而亡者反而众多。说明运用“宽”的一手治国并不是每一个统治者都能把握的，弄得不好，反而会乱国害民。可见，子产在德的基础上提出了宽，德是宽的基础，而宽则是德的发展和表现形式。子产提出的这一告诫，可能是对自己施行德政效果的不满意，抑或是量体裁衣，为子大叔的治国方法作出新的设计。他的见解虽不尽正确，但亦不乏辩证的因素。可惜的是，子大叔并没有领会他的意思，待子产几个月后病亡，子大叔接替了他的位子，开始不忍心用严厉的手段对待民众，采取的政策比较宽松，以致郑国盗贼四起，等到局面不可收拾时，不得已大肆抓捕，这时才后悔一开始没有听子产的话，感慨：“吾早从夫子，不及此。”

在我国历史上，子产是较早将“宽”、“猛”两手作为两种不同的统治方法进行比较分析的人，也是第一个提出“宽猛相济”主张、形成比较系统的理论的思想家。后世有关这一内容的概括和讨论，不管是德刑也好、宽严也好、恩威也好，提法虽有不同，莫不是子产这一思想的延续。子产的法律思想不仅为后来战国时期的“百家争鸣”中法律思想的发展提供了一种历史的先声，而且对人治社会向法治社会的迈进起到了不可抹杀的推动作用。后来儒家继承和发展了子产的“宽猛”相济的法律思想，提出了“德主刑辅”的思想，而法家则是继承了子产“猛”的一面，强调重刑。不论是哪一家，在子产的法律思想里都可以找到某种渊源。

第三节　邓析的法律思想

邓析（？～公元前 501 年），郑国人。子产执政时，邓析是郑国大夫，在政治上非常活跃。由于他代表的是新兴地主阶级的利益，其思想观点比子产更为激进，主张彻底否定周礼，实行法治革新。邓析的著作都没有留传下来，只有在《左传》、《吕氏春秋》、《荀子》等书中，还能看到他的一些情况和零星的言论。古书中留有《邓析子》一书，研究者认为是后人伪托，并非邓析本人所写。

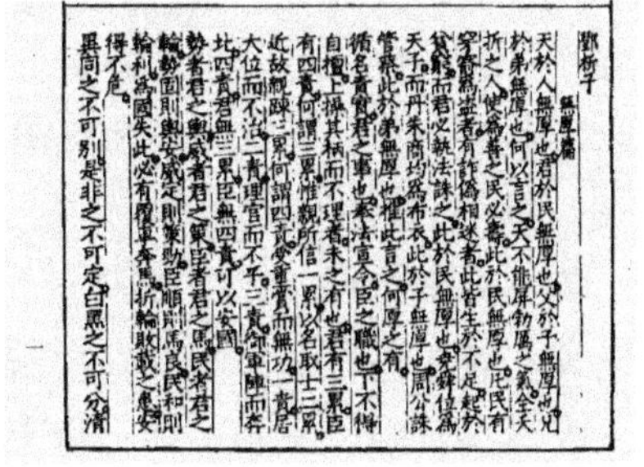
鄧析子

图 2-3　《邓析子》书影（明刊本）

一、不法先王，不是礼义

周礼的衰落到春秋时期已是一个不可逆转的趋势，到春秋后期，“礼崩乐坏”更是一个有目共睹的事实。面对这一局势，各种思想和学说纷纷兴起，有的极力维护旧制度，有的则努力为建立新的社会制度而呐喊。从现有的资料来看，邓析属于当时最为激进的革新派人物。

邓析和子产一样，都主张建立新的封建制度，但在如何对待周礼的问题上，两个人所持的态度不同，存在着很大的差异。对子产所作的改革，邓析多持批评的意见，《吕氏春秋·离谓》说：“子产治郑，邓析务难（责难的意思）之。”“（子产）令无穷，则邓析应之亦无穷”。但这种批评，决不是反对子产的改革措施，他“数难子产之治”（《列子·力命》），主要是不满意子产的改革内容，嫌他的改革步子迈得太小了。

荀子有一段话从侧面反映了邓析的观点：“不法先王，不是礼义，而好治怪说、玩琦辞。甚察而不惠，辩而无用，多事而寡功，不可以为治纲纪。然而其持之有故，其言之成理，足以欺惑愚众。是惠施邓析也。”（《荀子·非十二子》）这段话是荀子对惠施和邓析的批判，但也可以说明邓析的特点。“法”的效法，“是”即肯定，邓析的“不法先王，不是礼义”，就是明确宣告：“先王”及其“礼义”并非不能改变的圣物，“先王”的所作所为、“礼义”的宗法原则也不是千古不变的教条。只要顺应现实的政治，制定新法就不必打着“先王”的旗号。先王的礼义法令都是可以批评，可以否定，可以废弃的。既然“先王”不值得效法，“礼义”不见得正确，那么从现实出发制定新法便是必然的、正当的。“不法先王，不是礼义”是邓析思想的主要倾向，也是他主张改革、反对周礼的理论基础和思想主旨。这一口号的提出，表明邓析是春秋时期公开否定周礼，反对“礼治”的第一人。

平心而论，从子产和邓析两种不同的思想主张的实践效果来比较，是很难判定其优劣的，因为对于激进的思想有时反而为民众所理解和接受，因而倘若邓析处在子产的地位，可能也不一定仍然坚持己见，并付诸实施。但是，邓析的主张表现了新兴地主阶级挑战旧传统的勇敢精神，反映了历史的发展趋势，则是毫无疑问，也是值得肯定的。

二、私制竹刑，传授法律

邓析主张进行刑法改革，实行法治，由于他对子产所铸刑书的内容感到不满，竟又私自编了一部更能适应新兴地主阶级要求的成文法。晋人杜预在《左传》注中说：邓析“欲改所铸旧制，不受君命，而私造刑法，书之于竹简，故言竹刑”。“竹刑”的内容已不可考，但它更能适应社会需要，具有较大的影响，应该是没有问题的。《吕氏春秋·离谓》：“子产治郑，邓析务难之，……郑国大乱，民口欢哗。子产患之，于是杀邓析而戮之，民心乃服，是非乃定，法律乃行。”是邓析对子产的治国措施说三道四，经常批评，弄得局势很乱，子产为此担心，于是杀了邓析，平息了局面。而《春秋左传·定公九年》记载：“郑驷颛杀邓析而用其竹刑。”杜预注：“邓析，郑大夫，欲改郑所铸旧制，为受君命，而私造刑法，书之于竹简，故云竹刑。”驷颛是继子产、子大叔之后的郑国执政者，说他杀了邓析而用其竹刑。不管邓析是被谁所杀（后人考证是驷颛杀子产），都可以证明他能量很大，他编的竹刑也是有可用之处的。

此外，不少史料还说明邓析颇具法律才干。除了编制竹刑，邓析还聚众讲学，私家招收门徒，传授法律知识。《吕氏春秋·离谓》说：邓析“与民之有狱者约，大狱一衣，小狱襦袴。民之献衣、襦袴而学讼者，不可胜数”。他根据案件的大小，有偿解答有关的法律问题，受到了民众的欢迎。邓析在代理诉讼的过程中还以擅长辩论著称，“操两可之说，设无穷之词”（《邓析子·序》）。在《吕氏春秋·离谓》篇，就记载了先秦时代流传的一个“两可”的故事：郑国夏季炎热多雨，境内常常洪水泛滥。有次发洪水，郑国有个富人淹死了。有人捞得死者的尸体，就向死者家人漫天索价。死者家属无奈，就请邓析出个主意。邓析对死者家属说：“不要着急，安心等待。若是你不去买，就没有别人去买。”于是，死者家属就耐着性子不再张罗着赎买这具尸体。由于夏季气温很高，尸体不易保存。这时，得尸者知道死者家属的态度后慌了，他们也请邓析给出个主意。邓析又回答说：“不要着急，安心等待。死者家属不到你这里来买，就没有别处可买。”在这个故事中，邓析用“两可”的分析方法，先后站在死者家属和得尸者不同的立场上，对买卖双方分别提出了一个互相矛盾的处理方案。这是邓析运用“两可之说”解决矛盾的一个典型事例。对邓析的这种说法，长期以来一直是众说纷纭。在代人诉讼的辩论中，邓析“以非为是，以是为非，是非无度，而可与不可日变”（《吕氏春秋·离谓》），且能“持之有故”、“言之有理”，充分发挥了雄辩的口才，俨然是古代律师的模样。邓析的这些活动，说明了他对法律的重视，也可以看出他对法律的研究已经有相当的深度。

第三章　先秦儒家的法律思想

儒家是由孔子创立的，它是春秋战国时期“百家争鸣”中形成最早、影响较大的一个学派。所谓“儒”，古代主要是指掌握了一定是文化知识、专门从事教育和执掌礼仪的人士。由于孔子早年以“相礼”为业，是“儒”中的佼佼者，释义他创立的学派被称为儒家。

儒家创立后，在历史上经历了两个大的发展时期：先秦儒家和秦汉以后作为封建正统的儒家。先秦儒家以孔丘、孟轲和荀况为代表，这三位代表人物各有自己的特点，又具有作为儒家的共性，其法律思想既自成体系，又一脉相承。秦汉以后的儒家又经历了董仲舒、韩愈、朱熹等不同的发展阶段，其思想随着时代的发展也不断变化。本章介绍的是先秦儒家的法律思想，先叙述整个学派法律思想的特点和演变过程，然后分别阐述孔丘、孟轲和荀况的法律思想。

第一节　先秦儒家法律思想的理论基础与主要内容

先秦儒家继承和发展了西周以来的礼治和周公的“明德慎罚”思想，提出了一整套的礼法德刑相济并用的治国之策，主张德礼为主、刑罚为辅，并在这一原则的基础上派生出了“贤人治国”的理论。由于儒家的法律思想植根于宗法农业社会的土壤，它强调家国一体、孝悌为本，因此，宗法家族伦理就成了儒家法律思想的核心和最高价值标准。根据时代的特点和自身的需要，儒家对西周的礼治思想进行了加工改造，使其成为更为完美而且政治意识很强的系统理论，其中注重教化、预防犯罪、重视官吏道德素质、主张恤刑慎杀等合理因素，都有着积极的意义。而儒家以血缘亲情为基础，集道德和法律为一体，对社会和政治进行全面观照的法律思想，也成了古代一种独特的法文化模式。

儒家法律思想框架的主要支柱有两个，即伦理法思想和礼治思想。前者是内在构成，后者是外在模式。其中精华和糟粕交相错杂，正负两种价值同时并存。汉以后，随着儒学在国家政治生活中取代正统地位，儒家法律思想经过几代信奉者的发展和完善，也成了封建法律制度的重要理论基础。

一、先秦儒家法律思想的理论基础——伦理法思想

“伦理”一词在我国出现的时间很早，据古人解释，所谓伦理是指人所感通的宇宙人生秩序。而在古代宗法社会中，它又指以血缘家族为基础的人伦尊卑等级秩序，亦称“伦常”，即人伦之常道。先秦儒家对社会整体的和谐与完美的追

求是落实在个体人格的修养与完善上的，他们把伦常之道视为修身、齐家、治国、平天下的基本原则，如孔子所说："君君、臣臣、父父、子子。"（《论语·颜渊》）孟子主张："父子有亲，君臣有义，夫妇有别，长幼有序，朋友有信。"（《孟子·滕文公上》）荀子则提出："君臣、父子、兄弟、夫妇，始则终，终则始，与天地同理，与万世同久，夫是之谓大本。"（《荀子·王制》）

先秦儒家大师也均以道自任："天下有道则见，无道则隐。"（《论语·泰伯》）"天下有道，以道殉身；天下无道，以身殉道"。"穷则独善其身，达则兼善天下"。（《孟子·尽心上》）在他们看来，穷、达都是身外事，只有道义都是根本。所以能穷不失义，达不离道。在可以为国家作贡献时，就入世济世，这并不是为了表现出才能以便求取功名富贵，而是把道义落实到现实之中。而在没有可能施展自己的抱负时，就会义无反顾地选择"无道则隐"，这也不纯是为了保全自我而隐藏起自己的才能，而是因为无法在现实中实现，也许还有避免助纣为虐的考虑。无论是把才能表现出来，还是隐藏起来，都有一个前提，那就是：自己要先做得端正，要符合伦理的要求。可惜，后世儒家身逢乱世时，已少了先秦时期的那些条件，很少有人如孔孟那样做了。

儒家伦理法源于古代的宗法血缘家庭与自然经济相结合的农业社会，它揭示了儒家法律思想的基本精神。下面介绍家族主义、民本主义、君主主义、中庸主义等儒家伦理法的几项主要原则。

（一）家族主义原则

儒家对西周的宗法制度采取了全面保留的态度，主张以殷商礼制为模式建立一个新的宗法等级制度。源于家在宗法社会里是最基本的生产和生活单位，因此儒家便自然地十分重视旨在调整君主内部关系，维护家长和族长的支配地位与世袭特权的伦理原则，将其视为国家政治和法律制度的基本出发点。孟子说："天下之本在国，国之本在家，家之本在身。"（《孟子·离娄上》）从这句话可以看出家在儒家心目中的突出位置。

在家庭关系中，遵守"孝"、"友"原则最为重要，搞好了家庭内部的"孝"、"友"关系，也就搞好了国家政治。有人问孔子说："你为什么不从事政治呢？"孔子引《尚书》中的话说："《书》云：'孝乎惟孝，友于兄弟'。施予有政，是亦为政，奚其为为政？"意思是，《尚书》上说，"孝就是孝敬父母，然后推广到友爱兄弟。"我把这孝悌的道理推广、影响到政治上去，也就是从事政治了，又要怎样才能算是为政呢？孟子又进一步发挥说："人人亲其亲，长其长，而天下平。"（《孟子·离娄上》）只要每一个人都亲爱自己的双亲，尊敬自己的长辈，天下自然就太平了。荀子把家庭伦理和国家政治伦理放在一起说："贵贵、尊尊、贤贤、老老、长长，义之伦也。行之得其节，礼之序也。"（《荀子·大略》）左右每一个人都按照伦理的要求恰如其分地去对待他人，就可以实现礼的秩序。

古代重宗法，维护家族的利益，而父母子女是人间至亲的关系，提倡孝道最能打动人的心弦，也符合人情，所以先秦儒家极力强调“孝”的重要性。孔子说：“孝悌也者，其为仁之本欤。”（《论语·学而》）孟子进而发挥其义：“孝子之至，莫大于尊亲。”（《孟子·万章上》）他们一个认为孝悌是仁的根本，一个指出孝子最根本的行为是尊敬自己的父母，都把孝看成是整个礼教伦理的基础。但这一理论也有其负面作用，正是儒家宣扬的孝道使人一生下来便在某种程度上失去了独立意义，将子女作为父母的从属物来看待，这种观念直到现在仍然影响着中国的家庭关系。而且儒家对孝的解释有些内容也是很极端的，孔子因人施教，对孝有许多阐释，如“生，事之以礼；死，葬之以礼，祭之以礼。”（《论语·为政》）“父在，观其志（‘志’为意志，包括思想、态度）；父没，观其行。三年无改于父之道，可谓孝矣”。（《论语·学而》）孝的表现由低到高可以分为三个层次：让父母衣食无忧的“养”；对父母态度恭敬，让其精神愉悦的“敬”；对父母的任何要求和指示都不折不扣地执行，哪怕是违法的事也照做不误的“无违”。前两者尚有合理意义，而后者则纯属悖谬了。

而儒家宣扬的孝道对古代立法的影响更是非常深刻的，在古代家族主义法中，孝是衡量罪与非罪的重要依据，许多法律原则，如“父子相隐”、对复仇行为的一定范围内的许可、子女无异财、家族内部犯罪依尊卑身份来确定罪刑等，都是家族主义原则在法律中的体现，其中大部分内容直到清末法制改革时才开始改变。

（二）民本主义原则

首先要说明，儒家所理解的“民”，并不是作为国家主人的人民，也不是法律意义上作为权利主体的公民，而仅仅是在国君统治下的“子民”或“臣民”。民本也不是民主，它只是希望君主为了自身的利益，为了统治阶级的整体的和长远的利益，重视民命，“视民如子”，给民众一定的生存空间。

在春秋已经出现的重民观念的基础上，孔子主张用“仁”和“忠恕”对待劳动人民，提出了养民、富民、教民、安民、博施于民等口号，反对统治者对人民的剥削压迫过于严酷。如他反对已经“富于周公”但还要“聚敛”的季孙，学生冉求因为帮助季孙搜刮民财，孔子一气之下宣布：“非吾徒也，小子鸣鼓而攻之可也。”（《论语·先进》）认为聚敛成性的人已经不配再做他的学生，其他弟子可以对他攻击。即使对奴隶，孔子也有所重视：“厩焚。子退朝，曰：‘伤人乎?’不问马。”（《论语·乡党》）孔子家里的马厩失火了，孔子上朝以后回家，首先问的是有没有人被烧伤，而没有问是否有马被烧伤。按照当时的情况，马厩失火如果有人被烧伤，一般也是奴隶或者下人，而据学者考证，春秋时期一匹马的价格要远远高于奴隶。由此可以看出孔子对人的生命已经相当重视了，所有这些，都反映了社会的进步。

由于孔子的大力倡导，使“重民”成为儒学的一大特色。孟子又有进一步的弘扬，并发展成十分完备的民本主义，其影响所及，至近代资产阶级维新派谭嗣同“因有民而后有君”、“非君择民，而民择君”的“君末民本”说，都是与此有关的。

儒家认为“民惟邦本，本固邦宁”，其代表人物对民本原则的阐述也步步深化。孔子在民本思想的基础上，建立起了仁学的体系，他提出的“爱人”、“使民以时”、“因民之所利而利之”、“富之”、“教之”等主张，为儒家法律思想中是民本主义原则定下了基调。孟子仁政学说中极具光彩的“民贵君轻”论：“民为贵，社稷次之，君为轻”，揭示了这样一个道理：民众比国家社稷重要，国家社稷则比国君重要。民是国家之本，王道仁政，要在“贵民”。而荀子则提出了对后世统治者产生很大警示作用的“民水君舟”论：“君者，舟也；庶人者，水也。水则载舟，水则覆舟。”（《荀子·王制》）他认为在君和民这一对关系中，民是根本的，起决定作用的：“天之生民，非为君也；天之立君，以为民也。”（《荀子·大略》）

以民本主义作为法的价值论的一项重要内容，先秦儒家的法律思想便强调君主权力最根本的任务不是维护一人或一个家族的私利，而是要让民众的生产、生活条件得到保证，以此得到百姓的拥护；君主也不应该依靠暴力、杀戮和压服来统治天下，而应主要靠道义和道德的感化力量来赢得人心。他们抨击聚敛苛政、滥刑重罚，要求慎刑省刑以重民命，时使薄赋以宽民力，立法上主张宽简，执法上要求中罚，“不嗜杀人”等，都是出于这种考虑。这种思想始终是中国古代进步思想家所继承和倡导的。

民本主义思想和仁政学说、王道政治一样，可以说都是儒家的一种美好愿望，是他们的政治理想和法律主张，一般来说很难实现。尽管如此，这些理论仍然可以在封建政治法律实践中发挥作用，对为所欲为的统治者在思想上和行为上给予某种约束，可以在一定程度上减轻君主专制所带来的破坏性、灾难性作用，促进君权的某些积极的作用。在历史上，遇到最高统治者滥用自己的权力，臣下所能据以抗争的无非也就是这么一些理论。

（三）*君主主义原则*

儒家是君主主义理论的坚定的维护者，他们最关心的是维护体现某种文化价值的社会和谐与秩序。儒家王道政治的一条重要原则是坚持天下统一，反对分裂割据，于是他们把大一统和尊君权联系起来，孔子的“礼乐征伐自天子出”、孟子的“定于一”、行仁政而王，“保民而王”，荀子的“隆一而治”、“隆君”等，主张的都是大一统的君主主义。

根据大一统君主主义理论，在君主和法律的关系中，不是法律在君主之上，而是君主在法律之上。因为法律是由君主制定的，法律的修改存废唯君命是从，法律的运行也全凭君主权威。在这种体制下，法律是君主治民治吏的工具，但法律却不可能去制约君主的权力，哪怕是对无道的暴君。

儒家提倡君道，维护君权，便产生了君与民的两端。他们协调二者关系的办法是：一方面强调民对君的忠诚和服从，同时又主张，君主必须依靠自己的道德行为和政治、经济举措赢得百姓的真心拥护和爱戴。

儒家是君主专制理论的创立者和坚定的维护者。孔子最关心的是维护体现某种文化价值的社会和谐和秩序，他们表达了中国传统政治学上的一个根本信念：为了防止野心家分裂割据、谋反篡权，为了制止各级官吏贪赃枉法、鱼肉百姓的不法行为，为了保持社会的和平与秩序，必须加强君主的专制权力。他们是指望依靠君主的极端权威来制约违礼的行为和各种挑战传统的社会秩序的企图。但是君主的极端权威本身又是可能使其贪欲和暴力恶性滋长的，针对君主专权的弊端，他们从理论和实践上尽力加以解决。儒家虽然不懂对君主限权和分权的必要性，但采取了两个手段：一是在伦理学上强调君主道德修养的重要性，二是在政治学上着重阐述民本思想，以解决君民关系。这种思路从先秦到汉以后是一直得以延续的，宋代二程的"君道以人心悦服为本"即是其表达。

儒家不主张民权，他们以得民心、"人心悦服"为君道之本，这表现了儒家对于君权的独特的立场和态度。首先，民本说规定了君主的权力最根本的任务不是维护一人或一个家族的私利，而是要为百姓办实事，使他们的生产、生活的条件得到保证，这样才能得到百姓的拥护。其次，民本思想和"人心悦服"说表明君权不应该靠暴力、靠压服来统治天下，而主要靠道义和道德的感化力量来赢得人心。君主专制本来是以暴力为基础的，但儒家却希望它以非暴力的方式发挥作用。

在君主主义这一原则之下，还有君与臣这一对关系。如同家族主义原则强调父慈子孝，在儒家的君主主义原则中，非常重视君礼臣忠的关系。《论语·八佾》载："定公问：君使臣，臣事君，如之何？孔子对曰：君使臣以礼，臣事君以忠。"鲁定公的问题是：君主使用臣，臣侍奉君主，应该怎样做？孔子回答是：君依礼用臣，臣忠诚事君。意思是，只要确立了这种严格的君臣、尊卑传统秩序，鲁国就不会出乱子，鲁定公也就能够保住国君之位。孟子也认为，君臣关系是父子关系的放大和延伸，君主是全国百姓的最高家长。但儒家倡导的忠君并非愚忠，它是有一个前提的，即君主必须讲仁义。他们认为，对不仁之君，可以不理睬，也可以离弃，对暴君还可以易位、放逐，甚至杀伐。孔子提出，如果君有过，或君不像君，君使臣不以礼，那么，作为臣下，一是可以犯颜直谏，假如不可谏或者谏而不听，则可以离去。孟子以"仁义"作为君臣关系的评价尺度，在这一基础上，提出了著名的"暴君放伐"论。

荀子极力赞扬的为臣之道是"谏、争、辅、拂"，当君主做了错事，即将危及国家社稷时，能够救亡存危，解救国难者，唯有谏、争、辅、拂四臣。《荀子·臣道》曰："故正义之臣设，则朝廷不颇；谏争辅拂之人信，则君过不远。""故谏争辅拂之人，社稷之臣也，国君之宝也，明君之所尊厚也"。谏臣，就是劝谏之臣。谏臣以礼劝谏君主，用则留，不用则去。争臣，就是死争之臣。争臣以生死强谏君主，用则生，不用则死。辅臣，就是辅矫之臣。辅臣能够合谋同力，率领群臣强力匡正国君，国君虽然不安，却不能不接受，国家的祸患由此得以解除，最终得到君尊国安的结果。拂臣，就是拂弼之臣。拂臣抗拒君王的命令，窃取君王的权力，纠正君王的错误，安定国家于危难之时，解除君王于失政之辱，最终大利于国家社稷。荀子虽然也说："上好礼义，尚贤使能，无贪利之心，则下亦将綦（音其，非常的意思）辞让，致忠信，而谨于臣子矣。"（《荀子·君道》），但在君臣关系上，对臣这方面的要求似乎要更多一些。

民本原则和君主主义原则是儒家为了解决君民关系而提出来的一种妥协折中思路，儒家关于民本、君道的理论看似存在矛盾，实际上反映了一种执两端的方法论特点，在《论语》中，这种充满了辩证法智慧的言论就有许多：如"过犹不及"（《论语·先进》），子贡问孔子，子张做事老做过头，子夏却差那么一步做不到点上，他们两个哪个好些？孔子回答是都不好。"质胜文则野，文胜质则史。文质彬彬，然后君子。"（《论语·雍也》）一个人朴素得过分就显得粗野，而文饰得过分则太虚伪，都不符合君子质的规定性。只有朴实和修养结合得恰到好处，才让人觉得舒服，才是真君子。应该承认，这种思维方式在很多时候还是有可取之处的。

（四）中庸主义原则

中庸也是儒家法律思想中的一项重要原则。"中"这个哲学概念最早用于法律时只是一个刑罚原则。《尚书·立政》篇记载周公说："兹式有慎，以列用中罚。"将"中"作为适应刑罚的原则，此时"中"的意思表现为折狱持平，不枉不纵，不宽不滥，无所偏袒，公正中直。孔子继承了西周初期思想家"中"的刑罚思想，并发展成为一种"中庸"思想。

"中庸"这个概念是由孔子首先提出来的，他说："中庸之为德也，其至矣乎，民鲜久矣。"（《论语·雍也》）认为中庸和谐之道作为人类社会普遍遵循的道德规范，应该是最高的了吧！可惜人们缺少这种道德已经为时很久了。其实，孔子所谓的"中庸主义"，除了指最高的美德外，主要还是指对待事物的方法和态度。经过孔子的发挥，"中庸"就是"致中和"，就是一切要适度，无过无不及，恰如其分，中道均平。"中"是指按照一定的标准行事，寻求对立双方意见的连接点以求得平衡，给某种行为划定界限和明确行动目标，从而使事物保持旧质的稳定。孔子的学生有若说："礼之用，和为贵。"（《论语·学而》）后人阐发说，这是"发明夫子中庸之义也。"（刘宝楠：《论语正义》）也就是把"调和"、"中庸”作为适用礼义的原则，提倡统治阶级内部和而不争，平息矛盾，保持和睦团结。对于许多矛盾的事物，孔子都有自己的求“中”之方。君与民的利益是矛盾的，在处理这对矛盾时，孔子主张既富民又足君，以求保持平衡。统治者使民叫做劳，劳则引起民怨，孔子在处理这对矛盾时，既不主张无限制地劳民，也不简单地把感情投向怨者这一方，而是提出了“择可劳而劳之”（《论语·尧曰》）的方案，意思是要选准可劳作的时机，让人劳得其所，让人乐在其中，达到既使民、又息民怨的目的。

用“中庸”的原则指导法律问题和刑罚活动时，孔子提出了“礼乐不兴，则刑罚不中；刑罚不中，则民无所措手足”（《论语·子路》）的命题，从而把“中庸”作为一种刑事政策提了出来，要求在严酷、擅断的司法专横中，保持某种决狱的冷静和理智，刑罚得中，不轻不重，罪刑相当。其他如孔子主张宽猛相济，称赞子产的宽政，都是在司法方面贯彻“中庸”精神的表现。孟子进一步发挥了孔子“察”的主张，他说：“左右皆曰可杀，勿听；诸大夫皆曰可杀，勿听；国人皆曰可杀，然后察之；见可杀焉，然后杀之。”（《孟子·梁惠王下》）也就是说，绝不能听信身边人和官员的话随便杀人，即使“国人皆曰可杀”，仍要“察之”，不可遵从民意遽然杀之，此即后世所说的慎刑慎杀。荀子对“中”的认识又有深化，他解释说：“曷为中？曰：礼义是也。”（《荀子·儒效》）也就是把“中”理解为依照礼义的精神去把握住一个最恰当、最适宜的标准，以礼义这个不变的原则去应付变动不居的社会生活，这和《尚书·吕刑》中“刑罚世轻世重”的观点是一脉相承的。

二、先秦儒家法律思想的主要内容——礼治思想

礼治是儒家的治国原则和主张，先秦儒家都重视礼，孔子“为国以礼”一言可谓言简意赅，代表了儒家的基本观点。但是，儒家在遵从周礼的同时，并非绝对地排斥法治和刑治，他们只是在礼与法、德与刑的相互关系中，主张礼法并用、德刑相济，但德礼高于法刑；在人与法的关系中，主张贤人与良法并重，但贤人更重于良法，从而形成了德礼为主、法刑为辅的礼治观。

（一）德礼优于政刑

重视道德教化，强调礼主刑辅，是周公最先提出并由周初统治者予以实践的。孔子仰慕周礼，继承了周礼，也对周礼进行了适当的改造。孟子和荀子又继续沿着这条道路前进，使周礼的主旨在新的历史条件下得到了保留和充实。先秦儒家改造和发展周礼大体经过了三个阶段：孔子的纳仁入礼，突出了礼的伦理性和强制性；孟子倡导“仁政”，使礼成为国家意志的体现；荀况沟通了礼法，使“礼治”理论化、系统化和制度化。

在谈论治国之道时，孔子认为，如果“导政齐刑”，民仅能“免而无耻”，只有“导德齐礼”，民才能“有耻且格”。这一论断奠定了儒家德礼优于政刑的治国

理论。《左传·昭公二十年》记载："仲尼曰：善哉！政宽则民慢，慢则纠之以猛；猛则民残，残则施之以宽。宽以济猛，猛以济宽，政是以和。"孔子认为，在为政之时应宽猛相济，宽中有猛，猛中有宽，当猛则猛，使之不失法度，当宽则宽，使之不失仁民之心。他并不否认猛政和刑罚，但他更重视"导德齐礼"，认为后者可以治本，效力更为长久。因此其基本思想还是重德轻刑，德治是根本，刑罚是为了用来解决德治所无法处理的问题，它起的是一种辅助补充的作用。从挽救时弊的角度看，这种治国理论在当时有可取之处。

孟子论仁政，强调的是"明人伦"、"教以人伦"，但同时又指出："徒善不足以为政，图法不能以自行"（《孟子·离娄上》），应该趁"国家闲暇"之时，"明其政刑"，抓紧法制建设。荀子关于德刑关系的论述，主张先导之以德礼，爱之以忠信，尚贤使能，使之各得其所，再用爵赏进行勉励，刑罚则是跟随其后的。在这里，不仅讲先德后刑，而且包括了德主刑辅的内容，这些主张逐渐成为了后来中国社会长期标榜的治国原则和法制模式。到《唐律疏议》将其归纳为"德礼为政教之本，刑罚为政教之用"这句精辟的格言时，儒家的这一思想已经决定了中国古代法制的基本面貌。

（二）注重教化，恤刑慎罚

先秦儒家关于德礼为主、德礼优于政刑的思想包含了两个方面的内容，一是对犯罪的惩罚不能一味地严刑滥杀，而是应该谨慎地使用刑罚，做到罚当其罪；二是主张运用道德教化来达到禁犯罪于未萌的目的，将预防犯罪作为社会控制的重要环节来看待。

孔子有一句著名的话："性相近也，习相远也。"（《论语·阳货》）这一对人性的立论奠定了犯罪可以预防的理论基础。他认为犯罪的根本原因主要有两个，一是民众的贫穷，二是"为上不正"。因此，他提出对庶民要先富后教，用道德律令对老百姓进行教化，反对不教而诛，指出"不教而杀谓之虐"（《论语·尧曰》），更反对统治者动辄诉诸刑杀，要严刑峻法来控制犯罪。孟子与孔子一样，主张"教而后诛"，但又补充说，对那些"御人于国门之外者"（即在国都门外拦路抢劫者），应该"不教而诛"，立即诛杀。他从性善论出发，认为犯罪不可能是人的固有本性，因而明确提出应"设为庠序学校以教之"，使"人伦明于上，小民亲于下"（《孟子·滕文公上》），以此来保持社会的安定。荀子从另外一个角度阐释了预防犯罪的思想，他以性恶论和隆礼重法为基点，既讲"礼义之化"即道德教化，也强调外在制约，即法律刑罚的作用。关于刑罚的使用，荀子反对"不教而诛"，但也反对"教而不诛"，甚至强调"元恶不待教而诛"。他将刑罚看作是控制法治的最后一道防线，为了使罪犯本人知罪服法，他主张"刑当罪"，反对族刑连坐，强调"无罪不罚"，倡导省刑慎刑，表现了他既重视法制，又反对严刑峻法的思想倾向。

先秦儒家重视道德教化，反对滥酷用刑的主张，一是基于其爱民重民、以民为本的考虑，二是为了使统治者的思想更易成为整个社会的统治思想，因为他们看到了大力进行教化是维护社会稳定的最好办法："其为人也孝弟，而好犯上者鲜矣；不好犯上，而好作乱者，未之有也。"（《论语·学而》）一个人在家里孝敬父母尊重兄长的话，是很少会去冒犯官员的；一个平时服从长官的人而到社会上去捣乱，就更不会有了。这一观点，无疑对封建社会的统治者产生了极大的影响。

（三）为政在人，贤人治国

先秦儒家主张礼治，重视道德教化，必然在面临人治还是法治的选择时倾向于人治。因为礼治的一个基本特征就是维护等级制，个人的特权多少、权力的大小均和其社会地位等级的高低成正比，而在宗法社会里，各级贵族在自己的封地里都是大权独揽，统治者个人的作用至关重要。再者，为了加强道德教化的效果，也需要统治者以身作则，充分发挥道德感化的作用。因此，先秦儒家无一例外地把人治作为治国的首选方案。在这方面，他们留下的文字很多，态度也异常鲜明。

《礼记·中庸》篇记载："哀公问政。子曰：文武之政，布在方策。其人存，则其政举；其人亡，则其政息。……故为政在人。"在孔子眼里，典章制度都是一些死的东西，能否实行还要看统治者是否贤能。孟子也有句富有哲理、为人熟知的名言："徒善不足以为政，图法不能以自行"（《孟子·离娄上》）再好的法律，如果没有好的执法之人去推行，也只是一纸空文。为了保证良法顺利实施，孟子呼吁："唯仁者宜在高位。"荀子则作了一个有趣的比较："故有良法而乱者，有之矣；有君子而乱者，自古及今，未尝闻也。"（《荀子·致士》）看来，在法和人之间，后者治理国家的效果要远胜于前者，因为法律的运行要依赖于人的操作，"法不能独立，类不能自行。得其人则存，失其人则亡"，难怪荀子要下这样的结论："有治人，无治法。"（《荀子·君道》）

先秦儒家关于人法关系的理论，主要是比较在治理国家的过程中，"人"与"法"到底是哪一个起着决定性的作用，而不是在"人"与"法"之间作出排他性的选择。事实上，他们（特别是荀子），对法律和法制还是相当重视的。儒家关于这个问题的许多论述虽然对法的权威的树立十分不利，却也道出了中国古代专制统治下的事实，他们在重视人治的前提下对执法为政之人的品德修养的强调，也具有一定的进步意义。

第二节　孔子的法律思想

孔子（公元前 551～公元前 479 年），名丘，字仲尼，春秋末期鲁国人。他

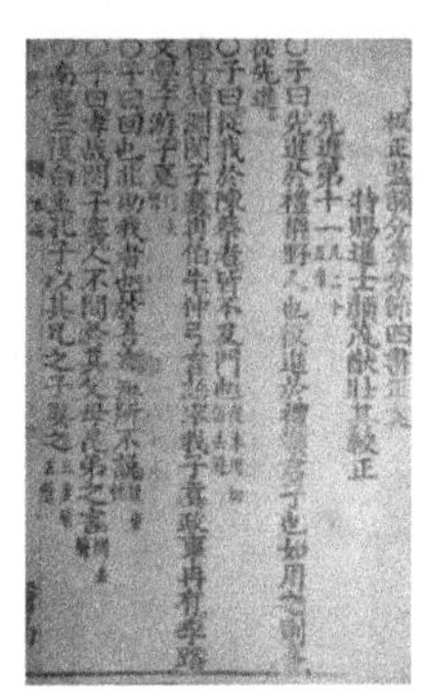

图 3-1　孔子像，《论语》（清刻本）书影

的祖先原来是宋国贵族，因政治变乱而避居鲁国。大约在孔子前几代，家境已就没落，故自称“吾少也贱”。孔子的仕途十分坎坷，20 岁左右曾做过管理仓库和牛羊的小官吏，30 岁左右开始招收弟子私家讲学，后来大部分时间也都是从事教育，相传所收弟子多达三千人。50 岁以后担任过鲁国的司寇等官职，但为时不长。54 岁起携弟子周游列国，凡 14 年；最终返回鲁国，专心执教。孔子是中国古代伟大的思想家、政治家和教育家，他在青少年时期就刻苦读书，一直钻研学问，以“知礼”闻名于当时。他兴办私学，聚众讲学，整理文化典籍，曾修《诗》、《书》，定《礼》、《乐》，序《周易》，作《春秋》，并创立了我国文化史上第一个独立的学派——儒家学派，成为中华文化史上极具影响的人物，也是中国五千年的历史上，对华夏民族的性格、气质产生最大影响的人。

孔子的思想及学说对后世产生了极其深远的影响。其思想以“仁”核心，认为“仁”即“爱人”，提出“己所不欲，勿施于人”等论点，提倡“忠恕”之道。他在学术思想上的最大贡献是创立了仁学，纳仁入礼。他的法律思想也是服从和服务于他那个以“仁”和“礼”为核心的思想体系的，并成为仁学思想体系中的一个有机组成部分。在政治上提出“正名”主张，以为“君君、臣臣、父父、子子”，都应实副其“名”。在法律思想上面，孔子主要继承和发展了西周的“礼治”和周公的“明德慎罚”思想，继续维护“亲亲”、“尊尊”的宗法等级原则，提倡“为政以德”的“德治”，提倡“和谐”、“无讼”，认为在一般情况下，刑罚只应作为道德教化的辅助手段，第一个提出了后代儒生都坚持的“德主刑辅”思想。孔子在立法上主张宽简，在执法上反对重刑，提出了导德齐礼、为政在人、刑罚中、哀矜折狱、父子相隐等一系列具体原则，奠定了整个儒家法律思想的理论基础。西汉以后，封建统治者一直把孔子尊为圣人，他的学说也成了中国古代传统文化的核心内容。

孔子思想、学说的精华，比较集中地见诸于《论语》一书，共 20 篇。《论语》就是孔子的语录，也有一些是对孔子弟子言行的记录，是孔子的弟子及其再传弟子对孔子言行的追记。此书对中国历史产生了深远而巨大的影响。它的思想内容、思维方式、价值取向都早已融入了我们民族的血液，沉淀在我们的生命中，铸成了我们民族的个性。有关孔子思想言行的具有史料价值的记载还可见《史记》、《左传》等书。

一、孔子法律思想的理论基础——仁学

孔子思想的核心是“仁”，它是建立在宗法社会基础上的、把宗法人伦道德意识系统化的伦理哲学思想体系，其价值目标是民生安乐，社会和谐。孔子的法律思想是从属于其仁学思想的，“仁”是孔子法律思想的逻辑起点和价值核心。

孔子的仁学思想孕育于春秋时期社会局势剧烈变动和思想观念迅速更新的环境中。当时，随着生产力的发展和社会的进步，一些思想家比以往更为重视人的地位和价值，夏商时期重鬼神、轻人事的观念受到了极大的冲击。孔子就是这些思想家的杰出代表，他关于立法、司法、守法以及刑、民、诉等方面一系列具体的观点和主张，构成了以伦理为中心的法律思想。

（一）“仁”的含义

“仁”是孔子所提出的伦理道德中一个最重要的范畴，在孔子的整个思想体系中，“仁”是核心和灵魂。因此，了解孔子的一切思想都必须从知仁开始。何谓“仁”？在研究孔子思想最可靠的著作、也是儒家的经典——《论语》中，讲“仁”达109次之多，这样也就让人对“仁”的确切含义难以把握。而且孔子对学生提问的答复往往因人而异，对“仁”也作了多种解释，赋予了多种含义，但却从未给它一个明确的定义。在孔子看来，仁是各种道德的综合。包括孝、悌、忠、信、恭、宽、敏、惠、智、勇、诚、敬、温、良、俭、让、忠恕、中庸、博学等各种善行和美德，统统都可以涵摄在仁之中。但最能概括仁的含义的一种解释，就是“爱人”。“仁者，爱人”可以看作是孔子对仁的总结性概括。“樊迟问仁。子曰：爱人。”（《论语·颜渊》）“爱人”就是同情、关心他人的真实情感，也是处理人事关系的基本原则。以此为基准，再根据人们不同的身份关系，便能确定各自的伦理规范要求。可见，“仁”是各种美德的综合，是人生的最高境界，也是人之为人的思想和行为的准则。

不过，孔子所提倡的“爱人”是有宗法等级性的。在他看来，人人都应服从固有的等级地位，也就是他所说的“君君、臣臣、父父、子子”（《论语·颜渊》）。他的“爱人”只是从君本位出发，所论及的人都是一种宗法制下的社会的、等级的人。

（二）仁与礼

在“仁”与“礼”的关系上，孔子说过一句很重要的话：“克己复礼为仁。一日克己复礼，天下归仁焉。”（《论语·颜渊》）意思是：克制自己，使自己的言行都符合礼的要求，这就是仁。做到了这点，天下就达到了仁的境界。孔子曾按照这一标准，把具有高尚德操的志士仁人、政绩卓著的执政者和矢志苦读的穷弟子，如管仲、子产、颜渊等人，都称之为仁。当然，仁主要是要求在位者爱民、重民、惠民。要做到仁者“爱人”，就应该实行“忠恕之道”，即“己欲立而立人，己欲达而达人”（《论语·庸也》），“己所不欲，勿施于人”（《论语·颜渊》），

要将心比心，自己不愿意的事情不要强加于人，自己喜欢的东西要想到别人也喜欢，要自爱自重，同时也要尊重他人的人格。这是使政治法律合乎人道的一门学问。

关于仁与礼，孔子认为，两者具有密切的关系。仁的精神是通过礼的节文来体现的，没有礼，便无以为仁。周礼是最完善的伦理规范和制度，而仁是最完美的伦理观念和品德，仁先于礼，仁为质，是内在的精神；礼为用，是外在的节文。在《论语》中，孔子常以知礼自居："夏礼，吾能言之，杞不足征也；殷礼，吾能言之，宋不足征也。文献不足故也。足，则吾能征之矣。"（《论语·八佾》）孔子说："夏礼，我能够讲一讲，只是杞国的不足以验证；殷礼，我能够说一说，只是宋国的不足以验证。原因是留下的典籍不够。典籍文献够的话，我就可以验证它们。"

孔子研究了三代之礼后，最为赞赏的是周礼，"周监于二代，郁郁乎文哉！吾从周。"（同上）孔子感慨：周朝借鉴总结了夏商两代的礼仪制度，是多么丰富多彩啊！我遵从周礼。但孔子却不敢以"仁者"自誉，"若圣与仁，则吾岂敢？"（《论语·述而》）因为仁和礼是处在不同的层次上，礼易仁难，仁高于礼，也重于礼。孔子青年时期以知礼而闻名于世，因而他将仁引入礼中，以维护传统的礼制。但到了中年，当他创立的仁学一旦与春秋时期的重民思潮相结合，突破了礼的框架，成为独立于礼学之外的新的学说体系。孔子顺应思想发展的潮流，以仁率礼，用仁学体系去改造传统的周礼，既保留和继承了礼制宗法制度的贵贱尊卑和政治、伦理、法制原则，又否定和摒弃了奴隶制礼中蔑视人的思想意识，重新组合成仁为本、礼为用，礼主刑辅的仁礼新关系。

（三）仁与法

孔子用仁对礼进行改造，把重视人的精神融化进礼的内容中，这些行动本身就证明了孔子希望对非人道的法律和制度进行修正，因为在孔子之前，礼和法之间本来就没有什么严格的界限，特别是在西周，礼是道德规范和法律规范的总和，是法律制度的主要支柱，对礼的损益，必定也是对法的损益。

我们以孔子对人殉的态度作为例证。在奴隶社会，奴隶主把奴隶当牲畜看待，杀奴隶殉葬是司空见惯的事，即使是奴隶主贵族的妻妾，有时也难逃此厄运。孔子旗帜鲜明地反对人殉的做法，谴责奴隶主贵族的残暴不仁。《孟子·梁惠王上》载："仲尼曰：始作俑者，其无后乎！"孔子由反对人殉进而反对俑殉，并批评将人殉视为合法的周礼，主张设立不搞人殉的新礼，使礼符合仁的精神。这一观点，表现了仁学的进步意义。

在对礼的褒贬中，孔子时时流露出一种全新的对法的价值评价观。管仲不按礼的规则行事，没有以死报答他的主人公子纠，反而辅佐公子纠的政敌齐桓公，实行"宽惠柔民"的政策，使国力大增，终于"九合诸侯"、"一匡天下"，孔子对他仍备加推崇，连声称赞："如其仁！如其仁！"（《论语·宪问》）子产不毁乡校，孔子也将他称为"惠人"。即使是"父为子隐，子为父隐"的行为准则的提出，也是因为它符合孝道，体现了仁之美。由此可见，孔子的法律价值观实际上是以仁为核心的理想主义的法制观。

二、孔子法律思想的主要内容

作为儒家学派的创始人，孔子在仁学思想体系的基础上，形成了若干富有特色的法律原则，并在立法、司法和守法等方面提出了一系列具体的法律观点和主张，它们看似散乱，实则均系于一根主线，孔子思想的特色也通过这些内容清晰地凸显了出来。

（一）等级法律观

在我国古代，根据官爵、门第、财产和身份等，把人划分为许多个等级。每个等级的社会地位、享有的权利和承担的义务都不相同。等级愈高，社会地位愈尊贵，享有的特权也愈多；等级愈低，社会地位愈卑贱，担负的义务也愈多。这种不同的等级划分都是由国家用法律形式固定下来的。孔子也认可这种等级的差异，他认为人有智与愚、贤与不肖的不同，所以社会应该有分工，应该有尊卑、贵贱的等级，也应该有统治者和被统治者。"君子劳心，小人劳力"，为了使君子和小人、劳心者和劳力者各自遵守一定的行为规范，各自享受权利和履行义务，使尊卑贵贱、长幼亲疏的等级社会不致紊乱，必须依靠礼，依靠礼治。

孔子对当时"君不君、臣不臣、父不父、子不子"，政治实权下移，宗法等级制度涣散，"礼崩乐坏"的现象十分不满，他大声疾呼要"正名"，制定合乎当时法律和道德观念的名分标准，建立一个君礼臣忠、父慈子孝的礼治国家。他提出："名不正则言不顺，言不顺则事不成，事不成则礼乐不兴，礼乐不兴则刑罚不中，刑罚不中则民无所措手足。"（《论语·子路》）孔子认为，只有名正了，言顺了，才能礼乐兴，刑罚中，人们都按照礼所规定的等级名分去行事。在这里，孔子是把"正名"提到国家礼刑问题的高度来认识的。

"正名"的实质是维护等级特权的礼治，是贵贱有序，是法律面前的不平等。因为在中国古代，君主就是最高的立法者，君主的意志就是国家的意志，法的兴废全由君主一人决定。在这种情况下，正君就是正法，君的名分正，制法就有权威，君的名分不正，立法也就无效。正因如此，"正名"的宗旨也就是孔子提出的"君君、臣臣、父父、子子"（《论语·颜渊》）。孔子认为，制礼作乐的立法权应掌握在君主之手，出兵征伐应由天子决定，只有做到了"礼乐征伐自天子出"，才能建立王道大一统的等级政治秩序和等级法律秩序，从而奠定法制的基础。

（二）重德轻刑观

自从周公提出"明德慎罚"、管仲提出"宽猛相济"的主张以来，这一关于在统治方法上礼法、德刑、宽猛关系的争论就从来没有停止过，并一直是中国法律思想史上一个历久不衰的讨论热点。对这个问题，孔子也发表了相当成熟的见解。他的一个著名论断是："道之以政，齐之以刑，民免而无耻；道之以德，齐之以礼，有耻且格。"（《论语·为政》）意即："道（导）政齐刑"的办法最多只能暂时地禁人为非，但却不能使人懂得犯罪是可耻的，因此很难从根本上去制止犯罪。只有"道（导）德齐礼"，依靠道德教化的办法，才能使人认识到犯罪的可耻，从而自觉地不去犯罪。孔子在这里讲的不是不要政刑这些强制手段，而是不要专任政刑，他从不否定刑罚等暴力的作用，一旦教化无效时，他也主张诉诸暴力，使用刑罚。当他听到郑国执政者杀了一批"盗贼"时，还高兴地说："善哉！政宽则民慢，慢则纠之以猛；猛则民残，残则施之以宽。宽以济猛，猛以济宽，政是以和。"（《左传·昭公二十年》）由此可以看出，孔子在一般情况下是强调道德教化，强调对劳动人民实行怀柔政策，期望通过"德治"、"胜残去杀"，达到"无讼"的境界的。他说："听讼吾犹人也，必也使无讼乎！"（《论语·颜渊》）既然狱讼都不会发生，当然用不着刑罚了。当民众不接受道德教化时，就不得不对他们动用刑罚。总之，在倡导"德治"的前提下，根据形势的需要，"宽猛相济"，交替地使用两手。

在宽猛结合这一点上，孔子与子产的侧重点有所不同，子产强调以猛为主，孔子则强调以宽为主，强调对百姓实行宽厚怀柔的政策。相比之下，孔子的思想和周公的主张要更接近一些。在中国古代社会，这种思想不失为一种比较开明和人道的法律主张，后人将其概括为"德主刑辅"论，用以指导立法和司法，影响至为深远。

（三）"为政在人"论

由于孔子维护"礼治"，提倡"德治"，因此在治国问题上，他很强调人治，重视统治者个人以身作则的表率作用。《礼记·中庸》说："子曰：文武之政，布在方策。其人存，则其政举；其人亡，则其政息。……故为政在人。"意思是：周文王、周武王的为政之道早已载于文书，定为法典，在他们主政时，这些为政之道都能得到推行；若没有这样的贤人主政，他们的为政之道就会阻塞、湮灭。所以，能否实行文武之政的关键在人，治国应该任人而不是任法。

当然，孔子所说的"为政在人"的人，不是普通的人，而是仁人、贤人，是道德高尚、其人格和行为足可成为国人楷模的统治者。为了做到这一点，孔子提出了一些具体建议。一是要"举贤才"（《论语·子路》）。他对周礼中的"亲亲"原则作了大胆的修正，提出了"近不失亲，远不失举"（《左传·昭公二十八年》）的选用官吏标准，即在任用官吏时，既不刻意回避亲近者中的贤才，也不遗漏那些非贵族出身的俊杰，选才的主要标准是看他们的才能和操行，而不是出身与社会关系。二是要求为政者正人先正己。孔子指出："政者，正也。"（《论语·颜渊》）实行德治的前提是身居高位者必须有德，否则便不能发挥道德感化的效果。

他多次针对统治者提出“不能正其身，如正人何?”(《论语·子路》)的告诫，如果统治者自己的行为都不端正，又怎么能去管理教育别人呢?他强调无论什么法令法规，统治者都要首先以身作则，“其身正，不令而行;其身不正，虽令不从。”(同上)领导者本身正直没有偏差，不用发号施令，事情也能行得通;倘若自己品行不端正，就是下了命令，人民也不肯听从。统治者的言行直接影响到国家的风气，“君子之德风，小人之德草，草上之风必偃。”(《论语·颜渊》)上行下效，老百姓都是有样学样的，如果百姓行为“不正”，或者违法犯罪，那多半也是由统治者自己行为不端引起的。因此，在位的统治者必须以身作则，将自己的行为纳入国家法制的轨道，“修己以安人”，“修己以安百姓”(《论语·宪问》)。三是为政者要确立行为的标准。孔子要求统治者要“尊五美，屏四恶”，严格约束自己的言行。所谓“五美”是:“惠而不费，劳而不怨，欲而不贪，泰而不骄，威而不猛。”君子要给百姓以恩惠而自己却耗费不多;使百姓劳作而不使他们怨恨;要追求仁德而不贪图财利;庄重而不傲慢;威严而不凶猛。所谓“四恶”是指虐、暴、贼、有司四种恶政:“不教而杀谓之虐，不戒视成谓之暴，慢令致期谓之贼，犹之与人也，出纳之吝，谓之有司。”(《论语·尧曰》)即事先不经教化便加以杀戮叫做虐;不加告诫便要求立即完成的叫做暴;自己玩弄法令而又要求别人如期完成任务的叫做贼，同样是给人赏赐，却出手吝啬，叫做小气。

孔子的贤人政治的主张，把社会的治乱、法律的兴废、人民的祸福全部系于少数贤人之身，是典型的英雄史观。但这一思想也包含着改良政治、反对暴君昏君等积极因素，对后人重视执法官吏的选用也有一些启迪作用。

(四)犯罪预防观

孔子的犯罪预防建立在他的人性论基础之上，他对人性有一句非常简洁的分析:“性相近也，习相远也。”(《论语·阳货》)这里的“性”，指的是人的先天禀赋和情性。孔子认为，“性”是所有的人都大体相同的，没有什么质的差异。“习”指人后天的习染，包括教育、生活环境、传统和习俗的影响及个人的修养和生活态度等，人的差异，主要在“习”的不同。这就说明，孔子不认为有天生的犯罪人，他从人本身，从人后天的“习”来探究犯罪的原因和犯罪心理的形成，排除了犯罪是人的本性的先天决定论，为犯罪可以预防、罪人可以教化提供了理论先导。

为了寻求预防犯罪的方法，孔子分析了犯罪的原因。有一次，鲁国执政者季康子苦于“盗贼”太多，问孔子有何解决方法，孔子回答说:“苟子之不欲，虽赏之不窃。”(《论语·颜渊》)意思是，假如你不贪图财富的话，即便你悬赏，人们也不会去盗窃。孔子还说过:“不患贫而患不均，不患寡而患不安”(《论语·季氏》)，意思是不必担心财富不多，只需担心财富不均;不必担心人民太少，只需担心不安定;“贫而无怨难，富而无骄易”(《论语·宪问》)，意思是贫穷而没有怨恨，很难，富贵却不骄傲，倒容易做到。综上所述，孔子把犯罪的原因归结为两个方面，一是统治者贪得无厌，横征暴敛；二是社会财富分配不公，人民过于贫穷，失去了维持生存的起码条件，不得不铤而走险。

为此，孔子有针对性地提出了预防犯罪的基本原则和措施：“富之”、“教之”，即先富后教。《论语・子路》载：“子适卫，冉有仆。子曰：‘庶矣哉’！冉有曰：‘既庶矣，又何加焉？’曰：‘富之’。曰：‘既富矣，又何加焉？’曰：‘教之’。”这段话的意思是：孔子到卫国去，学生冉有给他驾车随从。看到卫国的情况，孔子说：“（卫国）人真多啊！”冉有说：“人口已经够多的了，又该给他们做些什么事呢？”孔子说：“使他们富裕起来。”冉有说：“富裕之后，再给他们做些什么呢？”孔子说：“对他们施行教化。”

孔子重视犯罪的预防，首先是主张消除贫困，强调统治者要“博施于民而能济众”（《论语・雍也》），“因民之所利而利之”（《论语・尧曰》），要广泛地给予民众并能接济他们，使人民有饭吃，有衣穿，富裕起来，然后对人民进行教育，使他们懂得礼义，“有耻且格”，不再违法犯罪。这一理论的提出和孔子的重民主张有很大的联系，它包含了不少合理的因素，值得我们吸收借鉴。

（五）用刑适中论

继承了西周的“中罚”思想，孔子根据中庸主义的原则，提出了丰富的用刑适中的刑罚思想，并把用刑是否适中看作是国家统治是否稳定的重要因素。“礼乐不兴则刑罚不中，刑罚不中则民无所措手足。”（《论语・子路》）康有为《论语注》解释：“中者，无过无不及之名。庸，常也。”需说明的是，“中庸”不是简单地取刑罚轻重之中，调和折中之法，而是指处刑时掌握犯罪的决定性因素，抓住主要矛盾，准确地定罪科刑。这是孔子的富有哲学思考的司法观。

孔子的用刑适中论主要包含以下几层意思：第一，使用刑罚要符合礼的标准。礼乐必须成为刑罚执行的指导思想。因为“夫礼，所以制中也”（《礼记・仲尼燕居》），只有合乎礼的才叫中，所以只有“兴礼乐”只能中刑罚，反之，刑罚必滥。第二，要行宽政。孔子常告诫统治者：“宽则得众”，“公则说（悦）”（《论语・尧曰》）。宽惠之政可以收拢人心，办事公正百姓才会高兴。当然，必要时也要用“猛政”，所以孔子提出了“宽猛相济”的原则，但基点仍然是宽惠，到不得已时才用猛。第三，用刑要识察。司法审判必察明原情，搞清楚事情之原委、事实。孔子主张：“众恶之，必察焉；众好之，必察焉。”（《论语・卫灵公》）对于“好”、“恶”的不同评价，不可随意附和与听信道听途说，必须深探事情之真伪。识察，才能谨慎用刑。识察，才不会乱杀滥罚。这一思想对后世一些防止错案的司法原则的制定有重要的指导作用。第四，量刑要讲求“执”和“时”。“执”指原则性，“时”指灵活性，这二者相结合，审时度势，权衡处置，对用刑适中也相当重要。

(六)"父子相隐"论

对家族主义的强调和维护使孔子的诉讼观也具有异于常人之处，尤其是基于孝亲观念，孔子明确主张父子之间应该互相隐瞒犯罪，而不应该互相告发。《论语·子路》载："叶公语孔子曰：'吾党有直躬者，其父攘羊，而子证之。'孔子曰："吾党之直躬者异于是，父为子隐，子为父隐——直在其中矣。"叶公告诉孔子说："我有个老乡为人很正直，他父亲偷了别人的羊，做儿子的去告发了。"孔子说："我家乡正直的人做法与此不同，父亲为儿子隐瞒，儿子为父亲隐瞒，正直就表现在这里面了"。在孔子看来，由于父与子之间具有"慈"与"孝"的伦理要求，父子相隐就是符合道德的，凡合乎道德的也就是合法的，所以，父与子相互隐匿犯罪不应处刑。这是儒家伦理法思想的典型表现。但是"父子相隐"不是绝对的，它有一个前提，就是所犯的罪行不能危害国家安全和君主的利益，一旦犯罪威胁到国家、君主、法律等所谓大义，不但不允许"相隐"，还要求"大义灭亲"。汉以后的法律一般都接受了孔子的这个主张，而且规定也越来越严密。

孔子的法律思想，经过战国时期孟子、荀子和西汉董仲舒等儒家的继承、发展和改造，在西汉中期终于被选择为占统治地位的法律思想，又经魏晋南北朝时期的几番推进，至隋唐之世终被全面确立为法律的指导思想和原则，正式地法典化了。尽管汉唐之时及后世推崇的法律学说是经过改造的孔子学说，但中华法系在总体上是以儒家思想为指导的法系，是儒家的立法，于此可见孔子思想对古代法律的影响之深远。

第三节 孟子的法律思想

孟子（公元前372～公元前289年），名轲，邹国人。他是鲁国贵族孟孙氏的后代，据说孟子三岁丧父，孟母艰辛地将他抚养成人，孟母管束甚严，其"孟母三迁"、"断机教子"等故事，成为千古美谈，是后世母教之典范。孟子长成后，成为孔子之孙子思的再传弟子，属于子思一派，是战国中期儒家的主要代表，中国古代伟大的思想家。孟子以学习、继承、弘扬孔子的学术思想、道德人格为己任，立志做孔学传人。其人生道路亦与孔子相似：教书、游历、著述。三十岁左右，孟子收徒讲学，并逐渐形成了他的"仁政"学说。中年以后，他带着弟子周游列国，以仁政主张游说诸侯，先后到过齐、宋、邹、滕、鲁、魏等国，一度任齐宣王客卿。由于其主张被各国诸侯视为"迂远而阔于事情"（《史记·孟子荀卿列传》），不合时宜，故未被采纳。晚年又回到邹国，和弟子万章等编写《孟子》七章，属语录体散文集，它是研究孟子思想的最可靠资料。南宋时朱熹将《孟子》与《论语》、《大学》、《中庸》合在一起称为"四书"。

孟子在政治上提倡"王道"，反对"霸道"；提倡"仁政"，反对"暴政"。在

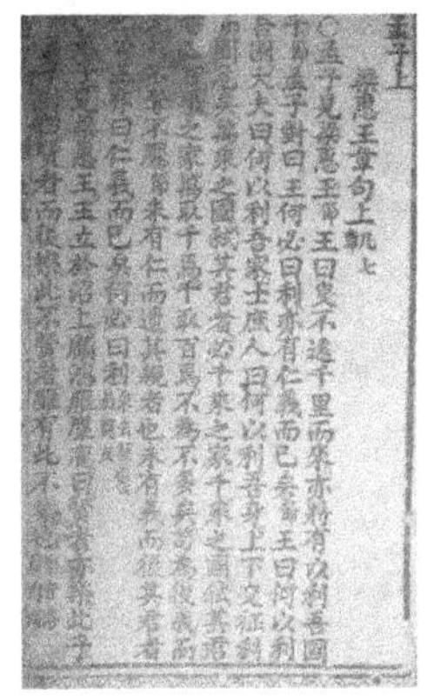

梁惠王章句上凡七
○孟子見梁惠王王曰叟不遠千里而來亦將有以利吾國
乎孟子對曰王何必曰利亦有仁義而已矣王曰何以利
吾國大夫曰何以利吾家士庶人曰何以利吾身上下交征利

图 3-2　孟子像，《孟子》（明刻本）书影

封建制取代奴隶制已成大势所趋的历史潮流面前，孟子在一定程度上能适应形势的变化，进一步发展孔子的思想。孟子的法律思想以“仁政”学说为核心，以性善论为基点，提出了民贵君轻论和暴君放伐论，丰富和充实了儒家的伦理法思想，为后世留下了宝贵的思想财富。

一、孟子法律思想的理论基础——仁政学说

孟子自称，“乃所愿，则学孔子也”（《孟子·公孙丑上》）。他立志做孔子传人，将孔子的仁学和德治结合在一起，建立起了具有完整体系的政治法律理论——仁政学说。他以这一新的学说确立了自己儒家主流的地位，他的全部思想也通过仁政理论框架得以阐发。仁政学说是孟子思想的精华和特色所在。

孟子创立仁政学说并非偶然，而是由他所处的特定历史条件决定的。他生活在战国中期，其时列国争战争霸，用兵争强，战争规模越来越大，而“民之憔悴于虐政，未有甚于此时者也”（同上）。战乱和苛政使人民生灵涂炭，流离失所，同时战争又对经济造成了极大的破坏，孟子对此深感忧虑，他极力主张天下的统一和安定，反对穷兵黩武。在学术思想上，他反对法家的“霸道”学说，主张实行“王道”政治，省刑薄敛，藏富于民，养民教民，效法先王，行“仁政”统一天下，从根本上消除战争和虐政给人民带来的危害。

与孔子以“仁”为核心的“德治”相比，孟子的“仁政”源出其说又高于其说，这种发展主要表现在两个方面，一是孟子更加重视民心的向背，他把民心向背看成是“得天下”或“失天下”的关键；二是孟子把推恩于民列为实行“仁政”的主要内容，以着重调和统治阶级和人民之间的矛盾。称王于天下，实现王道，是孟子政治理论的基本目标。为实现这一目标，孟子所提倡运用的手段，不是“力”，而是“德”，不是通过战争的征伐，而是通过施行仁政以争取民心。这

一切，都是建立在性善论和民本思想基础上的。

（一）性善论

性善论是孟子政治法律思想的理论根据，也是他认为“仁政”之所以可能实行的依据。孟子比孔子更明确直接地讨论了人性问题，《孟子·滕文公上》记载：“孟子道性善，言必称尧舜”。他认为人的本性是善的，即生来就具有为善的天性，即“四心”，这“四心”分别对应仁、义、礼、智这四种道德：“恻隐之心，人皆有之；羞恶之心，人皆有之；恭敬之心，人皆有之；是非之心，人皆有之。恻隐之心，仁也；羞恶之心，义也；恭敬之心，礼也；是非之心，智也。仁义礼智，非由外铄（音硕，授予的意思）我也，我固有之也，弗思耳矣”。（《孟子·告子上》）仁义礼智这“四心”都不是由外在的因素加给我的，而是我本身固有的，只不过平时没有去想它因而不觉得罢了。但这种善良美好的本性并非每个人都能保持发扬，“庶民去之，君子存之”（《孟子·离娄下》）。不能保持发扬的，便是失德的小人，只能成为接受仁政的“治于人者”；能保持发扬的，便成为“先知先觉”的君子和圣人，是施仁政的“治人者”。孟子认为所谓“仁政”就是“以不忍人之心，行不忍人之政”（《孟子·公孙丑上》），即以怜恤别人或不忍见人困苦的心情来实行怜恤别人之政。可见对统治者来说，行仁政必须从保持和扩充人的“四心”做起，只有用王道仁政去争取人民的拥护和支持，使其“中心悦而诚服”，天下才可运于掌上。

孟子的性善论在两个方面突破了传统的理论。第一，他把仁义礼智等伦理原则说成是人性和人的行为规则，这就缩短了道德伦理和法律规范的距离，使二者在行为规则方面统一了起来。第二，他认为圣人和庶民在人性上并非有天生的差异，从而打破了传统的“天生圣人”的观念。这一论点又使儒家对仁义道德教化的重要性的强调深入了一步。

（二）教化论

性善论否定了天生罪犯的说法，也使道德教化的作用突出起来，因为只有通过礼义道德教化，才能去除人们追求利欲的恶行，使他们恢复固有的善良本性。“仁言不如仁声之入人深也，善政不如善教之得民也。善政，民畏之；善教，民爱之。善政得民财，善教得民心”。（《孟子·尽心上》）意思是说，好的制度不如好的礼乐深入人心，好的政治不如好的教育能获得民心。政令能够使人民就范，但同时又使其畏惧，教化却能使人民爱戴。良好的政令只能得到人民的财富，而良好的教化却能赢得民心。

从另一个角度说，王道、仁政的一项重要内容就是对人民进行礼义道德的教化，通过教化以“明人伦”，从而达到不用武力强迫，不靠刑杀镇压就实现“修齐治平”王道政治的目的。“人伦明于上，小民亲于下”。（《孟子·滕文公上》）“人人亲其亲，长其长，而天下平”。（《孟子·离娄上》）当在上的诸侯卿大夫都明确和遵守伦常关系时，在下的小民自然也会亲密无间。人人都亲敬双亲，尊重长辈，天下自然就太平了。如果不是这样的话，那么“上无礼，下无学，贼民兴，丧无日矣”（同上）。居上者不讲礼义，在下者又不学习，民众纷纷起来造反，离亡国的日子就不远了。

既然教化可以引导和弘扬人的善性，那对教化的内容就不可不审察和选择。孟子认为，教化的内容必须是仁、义、礼、智、信、孝、悌之类的伦理道德，统治者必须“谨庠序之教，申之以孝悌之义”（《孟子·梁惠王上》）；“教以人伦：父子有亲，君臣有义，夫妇有别，长幼有叙（序），朋友有信。”（《孟子·滕文公上》）在学校教育中，反复地阐明忠于君主、孝顺父母、尊敬长上等道理，使人们习惯于遵守礼义法度，避免犯罪的发生。

（三）仁义观

孟子提出的仁政是建立在以血缘家庭为基础的宗法社会之中的，因此，仁政的伦理基础便是血缘人伦。所谓人伦，指的是维系血缘社会的五种人际关系原则，孟子把它概括为“父子有亲，君臣有义，夫妇有别，长幼有叙，朋友有信”这五伦。这是第一次明确提出五伦的概念，达到了五伦，就符合了仁义的标准。

孟子的仁义观比孔子的仁学在内容上又有所发展。孔子讲仁，其本意在“爱人”，孟子则把“仁者爱人”直接归结为“亲亲”，“亲亲，仁也”（《孟子·尽心上》）。父子关系是宗法血缘关系中感情和伦理最密切的关系，父子之爱也是最高层次的爱，这种仁爱必须达到“孝”的程度。为了使仁爱具有差异性，孟子将父子关系以外的其他社会关系用“义”作为标准：“仁之于父子也，义之于君臣也。”（《孟子·尽心下》）“仁之实，孝亲是也；义之实，从兄是也。”（《孟子·离娄上》）“义”的本义是“直”，是合理、恰当的意思，孟子提倡的“义”，是根据“仁”的精神恰当地处理人与人关系的行为准则和方法，是“仁”的精神的扩大和延伸，它依附于“仁”。“仁义”是孟子制定的评价社会和法律秩序的最高标准，是衡量人的行为是否犯罪的价值尺度，是修身的目标，它和孝悌相辅，成为法的价值标准。梁启超有一句话：“仁义二字，为孟子一切学问总宗旨。”（《饮冰室文集》第二册《谈孟子界说》）可以说是对仁义观在孟学中的地位作了高度而又简洁的概括。

孟子仁义观的意义并不在于深化了亲亲之爱，还在于对君臣关系重新作了定位。他一方面将君臣关系也归属于义，将其视作为父子关系的放大和延伸，使统治和被统治的关系蒙上了一层温情脉脉的伦理面纱；另一方面，君臣之义又不同于父子之亲，按照儒家普遍的看法，父子的关系是“天属”，是不能分离的，而君臣之间的结合则是“义合”，“有义则合，无义则离”。同时，君臣之间“义”或“不义”与忠或不忠又是相对应的，孟子说：“君之视臣如手足，则臣视君如腹心；君之视臣如犬马，则臣视君如国人；君之视臣如土芥，则臣视君如寇仇。”

(《孟子·离娄下》)臣下对待国君的态度是由国君对待臣下的态度决定的。你怎样对待人,人就怎样回报你。君臣关系如此,君民关系更如此。所以,臣对君不仅能以恩报恩,以牙还牙,而且还可以易位,对"不仁"、"不义"的君主可以撤换、放逐、讨伐,甚至可以诛杀。就这样,孟子在仁义观的基础上,提出了"暴君放伐"的著名论断,成为儒学中又一个思想闪光点。可见仁义观的主要锋芒是向着执政者的,它具有鲜明的批判现实的精神,同时在法律的价值评价尺度上,也有其独特的意义。

二、孟子法律思想的主要内容

孟子的法律思想是以"仁政"学说为指导,围绕着"省刑罚,薄税敛"这一中心而展开的。其主要内容大致有以下几个方面:

(一)养民富民的经济立法主张

为了得民心和使教化发挥作用,孟子在经济上提出了"推恩于民",让人民尽快富裕起来的一系列主张,这些主张就其内容而言可分为两大方面。

首先是"制民之产"和"正经界"。所谓"制民之产",是要给农民以固定的田产,保证其具有起码的生存条件,民众有了"恒产"之后,才会有"恒心",也就是稳定地从事农业生产的积极性。孟子说:"明君制民之产,必使仰足以事父母,俯足以畜(蓄)妻子,乐岁终身饱,凶年免于死亡,然后驱而之善,故民之从之也轻。"(《孟子·梁惠王上》)孟子设计的"制民之产"的理想境界,是要达到"八口之家"有"五亩之宅"、"百亩之田"以及"五母鸡二母彘(猪)",使得"死徙无出乡,乡田同井,出入相友,守望相助,疾病相扶持,则百姓亲睦。"(《孟子·滕文公上》)

所谓"正经界",就是划分和确定土地的疆界。因为土地兼并在战国中期已成为相当普遍的社会问题,要实行仁政,必须制止兼并,保障各级贵族及庶民百姓对土地的私有,故孟子提出:"夫仁政,必自经界始。"(同上)好的治国方略,是从界定产权开始的。通过明确经界,来稳定封建土地所有制关系,同时又可以保证民之恒产免遭侵夺,以满足基本的生活需求,维护王道政治的基础。在这里,孟子勾勒了一幅宗法性农业自然经济的理想化图景,表露出了各守本分、互相协作的愿望。

其次是"薄税敛"和"取于民有制"。孟子认为统治者对民众的剥削应该有一定的限度,不要竭泽而渔,贪得无厌,否则就会出现官逼民反的局面。他认为当时的统治者加在人民身上的赋税过于繁重,为了维护地主阶级的长治久安,就必须"薄税敛"和"取于民有制",即把赋役负担控制在一定限度之内。他在《滕文公上》篇中提出了具体的方法:乡村的农民每家耕田百亩,八家共耕公田一百亩,对农民实行劳役地租,对城内居民则在其收入中征收十分之一的赋税。在《公孙丑上》中,孟子还提出:"市,廛而不征,法而不廛,则天下之商皆悦而愿藏于其市矣。关，讥而不征，则天下之旅皆悦而愿出于其路矣。”意即在市场上给予空地以储藏货物，却不征收货物税；如果货物滞销，则依法收购，不让它长期积压。国家设立关卡，对往来的人只稽查而不征税。商人、旅客对此都会高兴。这种重农而不轻商的做法对社会经济的发展是有好处的。

值得注意的是，孟子关注养民富民的问题，是从整个统治的大局来考虑的，他说：“民之为道也，有恒产者有恒心，无恒产者无恒心。苟无恒心，放僻邪侈，无不为己。及陷乎罪，然后从而刑之，是罔民也。焉有仁人在位，罔民而可为也？是故贤君必恭俭、礼下，取于民有制。”（《孟子·滕文公上》）意思是，人民有一个基本情况：有一定的财产收入的人，才有一定的道德观念和行为准则，如果没有一定的财产收入，便不会有确定的道德观念和行为准则。假若没有一定的道德观念和行为准则，就会胡作非为，违法乱纪，什么坏事都干得出来。等到他们犯了罪，然后加以惩罚，这等于陷害百姓。哪有仁爱的人统治国家，却做出陷害百姓的事呢？所以贤明的君主一定认真办事、节省费用、有礼貌地对待部下、尤其是征收赋税要有一定的制度。

孟子要求行仁政，讲民本，重民生，其落脚点均在于王道，几乎在他的每一项重要论述中，都明确归结于此：“养生丧死无憾，王道之始也”。（《孟子·梁惠王上》）让老百姓能够赡养活着的人，埋葬死了的人，而不感到有遗憾，这是行王道的开端。“黎民不饥不寒，然而不王者，未之有也。”（《孟子·梁惠王上》）百姓都能不挨饿不受冻，这样还不能使天下归服的，那是从来没有的事。统治者要长久地坐天下，首先要让老百姓过上安稳踏实的日子，孟子在这里道出了非常朴实的道理。

（二）慎刑慎罚的法刑观

孟子说：“上无道揆也，下无法守也，朝不信道，工不信度，君子犯义，小人犯刑，国之所存者，幸也。”（《孟子·离娄上》）朱熹注：“道揆，谓以义理度理事物而制其宜；法守，谓以法度自守。”这是说，具有仁义道德的善心还必须和好的法度相配合。如果没有仁义道德和法度，社会上各色人等都不讲规矩，国家尚能存在，那完全是侥幸的事。表明孟子的主张倾向于法律和仁义道德相配合，在倡导以仁义道德治国的同时，又把刑罚当作统治者治国不可缺少的工具。

由于孟子把仁义作为最高的法律价值，因此，在区分罪与非罪时，他以是否违背仁义作为判断的标准，在认定刑罚是否合理和必要时，也是以是否违背仁义作为判断的标准。他反对不合仁义的重刑滥杀和虐政暴政，将“省刑罚”作为一项重要的仁政措施。他告诫君主：“不嗜杀人”才能定天下于一统：“如有不嗜杀人者，则天下之民皆引领而望之矣。诚如是也，民归之，由（犹）水之就下，沛然谁能御之？”（《孟子·梁惠王下》）“不嗜杀人”就是谨慎地使用死刑，不依靠杀人来维持统治。如果有个不爱好杀人的君主，那么，天下的老百姓都会伸长着脖子期待他的解救了。民众投奔这样的君主，就像水汹涌流向低处，谁能挡得住？孟子尖锐地指出："杀一无罪非仁也。"（《孟子·尽心上》）凡杀害一个无罪之人便是不仁。他认为，统治者用国家机器滥杀百姓这种"杀人以政"与罪犯的"杀人以梃"、"杀人以刃"没有什么不同，统治者杀人以政无异于"率兽而食人"，都是不合仁义的行为。正确的态度应当是"行一不义，杀一不辜，而得天下，皆不为也。"（《孟子·公孙丑上》）做一件不义之事、杀一无罪之人，哪怕可以得到天下，都不应该去做。孟子说："以德行仁者王"，"以力服人者，非心服也"。"以德服人者，中心悦而诚服也"（《孟子·公孙丑上》）。统治者光靠杀人是不行的，只要行"仁政"，从而使天下之民"中心悦而诚服"，就会使天下之民自然归顺而成王。

与同时期的商鞅截然相反，孟子明确表示反对罪及妻子、株连三族的残酷刑罚，提出了"罪人不孥"（《孟子·梁惠王上》）的主张。他认为，杀人必须审慎，要经过仔细调查，征求国人意见，千万不能只听一面之词而草率决定，只有这样的君主，才堪称民之父母。民众对君主的态度也是以君主实施刑罚的做法为转移的，孟子认为，对不仁君主"无罪而杀士，则大夫可以去；无罪而戮民，则士可以徙。"（《孟子·离娄下》）大夫可以背叛不仁的国君，士可以离弃不仁的诸侯。联想到孟子对犯罪原因的分析，可以看出，孟子的法刑观已基本揭示了"官逼民反"的道理，从而为解决社会犯罪、稳定社会秩序提出了一条思路：施仁政，纠正统治集团的滥杀无辜和重赋敛财，比镇压和惩罚一般的犯罪者更重要。孟子的这些思想在历史上产生过很大影响。

在刑罚的适用上，孟子和孔子一样，主张"教而后诛"。孟子又进一步分析说，刑罚的锋芒主要是针对"小人"的，所以在普遍采用"教而后诛"的原则时，对那些"御人于国门之外"，杀人抢劫的"小人"要"不待教而诛"（《孟子·万章下》），这就修改了孔子"不教而诛谓之虐"的原则。至于对那些好战的人，应该"服上刑"，处以最严厉的刑罚；对从事合纵连横的人，应该处次一等的刑罚；对为增加赋税而驱使百姓开垦土地、尽地力的人，应受再次一等的刑罚。因为这些人并非良臣，而是"民贼"。这些看法虽存在不少问题，但孟子对刑罚的认识比孔子明显前进了一步。

（三）辅贤伐暴的君臣关系论

继承孔子重视民生的观点，并将民本思想推向一个新的高度，是孟子对儒家学说做出的一大贡献。孟子认为，民比社稷国家还重要，民是国家之本。他看到各诸侯国的成败存亡，均取决于人民支持与否，因此十分重视人民的力量和民心的向背。"诸侯之宝三：土地、人民、政事。"（《孟子·尽心下》）他把人民、土地和政事视为"诸侯之三宝"，缺一不可，谁要想得到天下，就必须得到人民的拥护，必须先"得民心"。他指出："桀纣之失天下也，失其民也；失其民者，失其心也。得天下有道：得其民，斯得天下矣。得其民有道：得其心，斯得民矣。得其心有道：所欲与之聚之，所恶勿施，尔也。”（《孟子·离娄上》）夏桀和殷纣王丧失天下，是因为失去了百姓的支持；他们失去百姓的支持，是由于失去了民心。获得天下有方法：获得了百姓的支持，便获得天下了。获得百姓的支持有方法：获得了民心，便获得百姓的支持了。获得民心有方法：他们所要的，替他们聚积起来给他们；他们所厌恶的，不要强加在他们头上，如此而已。基于对君主地位和民本思想的认识，孟子往往以“说（悦）大人，则藐之”的姿态和为帝王师的气派居高临下，理直气壮地批评当世君主，表现了古代正直知识分子的风骨和人格力量。

正因为民心向背是国家和君主的安危之所系，孟子在此基础上提出了著名的“民贵君轻”论：“民为贵，社稷次之，君为轻。”（《孟子·尽心下》）短短十个字，意思十分明白：对于国家的生存和强盛来说，争取人民最为重要，象征国家的土谷之神次之，相比较之下，国君个人就不那么重要了。孟子的目的在于劝告国君，首先要争取百姓的信任和支持，“得丘乎民而为天子”，就像诸侯国君“进贤”、“杀人”时要征求国人意见一样，天子也不能为所欲为，做事都要考虑民众的好恶。

在君臣关系问题上，孟子也有自己新的见解。他认为，国君不应虐待臣下，而应尊重和爱好臣下。在他看来，君臣关系不是绝对服从的隶属关系，而是一还一报的双边关系，其中国君居于主导地位，臣下的态度是由国君的态度决定的，“君仁莫不仁，君义莫不义，君正莫不正”（《孟子·万章下》）。另外，由于天下之本是民，国之本也是民，臣下就不应当是君主个人的奴仆，为臣的进退和对君上的态度，都应以天下人民的利益为转移，特别是臣下对国君不应阿谀奉承，不应助纣为虐，“长君之恶其罪小，逢君之恶其罪大”（《孟子·告子下》），对于君主的恶行，作为臣子的装作没看见而不加劝阻，任凭其恶行滋长，这样的罪过还算小；如果迎合昏庸的执政者，引他去干坏事，这样的罪过可就大了。孟子尖刻地批评：“以顺为正者，妾妇之道。”（《孟子·滕文公下》）对这种专事取悦于君主的人持极端鄙视的态度。

孟子提出的臣下对国君应持的态度是：君贤，则恪尽臣下的职守相辅弼。君不贤，则谏则诤；谏而不听，异姓之臣可弃君而“去之”，贵戚之臣可将君“易位”；对于昏君、暴君，甚至可以放逐和诛伐。在回答齐宣王关于“汤放桀，武王伐纣”是否属于“臣弑其君”的问题时，孟子提出了“暴君放伐”的理论：“贼仁者谓之‘贼’，贼义者谓之‘残’。残贼之人谓之‘一夫’。闻诛一夫纣矣，未闻弑君也。”（《孟子·梁惠王下》）孟子这话说得多好：破坏仁爱的人叫做“贼”。破坏道义的人叫做“残”。这类人，只能称做“独夫”。我只听说过周武王诛杀了独夫殷纣，没有听说过他是以臣弑君的。说明破坏仁义原则的人就已失去了做国君的资格，对这种无道昏君，人人得而诛之，周武王伐纣，“救民于水火之中”（《孟子·滕文公下》），完全是值得肯定的正义行为。孟子提出“暴君放伐”论，目的在于警告统治者，不要任意轻民、残民，如果贪残暴虐，不顾人民死活，到头来自己可能被逐、被杀。这一观点是孟子思想中最富有积极意义的部分，它为人民反抗昏君暴君提供了思想武器，在历史上起过进步作用。

（四）贤人和良法并重的人法关系论

孟子对人法关系论有一句最有代表性的话：“徒善不足以为政，徒法不能以自行。”（《孟子·离娄上》）这句话的意思是：只有善德不足以处理国家的政务，光有法令它也不能自己运作起来。说明孟子是主张仁义道德与法律相配合，“先王之法”通过“仁政”予以贯彻实施的，而这一切最后都取决于人的作用，所以孟子非常重视使用贤仁之人来推行仁政。在各级官吏的人选上，他都反对让无德无才的旧贵族世袭，而主张“贤者在位，能者在职”，“尊贤使能，俊杰在位”（《孟子·公孙丑上》），指出如果“不信仁贤，则国空虚”（《孟子·尽心下》）。

孟子认为，要行仁政，就得让贤者身居要职，处于统治地位；假如让不仁之人处于统治地位，就会把他的恶行传播给民众。“惟仁者宜在高位，不仁而在高位，是播其恶于众也。”（《孟子·离娄上》）他要求国君都能用“仁义”的标准来衡量自己，认为一旦君主都能用仁、义、正的标准要求自己，那下面的人也都能够做到，“一正君而国定矣”（同上）。从这一点看，孟子的侧重点是“人”而不是“法”。

重视仁人贤人的作用，也不否定法的作用；有了善、有了仁人贤人之后，又强调仁人与良法兼重，这就是孟子人法关系论的主要特色。在重视人的作用的时候，又突出“惟仁者宜在高位”的见解，注重君主、官吏的个人品德和素养，反对不学无术者和贪官污吏祸国殃民。孟子的这些主张，都有着积极的意义。

第四节　荀子的法律思想

荀子（约公元前 313～公元前 238 年），名况，字卿，战国末期赵国人。他曾游学于齐，后在齐国稷下学宫讲学，且“三为祭酒（校长）”，执掌学宫，是当时最负盛名的大学问家。荀子是战国末期儒家的主要代表，但他打破“儒者不入秦”的传统，应聘去过秦国，其主张虽未被秦昭公等人接受，但此行得以考察秦国政治。他对自商鞅变法以来的秦国政治评价很高，认为已接近“法之至也”（《荀子·强国》）的程度，这与当时其他儒家将秦国比作“虎狼之国”的说法形成了强烈反差。和孔、孟一样，荀子一生亦多不得志。现存《荀子》共三十二篇，一般认为前二十六篇是荀子自著，后面六篇系其弟子所记，全书基本反映了荀子的思想，是研究荀子的主要资料。由于荀子言行对其他思想家的观点也多有评论，所以《荀子》一书也为我们研究先秦各家学说提供了丰富的资料。

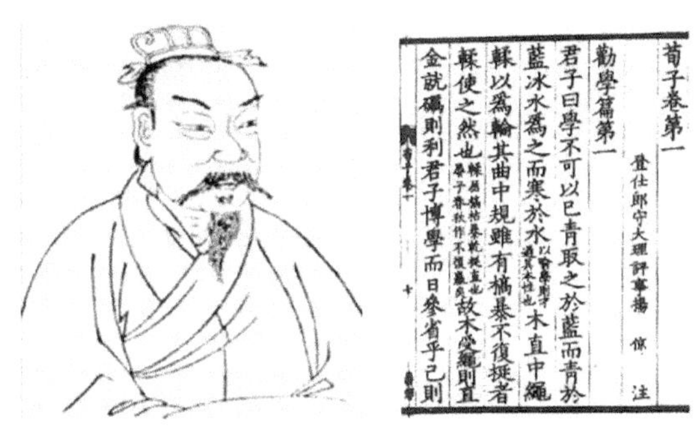

荀子卷第一
登仕郎守大理評事楊倞注
勸學篇第一
君子曰學不可以已青取之於藍而青於
藍冰水爲之而寒於水以喻學則才過其本性也木直中繩
輮以爲輪其曲中規雖有槁暴不復挺者
輮使之然也輮屈也槁枯暴乾挺直也晏子春秋作不復贏矣故木受繩則直
金就礪則利君子博學而日參省乎己則

图 3-3 荀子像，《荀子》书影（宋刻本）

荀子生活的年代，正是中国社会发生深刻变化的时代。当时封建制度已经建立，“诸侯异政，百家异说”的局面即将结束，封建主义大一统的趋势已十分明显。荀子的学说正反映了这种趋势，代表了地主阶级在政治、经济等方面实现统一集权的要求。他的政治法律思想是隆礼、重法和重赏罚，特别强调礼的规范性、强制性，并建立了自己的礼法论和德刑论；他提出性恶论与孟子的性善论相抗衡，为论证圣人创制礼法以制约和改造人性提供了理论依据；他尊王道，也称霸道，从而与孟子的“尊王黜霸”观点相径庭。荀子的学说融入了较多的论证君主权威的官僚理论，在重民思想、仁义王道和批判精神方面则比孔孟有不同程度的消退，从而形成了对孔孟思想及其法律思想体系的改造，适应了统一的中央集权政治的需要。

一、荀子法律思想的理论基础——礼法论

荀子虽然仍属于儒家学派，但他在许多方面尤其在礼法观上对孔、孟的观点作了修正和发展。荀子法律思想的一个重要特征，就是把礼和法会通，突出了法的客观性、强制性和制度性，将礼作了法的解释，开了礼法一体之先河，使儒、法两家在这个原先观点截然对立的问题上开始走到了一起。具体地说，荀子在以下几个方面对礼法作了新的解释和论证。

（一）“分”是礼的本质属性

荀子所谓的“分”，实质就是指等级名分。他认为，人类社会之所以能够组成并能正常运转，关键在于有“分”，而“分”的标准和程序都是依礼而定的。礼是调节“物欲”的“度量分界”，它严格划分人们的贵贱等级，使“贵贱有等，长幼有差，贫富轻重皆有称者也”（《荀子·礼论》）。

“分”的内容包括四种：一是君臣上下之分；二是智愚、少长之分；三是“农农、士士、工工、商商”之分；四是夫妇之分。这中间，既有社会分工和生理状况的不同，也有等级之分和贵贱之差，但最关键的都是为了维护封建的等级结构。在这个塔式结构中，各色人等不仅被划分为被统治阶级和统治阶级，而且天子居于塔之顶端，手握最高权力。除了政治上的统治与被统治关系，经济上的占有与被占有关系也都依此而定。“故先王案为之制礼义以分之，使有贵贱之等，长幼之差，知愚能不能之分，皆使人载其事，而各得其宜。”（《荀子·荣辱》）人以礼确定社会等级，社会以身份确定权力和财富的分配，于是，“少事长，贱事贵，不肖事贤，是天下之通义也”（《荀子·仲尼》）。“分”这一社会等级制度也就被确认了。

荀子把“分”与礼明确地联系在一起，“分”被纳入了传统的礼，给古老的礼输入了权利的新意，作了法的解释，而“分”所包含的权利观念也被消融在古礼的“亲亲”、“尊尊”的血缘身份制度中，这又禁锢了权利观念的进一步发展，这一情况对中国古代的发展特点是有很大影响的。

（二）性恶论基础上的礼法起源论

荀子的礼法起源论建立在性恶论的基础之上，而性恶论又是荀子提出的有别于先秦其他儒学大师的一个重要观点。

荀子认为，“性”是与生俱来的人的自然本能。人性本无所谓善恶，但荀子说，和“性”连在一起的还有一个“情”：“性之好、恶、喜、怒、哀、乐谓之情。”（《荀子·正名》）“情”是“性”的实际内容，“欲”是“情”的外在表现，人有情欲，所以人性是恶的。

在荀子看来，人性之恶的情欲有四类：耳目之欲、利欲、疾恶和权力欲。耳目之欲如“目好色，耳好声，口好味，心好利，骨体肤理好愉佚”（《荀子·性恶》）之类，这种饥而欲食，寒而欲暖，劳而欲息，满足人的生存需要、追求人的感官享受的表现都是人的本能和天性。利欲是指超出基本需要的对财富的贪欲，如“食欲有刍豢，衣欲有文绣，行欲有舆马，又欲夫余财蓄积之富”，且“穷年累世不知足”（《荀子·荣辱》），追求穷奢极欲的要求。疾恶指的是妒贤嫉能、妒富嫉贵等各种妒忌心理。权力欲如“贵为天子，富有天下，是人情之所同欲也”（同上）。归纳起来，则可分为好利恶害的物质之欲和好荣恶辱的精神之欲两个方面。“凡人之情者，尧、舜之与桀、跖，其性一也；君子之与小人，其性一也。”（《荀子·性恶》）论人性，个个相同，圣君与暴君盗贼之间并无区别，任何人都不可能有例外的表现。

既然人生来就有恶的基因，因而犯罪是有着内在的人性依据的，人的恶的情欲就是导致犯罪的最初的内在心理驱动力。为了预防和控制犯罪，就应该对人性进行改造，这种改造不仅必须，而且可能。为此，荀子提出了“化性起伪”论，这是他有关礼法起源论的第一个观点。“伪”即人为，指人们改造恶的本性并进而趋善的一种自觉能动性。荀子说：“故圣人化性而起伪，伪起而生礼义，礼义生而制法度。”（同上）这说明荀子定人性为恶，认为必待礼义法度而化恶为善，“化性起伪”是立足于对人的改造，依靠的是王道政治、王者之法，礼法不是天生的，而是圣人为了“化性起伪”的目的而特地创制的。

由于人性是恶的，每个人都有欲望，倘若任其发展，就必然要争，争就要乱。为了适应人类群居生活的需要，必须有国家和法律，必须有道德等行为规范，通过这些规则来“明分使群”，这是荀子有关礼法起源的第二个观点。荀子说：“礼起于何也？曰：人生而有欲，欲而不得，则不能无求。求而无度量分界，则不能不争；争则乱，乱则穷。先王恶其乱也，故制礼义以分之，以养人之欲，给人之求。使欲必不穷于物，物必不屈于欲。”（《荀子·礼论》）“救患除祸，则莫若明分使群矣。”（《荀子·富国》）礼是起源于何处呢？人生来有欲望，这种欲望没得到满足就会想办法去追求，追求无限度无止境就要互相争斗，那样社会就会混乱，反而更贫穷了。先王讨厌看到这种混乱局面，于是出来制定礼义，形成规则，使人的欲望需求和物质财富之间达到平衡。人类的生存和发展必须通过相互间的分工合作、组成社会才能实现，制定礼义、组织和领导人群的任务只有君主来担当，“君者何也？曰：能群也。”（《荀子·君道》）

（三）礼法一体与隆礼重法

在对具有国家强制性的行为规范进行研究后，荀子提出了不同于前人的“礼法”这一新的名词和范畴。他认为，未来的国家法制，既不是摒弃了法的单纯的礼，也不是无礼统率的单纯的法，而是两者紧密结合的礼法。

礼法一体并不是绝对的合二为一，将礼与法的界限全部抹去，而是有区别的统一。关于立法的关系，荀子也有不少分析，他多次说过“隆礼尊贤而王，重法爱民而霸”，而在礼与法两者之间，他更强调的还是礼。礼是“法之大分，类之纲纪”，“隆礼，虽未明，法士也；不隆礼，虽察辩，散儒也。”（《荀子·劝学》）崇尚礼仪，即使不太透彻，也算是个礼仪之士；不尚礼仪，即便聪颖善辩，也不过是一介散漫不羁的书生而已。荀子是以礼义作为法度的渊源和创制法制的依据，在礼法之间，荀子是以礼为本、为先、为重的。“礼者，政之挽也。为政不以礼，政不行矣。”（《荀子·大略》）礼是处理政事的指导原则，不按照礼的原则处理政事。政事就不能完成。“国无礼则不正，礼之所以正国也，譬之犹衡之于轻重也，犹绳墨之于曲直也，犹规矩之于方圆也，既错（措）之而人莫之能诬也。”（《荀子·王霸》）国家没有礼仪就不能很好的治理，治国的礼法标准既已确定，那就任何人都不能进行欺骗了。荀子把礼提到了治国之本的高度，充分说明了他对礼的强调和重视。

在“隆礼”的同时，荀子也强调重法，而其根据仍然是性恶论。“礼义”的主要作用是教化，“法”、“刑”的主要作用是强制，统治者必须用刑罚来控制犯罪，“隆礼重法则国有常”（《荀子·君道》）。他分析了“不教而诛”、“教而后诛”和“诛而不赏”的不同后果，认为，不进行礼义教化便实行刑杀，结果是刑罚日益繁复却不能有效地制止犯罪；只教化而不实行刑罚，犯罪者就得不到应有的惩罚；只刑杀而不奖赏，贤能勤劳的人也得不到应有的奖励。因此，统治者应当“明礼义以化之，起法正以治之，重刑罚以禁之，使天下皆出于治，合于善也。”（《荀子·性恶》）荀子认为，必须通过礼义的教化和法律强制的约束，才能使天下合于善，达到对国家的治理。在具体的刑罚方法上，荀子承袭了孔孟反对“不教而诛”和“教而不诛”的观点，但又指出，对“元恶”和“奸人之雄”，应当“不待教而诛”，即不必经过教化就可以处死。

（四）礼法的结构

在荀子的礼法一体论中，大致将礼法的结构分成了五个层次，即礼义、法义、法数、法类和刑。

礼义，在《孟子》中已见此词，荀子使用这一概念，和孔子的“仁”、孟子的“仁义”相类似，着重揭示礼法的精神和原则，但礼义和仁义之间又不能完全画等号，荀子在论及仁义和礼义的关系时说：“先王之道，仁之隆也，比中而行之。曷谓中？曰：礼义是也。”（《荀子·儒效》）意思是：先王之道是仁的最高表现，应按照适中的原则去实行。什么是适中的原则？就是礼义。可见，礼义是达到仁的一种符合适中原则的行为标准，它比仁义更具规范性和制度性。

法义，又称法之义，指法的精神、原理和原则，相当于现今的法理。“法义”渊源于“礼义”，以“礼义”为指导，二者相一致，但层次有高低。

法数，又叫法之数或数，指具体的法律条文。荀子说：“不知法之义而正法之数者，虽博，临事必乱。”（《荀子·君道》）这是强调执政者要懂得“法义”而不要光拘泥于“法之数”，离了法义作指导的法数，再多也是不起作用的。在法数这个层次里，还包括“政令”、“法则”、“度量”等概念，它们的内容、效力都各有不同。

法类，也称类，相当于后世的法例和案例。类必须符合礼义，是审理案件的依据，它可以弥补法律之不足。荀子说：“其有法者以法行，无法者以类举，听之尽也。”（《荀子·王制》）这句话说明了类的作用。

刑，即刑罚。荀子说：“刑称罪则治，不称罪则乱”（《荀子·正论》），主张刑罚的轻重要和罪行的严重程度相适应。他不像孔孟那样少谈刑，而是吸收了前期法家有关“以刑治国”的部分观点，对刑的重要性作了肯定。

上述荀子对礼法的五个层次的区分，已经涉足了真正的法理学领域，其中法义、法数和类三个概念，是荀子首先提出或赋予其明确的含义的。荀子在论述这三者的关系时说：“人无法，则伥伥然；有法而无志其义，则渠渠然；依乎法而又深其类，然后温温然。”（《荀子·修身》）人没有法则无所适从，只知法数而不懂得法义就会局促不安，只有遵循法律条文并懂得其中的法理，从而能够类推，才能将国家治理好。

二、荀子法律思想的主要内容

（一）德刑关系

关于德刑关系，荀子的态度向来十分明确，即在崇尚德教的基础上，把礼义教化和刑罚镇压都看成是国家统治的基本方法，二者不得偏废。在《成相》篇中，他有一段论述礼法关系的名言：“治之经，礼与刑，君子以修百姓宁；明德慎罚，国家既治四海平。”前半句是讲治国必须运用两种手段，后半句是讲两种手段之间的关系，其观点和孔孟基本是一致的。荀子的具体治国设想是：先导之以德礼，爱之以忠信，尚贤使能使之各得其所，再用爵赏加以勉励，不误农时，减轻负担，使百姓得到调养。此时若有人仍违反礼俗，百姓便会群起而攻之，这时就可以对这些人施以刑罚。

在荀子的德刑论中，如果说，对德礼的论述仍以承袭孔孟观点为主的话，那么，他对法和刑的阐发则比孔孟的认识有了较大的发展。

譬如，关于犯罪论，荀子以性恶论为基础，指出犯罪具有人性的内在依据，这就是恶的情欲，若任其发展，必然导致“争夺”、“残贼”、“淫乱”等严重刑事犯罪。但从恶的主观情欲发展为犯罪的行为，还有许多外部条件在起作用。荀子分析了经济原因：“欲恶同物，欲多而物寡，寡则必争易。”（《荀子·富国》）人们的欲求同一，厌恶也相一致，因欲求太多而物质财富匮乏，所以必然产生争斗祸乱。荀子还分析了政治原因：“上以无法使，下以无度行；知者不得虑，能者不得治，贤者不得使。若是，则上失天性，下失地利，中失人和。故百事废，财物诎，而祸乱起。”（《荀子·正论》）也就是说，天下失道，为上不正，是庶民犯罪的重要原因。为了预防犯罪，荀子继续遵循“先富后教”原则，强调“不富无以养民情，不教无以理民性”（《荀子·大略》）外，还提出了一些具体的安定社会、控制犯罪的设想，使得国家的犯罪预防学说有了新的发展。

关于刑罚论，荀子也提出了许多重要的刑罚原则和刑事司法政策。这方面的观点主要有：第一，“刑当罪”，即罪刑相当，罚当其罪。为此，他反对搞株连，抨击“以族论罪”的残酷和无道，也反对古代使用过的象征性刑罚——“象刑”。第二，“法胜私”，即法不徇私，不以私情来害法。荀子主张“怒不过夺，喜不过予”，“以公义胜私欲”（《荀子·修身》），不以个人的喜怒好恶来损害法律，出入人罪。第三，“宁僭无滥”。《荀子·致士》篇云：“赏不欲僭，刑不欲滥。赏僭，则利及小人，刑滥，则害及君子。若不幸而过，宁僭无滥；与其害善，不若利淫。”奖励不要过分，惩罚也不要过分。奖励过分，那么小人就占了便宜；惩罚过分，就会使好人受到伤害。如果做不到这一点的话，那么宁可赏过了头，也不要罚过了头。与其让好人受伤害，不如让小人占些便宜。以上观点都体现了荀子省刑慎刑的意向。荀子这方面的论述还有很多，如“无罪不罚”（《荀子·王制》），“行一不义，杀一无辜，而得天下，仁者不为也”（《荀子·王霸》）。这些观点，既体现了儒家的仁道精神，也丰富了中华法系的刑事司法原则的内容。

（二）人法关系

荀子和其他先秦儒家一样，也主张贤人政治，强调贤人在治国中的作用，但与孔孟相比，他对人与法关系的论述又有明显的特色。

首先，荀子提出了“治人”与“治法”这对概念。“治人”是指能将国家治理好的人，“治法”是指能使国家安定的法制、法令。荀子说：“君子也者，道法之总要也，不可少倾旷也。得之则治，失之则乱；得之则安，失之则危；得之则存，失之则亡。故有良法而乱者，有之矣；有君子而乱者，自古及今，未尝闻也。”（《荀子·致士》）这种能深刻领会道法的君子是管理社会一刻也离不了的，有了他们，什么问题都可以解决，失去了他们就会大乱甚至亡国。可见，荀子说的“治法”就是“良法”，“治人”就是“君子”。“良法”与“乱法”是相对的：“无国而不有治法，无国而不有乱法。”（《荀子·王霸》）“良法”就是“礼法”、“王者之法”，“乱法”就是“恶法”。像荀子这样对法的优劣及其不同效果进行明确区分，在先秦思想家中并不多见。

其次，荀子提出了“有治人，无治法”的著名论断。荀子说：“有乱君，无乱国；有治人，无治法。……故法不能独立，类不能自行；得其人则存，失其人则亡。法者，治之端也；君子者，法之原也。故有君子，则法虽省，足以遍矣；无君子，则法虽具，失先后之施，不能应事之变，足以乱矣。”（《荀子·君道》）他认为，有造成国家混乱的君主，没有必定混乱的国家；有使国家安定的人，没有使国家自行安定的法制。法律和用作断案依据的案例都不会自动运行，它们都需要专门的人来实行，如果没有人来推行的话，这些法律都只是一纸空文。治人与治法，治法是“治之端”，是必要前提；治人是“治之原”，良法也要君子才能发挥作用。荀子的意思并没有否定“治法”，更不是指治国不要法，而是说“治法”不能自然而然使国家得到治理，法律的制定和执行离不开人，因此人是起决定作用的。另外，国家大事纷繁复杂且多变，法律既不能概括无遗，也不会随机应变，所以仍要仰仗人的灵活运用和适时变通。在法有不至、职有不通之时，还得靠君子来发挥作用。

在荀子的人法关系理论中，“治人”重于“治法”，但又不否定“良法”这个前提，也就是在良法的前提下，强调“贤人治国”，主张“尚贤使能”，并对统治阶层的道德人格和才能智慧提出了要求，这在一定程度上纠正了孔孟由于重人治而相对轻视法律的倾向。而在骨子里，荀子的“人治”论是一种工具主义的法律价值观，因为他的主张在实质上是一种君主主义的“人治”论。

由于荀子生活在战国晚期，百家争鸣已近尾声，学术综合之风兴起，荀子的学说和他的法律思想也在吸收百家的基础上，内容丰富而驳杂，具有综合性的特点。他的学说在当时并没有被统治者采纳，而从西汉开始，他的“隆礼重法”主张的价值开始被统治者认识，其学说遂渐受到重视并被采纳，从而为封建正统法律思想的形成打下了基础。

第四章　先秦墨家的法律思想

墨家是战国初期由墨翟创立的反映小生产者利益和要求的学派，它一直盛行至战国中后期，与儒家一起并称为当时的“显学”。

墨翟（约公元前468～公元前376年），通称墨子，墨家的创始人。相传原为宋国人，后长期住在鲁国。他早年曾从事手工业，精于手工业制作，据说技艺堪与同时代的名匠公输般（鲁班）相媲美。墨子平日言不离百工之业、耕织之事，故被世人视为“贱人”。墨子在学术上最初是师从儒家，后自立门户，另成学派，招收门徒，周游列国，从事匡救时弊的活动。墨子对儒家的反叛，表面上看是不满于儒家繁琐的“礼”，但从本质上说，是不满于儒家对以“礼治”为象征的旧体制、旧秩序的维护。作为“农与工肆之人”的代表，墨子急切于破旧立新，建立一套符合小生产者、手工业者利益的新体制、新秩序。墨子后来对儒学进行了猛烈抨击，成为法家崛起之前公开向儒学树起批判大旗的最大学派。儒、墨两家也是中国思想史上最早出现的互相对立的两大学派。相对而言，墨家学派具有较强的人民性和反对贵族专政的批判精神，在墨子和墨家的整个社会思想中，基于“非儒”这一主张方向，后世曾概括为十大主题“尚贤、尚同、节用、节葬、非乐、非命、天志、明鬼、非攻、兼爱”。而贯穿其整个思想的核心就是“天志”、“兼爱”或“兼相爱，交相利”，这不但是墨子用来构筑其理想社会的基石，也是他的法律思想的指导原则，而这也决定了秦汉以后被统治者打入“冷宫”的命运。

墨家的著作，流传至今的只有内容残缺的《墨子》一书，现存《墨子》五十三篇，是由墨家各代门徒逐渐增补而成。该书一部分记载墨子言行、阐述墨子思想，另一部分着重阐述墨家的认识论和逻辑思想，其内容广博，包括了政治、法律、军事、哲学、伦理、逻辑、科技等方面的内容，是研究墨子和墨家学说的基本材料。

第一节　先秦墨家法律思想的理论基础——天志观

墨子认为“天志”是人类的良知和正确认识的根源，一切正确的认识与主张，都应该从“天志”中去探求，最好的法律只能是“天志”的体现。“以天为法”就是以“天志”为法，“兼爱”是“天志”的核心内容，因此，“以天为法”的现实要求就是以“兼相爱，交相利”为法。

图 4-1　墨子像，《墨子》书影

一、以天为法——天志是法律的渊源

墨家认为，如同工匠画方形要用矩，画圆要用规，画直线用绳墨，量偏正用悬锤一样，治理天下和国家也必须运用法或法度这一工具。法或法度是实现墨家“兼相爱，交相利”理想社会的重要手段和保证。

墨家所说的法或法度，泛指一切标准、规范或制度，其含义很广，除了包括国家制度、刑律等法律外，还包括“以天为法”的自然法。墨子与其他诸子的不同，在于其思想体系有一个“天”的存在，甚至把天作为一种信仰。墨子认为“天”有以下含义：天是有意志的人格神，天无时不在、无所不在、无所不能；天至高、至贵、至智；天是天下的主宰，政治的最高权源；天是出义之所，是人类言行的标准；天是造物主，能赏善罚暴。既然天是有意志的人格神，是立法、行政、司法的最高权源，是万能的“上帝”，而天的意志就是“天志”，就是最高的法律。梁启超在《先秦政治思想史》一书中这样评价墨子和墨家：“墨子非哲学家，非政治家，而宗教家也。”因为墨家所谓的天和儒家所谓的天完全不同，“墨家之天纯为一‘人格神’，有意识、有感觉、有情操、有行为，故名之曰‘天志’。”墨子“因此创为一种宗教，其性质与基督教最相逼近。其所以有绝大之牺牲精神者全恃此。”

墨子接着便鲜明地提出自己的观点：“以天为法”、“莫若法天”。可这是为什么呢？因为墨子认为“天之行广而无私，其施厚而不德，其明久而不衰，故圣王法之”。即他认为“天”是最广大无私、最公正仁慈的，洞明世间的一切事理且永恒于时空，他把“天”推到一个至高无上的地位。“天”是那么仁慈公正，又是那么神通广大，人们必须一切效法于天、听命于天、服从“天志”。而“天志”的实质正是“必欲人之相爱相利”，天之所不欲是“人之相恶相贼”，人们就应该：“以天为法，动作有为，必度于天。天之所欲则为之，天所不欲则止。”（《墨子·法仪》）墨子思想的核心“兼相爱、交相利”，正是体现了“天志”，墨家的“法天”也就是那么顺乎天意、替天行道，“以天为法”也即以“兼相爱、交相利”为法，墨家也正所谓法自然之天，所以，“兼相爱、交相利”是合乎自然之法的。

墨子提出“以天为法”，是对当时统治者人定法的否定和批判，反映了春秋战国时期小生产者想要挣脱旧制度的束缚，表达了劳动人民对现实的不满及对理想社会的向往之情。

二、赏善罚恶——天志公正无私

在墨家看来，父母、师长、国君等皆不足以为法，因为他们当中仁爱的人太少，最理想的做法是“以天为法”。其根据是，“天”是为了平民百姓而造就世间万物和社会制度的，和其他东西相比，天又是最公正、最仁慈的，它兼有万物，广大无私，一视同仁；而且，它具有赏善罚恶的能力，拥有主宰人间赏罚的最高权威。

墨子赋予“天”以赏善罚恶的意志和能力，认为这种至高无上的“天志”规范制约着人们的思想和行为，同时赋予了“天”以无限的灵性和权威，他说：“爱人利人者，天必福之；恶人贼人者，天必祸之。”“爱人利人，顺天之意，得天之赏者有之；憎人贼人，反天之意，得天之罚者亦有矣。”（《墨子·天志中》）不仅平民百姓是这样，王公大人也是这样，天子也是这样。在《墨子》中，多次强调了这一点：“天子为善，天能赏之；天子为暴，天能罚之。”（《墨子·天志中》）“天子有善，天能赏之；天子有过，天能罚之。”（《墨子·天志下》）在墨子看来，君权来自“天志”，天子既不是最高的立法者，也不是最高的司法者。即使贵为天子，也不得不服从“天志”，否则必将招来“天之罚”。

第二节 先秦墨家法律思想的主要内容

从反对“亏人自利”出发，以“爱人利人”为标准，为了建立一个理想的和平世界，墨家提出了具有自己特色的具体法律主张。

一、墨家法律思想的核心——兼爱

“兼相爱、交相利”是墨家法律思想的核心，也是其一切政治法律观的出发点和归宿。

墨子不满战国时期“君臣不惠忠，父子不慈孝，兄弟不和调”（《墨子·兼爱中》）这种“国家昏乱”的表现，他批评“大国之攻小国”、“大家之乱小家”的现象，指出“强之劫弱，众之暴寡，诈之谋愚，贵之傲贱，此天下之大害也。”（《墨子·兼爱下》）墨子认为造成这一切的根本原因是人与人之间“不相爱”，出于小生产劳动者保护私有财产和互助互利的需要，他提出了消弭所有祸害、解决社会问题的唯一办法就是“兼相爱、交相利”，并以此作为法律的基本内容。

按照墨子的要求，“兼相爱”要求一视同仁地爱所有的人，无分亲疏、贵贱与贫富，所谓“视人之国若视其国；视人之家若视其家；视人之身若视其身”。（《墨子·兼爱中》）即将别人的国、家、身当成是作自己的国、家、身一样尊重和爱护。为什么要“兼爱”呢？墨子认为，在“天志”之下，国与国、人与人都是平等的。“今天下无大小国，皆天之邑也；人无幼长、贵贱，皆天之臣也”，“天”对每个人都平等相待，“兼而爱之，兼而利之”，从而保护每一个人，不准肆意“相恶相贱”。（《墨子·法仪》）

显而易见，墨子的“兼爱”与儒家的仁者“爱人”有很大区别，具体表现在：第一，墨家所说的“兼爱”，一方面含有普遍的意义，“爱无厚薄”，“爱人不外己，己在所爱之中”（《大取》），“凡天下之人皆相爱”，主张爱一切人，不分人我；另一方面，又具有平等的意义，他们要求“爱人若爱其身”，爱人之父母如同爱自己的父母，不分亲疏，一视同仁，即所谓爱无差等。而儒家的“爱人”则强调“亲亲”，区分贵贱上下，重视亲疏厚薄，主张由近及远，推己及人，“爱有差等”。第二，墨家的“兼相爱”是以“交相利”为基础的，主张“爱”与“利”的结合，“爱人”就是“利人”，彼此得到好处。而儒家则一般不重利，更反对在“爱人”的同时言利。第三，墨家的“兼爱”超越了时空的限制，他们既爱不同地区的人们，也像爱现在的人们一样爱过去和未来的人们。而儒家对少数民族和落后地区的人则持相对轻视的态度。

墨家的“交相利”是针对当时社会上“亏人自利”的普遍现象而提出的，他们主张人们相互帮助，共谋福利，“有力相营，有道相教，有财相分”（《墨子·天志中》），“强不执弱，众不劫寡，富不侮贫，贵不傲贱”（《墨子·兼爱中》），创造和维护“国家百姓之利”（《墨子·非命上》）。墨子“交相利”的主要内容是互相尊重财产所有权，要求等价交换。其起点是保证每个人的“生利”。《节葬下》曰：“衣食者，人之生利也。”这是将衣食视为人与生俱来的基本权利。而乱世之中人民丧失了基本的生存条件：“饥者不得食，寒者不得衣，劳者不得息”（《墨子·非乐中》）。从“兼相爱，交相利”的理想出发，墨子要求君主尊重人民的生存权利，“先万民之身后为其身”，对百姓“饥即食之，寒即衣之，疾病侍养之，死丧葬埋之。”“兴天下之利，除天下之害”。（《墨子·兼爱下》）由此可见，墨子“交相利”中既反映了小生产者要求发展生产以增加社会物质财富的愿望，也包含了尊重人的财产权和生存权之意。

二、法律起源观与法制统一论

墨家认为，法律是人们为了组成社会、统一思想而制定的。在远古时期，没有国家和法律，人人都有自己的是非标准，“一人一义，十人十义”，人既不可胜计，义便也不可胜计，人人都坚持己见，彼此不肯通融，于是不免发生争斗。由于人们没有统一的思想，又不懂“兼爱”，造成了一家之内“父子兄弟作怨仇”，人与人之间“水火毒药相亏害”，“天下之乱，若禽兽然”（《墨子·尚同上》）的现象。

为了消除这种由“一人一义”带来的混乱，上天“选择贤者，立为天子”。使其“一同天下之义”，为达此目的，天子又选择贤能，设立三公、诸侯、大夫、乡长、里长等各级“政长”，帮助治理国家。与这套行政机构相配合，天子又“发宪布令于天下大众”（《墨子·尚同下》），制定了法令制度。

在国家和法律产生之后，天子便自上而下地“一同天下之义”，人民必须逐级向上报告“善与不善”等情况，使“爱利天下者，上得而赏之；恶贼天下者，上得而罚之”。同时，人民要绝对服从天子，服从各级“政长”，各人都以上级的是非为是非，最终都以天子的是非为是非，“上之所是，必皆是之；上之所非，必皆非之”（《墨子·尚同上》），而天子则要“同于天”。这样，天下就不难治理了。

墨家看到国家和法律是社会发展到一定阶段的产物，这是其法律起源观中的合理因素。然而他们要求所有臣民要逐级服从各自的上级，而且必须严格遵守天子发布的宪令，最终则要归顺于天的权威和力量，便又反映出他们为小生产者的地位所囿，难以提出更为进步的观点了。

三、“兴利除害”的法律目的论

墨家主张“天下皆得其利”，强调公利、众利，要求人们的一切言行，包括所立的法律，都应以谋求“国家百姓人民之利”为目的。“务必求兴天下之利，除天下之害，将以为法乎天下。利人乎即为，不利人乎即止。”（《墨子·非乐上》）尤其具有进步意义的是，“刑政”的善恶，要看其实际效果是否“为民”，对民是否有利。

墨家认为，“为民兴利”的主要表现，是以法律政令来确认和维护劳动者的生存权、财产所有权和参加政治的权利。

关于生存权，墨家主张“人无幼长贵贱，皆天之臣也”，天对每一个人都“兼而爱之，兼而利之”（《墨子·法仪》）。因此，人的生存权不可侵犯。政治和法律的首要任务，是解决“民饥”、“民寒”和“不得息”这三大“巨患”，使劳苦民众免于盘剥残害，而不自食其力的寄生虫则另当别论。

关于财产所有权，如前所述，墨家认为法从“义”出，故法应保护“义”，惩罚“不义”，而“义，利也”，其主要内容是财产。为了保护财产所有权，对小如盗窃、抢夺，大到战争、杀人越货等种种“不义”的行为，都应该用法律制裁。“杀盗人，非杀人”（《墨子·小取》），而且不必通过“政长”就可以将其绳之以法。

关于庶民的参政权，墨家针对传统的贵族专政的做法，提出了“尚贤”的主张，要求以“义”的标准选任“贤者”来治理国政，“举义不辟贫贱”、“举义不辟疏”（《墨子·尚贤上》），抛弃旧的亲亲原则。而且官与民的等级界限也并非天然设定，“官无常贵而民无终贱，有能则举之，无能则下之”（同上）。这一主张，表达了庶民阶级参加政权和提高社会地位的强烈要求。

四、执法谨慎、刑罚适中的司法思想

墨家主张君主有最高的立法权和司法权，但同时又强调要“明法”和“慎刑”，在“天志”的指引下，遵照“兼爱”、“交利”的精神来从事司法工作。

在具体的司法原则上，墨子的主张与儒家似乎有着明显的差别，而更为接近法家。与法家一样，墨家认为治国应依靠两手，即“赏”和“罚”。在墨家看来，法律是由君王制定的，“古之圣王，发宪出令，设以为赏罚，以劝贤。”（《墨子·非命上》为了保证思想与行为统一于天子之“义”，就要采用两手抓办法，“富贵以道其前，明罚以率其后”《墨子·尚同下》。无论是赏还是罚，都是为了“尚同”这一目的。赏的对象为“善”，罚的对象为“恶”，而“善”、“恶”是以“义”为划分的标准。如果使用得法，做到“善人赏而暴人罚，则国必治。”（《墨子·尚同下》）

其中刑罚是君主统治国家所不可少的，但刑罚虽好，使用时必须慎重，假如使用不当，必然带来祸乱，贻害无穷。同样是“五刑”，圣王用“以治天下”，有苗用“以乱天下”，“此岂刑不善哉？用刑不善也”。可见问题的关键在于会不会准确合理地运用刑罚，即是否善于用刑。“善用刑者以治民，不善用刑者以为五杀”（《墨子·尚同中》）。那么，怎样才算“善用刑”呢？那就是司法者执法严明，不枉不纵、不偏不阿、赏罚得当，即墨子所说的“赏当贤、罚当暴，不杀不辜，不失有罪”（《墨子·尚同中》），“杀不辜者，得不祥焉”（《墨子·法仪》）。听狱断案要明察公正，“赏贤罚暴”要“均分”，“勿有亲戚弟兄之所阿”（《墨子·兼爱下》），如果“有司见有罪而不诛，同罚。”（《墨子·号令》）

在对犯罪的处理上，墨家认为应视不同情况区别对待。“亏人愈多，其不仁兹甚，罪益厚。”比如同样是侵人财物，就可视其所得赃物的价值和后果，在量刑时予以不同的处置，对“入人园圃，窃其桃李”之类的一般盗窃行为，可以“众闻则非之，上为政者得则罚之”；如果是“入人栏厩，取人马牛”，其不仁义的程度就超过了“攘人犬豕鸡豚”，倘若是“杀不辜人”，并且抢走其衣裘、戈剑的，其不义的程度就更严重了。而墨家认为当时“至大为不义”的行为就是“攻国”（《墨子·非攻》），即攻打别的国家，由此可以看出墨家对“义与不义”的独特看法。

第五章　先秦道家的法律思想

先秦道家是以老聃和庄周为主要代表，反映先秦时期一批隐士阶层的思想要求的学派，因以自然无为的“道”作为哲学最高概念而得名。作为道家思想渊源的《老子》一书，大致成于儒、墨盛行之后，故本书将道家思想置于儒、墨之后进行论述。

汉代以前，尚无“道家”之名，《史记·太史公自序》记司马谈《论六家要旨》首次提到“道家”的名称，以后刘向作《七略》，班固作《汉书·艺文志》，都沿用了这一名称，因此“道家”作为学派的名称，是汉代人的归纳。道家学派在中国思想史上的贡献：一是以“道”作为世界统一原理与宇宙发展法则。儒家、墨家、法家的思想范围主要局限于人类社会，而道家则追究到宇宙本源，可以说道家是先秦时期唯一探寻到宇宙本源的学派。其思想之幽深宏阔，为西汉以后缺乏宇宙本体思考的儒家学说所借鉴，从董仲舒的“天人感应”说到朱熹的“天理人欲”说都可以找到其痕迹。二是首次提出否定原理，形成了中国思想史上第一个辩证法的思想体系，指出事物向反面转化是合乎规律的运动。虽然道家的朴素辩证法思想有消极保守的一面，但已表现出对文明社会的辨证思考与批判精神。

道家的法律思想，以“道法自然”为理论基础，以“无为而治”为其治国理论的核心。一是强调以道统法，将法律问题纳入“道”的体系之中，突出了法律的哲理性；二是只对法的基本原则作抽象的概括，而没有提出具体的立法、司法主张；三是对儒、墨、法各家学派的批判，多从宇宙观、人生观的角度出发。因此道家的法律思想主要表现为法哲学思想。

第一节　《老子》的法律思想

老子是个隐士，其真名与生活时代，历史上未有定论，司马迁在《史记》中就提出有三个不同的老子。一般认为老子即老聃，也叫李耳，老是其姓，李是其氏（取胡适说）。传说老子见周朝衰落，西行将隐，经过函谷关时，关令尹喜请老子著书，“于是老子乃著书上下篇，言道德之意五千余言而去，莫知其所终”。《老子》的学说，战国时期除《庄子》以外，《荀子》、《韩非子》、《战国策》都曾经引用过，可以说在战国时期已成为“显学”。老子不仅是道家学派创始人，东汉以后又被道教神化，奉为教主，称“太上老君”，在民间影响极大。

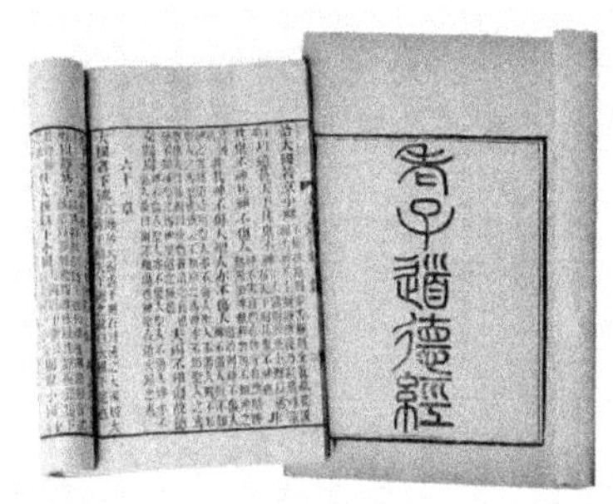

图 5-1　老子像，《老子》书影

《老子》一书约五千字，分上下两篇，共八十一章，五千余字。上篇又名“道经”，下篇又名“德经”，故《老子》又称《道德经》。1973 年长沙马王堆汉墓出土帛书《老子》，则是“德经”在前，“道经”在后，故也称《德道经》。《老子》成书年代，从其内容看，晚于孔子、墨子，而早于荀子、韩非，大约在战国中期以后，可以说《老子》一书成熟的思想应是属于战国时期的产物。后人对于《老子》的注释，比较好的，有收于《诸子集成》本的晋代王弼《老子注》和清代魏源《老子本义》。《老子》文字简奥，义理深邃，虽未论述立法、司法的具体主张，但法哲学思想十分丰富。《老子》一书版本较多，各本篇章排列不一，文字上也略有出入，本节引文的章序及文字以西晋王弼注本（收入《诸子集成》本）为准。

一、《老子》法律思想的理论基础——“道法自然”

《老子》曰：“人法地，地法天，天法道，道法自然。”（第二十五章）“法”是效法的意思。在中国思想史上，《老子》最早提出了“道法自然”的观念，将“道”定为哲学最高概念，视为天地万物之本源与主宰。这里的“自然”，不是指自然界，而是指宇宙的规律，指自然而然，顺其自然。《老子》认为道无私无欲，却无所不能为。同时道又是君主统治天下的最高准则，道表现在人类社会就是德，能循天道、符合德的标准的统治者就是圣人。圣人遵从自然、依循天道来治理人间社会所形成的行为规则就叫圣人之道，而违背自然、漠视天道、只依人的欲望率意而为的行为规则则称为人之道。《老子》曰：“天之道，利而不害；圣人之道，为而不争。”（第八十一章）这是说天之道和圣人之道是相同的。《老子》又曰：“天之道，损有余而补不足；人之道，损不足以奉有余。”（第七十七章）这是说天之道与人之道是相反的。

（一）道是宇宙万物的本源与主宰

《老子》认为宇宙万物不是来自天或上帝，而是来自“道”。“有物混成，先天地生。寂兮寥兮，独立不改，周行而不殆，以为天下母。吾不知其名，字之曰道。”（第二十五章）在天地万物形成之前，就存在着一种浑然一体的东西，没有声音，没有形状，孤独而永恒，无所不至而又不懈怠地运行着，这就是天地万物之母。这种东西不知应该称为什么，姑且起名谓“道”。“道生一，一生二，二生三，三生万物。”（第四十二章）“道”产生了万物，但“道”只是客观运动的必然结果，而不是其有意识、有目的的行为。这种观点，是对商周天命观与神权法思想的批判和否定。

《老子》认为：道“视之不见，名曰夷；听之不闻，名曰希；搏之不得，名曰微。此三者不可致诘，故混而为一”（第十四章）。“道”是一种看不见、摸不着、没有声音、没有形状的超越时间与空间的永恒存在，甚至“道”这个名称也是作者为了叙述方便而临时起的，它其实是没有名字的。“道可道，非常道；名可名，非常名”（第一章），“道”如果可以用文字来表述，它就不是永恒的道了；“名”如果可以用语言来概括，它也不是永恒的名了。道其实是介于有、无之间的：不表述就是“无”，一表述就变成“有”了；不认识它就是“无”，一认识它就变成“有”了；不动就是“无”，一动就变成“有”了；不生化就是“无”，一生化就变成“有”了。但不管其生化的万物如何表现出“有”的形态，归根结底“道”本身仍然是“无”。所以《老子》又把“道”说成是“无”：“天下万物生于有，有生于无。”（第四十章）“无”是天下万物的本源。“道者，万物之奥”（第六十二章），道庇荫万物，是万物的主宰。显然，《老子》的思想是客观唯心主义思想。

（二）道无私无欲，却无所不能为

《老子》认为道是无私、无欲的。《老子》曰：“天长地久，天地所以能长且久者，以其不自生，故能长生。是以圣人后其身而身先，外其身而身存，非以其无私邪？故能成其私。”（第七章）意思是说，天长地久，天地之所以能长久存在，就是因为它从不为了自己的生存而与别的物体去竞争，因此它才能长久存在。圣人也懂得这个道理，因此他遇事谦让反而能在众人中领先，将自己置之度外反而能保存自己，这难道不是因为他无私吗？结果反而能成全自己。《老子》又说：“大道氾兮，其可左右。万物恃之而生而不辞，功成不名有，衣养万物而不为主。常无欲，可名于小；万物归焉而不为主，可名为大。以其终不自为大，故能成其大。”（第三十四章）意思是说，道广泛博大，左右上下无所不至。万物因它而生却从不称颂自己，功成事就也从不宣扬自己的功德，养育了万物却从不自认为是主宰。它永远没有什么欲望，可以说是微小；万物归附于它却不自以为是主宰，可以说是伟大。正因为它始终不自以为是伟大，所以才能够成就它的伟大。

《老子》认为，正因为道无私、无欲，因此能成其私，成其大，而无所不能为，“道常无为而无不为”（第三十七章）。道“独立而不改，周行而不殆”（第二十五章），有自己的内在体系和固定规律，不因人的意志而改变。“天网恢恢，疏而不失”（第七十三章），一切事物都受道的总规律的支配。道是无所不在的，又是自然而然的。人们不能改变道，只能认识道，并依据所认识的规律办事。道是不可违背的，“不道早已”（第三十章），不合乎道，必然很快灭亡。“夫唯不争，故天下莫能与之争”（第二十二章），正因为与人无争，所以天下没有一个人能和它相争。

（三）德是道在人类社会的体现

《老子》认为，道法自然，因而道是无意识的；道生育万物，因而无意识的万物也能无意识地遵循道，这种万物内在的能够遵循道的东西就叫做“德”。但人是有意识的，而且这种意识是可以支配行为的，因此人的思想和行为有可能遵循道，也可能违背道，因此“德”在人类社会就不是必然，而是或然了。“德”是道在人类社会的体现，是人类在正确地认识道之后所体现的思想和行为，因此德在人类社会便具有了主动性。但是人类社会中并不是人人都能认识道懂得德，实际上只有极少数的人才能认识，《老子》把这极少数的人称为圣人，因此人类社会的“德”也叫“圣人之德”。对那些不一定能全面地认识道，但在行为上却能较好地体现德的人，《老子》称为善人，“天道无亲，常与善人”（第七十九章）意即天道没有偏爱，永远亲近那些有德的人。《老子》一书，重心在“道”，落实在“德”，因此也叫《道德经》。

《老子》认为，道是万物生成的本源，德是万物内在的符合道的长育的动力，因此道和德是统一的。《老子》曰：“道生之，德畜之，物形之，势成之，是以万物莫不尊道而贵德。道之尊，德之贵，夫莫之命而常自然。故道生之，德畜之，长之育之，亭之毒之，养之覆之。生而不有，为而不恃，长而不宰，是谓元（玄）德。”（第五十一章）意思是说，“道”生成万物，“德”养蓄万物，它们使万物具有了不同的形状，使万物成就了不同的态势，因此万物没有不尊崇道而贵重德的。道的尊崇，德的贵重，并没有谁来命令，它从来就是如此的。道生成万物，德养蓄万物，它们使万物生长、发育、结果、成熟，滋养万物，保护万物。它们生成了万物而并不据为己有，养蓄了万物而并不自恃有功，统率了万物而并不任意宰割，这就是最高境界的德。

“道”是无为的，“德”却是有为的，“道”是永恒存在的，人类社会的“德”却是要由圣人根据“道”的原理去主动建立的。《老子》曰：“善建者不拔，善抱者不脱，子孙以祭祀不辍。修之于身，其德乃真；修之于家，其德乃余；修之于乡，其德乃长；修之于国，其德乃丰；修之于天下，其德乃普。”（第五十四章）其意是说，善于建立道的人最为重视道的基础，基础牢固则坚不可拔；善于抱持道的人懂得抓住最重要的东西，最重要的东西抓住了道才不会松脱；子孙后代都懂得这个道理，祭祀祖先的香火才会永远持续。用道来修身，他的德才真诚；用道来齐家，他的德才充实；用道来理乡，他的德才久长；用道来治国，他的德才丰厚；用道来平天下，他的德才博大而普及。文中的建、抱、修，都是圣人主动的意识和行为，但要在主动的有为的"德"的实施过程中体现出无为的"道"。

二、《老子》法律思想的主要内容——"无为而治"

《老子》代表隐士阶层的利益，隐士阶层的处世哲学是以退为进、以后为先，以无私成其私，以无欲成其大，也就是无为。因此希望统治者也能将隐士阶层的处世哲学转化为治国之道，实行"无为而治"，以改变当时多事、多欲、好争、奢靡的世风，"为无为，则无不治"（第三章）。于是创立了一套以道为最高原则、以德为实施策略的"无为而治"的治国理论，其法律思想也就贯串在这一套治国理论之中。

《老子》"无为而治"的治国理论，大致可以分为两大部分：

第一，要求统治者无为无欲，提倡圣人政治。

《老子》曰："故圣人云：我无为，而民自化；我好静，而民自正；我无事，而民自富；我无欲，而民自朴。"（第五十七章）圣人说：我顺其自然，民众自会潜移默化；我喜欢清静，民众自会走上正道；我不扰民生事，民众自会富裕；我没有贪欲，民众自会淳朴。无为、好静、无事、无欲就是《老子》提出的对统治者的要求。统治者无为无欲，民众就自然会化、正、富、朴。《老子》说："治大国若烹小鲜。"（第六十章）治理大国就像在锅里煎小鱼一样，不能经常去翻动它。统治者治理国家要"为无为，事无事，味无味"（第六十三章），即态度要顺其自然，做事不要骚扰百姓，味道要尽量寡淡。"是以圣人处无为之事，行不言之教，万物作焉而不辞，生而不有，为而不恃，功成而弗居。"（第二章）大意是说，因此圣人做事顺其自然，施行教化不用语言，听任万物生长而不去干预，和天道一样，生成了万物却不据为已有，养蓄了万物却不自恃有功，功成事就而不自居。"圣人无常心，以百姓心为心。善者吾善之，不善者吾亦善之，德善。信者吾信之，不信者吾亦信之，德信。圣人在天下，歙歙为天下浑其心，圣人皆孩之。"（第四十九章）意即，圣人不固执自己的偏见，而以百姓的意见为意见。善良的人我善待他，不善良的人我也善待他，就可以使人心向善。守信用的人我信任他，不守信用的人我也信任他，就可以使人人守信。圣人治理天下，就要使天下人都摒弃奸诈伪善和小聪明，百姓都像婴儿那样浑厚质朴。所以统治者的责任就在于感化百姓，而要感化百姓，统治者自己就要努力向圣人看齐，因此《老子》又提出"去甚、去奢、去泰"（第二十九章）的"三去"原则，即去掉不合乎自然的极端的、奢侈的、过分的东西。魏源《老子本义》引陆佃注曰："去甚，慈也；去奢，俭也；去泰，不敢为天下先也。三者，圣人之所以有天下也"。具体而言：

《老子》反对统治者贪图奢靡、压榨百姓的“贵生”风气，主张统治者“无以生为”。“民之饥，以其上食税之多，是以饥。民之难治，以其上之有为，是以难治。民之轻死，以其上求生之厚，是以轻死。夫唯无以生为者，是贤于贵生。”（第七十五章）意思是说，民众所以饥饿，是因为统治者征收赋税太多，导致民众忍饥挨饿。民众所以难以治理，是因为统治者违背天道的贪欲太强，导致民众不服管制。民众所以把死看得很轻，是因为统治者过分追求享受，导致民众铤而走险。因此只有不贪图生活安逸的统治者，比那些贪图奢靡的统治者要高明得多。《老子》把那些搜刮百姓的君主称为大盗：“朝甚除，田甚芜，仓甚虚，服文采，带利剑，厌饮食，财货有余，是谓盗夸，非道也哉。”自己的宫殿极其富丽整洁，百姓的田地却大片荒芜，仓库十分空虚。穿着锦绣的衣裳，佩带锋利的宝剑，饮食不厌精美，财产富富有余，这种统治者只能称为大盗，走的绝不是正道。

《老子》反对社会财富分配不公的现象，主张“损有余而补不足”。“天之道，其犹张弓与？高者抑之，下者举之；有余者损之，不足者补之。天之道，损有余而补不足；人之道则不然，损不足以奉有余。孰能有余以奉天下？唯有道者。”（第七十七章）天道不就同张弓拉弦的道理一样吗？弓太高了就往下压一点，太低了就往上举一点；弦太紧了就减一点力，太松了就补一点力。天之道的原则也是一样的，那就是减损有余的来补给不足的；但人之道的原则偏偏相反，是减损不足的来满足本来就有余的。谁能做到把多余的财富奉献给不足的穷人呢？那只有有道的圣人了。《老子》说：“圣人不积，既以为人，己愈有；既以与人，己愈多。”圣人没有自己的积蓄，尽力去帮助别人，自己反而更富有；尽力去给予他人，自己得到的反而更多。

《老子》反对战争，认为兵刃是“不祥之器”，战争是“天下无道”。“夫兵者，不祥之器，物或恶之，故有道者不处。君子居则贵左，用兵则贵右，兵者，不祥之器，非君子之器，不得已而用之。恬淡为上，胜而不美，而美之者，是乐杀人。夫乐杀人者，则不可以得志于天下矣。吉事尚左，凶事尚右；偏将军居左，上将军居右，言以丧礼处之。杀人之众，以哀悲泣之，战胜，以丧礼处之。”（第三十一章）其意是说，兵器是一种不吉祥的器物，谁都厌恶它，所以有道的圣人是不会接近它的。君子平时起居或接待客人把左边看作是贵位，打仗时则把右边看作是贵位。所以兵器是不吉祥的器物，不是君子所需要的东西，只是在不得已的情况下才使用。要尽力收敛兵器的锋芒，再优良的兵器也不要去赞美它，如果赞美兵器，就是喜欢杀人。喜欢杀人的人，是不可以让他实现统治天下的志向的。吉祥的事以左边为贵，丧事以右边为贵，所以作战时地位低的偏将军位于左边，地位高的上将军位于右边，就是指的按丧礼的规则来处理战事的。杀敌人杀得多不应该高兴，而应该以悲泣的心情来哀悼；打了胜仗，也应该以丧礼的规则来处理。这才是不得已而用兵的正常心态。因此“以道佐人主者，不以兵强天下。其事好还”。（第三十章）以道来辅佐君主的，就不应该以武力炫耀天下。用兵这种事是会得到报应的。“师之所处，荆棘生焉。大军之后，必有凶年”。（第三十章）王弼注：“言师，凶害之物也，无有所济，必有所伤，贼害人民，残荒田亩，故曰荆棘生焉。”也就是说，军队到过的地方，田地荒芜，荆棘丛生，大的战争之后，一定是个灾年。因此“强梁者不得其死”（第四十二章），强横霸道、炫耀武力的人不得好死。在《老子》看来，战争是天下有道无道的一个分水岭，“天下有道，却走马以粪；天下无道，戎马生于郊”（第四十六章）。意思是说，天下有道，就没有战争，可以赶着战马到田间运送粪肥；天下无道，就战乱频繁，连本来不上战阵的母马也被征用，以至于马驹都生在野外的战场。

《老子》反对统治者的高压政策和强权政治，认为其只会导致统治的崩溃。《老子》认为高压政策和强权政治在民众的反抗面前都是无效的，“民不畏死，奈何以死惧之?”（第七十四章）百姓连死都不怕了，任何镇压和严刑酷罚就都失去作用了。“民不畏威，则大威至。”（第七十二章）王弼注：“任其威权，则物扰而民僻。威不能复制民，民不能堪其威，则上下大溃矣，天诛将至”。统治者不能靠威权来控制民众，否则百姓正常生活受到严重骚扰，大家都躲得离统治者远远的。等到百姓都不能忍受威权了，威权也就失去效用了，最终导致统治崩溃，这就是“大威至”，也就是对于统治者的大恐怖到了，这是天对于统治者的诛罚。只有“无狎其所居，无压其所生。夫唯不压，是以不压”（第七十二章）。不要逼得百姓无处安居，不要压榨百姓使其无法生存，只有不压迫百姓，才不会受到百姓反抗的压力。

《老子》反对单纯依靠法令刑罚来治国，但并不主张废除刑罚。“天下多忌讳而民弥贫。”（第五十七章）所畏为忌，所隐为讳。天下禁网严密，民众该做的事不敢做，该说的话不敢说，只会越来越贫穷，民贫则天下不安。《老子》认为法令刑罚是强权政治的组成部分，反对将法令刑罚作为治国的主要手段。《老子》说：“国之利器，不可以示人。”王弼注：“国之利器也示人者，任刑也。刑以利国，则失矣。……利国器而立刑以示人，亦必失也。”也就是说，刑罚是威权统治的强有力手段，是利器，但治国不能靠威权，因此也不能将刑罚来炫耀威吓民众，否则是必定要失败的。《老子》曰：“法令滋彰，盗贼多有。”（第五十七章）法律制度规定得越严密繁杂，盗贼反而越多。所以使用威权统治的效果是适得其反的。但是《老子》并不主张废除刑罚，认为邪恶的“为奇者”还是要杀的，不过前提是统治者必须使民众都能安居乐业，民众安居乐业了才会“畏死”，民众“畏死”，刑罚才能起到作用。《老子》说：“若使民常畏死，而为奇者，吾得执而杀之，孰敢?”（第七十四章）“为奇者”，是指与一般民众不同的做邪恶犯法之事的人。如果民众都害怕杀头而安分守己，有极个别为邪作恶之人，我就把他抓起来杀掉，谁还敢为非作歹呢？另外，《老子》还认为执行刑罚是专门司法机构的事，其他机构不能插手：“常有司杀者杀。夫代司杀者杀，是谓代大匠斫。夫代大匠斫者，希有不伤其手矣。”（第七十四章）通常应该由专门的司法机构或官吏来执行死刑。如果其他机构或人取代专门司法机构去杀人，那就好比取代高明的木匠去做木工活。取代高明木匠去做木工活的人，很少有不伤到自己的手的。《老子》在这里已经触及司法分工独立的概念。

第二，主张民众无知无欲，回归质朴生活。

《老子》是反对人的有意识的，认为正是这种有意识才导致了偏离道的思想和行为，因此主张人类社会要顺其自然，无知无欲，一切提高人的知识和欲望的东西都是应该摒除的。《老子》认为：“圣人之治，虚其心，实其腹，弱其志，强其骨，常使民无知无欲。”（第三章）意思是说，圣人治理天下，使民众无食不果腹之虞，筋骨强健，但却应使其知识贫乏、目光短浅，经常处于无知识无欲望的状态，这样天下就容易治理了。《老子》反对声色之娱：“五色令人目盲，五音令人耳聋，五味令人口爽，驰骋畋猎令人心发狂，难得之货令人行妨。是以圣人为腹不为目，故去彼取此。”（第十二章）红、黄、蓝、白、黑五种缤纷的色彩令人失去正常的视觉，宫、商、角、羽、徵五个音阶组成的音乐令人失去正常的听觉，甜、酸、苦、辣、咸五种复杂的味道令人失去正常的味觉，纵马驰骋的狩猎令人心思狂放而不可遏止，珍贵难得的货物令人发生偷盗等不轨行为。因此圣人主张治理天下只让民众填饱肚子，而不去追求愉悦耳目的声色，因此他摒弃以上的耳目刺激，只求温饱。据此，《老子》提出了“绝圣弃智”、“绝仁弃义”、“绝巧弃利”的“三绝”原则，主张让人类社会回归符合“道”的质朴的原生态生活。

绝圣弃智。《老子》说：“绝圣弃智，民利百倍。”（第十九章）圣，指聪明。绝弃聪明和智慧，民众能得到百倍的好处。“慧智出，有大伪。”（第十八章）奸诈伪善其实是智慧的产物，智慧往往和奸伪是同义词。《老子》视智慧为乱国之源，认为“古之善为道者，非以明民，将以愚之。民之难治，以其智多。故以智治国，国之贼；不以智治国，国之福。”（第六十五章）意即，古代善于以道治国的圣人，不是以道来启发民众的智慧机巧，而是以道压制这些智慧机巧，唤起民众质朴淳厚的回归。民众所以难以治理，正是因为智慧机巧太多。因此以智慧机巧治理国家，是国家的灾难；不以智慧机巧治理国家，才是国家的福祉。有智慧者必有欲望，有欲望者必有争端，只有使民众不识不知、质朴浑厚，才便于统治。所以“常使民无知无欲，使夫智者不敢为也”（第三章）。始终使民众没有智慧，没有欲望，使那些聪明人也不敢玩弄智慧机巧。

绝仁弃义。《老子》说：“绝仁弃义，民复孝慈。”（第十九章）弃绝仁和义，民众才能回复到真正的孝慈。认为仁义是虚伪的产物，“大道废，有仁义”（第十八章)，仁义是天道废弛以后的产物。讲仁义必举贤能，举贤能必致争官逐名，天下汹汹。所以“不尚贤，使民不争”（第三章），只有废弃仁义贤能的标准，才能使民众遵道而行，自由地生活生产。

绝巧弃利。《老子》曰：“绝巧弃利，盗贼无有。”（第十九章）弃绝精巧和珍贵的东西，民众才能断绝偷盗的行为。《老子》认为一切出自人类智慧的器具，一切有可能引发人们欲望的产品都应该弃绝。“人多伎巧，奇物滋起”，就可能引发人们的不正当欲望，所以主张“不贵难得之货，使民不为盗”（第三章）。《老子》的理想社会是：“小国寡民。使有什伯之器而不用；使民重死而不远徙。虽有舟舆，无所乘之；虽有甲兵，无所陈之。使人复结绳而用之。甘其食，美其服，安其居，乐其俗。邻国相望，鸡犬之声相闻，民至老死不相往来。”（第八十章）《老子》认为，最理想的社会是国家小而人口少，那些几十人、几百人才能用的器具都没有用武之地，民众都爱惜生命，安居家园，都不愿意迁徙到陌生的远方。即使有船有车，也不会有人乘坐；即使有盔甲、兵器，也没有仗可以打。民众都回到结绳记事的时代，对数字没有概念。大家都很满足，认为自己的食物是甘美的，自己的衣服是漂亮的，自己的居所是舒服的，自己的习俗是快乐的。国与国之间都可以望得见，鸡鸣狗吠的声音都互相听得到，但是民众从出生到老死从不互相往来。要达到这样原生态的理想社会，是必须“绝巧弃利”的。

《老子》的“三绝”主张，虽然为后世的统治者所利用，发展为愚民政策，但这并不是《老子》一书的本意所在。后世的愚民政策，是只要求民众无知无欲，统治者却是有为有欲，搜刮无度，而且要使无知无欲者绝对服从于有为有欲者。而《老子》则主张统治者也要无为无欲，不能扰民。《老子》的“愚”是回归淳厚质朴，是建立在“无为而治”思想基础上的；后世的“愚民”则是愚昧怯懦，是以奸诈之术愚弄民众，是建立在专制高压政策基础上的。应该说《老子》的“三绝”主张与愚民政策是不能相提并论的。

三、《老子》对儒、墨、法诸家法律思想的批判

《老子》一书，对儒、墨、法三家思想均持批判态度，但均未点名批评，而是对三家的主要观点进行批判。

由于儒家也是基本否定法律的作用、反对滥施刑杀的，故道家对于儒家的批判主要集中在道德观方面。第一，《老子》认为道高于儒家的仁义。《老子》曰：“大道废，有仁义；慧智出，有大伪；六亲不和，有孝慈；国家昏乱，有忠臣。”（第十八章）意思是说，大道废弃了，才需要强调仁义；有了智慧，才会出现奸伪之事；父子兄弟夫妇六亲之间不相和睦，才需要强调孝慈；君主昏聩国家动乱，才需要强调忠臣。即认为儒家的仁义、智慧、孝慈、忠臣的概念都是大道废弃后才出现的，都不是治国的根本。第二，道家和儒家虽然都主张“德”，但儒家的“德”是第一层次的概念，并包含仁、义、礼的内容，但道家的“德”则是

次于“道”的第二层次的概念，并且不包含仁、义、礼的内容。《老子》是否定仁、义、礼的作用的，认为德、仁、义、礼都是失“道”之后的产物，礼不如义，义不如仁，仁不如德，德不如道。“上德不德，是以有德；下德不失德，是以无德；上德无为而无以为，下德为之而有以为。上仁为之，而无以为。上义为之，而有以为。上礼为之，而莫之应，则攘臂而扔之。故失道而后德，失德而后仁，失仁而后义，失义而后礼。夫礼者，忠信之薄，而乱之首”（第三十八章）。意思是说，《老子》认为只有道才是宇宙万物的本原和人类社会的最高原则，道的本质是无为，是自然而然的。德则是人类社会丢失了道以后，由圣人体会道的本质而提出的精神层面的东西，需要体会，需要总结，不是自然而然，这已经是有为了，因此比道低了一个层次。仁是在人与人的关系中自觉地体现出德，这是行为层面的东西，虽然不张扬，但比德又低了一个层次。义是按照仁的标准去做事，而且大肆宣传和张扬，这比仁又低了一个层次。礼则是完全的形式了，而且在没人响应时，采取强迫的方式，硬把人拉去按礼行事，这当然比义都不如了。所以礼这个东西，只会使忠信淡薄，开启祸乱而已。第三，儒家认为治国最好的模式是亲亲、尊尊的西周社会，而《老子》则认为是没有仁、礼而只以道无为而治的小国寡民的原生态社会。

《老子》反对墨家的“天志”法律观。第一，墨家认为天是有意志的，“天志”是法律的来源，具有赏善罚恶的功能，“天志”的核心是“兼爱”。《老子》则认为：“天地不仁，以万物为刍狗；圣人不仁，以百姓为刍狗。”天是没有意志的，天地、圣人不存在仁爱之心，把万物、百姓看作如同祭祀所用的草扎的狗，任其自生自灭、自作自息，从来不去刻意地顾惜和管理。第二，墨家强调“尚贤”，主张“赏贤罚暴”。《老子》则认为“不尚贤，使民不争”（第三章），不区分贤愚，才能使民众不起争端。尚贤正是天下不安定的因素。

战国中期以前，法家思想虽未最终成型，但已初具系统，主张公布成文法，主张厚赏重罚。《老子》激烈抨击法家的主张。第一，《老子》反对法家公布成文法的主张。《老子》认为“道”是人们应遵循的行为规范，但“大道无形”，无固定形式，也不是人所能制定出来的。只要统治者实行无为之治，不用法令人民也会顺从，“民莫之令，而自均”（第三十二章）。而法令则属于“圣人不为”的“有为”之举，“为者败之，执者失之”（第二十九章），同时“国之利器，不可示于人”，包括刑法在内的有关治国的措施，都应秘不示人。第二，《老子》反对法家的滥施刑杀。《老子》认为犯罪的根源是统治者沉重的赋税与社会财富占有的不平等，民众的生存受到威胁，因而轻死。民众不怕死，刑罚恐吓有什么作用？“民不畏死，奈何以死惧之？”（第七十四章）刑罚恐吓只会激起民众的反抗，“民不畏威，则大威至”（第七十二章）。因此“夫乐杀人者，则不得志于天下矣”（第三十一章），“强梁者不得其死”（第四十二章）。《老子》并不完全否认刑杀的必要性，认为该杀的必须杀，才能起到震慑作乱之人的作用。但刑杀的必要前提是“使民重死”，即使民众看重生命。“若使民常畏死，而为奇者，吾得执而杀之，孰敢?”（第七十四章）

《老子》的法律思想提倡道法自然、无为而治，不要扰民，反对过重的剥削压迫，反对滥施刑杀，对后世封建社会特别是汉、唐初期的社会安定局面起过良好的作用。但《老子》中的提倡复古回归、基本否定人定法律的倾向，则是后世法律虚无主义、无政府主义思想之滥觞。

第二节　先秦道家法律思想的演变

道家学派在《老子》之后发生了分化。一部分与墨家、法家结合，从无为转向有为，假黄帝与老子为名，称为黄老之学，为封建政治服务（《老子》一书中对刑罚作用的某种肯定，也许就是黄老学派的添加之作）。这一派的代表人物，战国中期有稷下道家如宋钘、尹文等，后期则以马王堆帛书《黄帝四经》为代表。另一部分继续做“隐士”，他们对现实政治悲观失望，与当政者采取不合作态度，使道家思想进一步向虚无方向发展。杨朱、庄子便是后一派的代表。

一、战国黄老学派的法律思想

（一）稷下道家的法律思想

春秋以来各国就有“养士”之风，战国初期的齐国从田桓公开始，就在国都临淄的稷下设置学宫，网罗人才，到战国中期齐宣王时学者最盛达一千多人，成为战国时期最著名的人才集结地。其中最有名望的七十多人被尊称为“稷下先生”，著书立说，位列大夫，享受“高门大屋”的待遇。这些学者中，相当一部分属于道家学派，其中宋钘、田骈、环渊即为稷下先生。稷下道家是最早的黄老学派，主要流行于齐、韩、赵等国，他们的思想以《老子》为基础，并受到当时的“显学”墨家学派的影响，但著述未能流传，其只言片语则散见于《庄子》、《荀子》、《韩非子》、《吕氏春秋》、《说苑》等著作中，尤以《庄子》“天下”篇记载宋钘、尹文之说较详。

图 5-2　稷下学宫（模型图）

稷下道家主张以“道”救世，提倡容忍，反对战争，并到处游说，“以此周行天下，上说下教，虽天下不取，强聒而不舍者也。故曰：上下见厌而强见也。

虽然，其为人太多，其自为太少”（《庄子·天下》）。就是说，稷下道家周游天下，上至说服君主，下至教化黎民，虽然天下很少有人赞同他们的观点，仍然絮絮叨叨、锲而不舍。所以人们都说，这些人是上下都讨厌仍顽强说服天下。应该说这些人为天下考虑得很多，为自己考虑得很少，虽然功利性很强，也算是圣贤吧。

宋鈃、尹文等稷下道家继承《老子》的“道”的思想，主张统治者要无为无欲，“以禁攻寝兵为外，以情欲寡浅为内。小大精粗，其行适至是而止”（《庄子·天下》）。“小大”指“道”，即“道”在形象上是“至小无内，至大无外”；“精粗”，精是指道的“无”，粗是指德的“有”。即是说，他们主张统治者对外止息干戈，对内削减欲望，从道的角度来看，任何事情都应适可而止。稷下道家也主张民众要无知无欲，“见侮不辱，救民之斗”（《庄子·天下》），《荀子·正论篇》也说：“子宋子（宋鈃）曰：‘明见侮之不辱，使人不斗。人皆以见侮为辱，故斗也；知见侮之为不辱，则不斗焉。’”《韩非子·显学篇》也称：“宋荣子（宋鈃）之议，设不争斗，取不随仇，不羞囹圄，见侮不辱，世主以为宽而礼之。”这几段引文的意思都是说宋鈃主张民众不要有强烈的是非观念，人家侮辱你，你以为是侮辱，双方就要争斗起来；你不以为是侮辱，就斗不起来。不要争斗，不要报仇，不要羞辱坐牢的人，不以侮辱为侮辱，这样天下就没有争斗了。当世的君主都认为宋鈃的观点是很宽容的，因而礼遇他。稷下道家“愿天下之安宁，以活民命，人我之养，毕足而止”（《庄子·天下》），即民众的生活资料只要够活命就可以了，不需要太多，否则就会引起贪欲。

稷下道家的思想是早期黄老学派的思想，受到当时“显学”墨家兼爱、非攻、节用思想的影响较大。荀子就将宋鈃与墨子并称：“上功用、大俭约而僈差等，曾不足以容辨异、县君臣。然而其持之有故，其言之成，足以欺惑愚众，是墨翟、宋鈃也。”（《荀子·非十二子》）认为墨、宋的思想都有尚功用、倡俭约以及消除等级差别的内容，因而列为一派，但荀子只注意到二者个别观点的类似，而没有注意到二者的理论基础是不同的。稷下道家的政治法律思想是对《老子》“无为而治”思想的发展，最大的区别是稷下道家在行为上已不再采取老子的“避世”态度，而是积极“入世”，到处推销，希望自己的主张为当时的统治者所采用，颇类似墨家苦行僧的顽强。

（二）帛书《黄帝四经》的法律思想

战国后期黄老学派的思想本已无传，1973 年 12 月湖南长沙马王堆汉墓出土的帛书《老子》乙抄本中，卷前录有四篇古佚书：《经法》、《十六经》、《称》、《道原》，被称为“《老子》乙本卷前古佚书”，后经唐兰、李学勤等考证，认定为即《汉书·艺文志》“道家”类所记三十七家之一的“《黄帝四经》四篇”，杨宽等学者认为是战国后期黄老学派的代表作。其中《十六经》一篇记黄帝与臣下的对答，和《老子》一书抄在一起，形象地说明了“黄老”的含义。

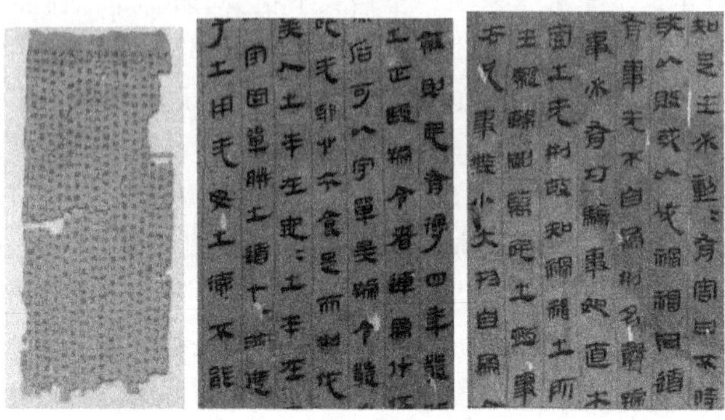

图 5-3　帛书《黄帝四经》

《黄帝四经》仍继承了《老子》关于“道”的思想，《道原》篇认为未有天地以前的太虚混沌状态时，道包含了一切，是天地万物的本原。万物产生以后，道就演化为不同事物的不同规律，称为“理”（实际就是《老子》所称的“德”），在治理人类社会上就产生了“法”的标准。“法”是由“道”所派生的，“道生法，法者，引得失以绳，而明曲直者也”（《经法》）。这样一来，就把道家和法家联系起来了。

《黄帝四经》继承与改造了《老子》“有无相生”、万物矛盾对立的辩证法思想，并与阴阳学说结合起来。认为天道包括阴阳两个方面，“凡论必以阴阳明大义。天阳地阴，春阳秋阴，……主阳臣阴，男阳女阴，父阳子阴，兄阳弟阴，长阳少阴，贵阳贱阴”，“诸阳者法天，……诸阴者法地”（《称》）；“春夏为德，秋冬为刑，先德后刑以养生”（《十六经》）。经过《黄帝四经》的改造，战国后期黄老学派的法律思想在理论基础上呈现出这样的特征：一是引入阴阳学说，强化天地阴阳的对立面，肯定贵贱等级的合理性；二是引入法家学说，肯定法律刑罚在人类社会的必要性，并提出“先德后刑”的德刑关系。可以说西汉董仲舒的“天人感应”、“德主刑辅”思想是明显受到《黄帝四经》的影响的。

《黄帝四经》并不一概反对战争，认为战争杀戮只要是“因天时”，就是正义的。“天有死生之时，国有死生之政。国因天之杀也以伐死，谓之武”；“因天时，伐天毁，谓之武。武刃而以文随其后，则有成功矣”（《经法》）；“今天下大争，时至矣”（《十六经》）。主张以正义的战争统一天下，然后就应该以“文”也就是德来治理天下。

在治理国家方面，《黄帝四经》主张统治者要克制欲望，“嗜欲无穷，死”（《称》）；“生有害，曰欲，曰不知足”；“功成而不止，身危有殃”（《经法》）。因此统治者要“安徐正静，柔节先定”（《十六经》）。要“节民力”：“民之用在力，力之用在节。……节民力以使，则财生。”（《经法》）主张立法与司法要公正无私，“公者明，至明者有功。至正者静，至静者圣。无私者智，至智者为天下稽”（《经法》）。稽是稽首、跪拜的意思，无私的智者是天下崇拜的偶像。“精公无私而赏罚信，所以治也”，“去私而立功，人之稽也”（《经法》）。“唯执道者能虚静公正”（《经法》），只有懂得“道”的人才能虚静公正。虚静就是不扰民，就是无为，法家也讲公正，但只有道家强调“虚静公正”。主张立法和司法都要极端谨慎，“法度者，正（政）之治也。而以法度治者，不可乱也。而生法度者，不可乱也”；“故执道者，生法而弗敢犯也，法立而弗敢废也”（《经法》）。认为统治者不可大开杀戒，不可刑及无辜，“大杀服民，戮降人，刑无罪，过皆反及之也”；“诛禁不当，反受其殃”（《经法》）。大杀顺服的民众，戮死投降的俘虏，处罚无罪之人，灾祸都会反过来危害自己。

可以看到，这一时期的黄老思想受到各国越来越成功的变法所形成的早期法家思想的影响。因此在《黄帝四经》特别是《经法》中，很多地方都直接谈到法治，甚至具体的立法司法，而这是以前的道家所不屑为和不能为的。虽然也讲法治，但《黄帝四经》中仍然坚持黄老学派的基本观点，主张“功成而止”，不要“嗜欲”，要“节民力以使”，要“虚静公正”。可以说，《黄帝四经》正是汉初黄老学派的思想基础。

二、庄子的法律思想

庄子（约公元前 369 年～公元前 286 年）名周，战国中后期宋国蒙（今河南商丘县东北）人，其生活的年代大致与孟子同时。庄子曾做过蒙地方的漆园吏，家境贫寒，终身潦倒，以编草鞋度日。庄子学问渊博，对当时的各学派都有过研究，并进行过分析批判，其思想主要见于《庄子》一书。由于《庄子》一书与《老子》在思想上有较大的区别，因此后世也将道家分为老学与庄学，从流行来看，大抵《老子》之学盛行于汉初，庄子之学则盛行于汉末魏晋时期。

图 5-4　庄子像，《庄子》书影

《庄子》一书，据《汉书·艺文志》记有五十二篇，今存三十三篇，分为三部分，即《内篇》七篇、《外篇》十五篇、《杂篇》十一篇。一般认为《内篇》七篇系庄子自作，《外篇》、《杂篇》则大抵是其门人或后学所作。与《老子》简单分为八十一章不同的是，《庄子》三十三篇皆有标题，但先秦著作的标题，大抵为后人所加。后世学者对《庄子》一书的注释，《诸子集成》本收有晚清王先谦的《庄子集解》与郭庆藩的《庄子集释》。

在法律思想方面，《庄子》对礼、法的批判较《老子》更为愤激，在法律虚无倾向方面也较《老子》更为极端，提出了中国古代最为彻底的道德虚无主义与法律虚无主义思想，因此庄子思想也是后世无政府主义思潮的渊薮。

（一）主观唯心主义的“道”与绝对“无为而治”思想

庄子继承了《老子》的思想，也以“道”作为天地万物的本源，但发展了《老子》思想的消极部分，由客观唯心主义变为主观唯心主义。《老子》思考的中心，是通过宇宙之道的体验，追寻对天道、世道、人道的全面而终极的理解；到了庄子，则更偏向对于人的内在精神的超越和自由境界的探寻。

《老子》虽认为世界的本质是虚无的“道”，但其所说的“道’是客体的，道产生万物，万物仍是有秩序、有规律的。因此《老子》在哲学上倾向于客观唯心主义。庄子认为：“夫道，有情有信，无为无形；可传而不可受，可得而不可见；……莫知其始，莫知其终。”（《大宗师》）“道”看不见、摸不着，超越空间又超越感觉。“道”又是无所不在的，《庄子·知北游》说，“道”在蝼蚁、在草木、在瓦甓、在屎溺，甚至一切客观存在都只是梦幻，《庄子·齐物论》说，“天地与我并生，而万物与我为一”，以及“庄周梦蝶”的寓言，都说明在庄子那里，世界万物都成为“我”的主观产物，“我”即“道”，“道”即“我”。因此庄子的“道”，是主观唯心主义的“道”。

庄子认为产生宇宙万物的“道”是不可知的，知“不可知”，说“不可说”，道是无法认知，无法解说的。世界上没有真伪、是非、善恶、美丑之分，人吃牛羊，鹿吃青草，乌鸦吃死老鼠，你说谁吃的东西味道最正呢？毛嫱、丽姬，人人都认为是美女，但是鱼见了躲到水底，鸟见了吓得高飞，你说什么才是万物都认为的漂亮呢？所以“彼亦一是非，此亦一是非”（《齐物论》），万物的是非标准是不同的，此是非不是彼是非。一定要说“道”是可以认识的，那么“无思无虑始知道”（《知北遊》），只有不动脑子也没有知识的人才懂得道。所以认识论在庄子那里是相对主义，是不可知论。这种相对主义的认识论也是庄子法律思想的出发点。

庄子继承了《老子》的“无为而治”思想，但主张绝对“无为”。《老子》提出对统治者的“三去”原则，反对重税，反对分配不公现象，反对战争与刑罚之严酷，还是想在“无为”之中求“有为”的。庄子则对当时一切政治制度与措施都失去了信心，认为社会已到了无法治理也无必要治理的程度。君子一旦被人硬推上统治地位，不如完全超然物外，绝对无为："圣人不从事于务，不就利，不违害，不喜求，不缘道，……而游乎尘垢之外。"（《在宥》）什么事也不要做，超脱于尘世之外，以不治治天下。甚至认为"圣人生而大盗起"，"圣人已死，则大盗不起"（《胠箧》，"胠箧"即盗窃之意），所谓圣人、智者本身即是窃国大盗。

庄子激烈抨击儒、墨、法各家学派的"有为"政治。庄子批判儒家的"礼治"思想，认为仁、义、礼、乐破坏了人的自然本性。人的自然本性没有亲亲、尊尊的宗法等级与政治等级，只求生存温饱，无知无欲而"逍遥于天地之间"（《让王》），仁义礼乐对人性的束缚是违反自然之道的。"道德不废，安取仁义？"，仁义本身是道德废弃后的产物，如果道与德存在，根本不需要仁和义。"毁道德以为仁义，圣人之过也"（《马蹄》），毁弃道德，提倡仁义，都是圣人的过错。圣人为什么要那么热衷于仁义呢？庄子认为仁义只是帝王、圣人捞取好处的手段。因为"道德之至，故帝王、圣人休焉"（《天道》），如果道德完美地存在，什么帝王、圣人都不需要了。"爱利出乎仁义，捐仁义者寡，利仁义者众"（《徐无鬼》），所以讲仁义是出于捞好处的目的，真正愿意按照仁义标准去做的人是极少的，大多数人都是想从仁义中捞到好处。庄子认为仁、义已经成为窃国大盗的工具："窃钩者诛，窃国者为诸侯。诸侯之门，而仁义存焉。"（《胠箧》）偷人腰带者要被诛杀，而窃国大盗却被尊为诸侯，就是因为其以仁义为装潢。天下的很多罪恶，也都是打着仁义的旗号进行的。

庄子批判墨家的"兼爱"是迂腐之言："老聃曰：……兼爱不亦迂乎？无私焉，乃私也。"（《天道》）这是庄子借老子之口说："兼爱"难道不是很迂腐的说法吗？心里想着无私，实际上就是有私。对于墨家的"尚贤"，庄子认为："举贤则人相轧，任知则民相盗。"（《庚桑楚》）推崇贤人的结果是使人们相互倾轧竞争，任用智慧的结果是使人们相互盗取他人的财物。庄子曰："至治之世，不尚贤，不使能。"（《天地》）天下达到至治的时候，不必崇尚贤人，也不必使用能人，大家自然而然地凭自己的本能做事，天下就自然治理好了。

庄子更否定法家的"法治"，指出"治，乱之率也"（《天地》）认为法家的所谓治实际只会带来乱。法家以赏罚二柄治理天下，庄子则认为："举天下以赏其善者，不足；举天下以罚其恶者，不给；故天下之大，不足以赏罚。"（《在宥》）如果人们为了得到奖赏而行善，那么倾天下之财物也不足以赏善；如果人们因为害怕惩罚而停止作恶，那么举天下之斧钺也不足以罚恶。法家这种带有功利色彩的赏罚办法，没有从根本上解决善恶问题，即使把天下的财物、斧钺都用完，也是达不到目的的。所以"有为"政治远不如"无为"。

（二）彻底的法律虚无主义思想

以上可见，庄子的"道"、"无为"比《老子》走得更远、更绝对，其政治法律思想较《老子》更趋向于虚无主义。

第一，否定一切刑法。庄子认为，当今之世，“斩锯制焉，绳墨杀焉，椎凿决焉”，制造了大量肉刑残害人之生命，以致“今世殊死者相枕也，桁杨者相推也，刑戮者相望也”（《在宥》）。现今世道被处死刑者尸相枕藉，身戴刑具者塞满街巷，因刑致残者到处都是。然而仍然“大盗不止”，可见刑法起不到治理天下的作用。“赏罚利害，五刑之辟，教之末也”（《天道》）。

第二，否定一切仁义。庄子认为刑法是由仁义衍生的，自从“儒墨毕起，于是乎喜怒相疑，愚智相欺，善否相非，诞信相讥，而天下衰矣”，从黄帝尧舜到三王，到儒、墨，越讲仁义，越辨是非智愚，天下就越乱。及至发展到暴政酷刑，“而儒墨乃始离跂攘臂乎桎梏之间，噫，甚矣哉，其无愧而不知耻也，甚矣”（《在宥》）。这时候儒、墨才开始踢腿伸臂地用仁义来反对暴政酷刑，还有什么用呢？难道暴政酷刑不正是由仁义发展来的吗？儒、墨如此不知惭愧、不知羞耻真是到了无以复加的地步。

第三，否定一切社会制度。庄子反对“人为”，反对社会进步，反对文化知识，痛恨仁义礼乐，主张无知，因而否定一切“人为”的社会制度，其理想的社会是所谓“至德之世”。庄子认为《老子》提倡的“小国寡民”社会还是个有制度、有拘束的社会，还不能达到绝对自由，而庄子所主张的理想社会是回到远古时期人兽不分的混沌状态：“夫至德之世，同与禽兽居，族与万物并。恶乎知君子小人哉！同乎无知，其德不离；同乎无欲，是谓素朴。素朴而得民性矣。”（《马蹄》）在这样的生存状态中，人们无知无欲，素朴自然，没有君子、小人的差别，没有是非观念，没有人兽的区别，完全是纯真性情，人与大自然合为一体，没有任何“人为”的痕迹。所以《荀子》批评“庄子蔽于天而不知人”（《荀子·非十二子》），被天道蒙蔽了，完全不懂得人类社会。

《庄子》一书提出了许多富有启发性的问题，达到了很高的思辨水平，其对封建统治者的愤激批评，也在后世的“异端”那里引起了共鸣，产生了积极影响。但其怀疑一切、否定一切的法律虚无主义思想，也对后世产生了一定的消极作用。

第六章　先秦法家的法律思想

法家是产生于战国时期，代表新兴地主阶级利益，主张“以法治国”的学派。司马谈《论六家要旨》指出：“法家严而少恩，然其正君臣上下之分，不可改矣。……法家不别亲疏，不殊贵贱，一断于法，则亲亲尊尊之恩绝矣。可以行一时之计，而不可长用也。”（《史记·太史公自序》）这里指出了法家思想的三个特点：一是“正君臣上下之分”的等级名分思想；二是“一断于法”、“严而少恩”的法治思想；三是“可以行一时之计，而不可长用”的实施特点。这就说明了以法家思想为指导所建立的统治必然是专制集权、公正严酷、急功近利的。

战国继春秋之后，社会变化更大。由于土地私有制的发展，生产方式的变化，原有的社会阶级关系逐步消失，新兴地主阶级成为战国时期政治舞台上的主角，其在思想学术上的代表人物，就是法家。

战国时期法家思想的发展大致分为两个阶段。第一阶段从战国初期至战国中期，这一时期的法家可称为前期法家，主要代表人物有李悝、慎到、申不害、商鞅等。前期法家强调“变法”，并提出了明确的变法措施。第二阶段是战国末期，这一时期的法家可称为后期法家，主要代表人物有韩国的韩非与秦国的李斯等。后期法家由于新兴地主阶级已相继在各国占据了统治地位，因此强调“定法”，主张将现实的封建秩序用法律固定下来。

在学术上，前期法家代表人物各自主张的重心不同，分为“重势”派（如慎到）、“重术”派（如申不害）、“变法”派（如商鞅）等。后期法家则以韩非为代表，将法、术、势三者结合起来，集法家思想之大成。法家对后世影响最大的，就是韩非的思想。

第一节　先秦法家法律思想的理论基础与主要内容

一、先秦法家法律思想的理论基础——法家的法律观

法家的法律观即法家关于法的概念、性质、起源、作用、法治的必然性、法治与礼治的区别等基本问题的观点，是法家“法治”学说的理论基础与前提。

（一）“法”的概念

法家关于“法”的概念，概括了封建法律的外部特征。

（1）法是由国家制定和公布的成文规范。韩非认为，“法者，宪令著于官府”（《韩非子·定法》）；“法者，编著之图籍，设之于官府，而布之于百姓者也”

(《韩非子·难三》)。这里说明了法是国家制定的、成文的、公开的诸特征。

(2) 法包括赏与罚两种手段。商鞅认为:“故立法明分,中程者赏之,毁公者诛之。赏诛之法,不失其议,故民不争。”(《商君书·修权》)韩非子也指出:“无威严之势,赏罚之法,虽尧舜不能以为治。”(《韩非子·奸劫弑臣》)将爵禄赏赐包括在法之中,是法家首先提出的。但同时法家又认为赏与罚两种手段中,赏是罚的辅助,法应以刑罚为主。

(3) 法是规范人们行为的准则。管子说:“法者,天下之程式,万事之仪表也。”(《管子·明法解》)慎子说:“法者,所以齐天下之动。”(《慎子·佚文》)法令是规定人们应该做什么、不应该做什么的行为准则。但在封建等级制社会中,人们的行为规范由于名分即政治等级、宗法等级之间的不同而导致权利与义务的不同,所谓“法之所加,各以其分”(《慎子,君人》)。

以上可见,法家认为法是以刑罚为主要手段,依人们的等级名分而确定不同的权利与义务,由国家制定公布与执行,所有人都必须遵守的成文行为规范。

(二)“法”的性质

法家关于法的性质的论述,概括了法的内部属性,揭示了封建法律的本质。

(1) 法具有强制制裁性。与儒家注重从正面积极引导的礼不同,法家的法只注重从消极方面进行强制制裁的功能,所谓“令行禁止”、“禁奸止过”。法家认为人性天生是“恶”的,而且没有改造好的可能,因此靠道德教育与良心反省是没有用的,也是不可能的,只有严刑峻罚才能收到“止恶”的效果。所以法家都主张“重刑惩奸”,都崇尚“以刑去刑”。

(2) 法具有客观公平性。法家将法比喻为度量衡器,以说明法的客观公平性。《管子·七法》说:“尺寸也,绳墨也,规矩也,衡石也,斗斛也,角量也,谓之法。”《慎子·佚文》认为:“有权衡者不可欺以轻重,有尺寸者不可差以长短,有法度者不可巧以诈伪。”意思是说,有了秤砣和秤杆,在称量物体轻重时就不会被人欺骗;有了尺寸刻度,在丈量物体长短时就不会出差错;有了法律制度,诈伪之徒就不能凭借智谋得逞。法家认为法具有公平性,所谓“公”,是指法代表了国家利益,而不以个人的意志为转移。正如《慎子·佚文》所说:“法者,所以齐天下之动,至公大定之制也。”因此法家又称法为“公法”,如《管子·明法解》说:“舍公法而行私惠,则是利奸邪而长暴乱也。”这种“公法”是与违背破坏法的行为即“私”相对立的。所谓“平”,是指法对于一切人都是平等的,任何人触犯了法律都将受到惩处。但在封建专制集权的等级制社会中,法家所说的法的公平性不可能得到真正的体现。首先,君主至高无上,其行为不受法律的约束;其次,法家所说之法的公平性,是指执法的公平,而在立法上,法家公然承认法的等级性。

(3) 法具有严格等级性。法家在肯定法的公平性的同时,并不反对等级区分与等级特权。或者说，法家认为法的等级性与公平性并不矛盾，等级性是法所必备的内容。法家所主张的法的等级性，其核心就是维护君主集权。管子认为："法者，将立朝廷者也。"（《管子·权修》）商鞅也指出："圣人别贵贱、立名号，以别君臣上下之义，……故立法制为度量以禁之。"（《商君书·君臣》）

（4）法具有时代民情性。法家认为，合乎时代、民情，是法的重要性质之一。商鞅指出："因世而为之治，度俗而为之法。"（《商君书·壹言》）所谓世、俗，就是指时代、民情。首先，法是时代的产物，因此也必须反映时代的要求。商鞅说："法宜其时则治，事适其务则有功。"（《商君书·六法》）韩非认为："法与时转则治，治与世宜则有功。"（《韩非子·心度》）意思都是一样的，法律只有适应时代的要求才能治理好国家，治理只有适应形势需要才会起到作用。战国时期的时代要求就是富国强兵，谁能先做到这一点，谁就能统一天下。因此法令的重心就应放在"耕"、"战"二事上，耕以富国，战以强兵，这是先秦法家的统一认识。其次，法应合乎人性、民情，这是法能得以推行的保证。慎到指出："法者，非从天下，非从地出，发乎人间，合乎人心而已。"（《慎子·佚文》）韩非也认为："法通乎人情，关乎治理"，"凡治天下，必因人情"（《韩非子·八经》）。法家所说的"人心"、"人情"，即指"好利避害"的人性。法家认为人性本恶，而且是不可改变的，法令不应去试图改变这种人性，而应顺应这种人性，利用这种人性。因此必须赏、罚两种手段兼顾，以"赏"顺应人性的"好利"，以"罚"顺应人性的"避害"。这样的法令"合乎人心"，自然能治理好国家。

（三）"法"的起源

法家关于法的起源的论述基本摆脱了神权的色彩，是先秦诸家学说中最具有唯物主义因素的理论。

商鞅提出了"圣人制刑"说。认为最早的社会没有君臣上下的区别，因此"民乱而不治"，所以"圣人列贵贱，制爵位，立名号，以别君臣上下之义。地广民众，万物多，故分五官而守之。民众而奸邪生，故立法制为度量以禁之。是故有君臣之义，五官之分，法制之禁"（《商君书·君臣》）。就是说，圣人为了改变"乱而不治"的局面，把人分为贵贱等级，制定爵位，确立名分，区别君臣上下不同的权利义务。土地广阔、人口众多，物产丰富而不同，因此要分立五种官吏来保护管理。人口多了，奸诈邪恶之事就会发生，因此要立法制来禁止奸邪。所以君臣权利义务的划分、官吏的设立、法制刑罚的禁止，都是圣人为了社会安定而制定的。

《管子》一书部分内容反映了战国后期齐国法家的观点，提出了"智者制刑"说。认为古时人们"兽处群居，以力相征"，处处以强凌弱，以致"老幼孤独，不得其所"，"故智者假众力以禁强虐，而暴人止"。智者借用大多数人的力量禁止了暴虐行为，受到大家的拥戴，于是国家、君主、刑罚就产生了（《管子·君臣》)。《管子》的智者也即商鞅所说的圣人。

韩非则认为，古代“人民少而财有余，故民不争”，后来由于人口增长，自然资源减少，“人民众而货财寡”(《韩非子·五蠹》)，人们便为生存而争夺，从而产生了制止争夺的法律制度。

法家关于法律起源的学说，认为国家与法律都是社会发展到一定阶段的产物，这在先秦时期无疑是一种比较正确的认识。

(四)“法”的作用

法家是先秦时期最重视法律作用的一个学派。法家主要从以下几个方面来论述法的作用：

(1) 定分止争。即法能确定名分，防止争夺。这是法的等级性的表现，也是法的最主要作用。慎到曾以“百人逐兔”的故事形象地解释法的定分止争作用(参见《吕氏春秋·慎势》)。商鞅也说过，名分未定，尧、舜那样的圣人也会去争夺；名分已定，穷人与盗贼也不敢轻易去争夺。法律不仅有保护财产“名分”的作用，还有维护等级“名分”的作用，商鞅指出：“法令不定，以下为上也，此所谓名分之不定也。”(《商君书·定分》)

(2) 禁恶止乱。即法能禁止恶民乱臣犯罪。维护统治秩序，防止犯上作乱，这是法的最直接有效的作用。《管子·明法解》：“治国使众莫如法，禁淫止暴莫如刑。故贫者非不欲夺富者财也，然而不敢者，法不使也；强者非不能暴弱也，然而不敢者，畏法诛也。”只有法律才能禁止贫夺富财、强者凌弱的犯罪行为。法家认为人性本恶，道德教化不能改变人的恶性，只有“服之以法”，才能“民治而国安”。

(3) 制民胜民。即法能强迫民众从事耕战。法家追求富国强兵，认为只有通过法律才能迫使致力于农业与战争。商鞅说：“使民之所苦者无耕，危者无战。二者，孝子难以为其亲，忠臣难以为其君。今欲驱其众民，与之孝子忠臣之所难，臣以为非劫以刑而驱以赏莫可。……故吾教令民之欲利者，非耕不得；避害者，非战不免。”(《商君书·慎法》)意思是说，使民众感到辛苦的莫过于种地，使民众感到危险的莫过于打仗，二者是忠臣为君、孝子为父母都不肯做的事。今天要想让民众去做忠臣、孝子都难以做到的事，我以为只有用刑断他的后路、用赏驱使他向前不可。只有利用人的“趋利避害”本性，以法律强制的形式，使民众不通过农耕不能得利，不去打仗就不能免于刑罚。只有以法律“制民”，才能最终“胜民”，如《商君书·画策》所言：“昔之能治天下者，必先制其民者也；能胜强敌者，必先胜其民者也。故胜民之本在制民，……民本，法也。”这是赤裸裸的专制统治的论调。

(4) 尊君、独制。即法律能保障君主的地位并加强君主的专制权力。商鞅说过：“夫利天下之民者，莫大于治；而治，莫康于立君；立君之道，莫广于胜法；

胜法之务，莫急于去奸；去奸之本，莫深于严刑。”（《商君书·开塞》）意思是说，给予天下民众利益，没有比天下大治更大的好处了；要达到天下大治，没有比确立君主的权威更重要了；而确立君主权威的办法，没有比控制民众的法律更有效了；控制民众的法律内容中，没有比惩治奸邪更急迫了；而惩治奸邪的根本，没有比严刑酷罚更有用了。《管子·重令》也说过类似的话：“令重则君尊，君尊则国安；令轻则君卑，君卑则国危。故安国在乎尊君，尊君在乎行令。”认为重视法律——巩固君主权威——国家安定三者的关系密不可分。韩非更进一步指出君主要依靠法律“独制四海之内”，特别是以法控制臣下，“人主使人臣虽有智能，不得背法而专制”（《韩非子·明法》）。以法律来控制臣下，君主专制而臣下不得专制。

（五）“以法治国”的必然性

为什么一定要以法治国？为什么过去没有，现在要强调？法家主要从人性论和历史观两个方面阐述了战国时期必须实行“法治”的必然性。

(1)“就利去害”的人性论。中国思想史上的人性问题，是从战国才开始讨论的。第一个明确提出“性善”论的是孟子，第一个明确提出“性恶”论的是荀子，都是儒家。法家从来没有明确提出“性善”、“性恶”的命题，“人性”一词，也往往用“民之性”、“民之情”、“人情”来取代，但商鞅讲人性“好名利，恶苦劳”，韩非讲人性“皆挟自为心”，其实都是倾向性恶论的。法家的人性论具备两个特点：第一，认为人性生来是恶的。人生来都有“好名利，恶苦劳”的本性，大到如生死，“民之情莫不欲生而恶死”（《管子·形势解》）；小到如货物，“民之性，度而取长，称而取重，权而索利”（《商君书·算地》），总要挑选更合算、更有利一点的。人性就是“就利去害”的，“夫安利者就之，危害者去之，此人之情也”（《韩非子·奸劫弑臣》）。人际关系也建立在这种利害之上，君臣之间，“臣尽死力以与君市，君垂爵禄以与臣市”（《韩非子·难一》），以爵禄换死力，如同做买卖；夫妻之间，“夫妻者，非有骨肉之恩也，爱则亲，不爱则疏”（《韩非子·备内》），夫妻关系的亲疏不是靠血缘而是靠爱来衡量的，爱不稳定，也是一种利害关系。第二，认为人的恶性是不可改变的。这是法家人性论的最大特点。因此法家认为儒家的道德教化是无济于事的，统治者只有善于利用这种人性，以法令规定赏罚才有效。利用人的就利本性，就可以用赏驱动人们去做原本不愿做的事；利用人的去害本性，就可以用罚禁止人们去做有诱惑而不利于社会之事。“凡治天下，必因人情。人情有好恶，故赏罚可用；赏罚可用，则禁令可立；禁令可立而治道具矣。”（《韩非子·八经》）

(2) 发展的历史观。法家还从历史发展的角度来论证推行法治的必要性。商鞅将社会发展分为上世、中世、下世、今世四个阶段，“上世亲亲而爱私，中世上贤而说仁，下世贵贵而尊官”，每个阶段的统治方法不同。“今世强国事兼并，弱国务力守”，“古之民朴以厚，今之民巧以伪”，因此今世不能照办过去亲亲、仁义、贵贵的老办法，而必须“不法古”，“当时而立法”，推行法治（《商君书·开塞》）。韩非的历史进化观与其法律起源说一致，认为国家与法产生于“人民众而货财寡”的历史进程中，为平息争端，稳固社会，就必须依靠国家的暴力推行法治。

（六）法家“法治”与儒家“礼治”思想的区别

“法治”是“以法治国”的简称，是法家与其他学派特别是儒家争论的焦点，与儒家包含礼治、德治、人治的“礼治”思想存在着明显的区别。

（1）法治与礼治的区别。这是治国目标的区别。儒家与法家都主张维护等级制，二者之不同，在于儒家治国的最高目标是要达到以宗法等级为核心的“礼治”局面，而法家治国的最高目标是要达到以君主专制为核心的“法治”局面。

（2）法治与德治的区别。这是治国方法的区别。儒家主张“以德服人”的“德治”，强调道德教化的作用，轻视法律的强制作用；法家则主张“以力服人”的“法治”，强调以国家暴力为后盾的法律的作用，认为法律的强制手段是最有效的，甚至是唯一有效的统治方法，因而轻视甚至否定道德教化的作用。

（3）法治与人治的区别。这是治国因素的区别。对于在治理国家过程中法与人二者何者起主要作用的问题，儒家认为治国的决定因素是人而不是法，主张“为政在人”的人治；法家则认为治国的关键因素是法而不是人，有了完善的法，中、下能力的普通君主也能治理好国家。

比较而言，法家的“法治”主张更符合战国时期的时代要求。

法家的法律观，综上言之，就是要充分认识法的重要性与以法治国的必然性，为新兴地主阶级建立的封建中央专制集权制度服务。

二、先秦法家法律思想的主要内容——“法治”的实施原则

“法律观”是要解决“法是什么”以及“为什么要法治”的问题，“法治的实施原则”则是解决“怎样以法来治理国家”的问题。法家的法律观是法家法律思想的理论基础与前提，法治的实施原则则是实践层面的问题，也是法家法律思想的主要内容。

（一）立法原则

法家主张立法大权应由君主专掌独握，同时君主立法必须遵循下列原则：

（1）法与时移。即立法必须适应时代变化的要求。商鞅说“当时而立法”，《管子》称“随时而变”，韩非云“法与时移”，都是同一个意思。战国时期的时代要求是富国强兵，因此立法上就要适应耕战的要求。

（2）因人之情。即立法要以人对物质利益的追求为基础。人情是什么？法家认为人的本性就是追求地位金钱、害怕刑罚，立法应据此而因势利导，控制民众。商鞅说：“人情好爵禄而恶刑罚，人君论二者以御民之志，而立所欲焉。”

(《商君书·错法》)《管子》也说:“人主之所以令则行、禁则止者,必令于民之所好,而禁于民之所恶也。民之情莫不欲生而恶死,莫不欲利而恶害。故上令于生、利人,则令行;禁于杀、害人,则禁止。令之所以行者,必民乐其政也,而令乃行。”(《管子·形势解》)这就把令行禁止与因人之情的关系,说得很清楚了。

(3)量人所能。即立法要考虑客观可行性。赏赐必须是可能得到的,刑罚必须是能够避免的,“毋强不能”,不要强制规定那些做不到的条文。《管子·形势解》说:“明主度量人力之所能为而后使焉。故令于人所能为,则令行。”《韩非子·用人》也说:“明主立可为之赏,设可避之罚。”立法必须要考虑到人的能力可能达到的范围。如果只有个别“贤者”才能做到的规定,就不应制定成法令,因为大多数人不是“贤者”。“贤者然后能行之,不可以为法,夫民不尽贤。”(《韩非子·八说》)只有贤人才能做到的,不可以规定为法,因为民众并不都是贤人。

(4)明白易知。即立法文字要通俗易懂。商鞅指出:“圣人为法,必使明白易知。”(《商君书·定分》)法家主张实行“法治”,首要前提之一就是让民众甚至愚昧之人都了解法。如果法律规定抽象玄奥,民众看都看不懂,如何去实行呢?韩非主张:“明主之表易见,故约立;其教易知,故言用;其法易为,故令行。”(《韩非子·用人》)即法令要做到“三易”:易见,易知,易为。即容易找得到,容易看得懂,容易做得到。他认为这样的法令,才能发挥作用,才能贯彻执行。

(二)执法原则

法家推行“法治”方法的第二个重要方面,就是要使法令成为判断人们言行是非和实行赏罚的唯一标准。因此,法家提出了明法、任法、壹法、从法的执法原则。

(1)明法。包括两方面:第一,法令公开。即主张公布成文法。法令既然要人们遵守,就必须以成文的形式公布于百姓,力求做到家喻户晓。这样就使民众知道罪与非罪的标准,自觉地去遵守法律,并能防止官吏的罪刑擅断,达到“吏不敢以非法遇民,民不敢犯法以干法官”的目的(《商君书·定分》)。第二,主张官吏和民众都必须明白法律,其方法就是“以法为教”(《韩非子·五蠹》)。法官必须由通晓法律的人担任,其他官吏和民众则向司法官吏学习法律,即“以吏为师”;教育也应以法令为主要内容。

(2)任法。即在用人上主张选拔任用知法守法的官吏,反对任贤、任智。慎到认为:“立君而尊贤,是贤与君争,其乱甚于无君。”有了君主就不能再尊重贤人,否则贤人就会和君主争夺权威,国家就会比没有君主还要混乱。《管子·任法》说:“圣君任法而不任智,任数而不任说,任公而不任私,任大道而不任小物。”圣明的君主任用法律而不是聪明人来治国，任用法律条文而不是能说会道的人，任用公正的法律而不是靠私人感情的好恶，只管大的原则而不管琐碎的小事。因此法家认为任用贤人、聪明人都不能达到法治，只有任用知法守法的官吏，哪怕只有中等智力水平，也能做到有法必依，执法必信。

(3) 壹法。包括三方面：第一，立法权要统一。即立法权须全部收归君主，不允许政出多门。《管子·明法解》说：“明主之治天下也，威势之独在于主，而不与臣共；政法独制于主，而不从臣出。故明法曰：威不两错（措），政不二门。”第二，法律的内容要统一。即法律要有相对的稳定性，不能朝令夕改；要保持法律内部的协调，不允许有相互矛盾的法令并存。韩非就曾批评申不害在韩国变法，“不一其宪令”，结果使奸人得利。第三，人们的思想认识要统一。法令一出，不允许民众私下非议法令，主张“废私议”，严惩思想犯罪，“言行不轨于法令者必禁”。

(4) 从法。即法令应具有绝对权威性。法家认为要使法令成为唯一的标准，就应使法令具有绝对权威，这就需要做到：第一，法令高于一切。法令的权威不仅高于一般臣民，而且高于君主本人，“令尊于君”。商鞅说过：“法之不行，自上犯之。”（《史记·商君列传》）有法不依的最大威胁来自统治者自身。君主虽掌握最高立法权，但法令一出，君主应带头守法。第二，刑无等级。法家主张除君主外，任何人犯罪都不能逃避法律的制裁，法律面前人人平等。《商君书·赏刑》说：“刑无等级，自卿相将军以至大夫庶人，有不从王令，犯国禁，犯上制者，罪死不赦。”《韩非子·备内》说：“刑过不避大臣，赏善不遗匹夫。”“法不阿贵，绳不挠曲。”

法家认为在执法方面实现了明法、任法、壹法、从法的主张，“君臣上下贵贱皆从法，此之谓大治。”（《管子·法法》）

(三) 赏罚手段的运用原则

法家认为赏与罚是君主治理国家、巩固权势的两种主要手段，《管子·君臣》云：“君之所以为君者，赏罚以为君。致赏则匮，致罚则虐，财匮而令虐，所以失其民也。”君主因为有赏罚的权力才成为君主，赏赐太滥了财物就要匮乏，刑罚太重了就成为暴虐，经济匮乏而法令暴虐，就会丧失民心。所以赏与罚的关系应如何看待？立法与执法上如何掌握赏罚的“度”？这是先秦法家共同关心的问题，并提出了运用赏罚手段的主要原则。

(1) 关于赏罚的信用，法家提出了“信赏必罚”的原则。法家认为法律规定的赏罚一定要兑现，该赏的一定赏，该罚的一定罚，以取信于民。赏罚要公平，不论贵贱亲疏，一视同仁。而且不要轻易减刑或赦免。

(2) 关于赏罚的对象，法家提出了“赏功罚罪”的原则。商鞅说：“赏随功，罚随罪，故论功察罪，不可不审也。”（《商君书·禁使》）比如对外战事方面“赏勇罚怯”：“民勇则赏之，以其所欲；民怯则杀之，以其所恶。故怯民使之以刑，则勇；勇民使之以赏，则死。怯民勇，勇民死，国无敌者，必王。”（《商君书·说民》）即奖励作战勇敢的人，因为奖励是他所喜欢的；杀死胆怯退却的人，因为杀头是他所害怕的。用刑使胆怯的人变得勇敢，奖励使勇敢的人不怕死。胆怯的人勇敢了，勇敢的人不怕死了，这样的国家就无往而不胜，必定称霸于天下。

（3）关于赏罚的关系，法家提出了“刑主赏辅”、“刑多赏少”的原则。法家认为法律包括刑、赏两种手段，应以刑为主，赏为辅，赏赐只是刑罚的辅助。因此在具体运用的比例上也应是“刑多赏少”，《商君书·开塞》曰：“治国刑多而赏少，乱国赏多而刑少。”

（4）关于赏罚的幅度，法家提出了“厚赏重罚”、“轻罪重罚”的原则。第一，法家认为赏罚的目的主要不在于赏罚对象本身，而在于扩大影响，因此要“厚赏重罚”。《管子·正世》说：“故圣人设厚赏非侈也，立重禁非戾也；赏薄则民不利，禁轻则邪人不畏。”认为圣人设置重奖并不是奢侈，制定重刑也不是残暴。因为奖少了对民众没有吸引力，刑轻了奸邪之人也不会畏惧。因此对有功之人厚赏是为了鼓励其他人立功，对犯罪者重罚是为了威吓其他人不敢犯罪。第二，法家提出“轻罪重罚”的原则，主张对轻罪也应处以重刑。这样轻罪无人敢犯，重罪更不会发生，就能达到“以刑去刑”的目的。

（5）关于赏罚的效果，法家提出了“赏誉同轨，非诛俱行”（《韩非子·八经》）的原则。法家认为应使社会舆论与赏罚效果相一致，即人们的思想认识与言论必须和法令相一致。法律赏施的行为，舆论也应赞誉；法律惩罚的行为，舆论也应谴责。否则被处罚者人们却私下赞誉，诛罚就起不到预防犯罪的作用；被奖励者人们却私下非议，奖励就起不到鼓励立功的作用。

（四）法、势、术结合原则

在先秦法家的学说中，“法”指君主颁布的法令，“势”指君主的权势、权力、地位，“术”指君主控制臣下的谋略手段，三者均为君主专制统治的重要组成部分。在战国前期法家中，商鞅、慎到、申不害分别以重法、重势、重术而自成一派，韩非在理论上总结了前期法家之得失，提出了法、势、术三者结合的理论，成为法家思想之集大成者。

韩非认为法、势、术三者之中，必须“以法为本”，法是君主专制统治之核心，无“法”就谈不上“法治”。但法离不开势，势是君主专制统治之基础，君主没有权势则等同于平民，又如何统治天下呢？因此韩非主张“抱法处势”，法与势缺一不可。韩非又认为术是君主控制臣下的重要手段，法无术无法推行，势无术不能巩固。

法、势、术三者结合原则是先秦法家思想的最高成就，其目的在于论证封建中央专制集权的必要性，这一理论后成为秦王朝统治的基本模式。即使在儒家思想确立统治地位以后，历代专制君主仍在暗中奉这一理论为圭臬。

第二节 慎到、申不害的法律思想

先秦法家的代表人物，大多受到过黄老思想的影响，或本身从黄老学派分化而来，或黄老与刑名并学，如慎到、申不害、韩非，因此在他们的思想中都能找到黄老思想的痕迹，但主体思想上都属于法家。在战国前期法家中，慎到、申不害、商鞅几乎是同时期人，构成了前期法家的三个重要流派，也是后期韩非法、势、术结合思想的主要渊源。

图 6-1 慎到、申不害

慎到、申不害、商鞅都主张实行“法治”，但在怎样实行法治的问题上各自侧重点有所不同。慎到认为君主权势的巩固、“权尊位重”是实行法制的前提；申不害则认为君主控御臣下的“南面之术”是实行法制最重要的手段与保障。“势”、“术”思想的产生，是战国中期新兴地主阶级要求建立与巩固封建中央集权政体的产物。

一、慎到的“尚法”、“重势”思想

慎到（约公元前 390～公元前 315 年），战国赵国人，曾“学黄老道德之术”（《史记·孟子荀卿列传》），后转向“刑名之学”，可以说是从道家分化出来的法家，因此《百子全书》将慎到列于杂家类。慎到曾在齐国稷下讲学著书，被齐宣王尊为稷下先生，著有《十二论》，西汉刘向曾整理编定《慎子》四十二篇，《汉书·艺文志》列入法家类，均已佚。今仅存“威德”、“因循”等七篇残文及辑录

于《太平御览》等其他著作的部分逸文，共约五千余字，《诸子集成》本收录。

(一) 立法为“公”

(1) 法的地位是至高无上的。慎到指出：“法者，所以齐天下之动，至公大定之制也。故智者不得越法而肆谋，辩者不得越法肆议，士不得背法而有名，臣不得背法而有功。”(《慎子·佚文》) 认为法是公正、客观的，是规范天下人的行为、稳定天下的根本制度，所以聪明人不能违背法律而私下预谋，能说会道的人不能违背法律而私下议论，知识分子不能以违背法律而出名，官吏不能以违背法律而得到升迁。也就是说，法律应该成为衡量人们言行的准则与功过的标准。

(2) 法的最大作用在于“立公弃私”。慎到是系统提出新兴地主阶级“公”、“私”观的第一人，他认为：“法制礼籍，所以立公义也。凡立公，所以弃私也。”(《慎子·威德》) 法与礼的制度都是为了树立为公之义，立公就为了弃绝私利。“法之功莫大使私不行”(《慎子》佚文)。法最大的功用没有比抑制私利更重要的了。慎到所说的“公”，是指维护国家利益即新兴地主阶级的整体利益所应遵循的共同原则与规范；所说的“私”，是指违背与破坏法制的私人或小集团的行为，即慎到所说：“有法而行私，谓之不法。”(《慎子》佚文) 立法“为天下”、“为国”，就是“立公”；立法“为天子”、“为君”则是“行私”。慎到认为：“今立法而行私，是私与法争，其乱甚于无法。”(《慎子·佚文》) 今天以立法来保护君主的私人利益，是私人利益与法的公义性质相争，其所导致的混乱比没有法还要严重。

(3) 以法“定分”是“立公”的具体体现。慎到一方面反对贵族垄断的世袭特权，主张“定赏分财必由法”(《慎子·威德》)；另一方面非常重视以法律来确认与保护财产私有权，即主张“定分”，认为这是“立公”的具体体现与社会稳定之必需。慎到举例说：“一兔走街，百人追之。贪人具存，人莫之非者，以兔为未定分也。积兔满市，过而不顾，非不欲兔也，分定之后，虽鄙不争。”(《慎子·佚文》) 一百个人追一只兔子，但人们并不非议这些人贪鄙，因为这只兔子的所有权没有确定；市场上到处都是堆积的兔子，人们却熟视无睹，并不是不想得到这些兔子，而是因为这些兔子的所有权已经确定了，所有权确定之后，即使贪鄙的人也不会去争夺。慎子认为立法以保护私有财产不是为私而是为公，保护人人都有的财产私有权是“因人之情”的“天道”，是合乎新兴地主阶级整体利益的“公”。

(二) 以“势”行法

(1) “势”是实行“法治”的前提。慎到认为君主的权势、地位是实行“法治”的前提，“两贵不相事，两贱不相使”(《慎子·佚文》)，地位一样的人是无法驱使的。君主要使臣民服从法令，其前提是必须掌握使臣民不得不服从的权势。慎到指出，君主如同飞龙，权势如同云雾，飞龙驾云雾才能腾飞，失去云雾则与地上的蚯蚓没什么两样。一个人的聪明才智固然重要，但要治国则权势是第一位的，“尧为匹夫，不能治三人；而桀为天子，能乱天下。吾以此知势位之足恃而贤智之不足慕也”（《韩非子·难势》引慎到语）。谁服从谁，关键是权势而不是贤智与否，“贤而屈于不肖者，权轻也；不肖而服于贤者，位尊也”（《慎子·威德》）。

（2）以“势”行法，反对“身治”、“心裁”。慎到认为君主的权势应该用在推行“法治”上，“事断于法”，而不必事事干预，更不能“身治”、“心裁”，否则的话只会破坏“法治”。他说：“君人者，舍法而以身治，则诛赏予夺，从君心出矣。”（《慎子·君人》）“君舍法而以心裁轻重，则同功殊赏、同罪殊罚矣，怨之所由生也。”（同上）赏罚标准不一，“法治”就无从实现，因此必须“大君任法而弗躬为，则事断于法矣”（同上）。

（3）“重势”应“臣事事而君无事”，反对君主专制。慎到思想源于黄老，将法家的“法”等同于道家的“道”。与道家的“惟道是从”一样，慎到认为君主在“法”面前也应“事断于法”，无为而治，所谓“君臣之道，臣事事而君无事，君逸乐而臣任劳”（《慎子·民杂》）。君臣之间的关系，应该臣有为而君无为，官吏辛劳而君主安逸。这实际就是黄老学派主张的无为而治中的君臣关系。慎到认为，君主所重在势，但“君之智未必最贤于众”（同上），君主不一定是所有人中最聪明的，因此君主应该充分调动臣下的积极性，发挥他们的才能，而不必事必躬亲。即使君主智力才能远高出于臣下，也不能一人独断实行专制，“使人君虽有智能，不得背法而专制”（《慎子·佚文》）。

慎到的立法为“公”、法势结合的思想为新兴地主阶级的“法治”提供了理论依据，成为法家“法治”学说的思想基础之一。

二、申不害的“任法”重“术”思想

申不害（约公元前395～公元前337年），战国郑国京县人。公元前376年韩国灭郑并迁都于新郑，后申不害因刑名法术之学而为韩昭侯所赏识并任命为相。申不害任韩相十五年，“内修政教，外应诸侯”，“终申子之身，国治兵强，无侵韩者”（《史记·老子韩非列传》）。申不害“学本于黄老而主刑名”（同上），也是从道家分化出来的法家，只是其法家的倾向较慎到更重一些。申不害的思想尤其是关于“术”的观点对半个多世纪后的韩非的影响很大，两人又都是韩国的法家，故世称“申韩”。《史记》记其著《申子》二篇，《汉书·艺文志》记有《申子》六篇，今仅存《申子》一卷（收入《玉函山房辑佚书·子编法家类》）及一些佚文。

（一）“任法而不任智”

申不害指出：“尧之治也，善明法察令而已。圣君任法而不任智，任数而不任说。”（《太平御览》六三八引）他曾对韩昭侯说：“法者，见功而与赏，因能而授官。今君设法度而听左右之请，此所以难行也。”（《韩非子·外储说左上》）可见申不害与慎到等法家一样是主张“法治”的，认为“任法”就应使法令成为治国的唯一标准，而不能“任智”、“任说”、“听左右之请”。但申不害由于将着重点放在“术”上，对法令的统一、以法治吏的问题没有清醒的认识，导致韩国的改革与法治的推行均不如同时期的秦国商鞅变法彻底。韩非曾严厉批评申不害的“徒术而无法”的错误：“申不害，韩昭侯之佐也。韩者，晋之别国也。晋之故法未息，而韩之新法又生；先君之令未收，而后君之令又下。申不害不擅其法，不一其宪令，则奸多。故利在故法前令，则道之；利在新法后令，则道之。故新相反，前后相悖，则申不害虽十使昭侯用术，而奸臣犹有所谲其辞矣。故托万乘之劲，韩七十年而不至于霸王者，虽用术于上，法不勤饰（治）于官之患也。”（《韩非子·定法》）意思是说，申不害是韩昭侯的相，韩国是三家分晋后建立的诸侯国。原有的晋国的旧法没有废除，韩国的新法又颁布了；韩国前面几代君主的法令没有废除，新的君主的法令又下达了。申不害不懂得用法，不能统一法令的内容，于是奸诈的事情就多起来了。前面的法令有利，就引用前面的；后面的法令有利，就引用后面的。新旧法令的内容相反，前后法令的内容不一致，即使申不害不下十次让韩昭侯用术来控制官吏，但奸诈的官吏仍然有空子可钻。因此拥有一万辆兵车的力量，韩国从申不害至今七十年的时间仍然不能称霸，其原因就是君主虽懂得用术，却不懂得经常用法来治理奸诈官吏，因此所造成的忧患结果。

（二）“君人南面之术”

申不害从道家思想中吸取了“君人南面之术”（《汉书·艺文志》），并加以改造，用以维护法家所主张的封建中央集权君主专制制度，以保证“法治”的实施。因此他从“任法”而转入重“术”，把主要注意力放在解决随着君主专制制度的建立而日益突出的君臣矛盾上。

申不害指出君臣关系的复杂：“上明见，人备之；其不明见，人惑之。其知见，人惑之；不知见，人匿之。其无欲见，人司之；其有欲见，人饵之。”（《韩非子·外储说右上》）意思是说：君主明察，臣下就会防备他；君主不明察，臣下就会迷惑他。君主有智慧，臣下就会拍马屁；君主没有智慧，臣下就会欺骗他。君主没有欲望，臣下就会窥伺他；君主有欲望，臣下就会引诱他。申不害认为要实行法治，君主必须集权于一身，让群臣围着自己转：“明君如身，臣如手；君若号，臣如响。君设其本，臣操其末；君治其要，臣行其详；君操其柄，臣事其常。”（《申子·大体篇》）要做到这一点，就应防止大臣“蔽君之明，塞君之听，夺之政而专其令，有其民而取其国”。尤其不能容忍“一臣专君，群臣皆蔽”即某个大臣控制君主而蒙蔽群臣的现象。申不害的“术”就是为了解决君臣矛盾，使君主能够控驭臣下而提出的。他的“术”主要有两方面内容：

一是“为人君者操契以赏其名”。即君主公开考察臣下的工作与其职责是否相符，并据此进行赏罚，也就是考察是否名实相符。甚至提出“治不逾官，虽知弗言”（《韩非子·定法》）的主张，意即不属于自己职权范围内的事不去干预，即使完全知情也不许言说评论。其目的就是防止臣下越权与篡权。

二是君主应“去听”、“去视”、“去智”。为防止臣下察觉君主的好恶与意图，投君主所好或危害君主，君主应该装作不听、不看、不懂，“藏于无事，示天下无为”（《申子·大体篇》），使臣下莫测高深从而暴露出忠奸贤愚，这样君主就可以控驭臣下而不被臣下所蒙蔽。

申不害的“术”对韩非法律思想有较大的影响，但韩非批评申不害有两点：一是“未尽于术”，如“虽知弗言”就不应适用于臣下对君主；二是“徒术而无法”，不能法术结合，是韩国不能成其霸业的主要原因。

第三节　商鞅的法律思想

商鞅（约公元前 390～公元前 338 年），战国卫国人，故称卫鞅；又因是卫国贵族后裔，又称公孙鞅；后在秦国领导变法，封于商，故称商鞅。商鞅“少好刑名之学”，在魏相公叔座处为中庶子的官职，未受魏惠王重用。秦孝公下求贤令，商鞅至秦，以帝道、王道、霸道说服孝公，得到孝公信任，任命其主持变法。商鞅在秦执政二十一年，前后两次变法，秦国由是大治，一跃成为各诸侯国中最强盛的国家。但商鞅为人刻薄少恩，用刑严酷，刑无等级，蓄怨积仇。秦孝公死后，商鞅被车裂灭族。

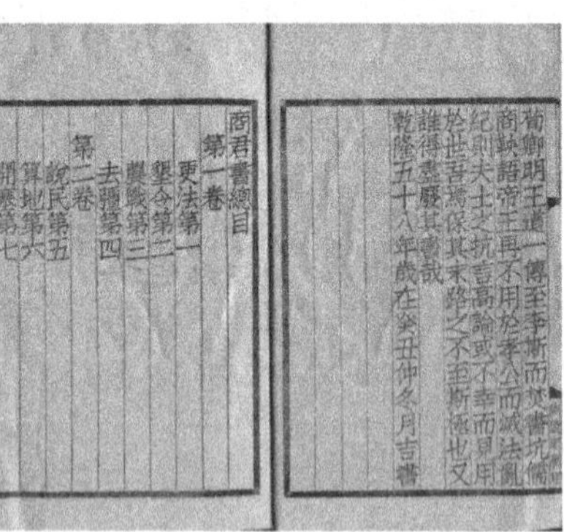

荀卿明王道一傳至李斯而焚書坑儒
商鞅語帝王再不用於孝公而滅法亂
紀則夫士之抗言高論或不幸而見用
於世吾將保其末路之不至斯極也又
誰得盡廢其書哉
乾隆五十八年歲在癸丑仲冬月吉書

商君書總目
第一卷
更法第一
墾令第二
農戰第三
去彊第四
第二卷
說民第五
算地第六
開塞第七

图 6-2　商鞅，《商君书》书影

商鞅是战国中期著名的政治家、思想家，是先秦法家学派的主要代表，也是法家“法治”理论的奠基者。《汉书·艺文志》法家类记有“《商君》二十九篇”，今存《商君书》二十四篇，收入《诸子集成》本，是商鞅及其后学者著作的汇编，也是研究商鞅法律思想的主要资料。

一、商鞅法律思想的理论基础——性恶论与历史观

商鞅是前期法家的主要代表人物之一，也是战国时期变法最为成功的政治家。商鞅法律思想的理论基础是建立在性恶论与历史观之上的，其以性恶论来说明法治的必要性，以历史观来说明变法的必然性。

（一）好名利、恶苦劳的人性论

商鞅虽未明确提出“性恶”这样的命题，但从哲学概念上说，其人性论无疑应属于性恶论的范畴，商鞅也是先秦思想家特别是法家中最早提出性恶论的。“民之性，饥而求食，劳而求佚，苦则索乐，辱则求荣，此民之情也。”“民之性，度而取长，称而取重，权而索利。”（《商君书·算地》，以下仅列篇名）认为人性都是躲避苦劳、追逐名利的。盗贼之所以不怕危险，不忧辱名，是追逐利；士之所以不畏饥寒，不辞苦劳，是追逐名。“故民，生则计利，死则虑名”（同上）。名利二者是所有人追逐的目标，而好名利、恶苦劳的这种人性在法律上则表现为“好爵禄而恶刑罚”，这正是君主实行赏罚的基础：“好恶者，赏罚之本也。夫人情好爵禄而恶刑罚，人君设二者，以御民之志而立所欲焉。夫民，力尽而爵随之，功立而赏随之，人君能使其民信于此，如明日月，则兵无敌矣。”（《错法》）商鞅认为，要使民众积极地从事耕战，就要充分利用“好爵禄而恶刑罚”的人性，以法律规定赏罚，则国无不强，兵无不胜。商鞅的人性论无疑直接启发了荀子的“性恶”论，如人性“饥而欲饱，寒而欲暖，劳而欲休”（《荀子·性恶》）的论述，几乎就是商鞅“民之性，饥而求食，劳而求佚”的翻版。

（二）“治世不一道”的历史观

商鞅认为人类社会各个时期的情况不同，因此统治者治理的方法也不同，制度法令必须符合时代、社会、民俗的要求。《商君书·更法》说：伏羲、神农时代是“男耕女织，妇织而衣，刑政不用而治”，所以“教而不诛”；黄帝时代是“以强胜弱，以众暴寡”，因而制定了“君臣上下之义，父子兄弟之礼，夫妇妃匹之合，内行刀锯，外用甲兵”，所谓“诛而不怒”；及至周文王、武王时代，“各当时而立法，因事而制礼”；到了春秋战国时代，各诸侯国只有通过耕战，努力壮大国家力量，实行“以力吸人”的“霸道”，才能维持统治并取得兼并战争的胜利。商鞅将中国社会的历史分为上世、中世、下世、今世四个时期，“上世亲亲而爱私，中世上贤而说仁，下世贵贵而尊官”，“今世强国事兼并，弱国务力守”（《开塞》）。各个时期情况不同，民风也不同，“古之民朴以厚，今之民巧以伪”（同上）。因此强调“观俗立法则治，察国事本则宜”（《算地》）。必须“因世而为之礼，变俗而为之法”（《壹言》），“礼法以时而定，制令各顺其宜”（《更法》），没有一成不变的治道。

商鞅指出战国时代的秦国只有实行法治才能求生存，求富强，变法只要对国家有利就不必效法古代。《史记·商君列传》记载，商鞅在秦国变法前曾与旧贵族甘龙、杜挚进行过一场是否变法的辩论。甘龙说："智者不变法而治，……缘法而治者，吏习而民安之。"杜挚也认为："利不百，不变法；功不十，不易器。法古无过，循礼无邪。"商鞅则反驳说："治世不一道，变国不法古。故汤武不循古而王，夏殷不易礼而亡。反古者不可非，而循礼者不足多。"意思是说：治理国家没有固定的方法，只要对国家有利就不必效法古代。商朝的成汤、西周的武王不遵循古代而成了开国君主，夏桀、商纣王没有变更古礼却照样亡国。这样看来，对反古道而行者不必非议，对遵循古礼者也不必多加颂扬。商鞅又说："苟可以强国，不法其故；苟可以利民，不循其礼。"变法只要对国家和民众有好处，就不必遵循旧的礼法。《商君书·开塞》更进一步指出："不法古，不修（循）今。法古则后于时，修今则塞于势。"既不应效法古代，也不能安于现状。效法古人则落后于时代，安于现状则跟不上形势发展。

二、商鞅法律思想的主要内容——法治的前提、方法与重刑主张

商鞅法律思想的主要内容是"法治"学说，其系统阐述了实行法治的前提、推行法治的具体方法，以及实行重刑的主张，从而奠定了法家"法治"理论的基础。

（一）实行"法治"的前提——壹赏、壹刑、壹教

富国强兵，是商鞅变法的主要目的；鼓励耕战，则是商鞅立法的中心内容。为了保证这一中心，商鞅提出了"壹赏"、"壹刑"、"壹教"的原则。《商君书·赏刑》说："圣人之为国也，壹赏，壹刑，壹教。壹赏则兵无敌，壹刑则令行，壹教则下听上。"以此作为实行法治的必要前提。

"壹赏"，是指统一赏赐标准，只给予有功农战及告奸（告发犯罪）之人。第一，奖励军功，"所谓壹赏者，利禄官爵，专出于兵，无有异施也"（同上）。利禄和官爵只用于赏赐建有军功之人，其他人一律不得享有。这样一来，"贵贱、勇怯、贤不肖，皆尽其胸臆之知，竭其股肱之力，出死而为上用也。天下豪杰、贤良，从之如流水，是故兵无敌而令行于天下"（同上）。天下之人皆为君主所用，所以军队无敌，法令行于天下。第二，重赏告奸，"告奸者与斩敌首同赏"。并且设置了"什伍连坐"法使民众相互监督。商鞅认为这样才能达到富国强兵之目的。

"壹刑"，是指统一刑罚标准，刑罚适用上不分等级，不论有功。商鞅说："所谓壹刑者，刑无等级。自卿相、将军以至大夫、庶人，有不从王令，犯国禁，乱上制者，罪死不赦。有功于前，有败于后，不为损刑；有善于前，有过于后，不为亏法。"（《赏刑》）意思是说，所谓"壹刑"就是刑无等级。上自卿相、将军，下至一般官吏和百姓，凡有不服从秦王命令，违背国家法律，紊乱君主制度

者，一律处以死刑且不能赦免。有功的人犯了罪，不能以功抵罪；做过善事的人犯了过错，也不能减免刑罚。对“刑不上大夫”的旧传统，商鞅认识到“法之不行，自上犯之”的教训，并身体力行，太子犯法也敢刑其师傅。《战国策·秦策》赞颂说：“商君治秦，法令至行，公平无私。罚不讳强大，赏不私亲近，法及太子，黥劓其傅。”可以说，商鞅是中国法律思想史上提出平民与贵族平等适用刑罚的第一人。

“壹教”，是指统一教育内容，统一思想认识，控制舆论，取缔打击不利于耕战及违背法令的思想言论。商鞅指出：“所谓壹教者，博闻、辩慧、信廉、礼乐、修行、群党、任誉、清浊，不可以富贵，不可以评刑，不可独立私议以陈其上。坚者被，锐者挫，虽曰圣知、巧佞、厚朴，则不能以非功罔上利。然富贵之门，要存战而已矣。”（《赏刑》）大意是说，“壹教”就是要让人们认识到，靠能言善辩、道德修行、礼乐技能、结党造势、清誉名声等都是不能富贵的，对国家法令不得妄评是非，不得私下散布自己的主张。要想富贵只有披甲执矛到战场上去，否则虽有聪明智慧、溜须拍马、厚道质朴，都不能没有战功就得到君主的赏赐。所以说要想踏入富贵之门，只有打仗立功一条路。因此商鞅认为，要教育民众这个道理，要形成强大的舆论，以至于民众听到要打仗就相互庆贺，平时所唱的歌谣也都是歌颂战争和勇敢的。谁要是敢唱反调，“有常刑而不赦”（同上）。可见商鞅的“壹教”原则是要在意识形态领域中实行专制政策。

（二）推行法治的方法——任法、重信、权势独制

在壹赏、壹刑、壹教的前提下，商鞅还提出了一套推行“法治”的方法，即任法、重信、权势独制，认为三者都是推行“法治”必不可少的因素，“国之所以治者三：一曰法，二曰信，三曰权”（《修权》）。

“任法”。即树立法令高于一切的权威。第一，明法。即公布法令，让人们都了解法令的内容，了解罪与非罪的标准。第二，知法。即各级官吏尤其是司法官吏都要学习法，熟悉法。司法官吏不仅本身要精通法，还有责任解答其他官吏与民众有关法令的问题，凡属该法官应知范围内之法律却有遗忘者，“以其所忘之法令名罪之”。法官有敢随意篡改法令一字以上，“罪死不赦”（《定分》）。第三，守法。即君主要带头遵守法令。商鞅认为，君主虽握有立法大权，但法令一旦制定以后，君主就要带头守法。商鞅还提出了“有道之国，治不听君，民不从官”（《说民》）的“法治”理想，即在一个树立了法律绝对权威的社会中，一切依法治理，人人知法守法，官吏不必事事征求君主意思，民众也不必服从官吏个人意志。

“重信”。即在执法上“信赏必罚”，取信于民。商鞅认为国家的混乱，往往不在于无法，也不在于法令不完善，而在于执法不坚决，没有信用，最终导致“令不行，禁不止”的混乱局面。如果“信赏必罚”，“民信其赏，则事功成；信

其刑，则奸无端”。因此商鞅主张坚决执法，不徇私情，同时厚赏重罚，以取信于民。《史记·商君列传》记商鞅“徙木立信”之事：商鞅变法前，为取信于民，表示变法之决心，曾“立三丈之木于国都市南门，募民有能徙置北门者予十金。民怪之，莫敢徙。复曰：能徙者予五十金。有一人徙之，辄予五十金，以明不欺”。

“权势独制”，即君主将权势集于一身。商鞅说：“权者，君之所独制也。”（《修权》）商鞅认为要实行“法治”就必须建立君主专制政体，一切权力均为君主一人垄断，“权制独断于君则威”，以达到“尊君”的目的，“君尊而令行”，实行“法治”才有可能。可以说君主专制政体是法家“法治”理论的基础。

（三）“重刑”主张

商鞅并不是第一个法家，其前有春秋时期的管仲、子产、邓析，战国初年的李悝、吴起等法家思想的先驱，同时期有慎到、申不害等前期法家的代表人物。但商鞅是法家学派中第一个提出“重刑”思想的人。

1.“重刑”主张的理论基础

商鞅的“重刑”思想是建立在性恶论、重刑爱民论、以刑去刑论等理论基础之上的。

好名利恶苦劳的人性是实行“重刑”的基础。农耕劳苦，打仗危险，正是人们尽量躲避的事情。对于躲避耕战之人，刑罚轻了是无济于事的，“民之外事，莫难于战，故轻法不可以使之。民之内事，莫苦于农，故轻治不可以使之。”只有以高官厚禄利诱，以重刑峻罚胁迫，才能“入使民属于农，出使民壹于战”（《算地》）。

“重刑”是君主爱民的体现。为了进一步说明重刑主张的正确，商鞅提出了“重刑爱民”论：“重刑少赏，上爱民，民死赏；重赏轻刑，则上不爱民，民不死赏。”（《靳令》）认为以重刑威吓民众，使民众不敢犯法，是君主对民众的真正爱护，民众因为害怕刑罚也会为君主效命；相反，以轻刑治民，民众不害怕刑罚而轻易犯法，也不会为君主卖命，这不是君主对民众的真正爱护。

“重刑”是消灭犯罪的最好办法。商鞅认为重刑的目的是为了最终消灭犯罪，不用刑罚，因而提出了“以刑去刑”的理论：“行罚，重其轻者，轻者不至，重者不来，此谓以刑去刑，刑去事成。”（《靳令》）认为对轻罪处以重刑，则轻罪无人敢犯，轻罪不犯，重罪更不会有了，这就叫以重刑消灭刑罚，由此治理国家的目的也就达到了。因此“去奸之本，莫深于严刑”（《开塞》），“以刑去刑，虽重刑可也”（《画策》）。

2.“重刑”主张的具体内容

商鞅认为“禁奸止过，莫若重刑”（《赏刑》），其“重刑”思想的具体内容包括：

刑主赏辅。商鞅认为赏与刑二者是法律的主要手段，但在具体关系上，应该是刑主赏辅："夫刑者所禁邪也，而赏者所以助禁也。"（《开塞》）赏赐只是刑罚的辅助手段。因此，商鞅提出在刑、赏的比例上应该是"刑多而赏少"，甚至具体化到"刑九而赏一"（同上），统治者在对二者的重视与利用程度上应该是"先刑而后赏"。

刑不善而不赏善。《商君书·画策》云："故善治者，刑不善而不赏善，故不刑而民善。不刑而民善，刑重也。刑重者，民不敢犯，故无刑也。而民莫敢为非，是一国皆善也，故不赏善而民善。赏善之不可也，犹赏不盗。"大意是说，善于治国的君主，以重刑惩治"不善"的奸人，而对那些老老实实听话的善民则不必赏：只要重刑治奸，奸民就不敢犯罪因而转化为善民，这样就达到了不必赏善、不必用刑而民皆从善的目的。不可以赏善，就如同不能赏不偷盗的人。

轻罪重刑。《商君书·说民》："故行刑，重其轻者，轻者不生，则重者无从至矣，此谓治之于其治也。行刑，重其重者，轻其轻者，轻者不止，则重者无从止矣，此谓治之于其乱也。故重轻则刑去事成，国强；重重而轻轻，则刑至而事生，国削。"商鞅认为，对轻罪处以重刑，轻罪就无人敢犯，重罪更不会发生了，这样用刑就达到了治理的目的。反之，对重罪处以重刑，对轻罪处以轻刑，结果轻罪禁止不住，重罪也无法禁止，这样用刑反而越治越乱。所以，轻罪重刑导致犯罪消失，刑罚不用，这样的国家一定强盛；重罪重刑而轻罪轻刑，结果用了刑罚但犯罪照样发生，这样的国家自然就削弱了。

商鞅的"重刑"主张，在理论上诸多谬误，但却有相当的蛊惑性，后来成为战国及秦朝推行严刑峻法的理论依据。

第四节　韩非的法律思想

韩非（约公元前280～公元前233年），战国韩国人，为韩国诸公子之一，《史记·老子韩非列传》称其"喜刑名法术之学，而其归本于黄老"。大抵是说韩非继承了商鞅和申不害的法、术之学，同时《韩非子》一书有《解老》、《喻老》二篇，倾向上还是崇尚老子之学的。这也说明了战国时期各派思想相互吸纳的特点。韩非与李斯同为荀子的学生。韩非见韩国削弱，多次上书韩王，劝以变法图强，未被韩王采纳，于是退而著书，作《孤愤》、《五蠹》等十余万言，其书传到秦国，大受秦王政的赞赏。公元前234年，韩非出使秦国被扣，未受秦王信用，被李斯谗言入狱，终为李斯毒杀。

韩非是战国后期代表新兴地主阶级利益的杰出思想家，韩非思想的出现，是战国末期各国建立封建专制集权需要的产物。以"法治"为核心的理论是先秦法家的共同特征，但韩非关于"法治"的理论基础比前期法家更为系统与深入，在推行“法治”的方法上也比前期法家更为完备与具体。特别值得重视的是，韩非在总结前期法家法、势、术三派基础上，建立了一个以法为本、法势术三者结合的完整体系，为封建专制主义中央集权制的建立奠定了思想基础，成为先秦法家思想之集大成者。

图 6-3　韩非，《韩非子》书影

韩非的著作，《汉书·艺文志》法家类记“《韩子》五十五篇”，今存《韩非子》五十五篇，收入《诸子集成》本，但其中某些篇章并非韩非之作。如第一篇《初见秦》记韩非劝秦王攻韩，于理不合，而且该篇文字又见于《战国策·秦策》，实际是张仪劝秦王攻韩的说辞。第五十三篇《饬令》也与《商君书·靳令》篇的内容基本一致。

一、韩非法律思想的理论基础

韩非“法治”思想的理论基础，主要是从历史观、人口论、人性论三个方面来论证实行“法治”的必然性与必要性。

（一）“法与时转则治”的历史观

韩非的历史观基本上继承了商鞅的观点，将人类历史发展划分为上古、中古、近古、当今四个阶段，但其论述较商鞅更为合理。韩非认为，上古之世“人民少而禽兽众”、“民多疾病”，于是有巢氏教人们构木为巢以避兽害，燧人氏教人们钻木取火、烧煮食物以防疾病，这是人对自然的被动防御阶段。中古之世，“天下大水”，鲧与大禹相继治水，开始了人对自然的主动改造。近古之世，即夏商周三代时期，成汤征夏桀，周武伐商纣，以有道取代无道。当今之世即指诸侯争霸的春秋战国时期，是“以力相争”的时代。韩非认为人类社会是在不断进化的，是今胜于昔的，每一个阶段有其不同的生存与治国策略，“以先王之政治当世之民”，如同“守株待兔”的愚人，是要被人耻笑的。“是以圣人不期修古，不法常可”（《韩非子·五蠹》，以下仅注篇名），所以历史上的每个圣人都不遵循古代的做法，不效法过去曾经适用的规则。时代变化了，社会条件不同，国家的法制与统治方法也须作相应的改变，韩非指出："故治民无常，唯治为法。法与时转则治，治与世宜则有功。"（《心度》）即治理民众没有固定的办法，只看治理的效果来定法则。法令顺应时代变化才能治理好国家，治理和当代相适应才能收到效果。

（二）"人民众而货财寡"的人口论

韩非还试图从人口增长与生活资料相对减少的矛盾来说明法律的起源与论证"法治"的历史必然性与必要性，这是其"法治"理论的独到之处。韩非认为人类之初男子不用耕作，野生的草木之实足够食用；女子不必纺织，禽兽之皮足以制衣。因为"人民少而财有余，故民不争。是以厚赏不行，重罚不用，而民自治"（《五蠹》）。人口少而天然的生活资料多，用不着争夺，因此也无需国家与厚赏重罚的法律，这个时期靠民众自治就可以了。今天则不同了，人口增长的速度越来越快，一对夫妻有五个儿子不算多，每个儿子又各有五个孙子，祖父未死就有二十五个孙子。"是以人民众而货财寡，事力劳而供养薄，故民争，虽倍赏累罚而不免于乱"（同上）。人口多而生活资料少，辛苦劳作却依然养不活家人，这就必然要导致争夺，虽然赏赐一再增加、处罚一再加重，仍然避免不了社会秩序的混乱。韩非将国家、君主与法律看成是社会发展到一定历史阶段的产物，人口增长与生活资料减少是国家与法律产生的直接原因之一。这是一种朴素的唯物主义思想。

（三）"皆挟自为心"的人性论

在人性问题上，韩非继承与发展了商鞅与荀子的"性恶"论，认为人人"皆挟自为心也"（《外储说左上》），人生来就带有自私自利的本性，为人处世都是从利害关系考虑的。韩非"性恶"论与其老师荀子的不同处在于：荀子认为人的天生恶性可以通过后天的人为教育与改造转化为善性，即"化性起伪"；韩非则认为人的自私自利本性是不可改变的，因此仁义教育是不起作用的。韩非指出人与人的关系无一不受"自为心"的支配：君臣关系如此，"臣尽死力以与君市，君垂爵禄以与臣市"（《难一》），臣下尽死力，君主赐爵禄，以此相互交换。父子关系如此，"父母之于子也，产男则相贺，产女则杀之，此俱出于父母之怀衽。然男子受贺，女子杀之者，虑其后便，计之长利也"（《六反》）生男就庆贺，生女就杀死，父母也是从将来是否对自己有利的考虑出发的。雇佣关系更是如此，"夫买庸而播耕者，主人费家而美食，调布而求易钱者，非爱庸客也，曰：'如是，耕者且深，耨者熟耘也。'庸客致力而疾耕，尽巧而正畦陌者，非爱主人也，曰：'如是，羹且美求钱布且易云也。"（《外储说左上》），雇主给佣工美食和报酬是希望佣工干活卖力，佣工干活卖力是希望得到美食和较高的报酬。同样是工匠，做轿子的希望人富贵，做棺材的希望人早死，并非前者性善而后者性恶，二者都是从自己的利益出发的（《备内》）。古时有让天子之位的，当今一个小小县令也不肯舍弃，并非古人贤而今人贪，而是由于古时做天子本是件无利可图的苦差事，当今做县令的却大有油水可捞（《五蠹》）。因此，韩非认为对人的这种不可改变的自私自利本性，只能用法令赏罚，因势利导，加以利用。以严刑禁奸，以爵禄赏功，利用法的这两种手段以达到"法治"的目的。"凡治天下，必因人情。人情者有好恶，故赏罚可用；赏罚可用，则禁令可立，治道具矣。"（《八经》）

综上所述，可以把韩非的"法治"思想的理论基础概括如下：第一，由于"人民众而货财寡"，又由于人人"皆挟自为心"，因此必然为有限的生活资料发生争夺。为了维持社会秩序，颁布法律，以国家的强制力"禁暴止乱"就成为必然与必须。第二，人类社会发展各阶段情况不同，因此治国策略也不同。"上古竞于道德，中世逐于智谋，当今争于气力"（《五蠹》）。当今之世诸侯争霸，以实力决胜，就要实行法家一贯主张的"耕战"政策，以富国强兵。第三，"耕战"政策必须利用人的自私自利本性以达到目的。利用人的"去害"本性，以重刑禁止人们做不利于君主与国家之事；利用人的"就利"本性，以赏赐利禄引诱民众从事耕战，耕虽劳而可以得富，战虽危而可以得贵。采用刑、赏两手的治理，引导人们的"自为心"符合国家的利益。

二、韩非法律思想的主要内容——法、势、术结合的法治方法

韩非在继承战国前期法家的思想成果特别是商鞅的重"法"、慎到的重"势"、申不害的重"术"基础上，并参考了主要体现在《管子》一书中的战国时期齐国法家关于法、势、术论述的观点（参见张国华：《中国法律思想史新编》，北京大学出版社 1998 年版，第 156～160 页），进一步提出了法、势、术三者结合、以法为本的思想，从而使法家推行"法治"的方法在理论上更为系统化。这一思想的提出，奠定了韩非作为法家思想之集大成者的地位。

（一）*以法为本*

韩非认为，要实行"以法治国"，必须"以法为本"（《饰邪》）。韩非指出"以法为本"的内涵是：

（1）必须制订与公布成文法。《韩非子·难三》："法者，编著之图籍，设之于官府，而布之于百姓者也。"韩非认为公布成文法不仅使人们有所遵循，而且可以防止官吏徇私，使"官不敢枉法，吏不敢为私"（《八说》）。关于法令的内容，韩非认为天下没有无副作用之法，权衡利弊，只要利大于弊，就可以立，"法立而有难，权其难而事成，则立之；事成而有害，权其害而功多，则为之。无难之法，无害之功，天下无有也"（《八说》）。关于法令的统一，韩非指出：一方面立法权必须掌握在君主手中，另一方面法令不能前后矛盾，他批评申不害"不擅其法，不一其宪令，则奸多"（《定法》）。

(2) 必须树立法律的绝对权威。韩非认为要使法的权威高于一切，必须做到：第一，君主要带头守法。君主掌握立法大权，但法一旦颁布，君主应带头守法，以维护法的权威。第二，“法不阿贵”。韩非指出春秋时期犯法而对国家构成大的威胁者，都是尊贵大臣，而历来法令的矛头及刑罚诛戮的对象，则针对卑贱之民。因此他主张“刑过不避大臣，赏善不遗匹夫”。第三，赏罚与舆论要一致。韩非认为赏罚一定要慎重得当，民众对名誉是看得和赏赐一样重的，“赏誉不当则民疑”。“赏者有诽焉，不足以劝；罚者有誉焉，不足以禁”（《八经》）。法令赏赐而舆论却非议，那就达不到劝人效法的效果；法令处罚而舆论赞誉，也同样达不到禁恶止奸的效果。因此一定要赏罚得当，使“赏誉同轨，非诛俱行”（同上），否则。赏罚与舆论相一致，才能树立法律的权威。

(3) 必须“厚赏重罚”才能发挥法律的作用。韩非指出法律的作用主要不在于赏罚对象本身，而在于其社会影响。《韩非子·六反》：“且夫重刑者，非为罪人也，明主之法揆也，治贼非治所揆（杀）也，治所揆也者，是治死人也。刑盗非治所刑也，治所刑也者，是治胥靡（刑徒）也。故曰：重一奸之罪而止境内之邪，此所以为治也。重罚者盗贼也，而悼惧者良民也，欲治者奚疑于重刑？若夫厚赏者，非独赏功也，又劝一国。受赏者甘利，未赏者慕业，是报一人之功而劝境内之众也。欲治者何疑于厚赏？”对贼盗罪处以重刑，并不是针对被处刑的将死之人和刑徒，而是为了使良民惧怕，“止境内之奸”；对有功者给予厚赏，并不是仅为了赏他的功，而是为了使未赏者羡慕，“劝境内之众”。

(二) 势与法的结合

韩非继承了前期法家慎到的重势思想，并有所发展。

(1) 势的概念。韩非将势称作“威势”、“权势”、“位势”，又比喻为“君之马”，称为“胜众之资”，认为是“便治而利乱者也”，是既可治国也可乱国的东西。他举例说，春秋时鲁哀公是个能力低下的君主，而孔子却为臣，“仲尼（孔子）非怀其义，服其势也。故以义，则仲尼不服于哀公；乘势，则哀公臣仲尼”（《五蠹》）。孔子臣服于哀公就因为哀公有君主的势。简而言之，韩非认为势就是君主的权力和地位，具有强制性和至高无上性。

(2) “擅势”、“独制”。慎到重势，但主张限制君权。韩非则主张君主专制集权，认为“权势不可以借人”（《内储说下》），只能由君主个人“擅势”独占。他一再提醒君主绝对不能与臣下“共权”，否则“人主失其势重于臣，而不可复收也”（同上）。“主之所以尊者，权也”（《心度》）。权势“在君则制臣，在臣则胜君”（《二柄》），因此君主要“独制四海之内”（《有度》）。韩非把政权中的任何方面，都看成是绝对不可分割的，无论是行政权、财政权、立法权、司法权、人事权等都必须集中到君主手中，把封建君主的专制权力扩展到无限制的范围。

(3) “抱法处势”。韩非提出了法、势结合的思想：一方面，势是法的前提；

法离不开势，君主实行“法治”必须以势为后盾。“君执柄以处势，故令行禁止”(《八经》)，法离开势则无法推行。另一方面，势也离不开法，有势而无法的“势治”不是“法治”而是“人治”。“人治”依靠“贤人统治”，无法为长远统治提供不绝的贤人。一般情况下，君主都是上不及尧舜、下不为桀纣的“中人之资”，如果实行“人治”，这样的君主便无法治理好国家。而如果实行“法治”，只要中等水平的君主便能治理好天下。

韩非指出，“势”有两种：一种是“自然之势”，即随君主地位而来的自然拥有的权势，这种势，“贤者用之则天下治，不肖者用之则天下乱”(《难势》)，靠“自然之势”来治理天下，就叫“势治”，势治是很危险的。另一种是“人设之势”，其核心就是“抱法处势”。“抱法处势则治”(同上)，手里紧紧抱住法，同时一刻也不放松对权势的掌控，天下的治理就有了基本保证。依靠“势治”，即“自然之势”，只有尧舜这样的贤人才能治理好国家。而尧舜“千世而一出”，所以依靠“势治”是“千世乱而一治”。依靠“抱法处势”即“人设之势”，也就是法治，普通能力的君主也能治理好国家，只有桀纣这样的暴君才会乱国，而桀纣也是“千世而一出”，所以依靠“抱法处势”是“千世治而一乱”(同上)。

(三) 术与法、势的关系及其运用

韩非继承并发展了前期申不害的重术思想。在法、势、术三者结合中，韩非对术最为乐道。所谓术，是指君主掌握权势，公开或暗中制驭官吏，以实现“法治”的策略与手段。

1. 法、术关系

韩非认为，法、术犹如人之衣食，均为封建君主专制统治所必需。“君无术则弊于上，臣无法则乱于下。此不可一无，皆帝王之具也。”(《定法》)就是说，君主没有控制臣下的手段就会被臣下所蒙蔽；臣下没有法律约束就会胡作非为，君主控制官吏，法、术二者缺一不可。韩非批评申不害、商鞅“二子之于法、术皆未尽善也”。申不害辅佐韩昭侯，韩国本是晋国故土(韩、赵、魏三家分晋)，“晋之故法未息，而韩之新法又生；先君之令未收，而后君之令又下。申不害不擅其法，不一其宪令，则奸多”(同上)。看到旧法有利，就用旧法；看到新法有利，又转用新法。这样一来，“故新相反，前后相悖”，君主再会用术，奸臣仍能钻空渔利。因此，韩国“七十年而不至于霸王者”，源于申不害只懂用术而不懂用法。商鞅在秦变法，“赏厚而信，刑重而必，……故其国富而兵强，然而无术以知奸，则以其富强也资人臣而已”(同上)。由于君主不懂洞察臣下之奸，结果富强的好处都跑到臣下那里去了。商鞅死后，秦惠王、武王、昭襄王时期，秦不断攻城略地，结果都被臣下拿去讨好周天子换封侯了，秦国没有增加一尺之地。所以秦国“数十年而不至于帝王者”，就因为君主不懂制臣之术。

2. 势、术关系

韩非认为，君主权势的巩固在很大程度上依赖于君主是否善于用术，术是君主制驭臣下的关键，“人主者不操术，则威势轻而臣擅名”。韩非比喻说，国家好比君主之车，权势好比君主之马，术好比君主驾车之技术。技术不行，虽劳累不堪，国家仍免不了混乱；技术娴熟，轻轻松松，可致帝王之业。韩非所说的“操术”是专指君主而言，君主用术以维护权势与专制统治，臣下只能依法办事而不能用术。韩非又举例说：“今势重者，人主之爪牙也。……宋君失其爪牙于子罕，简公失其爪牙于田常，而不蚤夺之，故身死国亡。今无术之主，皆明知宋、简之过也，而不悟其失，不察其事类者也。”（《人主》）意思是说，君主的权势就如同虎豹的爪牙，失去了爪牙就没有任何威严了。宋桓侯将用刑的权势交给戴子罕，齐简公将恩赏的权势交给田成子，又没有早一点夺回来，结果这两个君主都被害死而亡国。这都是不懂用术控制臣下的缘故。今天那些不懂术的君主，都明明知道宋桓侯、齐简公的教训，却不去领悟其中的道理，不去防范类似的事情。

3. 术之运用

韩非的“术”，概括起来主要有两个方面：

第一，公开考察臣下之“术”。韩非指出：“术者，因任而授官，循名而责实，操杀、生之柄，课群臣之能者也。此人主之所执也。”（《定法》）“术”只能为君主所掌握，根据臣下之能力而授予官职，按照法定职责来考察臣下是否忠于职守和遵守法令，并决定赏罚，此公开之术只能由君主来掌握。具体的考核程序，如《主道篇》所说：“群臣陈其言，君以其言授其事，事以责其功。功当其事，事当其言，则赏；功不当其事，事不当其言，则诛。”也就是说，官吏先陈述自己的任职构想与承诺，君主根据这样的承诺来授予官吏职务，这就相当于君臣之间的契约，具有法律效力，然后君主就以此来考察官吏的实绩。如果实绩符合他的职务要求，又达到了他对君主的承诺，就奖励；如果实绩没有达到职务要求，或者虽达到职务要求但未达到承诺，就处罚。通过这样的考察，君主运用赏罚大权对名实相符者赏，对名实不符者罚。君主以此控制官吏，确保“法治”之推行。

第二，暗中控制臣下之“术”。韩非说：“术者，藏之于胸中，以偶众端，而潜御群臣者也。故法莫如显，而术不欲见。”（《难三》）潜御，即暗中控制。术是藏在心里，以应对各种事情，而暗中控制官吏的办法手段。因此法令一定要公开，而术则不能公开。韩非认为：“有道之主不求清洁之吏，而务必知之术也。”（《八说》）英明的君主并不要求官吏都是清明廉洁高尚的人，但是有对他们一切情况都了如指掌的办法手段。这些手段即“术”包括：“阴使时循以省衷”，即暗中派人巡察探访；“倒言反事”，即故意说假话反话，以窥知臣下的真实意图；“挟知而问”，即明知故问，设置圈套；“疑诏诡使”（《内储说上》），即颁布虚假诏命，使臣下不知君主的真实意图。韩非认为，通过以上一系列手段与方法，君主就可达到“潜御群臣”的目的。

韩非实行“法治”的理论根据，以及以法为本，法势术三者结合以推行法治的主张，是新兴地主阶级建立统一的封建专制主义中央集权的理论基础，是符合官僚制取代世袭贵族制的历史潮流的。但韩非的崇尚唯意志、唯暴力的法律思想，也将法家思想引上了极端，最终导致秦二世而亡的结局。西汉以后，封建正统法律思想走上以儒为主、儒法道合流的更为符合封建统治利益的道路。

第七章　秦汉时期法律思想的转型

秦汉时期是封建王朝的统一与巩固时期，也是封建统治阶级法律思想的大转型时代。这一时代法律思想的演变主要经历了三个时期：秦朝专任“法治”思想时期，西汉初年黄老“无为”思想时期，汉武帝以后以儒为主的封建正统法律思想的形成时期。

公元前221年，秦国在先后灭掉韩、赵、魏、楚、燕、齐六国的基础上，建立了中国历史上第一个统一的专制主义中央集权的封建国家——秦朝。秦王朝采取了一系列具有历史意义的进步措施，但专任“法治”，“以刑杀为威”，终于引发了农民大起义，成为“二世而亡”的短命王朝。

秦朝的灭亡，宣告了“专任刑罚”的法家思想的破产。继起的西汉王朝转以“无为而治，与民休息”的黄老学说作为治国的指导思想，在法律上主张德刑相济、约法省刑。这一思想在汉初政治稳定与经济恢复上起到了显著的推动作用，也为汉武帝时期封建正统法律思想的形成创造了前提。

汉武帝时期，经济的发展与进一步加强封建大一统局面的要求，导致董仲舒“罢黜百家，独尊儒术”建议的应运而生，并得到汉武帝的采纳实施。随着儒学成为官学，儒家思想成为政治、法律以至日常生活的准则，以儒学为指导的封建正统法律思想开始形成，从而完成了封建统治阶级法律思想的大转型。

第一节　秦朝统治者的法律思想

公元前221年，秦灭六国而一统天下，建立了中国历史上第一个统一的中央集权的封建国家。秦朝在原秦国改革的基础上实行了一系列全国统一的重大改革，经济上承认土地私有权，政治上以官僚制和郡县制取代了世卿世禄制和分封制，并颁布了统一法制、统一文字、统一道路、统一度量衡等法令，这些都是具有远见卓识的进步措施，使其后两千多年的中国社会无论怎样战乱频繁，最终都能归向统一大势。但秦朝以法家重刑思想为指导，相信“以刑去刑”的荒谬理论，法网“密如凝脂”，百姓“动辄得罪”，被刑之徒“道路相望”，加之始皇好大喜功，无限制加重农民的徭役、兵役与赋税负担，思想上又实行专制政策，钳制舆论，焚书坑儒，最终导致农民与知识分子均揭竿而起，统治基础丧失殆尽，泱泱大国二世而亡。秦王朝的兴速亡速与其政治法律的指导思想密切相关，成也“法治”，败也“法治”，为后世留下了极为深刻的经验教训。

图 7-1 秦始皇和李斯

一、“法令由一统”的治国方针

秦朝统一天下后，统治集团在政治体制模式上是采用西周以来的分封制还是战国时兴起的郡县制分歧较大。丞相王绾等认为，燕、齐、荆等僻远地区中央鞭长莫及，难以控制，应该循周代旧规分封诸子为王（《史记·秦始皇本纪》）。李斯则认为东周之所以诸侯争霸、分崩离析，就是因为西周以来分封诸侯的结果，现在天下统一，应该遵循战国以来中央集权制的经验，“海内为郡县，法令由一统”（《史记·李斯列传》），天下以郡县为行政区划，不设诸侯王；法令应由中央统一发布，不允许政出多门。秦始皇认为“廷尉（李斯）议是”，于是分天下为三十六郡，全国范围内的统一的郡县制度由此建立。与此相应，秦始皇也废除了“世卿世禄”的卿士世袭制度，中央和地方的主要官吏由皇帝任免，实行俸禄制度，各部门的属吏则由主管官吏选拔任免，由此建立了全国统一的以皇帝为中心的封建官僚制度。中国封建社会以君主集权、郡县分置、官僚选拔为特征的政治体制模式正式形成。

公元前 216 年，秦始皇颁布了“使黔首自实田”的法令，命令占有土地的人向政府自报占有土地的面积，政府从法律上承认其土地私有权。全国范围内统一的封建土地私有制正式确立，这就在经济体制上保证了分封制与世袭制的政治体制模式不可能再死灰复燃。

据“法令由一统”的思想，秦朝统治者为了改变战国时各诸侯国“律令异法”的局面，在秦国商鞅变法后所制定的法律基础上，经修订、补充而制定了统一的法律，颁布全国。从 1975 年在湖北省云梦县睡虎地出土的一千余枚秦律竹简看，秦朝确实在政治、军事、行政管理、官吏任免、手工业与农业生产管理、市场管理、交通管理、货币流通、案件审理等方面“皆有法式”，体现了“事皆决于法”的“法治”思想。

秦始皇还接受李斯的建议，颁布了“一法度衡石丈尺、车同轨、书同文字”（《史记·秦始皇本纪》）的法令，从而结束了“田畴异亩、车途异轨”、“言语异声、文字异形”的混乱局面，促进了全国经济与文化的交流和发展。

秦朝“法令由一统”的思想以及在这一思想指导下制定的法律、法令，对巩固一个疆域广大的多民族杂居的统一的封建王朝，起到了十分重要的作用。

二、“专任刑罚”的重刑思想

先秦法家从商鞅到韩非都是主张严刑峻法、轻罪重罚的重刑思想，认为以此可达到“以刑去刑”即以重刑消灭犯罪的目标。秦朝统治者继承了这一思想并将其付诸实施，将严刑峻法发展到极端的地步。

《汉书·刑法志》称：秦始皇“专任刑罚，躬操文墨，昼断狱，夜理书，自程决事，日县石之一。而奸邪并生，赭衣塞路，囹圄成市，天下愁怨，溃而畔之”。意思是说，秦始皇只用刑罚来治国，亲自关心司法判决，白天断案，晚上看书，自己规定处理的文书，每天要达到 120 斤简的重量。结果犯罪者越来越多，以至于穿着赭衣的囚犯把道路都堵塞了，监狱里关满了犯人，天下百姓忧愤怨怒，终于国家崩溃，民众起而叛乱。李斯也主张“深督轻罪”：“故商君之法，刑弃灰于道者。夫弃灰，薄罪也；而被刑，重罚也。彼唯明主为能深督轻罪。夫罪轻且督深，而况有重罪乎？故民不敢犯也。”（《史记·李斯列传》）“深督轻罪”的思想完全与商鞅、韩非的重刑思想如出一辙。

在“专任刑罚”、“深督轻罪”思想指导下，秦律中规定：“五人盗，臧（赃）一钱以上斩左止（趾）。”偷盗一个铜钱就要斩左趾。“甲盗不盈一钱……乙见知而弗捕，当赀一盾。”看见有人偷盗而不去捕捉，也要被罚一张盾牌。“或盗采桑叶，臧（赃）不盈一钱，可（何）论？赀徭三旬。”（《睡虎地秦墓竹简·法律答问》）偷了不到一钱的桑叶，就要被罚三个月的徭役。另据《史记》记载，秦律中又有“妄言者无类”（《史记·郦生列传》），“诽谤者，族”（《史记·高祖本纪》）“有敢偶语者，弃市”（《史记·秦始皇本纪》），“敢有挟书者，族”（《汉书·惠帝纪》张晏注）等规定，私下议论、诽谤朝廷或者携带禁书者，都要被处以死刑甚至灭族。这些记载都十分突出地反映了秦朝“轻罪重刑”的立法指导思想。

秦朝“专任刑罚”的思想，还表现在刑罚种类的繁多。除沿袭奴隶制刑罚的黥、劓、斩趾、宫等刑罚外，又增加了隶臣妾、鬼薪、白粲、城旦、司寇等徒刑，死刑的种类则有具五刑、车裂、弃市、腰斩、戮、磔、枭首、剖腹、囊扑、烹、绞、阬（活埋）等酷刑，涉及株连的又有从死、三族、诛九族、参夷（灭三族）、籍没、连坐等。刑罚之多、之酷，以至于“秦时劓鼻盈累，断足盈车，举河以西，不足受天下之徒”（《盐铁论》）。《汉书·食货志》也称，秦时“赭衣（囚徒）半道，断狱岁以千万数”。

如此深酷之法，秦始皇还要法外施刑，任意杀戮。据《史记·秦始皇本纪》记载，秦始皇行踪诡秘，疑心极重，“行所幸，有言其处者，罪死”。有人将秦始皇对李斯“车骑众”不满的想法告知李斯，李斯立即减削随从车马，秦始皇大怒，“诏捕诸时在旁者，皆杀之”。一次发现一块上刻“始皇帝死而地分”字样的陨石，秦始皇不分皂白，“尽取石旁居人诛之”。秦二世时继承其父深酷之风，“行督责益严，税民深者为明吏”，以至于“刑者相半于道，而死人日成积于市，杀人众者为忠臣”（《史记·李斯列传》）。

在如此残暴的统治下，民众之怨怒如薪堆炭积，因此陈胜、吴广登高一呼，天下振臂，农民起义迅即如燎原之火，曾经强大一时的秦帝国一触即溃。

三、“以法为教”的思想专制

战国中期以后，法家思想在各国变法中逐渐占据了主导地位，法家代表人物如商鞅、韩非的思想表达中也滋生了禁绝百家、唯我独尊的霸气，韩非就主张教育的内容只能“以法为教”（《韩非子·五蠹》）。秦朝建国初始，仍循战国旧例在朝廷中设博士“掌通古今”，地方上诸生也尚能讲学研讨。但法家政客李斯始终在寻找机会说服始皇，力图从“法令一统”发展到“思想一统”，搞文化专制主义，推行愚民政策。

秦朝建国后的第八年（公元前213年），在咸阳宫举行的一次宴会上，仆射周青臣对秦始皇歌功颂德：“以诸侯为郡县，人人自安乐，无战争之患，传之万世。自上古不及陛下威德。”始皇大悦。但博士淳于越却反驳说：殷、周立国千余年，靠的就是分封子弟和功臣，“今陛下有海内，而子弟为匹夫”，朝廷一旦有事，靠谁来相救呢？“事不师古而能长久者，非所闻也”（《史记·秦始皇本纪》）。淳于越这番话，其实也是为秦始皇千秋大业打算。丞相李斯却趁机扩大事态，将这一场关于分封制的普通的争论提高到“非今”还是“非古”的政治斗争高度来认识，对淳于越的“非今”、“师古”观点严加驳斥，并扩大到诸生“愚儒”，称这些读书人“语皆道古以害今，饰虚言以乱实，人善其所私学，以非上之所建立”，“不师今而学古，以非当世，惑乱黔首”，“私学而相与非法教”，“率群下以造谤”（《史记·秦始皇本纪》）。这些罪名，几乎与造反等同。李斯将这一切归罪于儒生讲学读书、以古非今的缘故，建议秦始皇下令焚书。其内容主要有：凡《秦记》以外的记载上古史的史书和非博士官所藏的“诗、书、百家语”都要交官府烧毁，只准留下医药、卜筮、种树之书，令下后三十日内不烧者，“黥为城旦”；此后若有继续谈论诗、书者“弃市”，“以古非今者族”，官吏知而不检举者与之同罪；禁止私学，“若欲有学法令，以吏为师”。郭沫若认为这些禁令几乎全部是韩非“无简书之文，以法为教；无先王之语，以吏为师”（同上）理论的扩充。

这一建议正中深受法家思想影响日益专制残暴的秦始皇之下怀，于是下令焚书，开始了中国文化史上的一场浩劫。诗、书虽然烧了，但懂得诗、书的儒士诸生还在。焚书后的第二年，秦始皇又借口方士卢生等逃跑事件，叫御史将咸阳诸生抓捕拷问，诸生相互告密牵连，最后秦始皇将亲自圈定的四百六十余人活埋于咸阳，这就是“坑儒”事件。

秦朝的“法治”思想，在推进国家的统一大业上是有一定贡献的。但秦朝统治者崇尚商、韩的法家思想，以严刑酷法镇压民众与持不同政见者作为“法治”的唯一手段，甚至为统一思想而采取“焚书坑儒”的极端措施，造成了中国文化史上一场空前的大劫难，使此后两千多年的中国社会谈“法治”而色变，给民众心理上蒙上了浓重阴影，导致了对真正的“法治”思想的严重曲解。这个代价是极其巨大的。

第二节　汉初黄老学派的法律思想

建立于秦末农民战争之后的汉初社会，经济凋敝，府库空虚，人民离散。西汉王朝如不能迅速恢复社会经济，王朝的安全就会时刻面临着威胁。同时秦王朝的短命也使新兴地主阶级受到极大的震撼，总结与吸取秦朝二世骤亡的教训，探讨长治久安之策，成为汉初统治者考虑的首要问题。以法家理论为指导的秦王朝的迅速灭亡，标志着这一指导思想的失败，不论汉初统治者是否愿意，都不得不在治国指导思想方面作较大的改变。于是，崇尚“无为而治”的黄老思想适时地填补了汉初治国策略的理论真空。

所谓黄老思想，黄指黄帝，老指老子。黄帝是道家推崇的圣人，老子是道家的创始人，因此黄老思想即道家学派的思想。战国时期一部分道家学者与法家结合，积极为封建政治服务，成为黄老之学。因此准确地说，黄老之学是道家学派的一个分支。作为一个学派，黄老之学产生于战国中期，齐国都城临淄的稷下学宫曾是这一学派的大本营。由于黄老之学不适用于战国时期诸侯争霸的政治需要，因此，诸多学子始学于黄老，而后改攻于法家，战国时期著名的法家代表人物如慎到、申不害、韩非多源出于黄老，可以说，早期黄老之学具有明显的道、法结合的性质。

正是由于法家思想与黄老之学的这种亲缘关系，因此，汉初既批判法家思想又要“汉承秦制”，既摒弃专任刑罚又不排斥法治，黄老之学就自然成为刘邦集团在治国思想方面的最佳选择了。

黄老学派的经典，出于战国时期的除老子《道德经》一书外，余均早佚。1973 年底长沙马王堆出土了假托的《黄帝四经》，即《经法》、《十大经》、《称》、《道原》四种古佚书；同年河北定县汉墓出土的西汉竹简中又有《文子》一书。这些出土古籍大抵代表了先秦黄老学派的思想，既崇尚无为，也主张法治；既讲执道，也论刑名；既认为“法令滋彰，盗贼多有”，又强调“以道生法”、“以法为符”，一切依法为断。

汉初历高祖、惠帝、吕后、文帝、景帝近七十年间，黄老思想的主要代表作有陆贾《新语》与淮南王刘安所辑《淮南子》二书。汉高祖刘邦即位初年，在听取谋臣陆贾“逆取顺守”、“文武并用，长久之术”的劝告后；要求陆贾“试为我著秦所以失天下，吾所以得之者何”的历史教训。陆贾著书十二篇，每奏一篇，刘邦未尝不称善，左右呼万岁，号其书曰《新语》。陆贾在《新语》中粗述历代存亡之征，特别是以秦为鉴的主张，极言黄老“道莫大于无为”思想，同时又谈仁义忠孝，极力拉近黄老思想与儒家思想的距离。淮南王刘安主持编写的《淮南子》（也称《淮南鸿烈》）一书虽成书于汉武帝时，却是黄老学派理论集大成之作。作者将道家摆在百家之首位，将黄老之学作为君临天下之道，以抬高黄老之学，与武帝罢黜百家、独尊儒术相对抗，刘安也成为汉代儒道之争中黄老学派的最后代表。

图 7-2 陆贾，《新语》书影

图 7-3 刘安，《淮南子》书影

汉初黄老学派的法律思想及其在政治、法制实践中的运用，大致包括以下几个方面。

一、无为而治的治国方针

西汉建国初年，经历了秦朝十五年的严酷压榨以及反秦战争、楚汉战争长达八年的战乱，社会残破不堪，人民大量死亡离散，“大城名都散亡，户口可得而数十二三”（《史记·高祖功臣侯者年表》序）。社会财富极端匮乏，“自天子不能具钧驷，而将相或乘牛车，齐民无盖藏。”（《史记·平准书》）面对这种情况，恢复和发展生产、与民休息、恢复民力，就成为十分急迫的任务。与此相应的，汉初统治者找到了“治道贵清静而民自定”的黄老“无为而治”的理论，作为治国的指导思想，而在内容上又兼采儒、法的某些思想。

刘邦在汉初开国短短七年间，为稳定政权与恢复生产颁布了一系列重要的政令：“约法省禁，轻田租，什伍而税一。”（《西汉会要·食货二》）萧何任丞相，治事省约宽缓，司马迁称萧何“因民之疾秦法，顺流与之更始”（《史记·萧相国世家》），充分肯定他奉行“与民休息”的为政方针。刘邦死后，惠帝、吕后的十五年间，执行的仍是刘邦确定的休养生息、恢复民力的政策，并相继重用崇尚黄老之学的曹参、陈平为丞相，推行“无为而治”。史载曹参好黄老学说，任齐国相时治理政事即以清静无为为方针，继任丞相后，“举事无所更改，一遵萧何约束”，一切法令规章都保持萧何当宰相时候的老样子，史称“萧规曹随”。时人称颂萧、曹二人治国“载其清静，民以宁一”（《史记·曹相国世家》）。司马迁评价说：“孝惠皇帝、高后之时，黎民得离战国之苦，君臣俱欲休息乎无为，故惠帝垂拱，高后女主称制，政不出民户，天下晏然，刑罚罕用，罪人是希。民务稼穑，衣食滋殖。”（《史记·吕太后本纪》）文帝、景帝在位共四十一年，继续执行无为而治、与民休息的政策，政宽人和，天下殷实，是西汉社会经济上升的时期，史称“文景之治”。

汉高祖时陆贾《新语》十二篇，直接宣扬黄老无为而治思想，为汉初政策提供了较为系统的理论。其《无为》篇说：“夫道莫大于无为，行莫大于谨敬。何以言之？昔虞舜治天下，弹五弦之琴，歌南风之诗；寂若无治国之意，漠若无忧民之心；然天下治。周公制作礼乐，郊天地，望山川；师旅不设，刑格法悬；而四海之内，奉供来臻；越裳之君，重译来朝。故无为也，乃有为也。”认为虞舜、周公之时就是无为而治，无为即是有为。陆贾具体地描述了他的“无为而治”即“君子之治”的理想：“是以君子之为治也，块然若无事，寂然若无声，官府若无吏，亭落若无民。闾里不讼于巷，老幼不愁于庭。……老者息于堂，丁壮者耕耘于田；在朝者忠于君，在家者孝于亲。于是赏善罚恶而润色之，兴辟雍庠序而教诲之。”（《新语·至德》）我们从这一派“无为而治”的升平景象中分明可以看到汉初道、法、儒三家思想融合的痕迹。《淮南子》也说：“清静无为，则天与之时；廉俭守节，则地生之财。”（《主术训》）

二、德刑相济的统治策略

汉初统治者在推崇黄老之学，实行“无为而治”的同时，认识到在统治方法上攻守不一道，巩固政权还须兼采儒、法思想，“德刑相济”，才能长治久安。

西汉取得天下后，陆贾常以《诗》、《书》劝说刘邦，刘邦听得腻烦了，骂道：“乃公居马上而得之，安事《诗》、《书》?”陆贾说：“居马上得之，宁可以马上治之乎？且汤（成汤）、武（周武王）逆取而顺守之，文武并用，长久之术也。”他列举了吴王夫差、智伯及秦“极武而王”的教训，说：假如秦得天下之后，行仁义，法先圣，陛下安得而有之？刘邦面有愧色。陆贾在《新语》中也谈到以仁义德教治国的重要性，他说：君主居高处上应以仁义为巢，以圣贤为杖，才能够高而不坠，危而不仆。而秦朝以刑罚为巢，以赵高、李斯这些小人为杖，所以导致亡国之祸（《新语·辅政》）。陆贾认为，治天下要文武并用，即仁义与法律结合，德教与刑罚兼施。他特别重视道德仁义的重要性："是以君子握道而治，持德而行，席仁而坐，杖义而强。"（《新语·道基》）这样的言论，除了坚持黄老之学的以道为首，与儒家思想已是何等接近。《淮南子·泰族训》说得更清楚："治之所以为本者，仁义也；所以为末者，法度也。"

汉文帝时"专务以德化民"，"惩恶亡秦之政，论议务在宽厚，耻言人之过失，化行天下，告讦之俗易"（《汉书·刑法志》）。同时文帝很慎于用法之正，在即位之初曾对群臣说："法者，治之正，所以禁暴而卫善人也。……法正则民悫（朴实），罪当则民从。且夫牧民而道（导）之以善者，吏也；既不能道，又以不正之法罪之，是法反害于民，为暴者也。"（同上）这里提到官吏的两大作用：一是"牧民而道之以善"，即官吏以道德仁义教化引导民众；二是在司法上法正罪当以禁暴。这实际上就是陆贾所说的"文武并用，德刑相济"。

三、约法省刑的法律原则

陆贾指出：秦朝"事愈烦，天下愈乱；法愈滋，而奸愈炽；兵马益设而敌人愈多。秦非不欲为治，然失之者，乃举措暴众而用刑太极故也"（《新语·无为》）。这是《老子》"法令滋彰，盗贼多有"思想的翻版。因此他提出圣人之治应是"设刑者不厌轻，为德者不厌重，行罚者不患薄，布赏者不患厚"（《新语·至德》）。《淮南子》认为人君要治理好天下，必须"法省而不烦"，"法宽刑缓"。应该说，汉初统治者都是赞成并实施这些主张的，在约法省刑、除秦苛法方面做了很多努力。

西汉建国前一年，刘邦在咸阳宣布"约法三章"："杀人者死，伤人及盗抵罪，余悉除去秦法。"（《史记·高祖本纪》）这虽是战时权宜措施，但也反映了刘邦集团"反秦道而行之"的立场。建国后，刘邦感到"三章之法不足以御奸"，于是命萧何在秦律基础上制订《九章律》，又命叔孙通在秦礼仪基础上定《傍章律》。二者虽部分恢复秦法，但总体上比秦法简约。惠帝时"除挟书律"，吕后时"除三族罪、妖言令"，刑罚进一步缓和。《汉书·刑法志》说："当孝惠、高后时，……衣食滋殖，刑罚用稀。"

文帝时在"约法省刑"方面最有建树，"刑罚大省，至于断狱四百，有刑错（措）之风"（《汉书·刑法志》）。教化与省刑的效果就是全国重刑犯人只有四百，刑法几乎可以措置不用了。文帝时废除的秦朝苛法有：连坐收孥法，即犯重罪者之父母兄弟妻子等受牵连处刑或没为官奴婢；诽谤妖言令，即诽谤政治、以古非今、妖言惑众者处死；黥、劓、斩左右趾等肉刑，即刺面、割鼻、砍足刑。这些苛法严刑，特别是肉刑的废除，在中国法律史上具有重大意义。这一系列"约法省刑"的举措，大大缓和了汉初的社会矛盾。

四、轻徭薄赋的经济政策

陆贾曾明确告诫说："据土子民，治国治众者不可以图利，治产业则教化不行而政令不从。”（《新语·怀虑》）据有封土、以民为子的治国治民的统治者不应贪图私利，统治者本身聚财治产就无法教导民众，民众也就不会服从政令。所以陆贾说：“国不兴无事之功，家不藏无用之器，所以稀力役而省贡献也。”（《新语·本行》）统治者少一些私欲，国家不兴建不必要的工程，私家不收藏奢侈之物，就能少徭役而省赋税。《淮南子·诠言训》也说：“为治之本，务在安民；安民之本，在于足用；足用之本，在于勿夺时；勿夺时之本，在于省事；省事之本，在于节欲；节欲之本，在于反性。”意思是说，治国的关键，在于安定百姓；安定百姓的关键，在于使其不愁衣食；不愁衣食的关键，在于不要耽误农时，及时耕作；不误农时的关键，在于国家少征发徭役；少征发徭役的关键，在于统治者要节制好大喜功的私欲；节制私欲的关键，在于统治者返回到清静无为之性。

汉高祖五年（公元前202年）曾连续下诏奖励从事农业生产；鼓励逃亡者返回原籍恢复生产；军中吏卒返乡务农者免除本人与全家徭役；自卖为奴婢者恢复庶民身份；鼓励生育添丁者免服两年徭役。后又规定减轻田租，实行十五税一的轻税政策。文帝、景帝时继续执行轻徭薄赋、奖励生产、与民休息的政策。文帝屡诫百官守令劝课农桑，并亲耕籍田，提倡重视农业的社会风气。农业的发展，使粮价大大降低，为了缓和谷贱伤农的现象，晁错向文帝上《论贵粟疏》，提出：“方今之务，莫若使民务农而已矣。欲民务农，在于贵粟；贵粟之道，在于使民以粟为赏罚。”（《汉书·食货志》上）文帝采用晁错建议，令民为国家输送粮食至边境者，按所运粮食数量赐爵，有爵者在法律上就有一定的减免罪之特权。文帝十二年，免当年田租之半；十三年，下诏免收天下田租。景帝时田租实行三十税一，并成为定制。汉初以农为本、轻徭薄赋的经济政策促进了社会经济迅速上升，大大增强了国力，为西汉鼎盛局面的到来奠定了基础。

综上所述，我们对黄老学派的法律思想在中国法律思想史上的特殊作用，至少可得到以下两点认识：第一，它为两汉法律思想的形成和发展，奠定了不同于秦朝的重要的基础，使宽简刑罚、除削烦苛成为两汉法律思想的基本特点。第二，它为从秦朝法家法律思想统治转变为西汉中期后儒家法律思想的统治，发挥了过渡性的桥梁作用。在汉初七十年过程中，黄老学派法律思想由原来道、法两家的结合，发展为儒、道、法三家的结合；由原来重在推行法家的思想主张，发展为重在推行儒家的思想主张。这个演变过程，也为封建正统法律思想的确立创造了条件。

第三节　贾谊的法律思想

贾谊（公元前200～公元前168年），洛阳人。西汉著名的政论家、思想家。十八岁时，“以能诵诗书属文称于郡中”（《汉书·贾谊传》）。几年后，廷尉吴公

过秦论

过秦上

秦孝公据崤函之固拥雍州之地君

臣固守以窥周室有席卷天下包举

宇内囊括四海之意并吞八荒之心

当是时也（原本无也字）商君佐之

图 7-4 贾谊，《过秦论》书影

向汉文帝推荐贾谊“年少，颇通诸家（诸子百家）之书”，于是，贾谊被文帝召为博士。贾谊在朝臣中最年少，但年轻敢为、思想敏锐，“每诏令议下，诸老先生未能言，谊尽为之对，人人各如其意所出”（同上），于是大家公认他才能出众。文帝很欣赏，一年中破格提拔他至太中大夫。贾谊向文帝提出改正朔、易服色、定官名、兴礼乐的建议，文帝谦让未接受。但各种法令之更定，均为贾谊发端首倡。文帝赏识贾谊才能，考虑将他提拔到公卿位置上，但遭到周勃、灌婴、冯敬等当权老臣的反对，并毁谤贾谊“年少初学，专欲擅权，纷乱诸事”（同上）。文帝由此疏远贾谊，并将他外放为长沙王太傅。四年后，文帝征召贾谊入京，任命为梁怀王（刘胜，文帝小儿子）太傅。数年后，梁怀王不慎坠马而死，贾谊自责有失太傅之责，日夜伤感。一年多后（即文帝十二年）贾谊去世，年仅三十三岁。

贾谊的政治生活正当“文景之治”初期，黄老之学“无为而治”思想及“与民休息”政策均取得显著效果，社会经济获得较大发展。朝廷内外，一片歌舞升平景象，一派歌功颂德之声。而贾谊以政治家的眼光，却看出可为“痛哭”、“流涕”、“长太息”的危机：经济上贫富两极分化，无业游民增多，阶级矛盾日见激化；面对北方匈奴侵扰，汉政府无力还击，民族矛盾加剧；诸侯王势力日益强大，叛乱一再发生，构成对中央政权的严重威胁。这一切说明消极的黄老“无为而治”学说已不能适应地主阶级长治久安的要求，封建统治阶级需要一种巩固中央集权专制统治，加强对王侯官吏与民众全面控制的思想体系。贾谊敏锐地觉察到这一改革趋势，提出了维护地主阶级根本利益的“成长治之业”的理论和方法。他的礼法结合说虽未被文帝采纳，但后来在武帝的政策中得到体现。在汉初从黄老思想向儒学独尊的转变过程中，贾谊法律思想可以说是其中的重要一环。

贾谊主要政论文章汇为《新书》一书，汉时刘向删定为五十八篇，后散佚，今人所辑《贾谊集》，包括《新书》五十六篇、疏七篇、赋五篇及其他文章，大多录自《汉书》，文字、篇章多有错讹，但内容基本可信。其中《过秦论》、《治安策》、《论积贮疏》等篇尤值得重视。

一、“民无不为本”的民本思想

西汉建国以来，为求长治久安之术，不少政治家、思想家都探索过秦之所以亡、汉之所以兴的教训与经验，如陆贾。但总结最为系统深刻、影响最为深远的，当数贾谊的《过秦论》。

贾谊在《过秦论》中，肯定了商鞅变法、实行奖励耕战政策对秦国迅速称霸的作用："内立法度，务耕织，修守战之具，外连横而斗诸侯。于是秦人拱手而取西河之外。"（《新书·过秦论》，下仅列篇名）经过几代人的努力，秦国终于使"强国请服，弱国请朝"。贾谊也充分肯定了秦始皇统一天下的功绩，"续六世之余烈，振长策而御宇内"，何等辉煌显赫。同时，他也认为秦之统一天下是顺应民心之举，"元元之民冀得安其性命，莫不虚心而仰上"（同上）。贾谊认为，秦之速亡是因为没有认识到"夫兼并者高诈力，安定者贵顺权，此言取与守不同术也"（同上）的道理。秦始皇用攻取天下的办法来统治已经取得的天下，以暴力手段来对待人民，"故其亡可立而待也"。贾谊指出，在秦始皇死后，秦二世胡亥当政时，本来还有机会以"仁义"来挽救危局，结果"二世受之，因而不改，暴虐以重祸"。子婴上台后，如果"安土息民，以待其敝"（同上），至少还可保有旧秦国江山，但子婴也没有这样做，结果身亡国灭。

贾谊从秦亡的历史教训中，深刻地认识到人民的力量，并大大发展了先秦儒家的"民本"思想。

（1）民为政本。贾谊认为："闻之于政也，民亡（无）不为本也。国以为本，君以为本，吏以为本。故国以民为安危，君以民为威侮，吏以民为贵贱。此之谓民亡（无）不为本也。"（《大政上》）意思是说，人民为政体之本，国家、君主、官吏都以民为本。国有民则存，无民则亡；君主有民才有威权，无民则为他国侮辱；官吏有民才显高贵，无民则无身份。所以说民无不为本。贾谊虽然也视民众为无知的群氓，但他懂得统治者离开人民就无法生存的道理，因此他反复告诫统治者要重本，不要轻本，"轻本不祥，实为身殃"（同上）。

（2）民不可欺。贾谊说："夫民者，万世之本也，不可欺。……故夫民者，大族也，民不可不畏也。故夫民者多力，而不适（敌）也。"（同上）人民人多势众，一旦揭竿而起，是任何力量也阻挡不住的。贾谊在《过秦论》中说，秦末农民起义就是人民不堪忍受暴政的压迫，振臂一呼，天下响应，那些起义军"不用弓戟之兵，钮耰白梃（锄头木棒），望屋而食，横行天下"，最终推翻了暴秦。因此贾谊一再告诫统治者"戒之，戒之"。

（3）民必胜之。贾谊认为国家的兴亡，取决于是否得到人民的拥护。他说："故夫诸侯者，士民皆爱之，则其国必兴矣；士民皆苦之，则其国必亡矣。故夫士民者，国家之所树而诸侯之本也，不可轻也。"（《大政上》）贾谊举夏桀、商纣等暴君例子后，得出结论说："故自古至于今，与民为仇者，有迟有速，而民必胜之。"（同上）

（4）富民乐民。贾谊说："故夫民者，弗爱则弗附。"（《大政下》）认为统治者要想人民归附，必须"爱民"。他还提出以是否富民、乐民、爱民作为考察官吏功罪的标准："故夫为人臣者，以富、乐民为功，以贫、苦民为罪。故君以知贤为明，吏以爱民为忠。"（《大政上》）官吏以使民穷、使民苦为罪，以使民富、使民乐为功。何为富民、乐民？贾谊认为就是让人民得到实际的好处，“与民以财”则民富，“与民以福”则民乐。他说：“故君子之贵也，与民以福，故士民贵之；故君子之富也，与民以财，故士民乐之。”（同上）

贾谊的“民本”思想，通过对秦亡历史教训的认识，较先秦儒家的“民本”思想更为深刻与合理。

二、“黥劓之罪不及大夫”的等级观念

贾谊竭力维护以君主为中心的封建等级秩序，主张以法律确保各等级间的严格界限。维护封建等级制度是贾谊法律思想的重要内容，他举古代圣王为例说：“古者圣王制为列等，内有公、卿、大夫、士，外有公、侯、伯、子、男，然后有官师、小吏，施及庶人。等级分明，而天子加焉，故其尊不可及也。”（《阶级》）认为只有各级官吏等级分明，才能衬托出天子至高无上的尊严。贾谊指出：严格的等级不仅应以制度固定下来，还应以法令刑罚加以保证。“等级既设，各处其检，人循其度。擅退则让，上僭则诛。”（《服疑》）

从等级制观念出发，贾谊认为统治阶级与被统治阶级在法律上也不应平等，并在《治安策》中明确提出了“黥劓之罪不及大夫”的主张。

贾谊认为，大臣犯罪不应与庶民同样处肉刑受戮屏，其理由有三：

第一，尊君。君主如高堂，群臣如台阶，庶民如平地。台阶有级，才显出高堂之尊。投鼠忌器，“是以黥劓之罪不及大夫，以其离主上不远也”。因此“君之宠臣虽或有过，刑戮之罪不加其身者，尊君之故也”。

第二，尊尊贵贵。鞋子再新不会放在枕头之上，帽子再破不会用来垫鞋，尊卑贵贱的秩序是不能颠倒的。如果大臣犯罪也要捆绑，被人牵着，任凭狱卒的辱骂榜笞，让那些卑贱者知道尊贵者有朝一日也可以被他们污辱，那还成何体统？“非所以习天下也，非尊尊贵贵之化也”。

第三，激励大臣之气节。春秋末，刺客豫让对待前后两个主人中行氏与智伯的不同态度（背叛前主，为后主死），说明“主上遇其大臣如遇犬马，彼将犬马自为也；如遇官徒，彼得官徒自为也”。所以君主行礼义励廉耻以待大臣，大臣也必定忠义节行以报君主。这种上下的好风气一旦养成，“则为人臣者主耳（而）忘身，国耳忘家，公耳忘私，利不苟就，害不苟去，唯义所在”。因此，“古者礼不及庶人，刑不至大夫，所以厉（励）宠臣之节也”。

对大臣有罪者，贾谊建议以古礼礼遇之：

第一，罪名避讳。对大臣所犯罪行不以罪名直接称之，贪赃受贿称为“簠簋不饰”，污秽淫乱称为“帷薄不修”，疲软无能称为“下官不职”。

第二，请罪。一旦君主发怒，大声呵斥谴责大臣，不应让吏卒将大臣捆绑牵走，而应使大臣自己“白冠氂缨，盘水加剑”，到专门的“请室”去请罪反省。

第三，闻命自裁。大臣如犯大罪应处死刑者，不应让刽子手按头揪发而行

刑，应使大臣跪而自裁，让其保持尊严而死。

在贾谊上《治安策》之前，原右丞相周勃因被人告发谋反而入狱，后虽平反，恢复绛侯爵邑，但已受尽狱吏折磨。因此贾谊有感而发，以此规劝文帝。文帝感悟，“深纳其言，养臣下有节。是后大臣有罪，皆自杀，不受刑”（《汉书·贾谊传》）。

三、“绝恶于未萌”的礼法结合论

战国末期儒家代表人物荀子集先秦礼治思想之大成，提出“隆礼重法”的理论，是礼法统一论的先行者。贾谊生活在西汉初期，在荀子之后约半个多世纪，处于统一的封建王朝已经建立的新的历史条件下，因此，贾谊已不仅限于提出礼法结合的理论，而是要求将其制度化，具体贯彻到实际政治中去。可以说，贾谊是试图把礼法结合理论制度化的第一人。

在《治安策》中，贾谊明确指出，“专任刑罚，礼义廉耻四维不张”，是秦骤亡的重要原因。“秦灭四维而不张，故君臣乖乱，六亲殃戮，奸人并起，万民离叛，凡十三岁而社稷为虚”（同上）。他认为汉兴以来，“其遗风余俗，犹尚未改”，甚至杀戮父兄、白日抢劫、盗宗庙祭器，无所不有。世俗也以富贵为评价人的唯一标准，“富民不为奸而贫为里骂，廉吏释官而归为邑笑，居官敢行奸而富为贤吏，家处者犯法为利为材士”（《时变》）。

因此贾谊认为，统治者决定采取什么样的统治方法至关重要，也就是君主要“先审取舍”，这对于将来的社会风气有着决定性的意义。他说：“人主之所积，在其取舍。以礼义治之者，积礼义；以刑罚治之者，积刑罚。刑罚积而民怨背，礼义积而民和亲。”（《汉书·贾谊传》）那么，取礼义与取刑罚，究竟哪一种统治方法正确呢？贾谊说，这只要看看商、周、秦的历史就知道了。“（成）汤、（周）武置天下于仁义礼乐，……累子孙数十世”，“秦王置天下于法令刑罚，……祸几及身，子孙诛绝”（同上），何取何舍不是很清楚了吗？

礼是什么？贾谊认为：第一，礼是治国的根本，“礼者，所以固国家，定社稷，使君亡（无）失其民者也”。第二，礼是尊卑贵贱的等级尺度，“礼者，所以守尊卑之经，强弱之称者也”（《礼》）。他还特别重视在君臣、君民关系中贯彻礼的原则，只有君待臣以礼，臣才能事君以忠；君待民也要“矜而恕之”，“化而则之”，即以仁恕之道而宽以待民，以教化之道而为民表率。贾谊心目中的礼治社会是“君仁臣忠，父慈子孝，兄爱弟敬，夫和妻柔，姑慈妇听”（同上）。

贾谊重礼，但他和荀子一样，也不轻视法，而是主张礼法结合。他在《治安策》中说：“凡人之智，能见已然，不能见将然。夫礼者禁于将然之前，而法者禁于已然之后，是故法之所用易见，而礼之所为生难知也。”（《汉书·贾谊传》）意思是说，一般人的智慧，可以看到已经发生的事，不能预见将要发生的事。礼就是防患于未然，用于预防犯罪行为的发生的，而法则是对已经发生的犯罪行为加以惩处。因此法的作用容易看得见，而礼的潜在作用不易为人所知。贾谊认为礼和法二者对统治者来说都是不可缺少的，但相对而言，礼的作用要大于法，因为礼“贵绝恶于未萌，而起教于微眇，使民日迁善远罪而不自知也”（同上）。礼的可贵之处在于能消灭犯罪于萌芽状态，发起教化于细小之处，使民众能不知不觉地日益接近善行而远离罪行。因此贾谊继承了先秦儒家先德后刑的思想，主张先用礼义教化，而后再用刑罚。对于刑罚杀戮，贾谊也完全承袭了先秦儒家慎刑慎杀的思想，提出：“诛赏之慎焉，故与其杀不辜也，宁失于有罪也。故夫罪也者，疑则附之去已；夫功也者，疑则附之与已。”（《新书·大政上》）即认为诛杀与赏赐二者都要谨慎，在罪情有疑时，与其从严错杀无辜者，宁可从宽漏掉有罪者。因此定罪有疑问，原则上免于处罚；赏功有疑问，原则上给予赏赐。这样才体现出仁义、信用。在贾谊看来，只有实行“疑罪从去”的原则，才不致发生杀戮无辜的冤案。这种主张正是儒家仁政的重要内容。

四、“众建诸侯而少其力”的削藩论

秦始皇统一天下之时，曾认为周之所以亡，是因为分封诸侯导致天子大权旁落，故秦始皇不封诸侯。刘邦当年以不多的兵力，长驱直人关中，灭秦建汉，因此认为秦之所以亡，没有诸侯藩卫是一个重要原因。加之为了笼络战将，战胜项羽，故刘邦在楚汉战争时封了韩信、彭越、英布等一批异姓王。消灭项羽后，刘邦又采用各种方式和手段，先后翦除了七个异姓王，同时分封一批刘姓子弟为王。至汉文帝时，同姓王的势力已很强大，同姓王国的地盘加在一起，约占天下之半。同姓王国的政权组织，除太傅和国相是中央直接任命的，其他官吏均由诸侯王安插。而且同姓王被封时都年幼，由太傅与国相掌事，至文帝时，同姓王大多成年，而太傅与国相已届退休，无力监督，因此王国内的政治、经济、军事权力均由同姓诸侯王统揽。同时文帝以高祖庶子继位，以庶立嫡，不易服众。因此文帝时，中央朝廷与同姓诸侯王的矛盾已是一触即发。文帝前元三年（公元前177年），济北王刘兴居（文帝侄）反叛，失败自杀；前元六年（公元前174年），淮南王刘长（文帝异母弟）勾结匈奴谋反，废徙；同时吴王刘濞（文帝堂兄）也有阴谋造反的迹象。

贾谊最先看到了同姓诸侯王势力膨胀的危险性，并根据一件件已发生的严酷事实，得出结论说：“疏者必危，亲者必乱。”（《汉书·贾谊传》）认为分封的诸侯王不管是异姓王还是同姓王，都是危害西汉中央政权的祸根。

诸侯王反叛的原因，贾谊认为主要在于其权势太重、势力太大，日久必然导致野心。诸侯王是否反叛，也主要在于各自的实力条件如何，贾谊在分析汉初异姓王反叛事实后得出结论说：强者先反，弱者后反，力小者不反。因此要防止诸侯王反叛就必须削弱他们的势力与权势，使其力小而不能反。这就是贾谊削藩论的理论基础。

怎样才能达到削藩的目的？贾谊提出两项具体办法：

第一，加强对诸侯王的“权势法制”，即运用国家政权和法律的力量削弱与制约诸侯王的权势。在这一点上，靠“仁义恩厚”来感动诸侯王是没有用的。

第二，“众建诸侯而少其力”，即将每一个诸侯国划大为小，分割成若干个势力很小的诸侯国，封给原诸侯王的子弟。表面上看，所封的诸侯王比过去多了，而实质上却削弱了诸侯王的实力，封国小了，势力弱了，也就容易控制。贾谊说：“欲天下之治安，莫若众建诸侯而少其力。力少则易使以义，国小则亡（无）邪心。令海内之势如身之使臂，臂之使指，莫不制从。”（同上）这是一种很高明的策略，王夫之称之为“阳予阴夺之术”（《读通鉴论》）。贾谊死后四年，齐王死，文帝思贾谊之言，分齐为六国，分封齐悼惠王的六个儿子，又将淮南国一分为三。其后景帝时，晁错上“削藩策”；武帝时主父偃提出“推恩令”，其源都出于贾谊。

贾谊的思想学说是为巩固中央集权、确保封建统治长治久安服务的。所以他的学说尽管在生前未得到全面实现，但到汉武帝时具备了实施的条件，并由董仲舒进一步发展了他的学说，确立了儒家思想的一统地位。所以清人卢文昭在校注《贾谊新书》时将贾谊与董仲舒相提并论，说：“西汉文、武之世，有两大儒焉，曰贾子，曰董子，皆以经生而通大治体者也。”

第四节　董仲舒的法律思想

董仲舒（公元前179～公元前104年），冀州广川（今河北景县广川镇）人。少年时即学《公羊春秋》于胡母生，汉景帝元年（前156年）与胡母生一起被立为博士。他授徒著书，“三年不窥园”，举止进退非礼不行，受到当时知识分子的尊重。汉武帝即位第二年（公元前139年）举贤良文学之士，董仲舒“以贤良对策”（即“天人三策”），上书武帝，擢为第一，被任为江都（今江苏扬州）相，辅佐武帝之兄易王刘非。六年后，董仲舒因受主父偃陷害，被贬为中大夫，不久又因丞相公孙弘忌恨，被调任胶西王相。胶西王刘端也是武帝之兄，曾多次杀害国相，但素闻董仲舒是个大儒，还能善待他。董仲舒怕长久下去难免得罪，托病辞职，退居家中，专心著书立说。董仲舒虽在政治上没有得到武帝重用，但辞职后，“朝廷如有大议，使使者及廷尉张汤就其家而问之，其对皆有明法”（《汉书·董仲舒传》）。年七十五岁时寿终于家，葬于长安西郊。

汉武帝时期，西汉政治经济形势较汉初发生了很大变化。采纳黄老思想实行“无为而治”的政策虽然曾对恢复和发展生产、安定社会秩序起了重要作用，但同时在对内对外政策中软弱性的一面也日益暴露出来，汉武帝时的一系列矛盾较文帝时更为尖锐与明朗化：首先，农民脱漏户籍日增，中央政府已对相当一部分农民失去控制。其次，诸侯势力虽在文帝、景帝时得到削弱，但尚未解除威胁；同时一些皇室贵族、官僚和大地主、大商人的势力膨胀，也对中央政权构成威胁。再次，匈奴势力一天天扩大，边境日危，直接关系到西汉政权的存亡。总之，武帝时期的西汉王朝需要一个强有力的中央专制政权，对内加强控制，对外抵御匈奴。同时，汉初几十年经济恢复也已积累起足够的财富，为中央政权的强化提供了经济保证。问题在于，要强化封建统治，改变那种软弱无力的“无为而治”，代之以强化中央集权的政策，首先必须要有一个明确的指导思想和有力的统治理论。于是统治思想的变革势在必行，董仲舒的新儒学也应运而生。

董仲舒在继承先秦孔、孟儒家思想的基础上，吸收了阴阳五行、墨家、法家以及汉初黄老等思想主张中一切有利于巩固封建中央集权统治的因素，建立了一个新的儒家神学理论体系。在法律思想方面，董仲舒建立的“德主刑辅”理论与“三纲五常”原则，构成了封建正统法律思想的基本内容，对汉以后近两千年的封建社会的法律思想，具有极其重要的影响。

董仲舒著作宏富，但大部分已散失，今仅存《春秋繁露》十七卷八十二篇（其中三篇缺文，实际为七十九篇），以及《汉书·董仲舒传》中收录的《举贤良对策》。

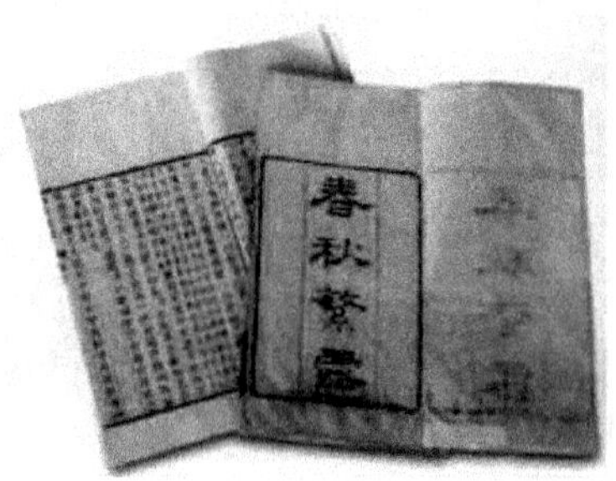

图 7-5　董仲舒，《春秋繁露》书影

一、董仲舒法律思想的理论基础——“天人感应”说与“性三品”说

董仲舒思想的哲学根基，渊源于传统的天命思想与阴阳学说，并由此衍生出“天人感应”说与“性三品”说，成为其法律思想的主要理论基础。

（一）“天人感应”说

董仲舒以前，儒家讲天命，如《论语·季氏》：“君子有三畏：畏天命，……”；道家讲天道，如《老子》第七十九章：“天道无亲，常与善人”；墨家讲天志，如《墨子·天志上》：“天子为善，天能赏之；天子为暴，天能罚之”；阴阳家讲天人，如战国时期齐国的邹衍是最著名的阴阳学家，善于以阴阳学说、五德终始说谈天人关系，《文心雕龙·时序》称：“邹子以谈天飞誉”，《史记·孟荀列传》

说："故齐人颂曰'谈天衍'"。可以说儒家的仁义思想、道家的宇宙观、墨家的神秘主义、阴阳家的方法论都对董仲舒产生了影响，董仲舒对传统的神权天命思想进行改造，运用阴阳学说的方法，创造出一种宗教色彩非常浓厚的"天人感应"说，使"君权神授"的神权法思想更为系统化，构成其法律思想的主要理论基础之一。

董仲舒认为，天是至高无上的人格神，是最尊贵的"百神之大君"（《春秋繁露·郊义》，以下只注篇名）。天不仅创造了万物，也创造了人。因此天是有意志的，和人一样"有喜怒之气，哀乐之心"（《阴阳义》）。人与天是相合的，"天人一也"（同上）。这种"天人合一"的思想，继承了儒家思孟学派和阴阳家邹衍的学说，但董仲舒将它发展得更为精致细密。董仲舒认为，人类是天按照自己的样子有目的地创造的：天有春夏秋冬，人有喜怒哀乐；天有五行、四时，人有五脏、四肢。人身像天容：头发像星辰，耳目像日月，嘴和鼻像气和风，心胸达知像天的神明；人体有大骨十二节，像一年之十二个月；成人有骨总数为三百六十六节，像一年之天数。如此等等，人简直成了天的副本和缩影，天与人确实是相通的。

从"天人合一"进到"天人感应"。在董仲舒之前，汉初黄老学派的代表人物陆贾在《新语》中就有类似的议论："治道失于下，则天文变于上；恶政流于民，则螟虫生于野。"（《新语·明诫第十一》）董仲舒则将这一思想进一步系统化。董仲舒认为，君主是天在人间的全权代表，因此君主应主动按"天意"实行统治，不可一意孤行。天时刻关注着君主，天对君主行为的评价是通过"祥瑞"和"灾异"表现出来的。祥瑞（如凤凰、麒麟、宝鼎等）出现，表明天对君主的行为非常满意。君主为政如有过失，天就以灾害（水、旱、火灾、地震等自然灾害）表示谴责和警告；如果还不知悔改，就以怪异（日食、月食、彗星等天象怪异）使之惊骇；如果再不知畏惧，就要有大祸（君主身亡、国灭）临头了。这就是"灾异谴告"说，一部《汉书·五行志》，就是这一学说的最好注释。

董仲舒对天的神化，是为了给"君权神授"制造理论根据。他认为天不仅创造了万物和人类，还为人类创造了君主，天通过君主来执行自己的意志，因此君主的权力是天授予的。他解释"王"字的写法道："三画而连其中，谓之王。三画者，天地与人也。而连其中者，通其道也。取天地与人之中，以为贯而参通之，非王者孰能当是？"（《王道通三》）"王"字的三横代表天、地、人，而中间一竖起沟通作用的就是君主。因此董仲舒主张尊君，主张无条件地加强君权，树立和维护君主的绝对权威。同时董仲舒强调君主应按"天意"实行统治，"为人君者其法取象于天"（《玉杯》），不可随心所欲。

董仲舒一方面宣扬君权神授，主张君主集权；另一方面又担心皇权一旦失去控制而导致专制暴虐，走亡秦之老路，因此以"天人感应"、"灾异谴告"说来约束君主的行为，限制君主的权力。应该说，除去神权的外衣，这一学说还是具有一定积极因素的。但董仲舒关于阴阳五行、灾异符瑞的议论以及求雨、止雨的迷信主张（见《春秋繁露》“符瑞”、“求雨”、“止雨”诸篇）也直接导致了两汉时期谶纬迷信学说的流行。

（二）“性三品”说

对于人性的善恶，先秦时就有不少学者注意到这一问题的重要性。世硕、宓子贱、漆雕、公孙尼子等都主张人性有善有恶，孟子主张性善，荀子、韩非主张性恶，告子则主张人性无善恶之分。董仲舒在天命论与阴阳学说的基础上，提出了“性三品”说。董仲舒认为前人对于人性的认识都是片面或模糊的，王充《论衡·本性篇》说：“董仲舒览孙（荀子）、孟之书，作情性之说曰：‘天之大经，一阴一阳；人之大经，一情一性。性生于阳，情生于阴。阴气鄙，阳气仁。曰性善者，是见其阳也；谓恶者，是见其阴者也。’若仲舒之言，谓孟子见其阳，孙卿见其阴也。”也就是说，董仲舒认为人性可以分为情与性，对应天的阴与阳，情是阴，是恶；性是阳，是善，也称为“善质”。孟子只看到人的性也就是善的一面，所以主张性善论；荀子只看到人的情也就是恶的一面，所以主张性恶论。其实二者都是片面的。董仲舒认为每个人身上的善质都是不同的，根据善质的多少大致可以将人性分为三类：第一类是基本上都是善质的，称为“圣人之性”，也称为“上品之性”；第二类是有善有恶的，称为“中民之性”，也称为“中品之性”；第三类是基本没有善质的，称为“斗筲之性”（斗、筲是最小的两种容器，比喻善质极少），也称为“下品之性”。董仲舒的“性三品”说是其“德主刑辅”说的重要理论基础，也对韩愈和朱熹的人性论产生了直接影响。

二、董仲舒法律思想的主要内容

在“天人感应”说和“性三品”说的理论基础上，董仲舒提出了其法律思想的主要内容，包括《春秋》法统说、“三纲五常”说、“德主刑辅”说和“春秋决狱”说。

（一）《春秋》法统说

董仲舒自幼即学《春秋》，也特别推崇《春秋》（传文主要推崇《公羊传》）：“《春秋》大一统者，天地之常经，古今之通谊也。”（《汉书·董仲舒传》）把《春秋》看成是符合天地法则的经典，是治国治民的法典，是自古以来的法统。他认为孔子作《春秋》是为后王立法，即为汉代立法，因此举凡政治、法律等一切疑难问题，都可以在《春秋》中找到答案。他的《春秋》法统说就是将维护君主集权的“大一统”思想的源头追溯到孔子。

董仲舒认为，孔子所作的《春秋》经中隐含了“大一统”的思想，而公羊高的《公羊传》正确地阐述了其中的“微言大义”。如经文“隐公元年”条：“春，王正月。”传文说：“曷为先言王而后言正月？王正月也。何言乎王正月？大一统也。”董仲舒进一步解释说：“求王道之端，得之于‘正’。‘正’次‘王’，‘王’次‘春’。‘春’者，天之所为也。‘正’者，王之所为也。……然则王者欲有所为，宜求其端于天。”（同上）意思是说，孔子所说的“春，王正月”中，“春”属四季，是天道，即天的作为，所以在“王”之前；“正月”是王道，即君主人为所定，所以在“王”之后。因此说王者要行王道，应该弄清楚是否符合天道。这些牵强附会的解释，都是为“大一统”符合天道作铺垫的。所谓“大一统”，董仲舒认为即治国的权力“一统乎天子”，就是君主集权。

在董仲舒看来，要完成“大一统”，不仅仅是政治、经济上的君主集权，也包括思想上的“大一统”，即加强对人民的思想统治。董仲舒特别着力于后者，据此向汉武帝提出了“罢黜百家，独尊儒术”的建议，认为应以适应地主阶级“大一统”的新儒学来统一思想。他说：“今师异道，人异论，百家殊方，指意不同，是以上亡（无）以持一统；法制数变，下不知所守。臣愚以为诸不在六艺之科孔子之术者，皆绝其道，勿使并进。邪辟之说灭息，然后统纪可一而法度可明，民知所从矣。”（同上）董仲舒认为当时盛行的黄老之学、纵横之术等皆为“邪辟之说”，应该“绝其道”，而以儒家思想为“大一统”政治的理论根基。汉武帝很赏识董仲舒的建议。建元六年（公元前 135 年），摄政的崇奉黄老之学的窦太皇太后（武帝祖母）一死，武帝就将这一建议付诸实施，“罢黜百家，独尊儒术”。

应该指出的是，汉武帝的“罢黜百家”与秦始皇“焚书坑儒”不同，主要是提高儒学地位，将其奉为官方的统治思想，并在荐举人才、选拔官吏上以精通儒学为主要标准。除儒学外的各家博士被罢免，但各种思想学派并未完全被禁止，仍可公开教授、治学，个别确有才能者也可进入朝廷为官。因此汉代“罢黜百家”并未采取诛杀与焚毁的暴力手段，而是通过各种政治措施，使儒学成为统治阶级的指导思想和束缚广大人民的思想工具。

在封建统治的上升阶段，董仲舒的大一统思想对加强中央集权、维护国家统一曾起过积极的作用。这种大一统思想，也是董仲舒为封建正统法律思想立论的基础。

（二）“三纲五常”说

孔子曾提出“君君、臣臣、父父、子子”（《论语·颜渊》）的等级名分说。孟子也曾提倡“父子有亲，君臣有义，夫妇有别，长幼有叙，朋友有信”（《孟子·滕文公上》）的“五伦”原则。集先秦法家思想之大成的韩非也认为：“臣事君，子事父，妻事夫，三者顺则天下治，三者逆则天下乱，此天下之常道也。”（《韩非子·忠孝》）董仲舒融合儒法两家的等级名分说，提出了一套维护封建等级制度的“三纲五常”的原则，并以“阳尊阴卑”的神学理论加以阐释，使之神圣化、绝对化。

董仲舒说："君臣、父子、夫妇之义，皆与诸阴阳之道。君为阳，臣为阴；父为阳，子为阴；夫为阳，妻为阴。"（《基义》）认为阳尊阴卑是"天道"，而君尊臣卑、父尊子卑、夫尊妻卑则是"王道"，王道是服从于天道的，因此"王道之三纲，可求于天"（同上），将"三纲"涂上了一层神秘主义的色彩。董仲舒之后，将"三纲"明确归纳为"君为臣纲、父为子纲、夫为妻纲"的是《礼纬·含文嘉》，成书于西汉哀帝、平帝时期，已佚。东汉班固《白虎通义》引《含文嘉》"三纲"佚文，由此成为"三纲"之通解。

"三纲"中，最重要的是"君为臣纲"，"父为子纲"、"夫为妻纲"是从属于"君为臣纲"的。董仲舒讲父权、夫权，就是为了君权，伦理等级是为政治等级服务的。董仲舒认为，依"天人感应"学说，君如天，臣如地，臣子要绝对服从君主，甚至不惜生命，这也是《春秋》大义。臣子为善，功劳要归于君主；一切恶事，都应归罪于臣子。所谓"君不名恶，臣不名善；善皆归于君，恶皆归于臣"（《阳尊阴卑》）。这种完全服务于"大一统"的思想，已经找不到孟子"民贵君轻"与贾谊"民为国本"的影子了。

"父为子纲"是"三纲"的基础。儒家一直主张孝道，行孝是为了尽忠，"君子之事亲孝，故忠可移于君"（《孝经》）。董仲舒进一步将孝道神秘化，"故曰夫孝者，天之经也"；又以五行附会孝，"孝子之行，取之土。土者，五行最贵者也，其义不可以加矣"（《五行对》）。子违背父意，就是违背了天意，就是大逆不道，就为国法所不容。武帝时衡山王刘赐的太子刘爽告发自己的父亲，坐"不孝，弃市"（《汉书·衡山王传》）。

"夫为妻纲"是立论于"男尊女卑"基础之上的。董仲舒认为"夫为妻纲"是"取与阴阳之道"，"丈夫虽贱皆为阳，妇人虽贵皆为阴"（《阳尊阴卑》）。所以丈夫统治妻子，妻子服从丈夫，是天经地义的。

董仲舒所讲的"五常"，即"仁、义、礼、智、信，五常之道"（《汉书·董仲舒传》）。董仲舒认为五常是处理君臣、上下关系的准绳，是调整统治者与被统治者关系的基本原则。只要统治者努力用仁义礼智信去教化人民，就能得到天和鬼神的佑护，恩德波及众生。人民受五常的化育，无欲无争，心舒气和，安贫乐道，自然不会有反抗、犯上之事出现。

董仲舒"三纲五常"的等级原则，成为封建立法的重要指导思想。这一原则在封建初期曾对巩固地主阶级政权起过一定的积极作用，但随着封建制的没落，也越来越显示出这一原则的消极作用。

（三）"德主刑辅"说

在统治方法上，董仲舒吸取秦亡的教训，继承孔孟"重德轻刑"的思想，提出了"德主刑辅"、"大德小刑"的统治方法。他说："教，政之本也；狱，政之末也。其事异域，其用一也。"（《精华》）认为道德教化是为政之根本方法，刑狱处罚是为政之辅助手段。二者虽有方法形式上之不同，但维护封建政权的作用则是一致的。

“德主刑辅”是董仲舒法律思想的核心。从“天人感应”的神学目的论和“性三品”的人性论等方面论述德刑关系，是董仲舒“德主刑辅”理论的独到之处。

第一，从“天人感应”的神学目的论来论证“德主刑辅”。董仲舒认为“阳德阴刑”是天道的体现，“天道之大者在阴阳，阳为德，阴为刑”（《汉书·董仲舒传》）。“天数右阳而左阴，务德而不务刑。……为政而任刑，谓之逆天，非王道也”（《阳尊阴卑》）。阴阳是天道之大者，阳德阴刑，天道亲阳而疏阴，因此王道任德而不任刑，大德而小刑。君主为政任刑不任德，就是逆天而行，非王道之所为。但“阳德阴刑”也并非不要刑，正如天道阴阳轮回，德刑也不可缺一。只是在德刑关系上，应以德为主，以刑为辅，“刑者德之辅，阴者阳之助也”（《天辨在人》），或者称作“大德而小刑”（《阳尊阴卑》）。

第二，从“性三品”的人性论来论证“德主刑辅”。上文已谈到董仲舒的人性论，既不同于孟子的性善论，也异于荀子的性恶论，而是主张“性三品”说。他认为人既是天创造的，人性也得之于天。天有阳有阴，人性也分为性与情，性是善，情是恶。但善、恶的表现是因人而异的，按其善质之不同大致可分为“圣人之性”、“中民之性”、“斗筲之性”三类，也即上、中、下三品。“圣人之性”纯是仁善，“斗筲之性”全是贪恶，这两者是不可改变的。“中民之性”是“仁、贪之气两在于身”，“有善质而未能善”（《如天之为》）。董仲舒认为，“中民之性”是绝大多数，经过教化才能为善，不经教化也可能为恶。因此最好的统治方法就是既以道德教化使之为善，又用刑罚防止与惩罚其为恶，但应以德教为主。“斗筲之性”当然只能用刑罚了。经过董仲舒的论证，可以看出，施行道德教化的对象是绝大多数的“中民之性”，采用刑罚惩治的对象是极少数的“斗筲之性”及“中民之性”中的个别堕落者，所以仅从人群数量上而言，也应是“德主刑辅”。

经董仲舒在先秦儒家思想基础上发展的“德主刑辅”的统治理论，成为儒家法律思想的核心，对后世法律思想影响极为深远。

（四）“春秋决狱”说

儒学一尊以后，儒家经典日益受到重视，儒家思想开始向法律渗透。这种渗透最初的也是最直接的成果，就是引经决狱，即将儒家经典中的经义和事例作为司法审判的准则和依据，出现了儒家经典法律化的现象。董仲舒是引经决狱即以儒家经义应用于法律的第一人，由于他是当时著名的“春秋公羊学”博士，其所引经典主要为《春秋》及三传之一的《公羊传》，因此引经决狱也称“春秋决狱”。董仲舒的“春秋决狱”受到朝廷的重视，当他老病家居之时，汉武帝常派廷尉张汤到他家“问朝廷得失”，他“动以经对”，并编有《春秋决狱》二百三十二事（今已佚）。

董仲舒说：“《春秋》之听狱也，必本其事而原其志。志邪者不待成，首恶者罪特重，本直者其论轻。……罪同论异，其本殊也。”（《精华》）就是说，《春秋》决狱要以客观犯罪事实为根据，并考察行为人之主观动机，凡主观上有犯罪动机，哪怕是预备行为也要处罚；首谋犯罪者要从重处罚；客观后果构成犯罪而无犯罪动机者，应当从轻处罚。而确定动机善恶的标准，就是“公羊春秋”经传。董仲舒强调“本其事”，即从客观的犯罪事实出发，这是正确的。但“志邪者不待成”，又有过分强调主观动机之嫌，也为酷吏舞文、滥施刑罚开启了方便之门。汉昭帝时“贤良文学”即儒生们曾评价说：“春秋之治狱，论心定罪。志善而违于法者免，志恶而合于法者诛。”（《盐铁论·刑德》）这样一解释，春秋决狱的“论心定罪”原则就成了一种唯动机论，行为效果无足轻重，行为者的动机决定一切。这种理解与解释，显然违背了董仲舒“必本其事而原其志”的原则。

“春秋决狱”始于董仲舒，终于隋唐时期，历时六七百年之久。一方面，对缓和“吏治惨刻”的情况，进一步减轻刑罚，有其积极意义；另一方面，确也助长了司法官吏因缘为市、任意出入人罪的风气。同时，客观上也表明了西汉中期以后数百年间的封建法律还不够成熟和完备，还没有将“三纲五常”的等级原则具体化为法律规范，因而在纲常原则与司法实际之间还存在不少矛盾，必须用引经决狱的方式予以调整。

综上所述，董仲舒的政治法律思想完全适应和满足了封建统治阶级的需要，因而成为官方统治思想，标志着封建正统法律思想的初步形成。

第五节 东汉反正统的法律思潮

自武帝以来，两汉以董仲舒新儒学天人感应、性三品说等为思想指导，形成了三纲五常、德主刑辅等为主要内容的封建正统法律思想，但其将儒学神学化的阴阳五行、灾异谴告的理论，终于导致两汉时期谶纬学说在主流社会的泛滥，借谶纬而行赏罚之事也比比皆是。但在主流法律思想之外，也有特立独行的非正统思想的声音。其著名学者，如西汉时扬雄作《太玄》、《法言》，刘向作《说苑》，反对阴阳谶纬，大致还可看作是统治集团体制内的思想交锋。而东汉时桓谭作《新论》，王充作《论衡》，王符作《潜夫论》，仲长统作《昌言》，已将这种斗争扩及体制之外。他们的著作，均对当时的正统法律思想提出异议，且言辞犀利，多有真知灼见。但囿于时代局限，亦有荒诞不经之处。下面仅对王充《论衡》及仲长统《昌言》中的法律思想作一简要介绍。

一、王充的法律思想

王充（公元 27～100 年），字仲任，会稽上虞人，生活于东汉初年，出生在一个以“贾贩为事”的商人家庭。少年时“有巨人之志”，后至长安受业太学，师事班彪，博通众流百家之言。为人“才高而不尚苟作，口辩而不好谈对，非其人终日不言”，可见性格自负孤僻。曾在地方上为吏，位至州从事，归家后“幽处独居，考论实虚”。交友不论对方的地位、年龄，“行苟离俗，必与之友”（《论衡·自纪篇》，以下仅注篇名）。王充著述，流传下来的只有《论衡》一书，共 84 篇，收入《诸子集成》本。

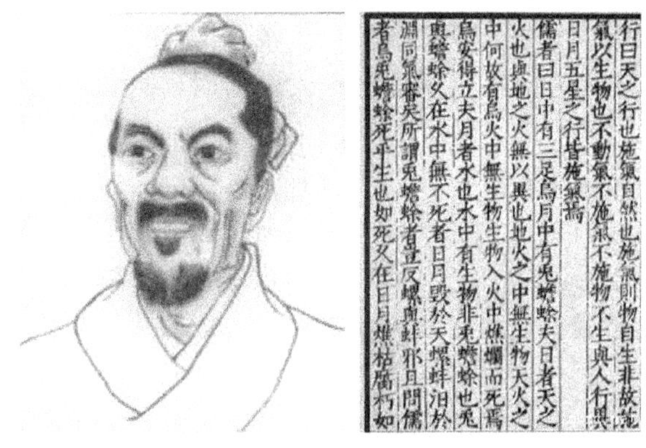

行曰天之行也施氣自然也施氣則物自生非故施
氣以生物也不動氣不施氣不施物不生與人行異
日月五星之行皆施氣焉
儒者曰日中有三足烏月中有兎蟾蜍夫日者天之
火也與地之火無以異也地火之中無生物天火之
中何故有烏火中無生物生物入火中燋爛而死焉
烏安得立夫月者水也水中有生物非兎蟾蜍也兎
與蟾蜍久在水中無不死者日月毀於天螺蚌汨於
淵同氣審矣所謂兎蟾蜍者豈反螺與蚌邪且問儒
者烏兎蟾蜍死乎生也如死久在日月燋枯腐朽如

图 7-6　王充，《论衡》书影

王充可以说是东汉时期最接近唯物主义的思想家，其在《论衡》一书中，极力批判董仲舒以来的祥瑞灾异之说。王充指出，儒者都说凤凰、麒麟是瑞兆，但谁也说不清凤凰、麒麟的长相，只是根据传说而已。五帝、三王、皋陶、孔子都是圣人，长相却各不相同，那么五彩的大鸟一定是凤凰、长角的麞一定是麒麟吗？《礼记·瑞命》说凤凰的叫声是“即即、足足”，《诗经》却说凤凰的叫声是“雝雝（yong）喈喈（jie）”，可见古书的记载本身就不一致。而且就算看到凤凰、麒麟，也不见得就是太平之瑞，据说汉光武帝出生时，凤凰来集，但那时正是西汉成帝、哀帝的衰世时期。如果说凤凰来集是预示圣人出生，那么看到凤凰、麒麟也不能说明当时就是盛世的灵验了（《讲瑞篇》）。王充说，鸟兽的认知能力不及人，人都不知道的事情，鸟兽怎么能知道？岂不是说人反而不及鸟兽吗？《春秋》多有提到狩猎射杀麒麟的事情，麒麟既是圣兽，怎么不能自免于难呢？可见圣人也不能靠祥瑞灾异自免于祸的（《指瑞篇》）。王充反驳儒家“廌触不直”的神话，认为一只角的羊“体损于群”，怎么反而成为神兽了呢？三只脚的鳖称为“能”，三只脚的龟称为“贲”，从来没有听说能、贲比四只脚的鳖、龟神圣，那么一只角的羊怎么会比两只角的羊更神圣呢？只不过“皋陶欲神事助政”，借神兽使人服罪，使其他人因敬畏神兽而不敢犯罪，而且也使罪人的亲属能够心服口服，“没齿无怨言”。所以廌的神话实际“斯皆人欲神事立化也”(《是应篇》)，神兽只是人企图使其神化以教化民众而已。这个道理就讲得很明白了。王充批判董仲舒的灾异谴告说，认为“夫天道，自然也，无为；如谴告人，是有为，非自然也。黄老之家，论说天道，得其实矣”。可见是认可黄老的无为天道说而反对董氏的有为天谴说的。王充说，国家的灾异有如人的疾病，既然国家有难，天会谴告，那么人有疾病，天为什么不谴告呢？儒家认为天气的炎热与寒冷也是天的一种谴告方式，炎热表明赏赐过分了，寒冷表示刑罚过分了。王充认为寒与热如果真是天的一种谴告，那么就应该反气候而行，冬天热，夏天寒，这样君主才能领会得到天的意思。现在儒家以正常气候的寒热来说服君主，哪里有什么说服力呢？“今乃重为同气以谴告之，人君何时将能觉悟，以见刑赏之误哉”(《谴告篇》)？

在人性问题上，王充批判以往几乎所有的人性论。孟子认为人性初生之时皆善，恶是后天环境与自我放纵的结果。王充则指出，微子曾说商纣王从小就是不善之性；叔姬也在听到羊舌食我的第一声啼哭就说这孩子“豺狼之声”，将来“野心无亲”，会给羊舌氏全族带来灭顶之灾。后来果然如此，可见并不是所有的孩子都生来性善。与孟子同时的告子认为人性无善恶之分，就像水一样，哪里决口就往哪里流。王充认为告子所说对大多数“中人”是适用的，但对于“极善极恶”之人并不适用，丹朱、商均这样的恶人连尧舜的教化对他们都不起作用。荀子提出性恶论，其善者伪也，等于说人小时候都没有善性。王充指出后稷小时以种树为游戏，孔子小时以摆弄祭器为游戏，这些圣人从小就是散发出芬芳的“兰石之性”，怎么能说小时都没有善性呢？董仲舒认为天有阴阳，人有情性，性生于阳，情生于阴，性善论者只看到性，性恶论者只看到情。王充认为董仲舒指出性善、性恶论者的弊端是对的，但情性同生于阴阳，就像玉石一样总有杂质，怎么可能有纯善的性呢？何况刘向就指出过董仲舒的问题，说性在内而情在外，应该是性阴情阳才对。那么董仲舒和刘向究竟谁正确呢？王充认为以往这些人性论作为“反（返）经合道”促进教化的手段，有一定的可取之处，但如果说谁讲清楚了人性的道理，则未必(《本性篇》)。王充指出：“人之善恶，共一元气，气有少多，故性有贤愚。”“不患性恶，患其不服圣教。……患不能化，不患人性之难率也。”“亦在于教，不独在性也。”“是故王法不废学校之官，不除狱理之吏，欲令凡众见礼义之教。学校勉其前，法禁防其后，使丹朱之志亦将可勉。”(《率性篇》)这里我们可以看到王充关于人性论的基本观点：第一，人性的善恶是由元气的多少决定的。这一点对后来朱熹的气禀论有影响。第二，人性的关键不在于善恶，而在于是否接受教化。第三，君主的统治应该是教化与刑罚并举，教化在前，刑罚在后，两手并举，即使丹朱这样的恶人也能发挥他的作用。

王充对传统思想均持批判态度：有《谈天篇》，批判邹衍的阴阳学说；有《问孔篇》、《刺孟篇》，批判孔孟的儒家思想，只不过对孔子客气，对孟子尖锐而已；有《非韩篇》，批判韩非的任刑用术。还有《儒增篇》，批判儒家为了尊古，夸大事实，加油添醋。例如王充指出儒家称“尧舜之德，至优至大，天下太平，一人不刑”，又称“文、武（西周文王、武王）之隆，遗在成、康（成王、康王），刑错（即措，放置）不用四十余年”，都是夸大之辞。王充说：“尧舜虽优，不能使一人不刑；文武虽盛，不能使刑不用。”能使一人不刑、刑错不用，必然也不会用兵，但尧伐丹水，舜征有苗，周成王时讨伐叛逆的淮夷徐戎，怎么会不用刑呢？所以王充批评儒家是“好高古而下今，贵所闻而贱所见”（《齐世篇》）。

王充的法律思想是道家自然主义与儒家德刑相济思想的结合，是东汉、也可以说整个汉代最具有唯物主义精神的思想家，但是也摆脱不了那个时代的局限，他也信命，如《吉验篇》，他也信骨相，如《骨相篇》。王充对传统思想的批判，虽剖析犀利，但并未建立起自己的理论体系，正如冯友兰所指出的：“《论衡》一书，对于当时迷信之空气，有摧陷廓清之功。但其书中所说，多攻击破坏，而少建树，故其书之价值，实不如近人所想象之大也。”（冯友兰：《中国哲学史》第二篇第四章，商务印书馆1944年增订版。）

二、仲长统的法律思想

仲长统（公元180～220年），复姓仲长，名统，字公理，东汉末年山阳高平（今山东金乡西北）人。少好学，善文辞，性倜傥，敢直言，不拘小节，时人谓之狂生，视为异才。平生不喜为官，向往“蹰躇畦苑，游戏平林，濯清水，追凉风，钓游鲤，弋高鸿”的悠闲生活，“每州郡命召，辄称疾不就”（《后汉书·仲长统传》）。后经荀彧推荐，任尚书郎，官至曹操丞相府参军事，死于曹丕称帝之年，年仅四十一岁。仲长统曾著《昌言》一书，《后汉书·仲长统传》称其“每论说古今及时俗行事，恒发愤叹息，因著论名曰《昌言》”。未完去世，友人缪袭整理为34篇，并为之作序，称仲长统的才华足以媲美西汉的董仲舒、贾谊、刘向、扬雄。唐韩愈将仲长统与王充、王符并称为“后汉三贤”，为之作《后汉三贤赞》，称“论说古今，发愤著书，《昌言》是名”（《韩昌黎全集》卷十二）。清人严可均称《昌言》“其闿陈善道，指抲时弊，剀切之忱，踔厉震荡之气，有不容摩灭者”（《全后汉文》卷八十八）。《昌言》今已佚，《后汉书·仲长统传》保存了其中的《理乱篇》、《损益篇》、《法诫篇》三篇内容，可大致了解其观点，另外《群书治要》等书中也保存了一些零星资料。

仲长统批判传统的天命观，认为朝代的更替、治乱的循环是人类社会的必然规律，“存亡以之迭代，政（治）乱从此周复，天道常然之大数也”（《后汉书·仲长统传》）。认为所谓天道就是指这种总规律而已，至于每一个具体朝代的治乱，关键在人事而不在于天道。仲长统指出西汉高祖刘邦、东汉光武帝刘秀两位开国君主以及萧何、曹参、陈平、周勃、丙吉、霍光等一代名臣“之所以威振四海，布德生民，建功立业，流名百世者，唯人事之尽耳，无天道之学也。然则王天下、作大臣者，不待于知天道矣。……故知天道而无人略者，是巫医卜祝之伍、下愚不齿之民也。信天道而背人事者，是昏乱迷惑之主、覆国亡家之臣也”（《群书治要》卷五十四引）。认为巫师和愚民是只知天道而无人略，昏君和奸臣是信天道而背人事。仲长统根据依赖天道的程度，将君主分为三等：“故审我已善，而不复恃乎天道，上也；疑我未善，引天道以自济者，其次也；不求诸己而求诸天者，下愚之主也。”（《群书治要》卷四十五引）意思是说，不断自我完善、不依赖天道的君主是最优秀的，想完善而不知道如何完善、在一定程度上仍要依赖天道维护统治的君主是能力较次的，根本不想完善自我、完全依赖天道的君主是最愚蠢的。仲长统指出，即使这种“下愚之主”，在盛世时即位，什么也不做，也能挟盛世之威维护统治。而最可怕的是那些既迷信天命、又放纵私欲的亡国之君，继盛世之后，“见天下莫敢与之违，自谓若天地之不可亡也，乃奔其私嗜，骋其邪欲，君臣宣淫，上下同恶”（《后汉书·仲长统传》），终致灭亡。由此，仲长统提出“人事为本，天道为末”的结论（《群书治要》卷四十五引），这在谶纬盛行的东汉末年是极有勇气的。

仲长统提出独特的法制变复观，认为“作有利于时，制有便于物者，可为也。事有乖于数，法有玩于时者，可改也。故行于古有其迹，用于今无其功者，不可不变。变而不如前，易而多所败者，亦不可不复也。”（《后汉书·仲长统传》）也就是说，所做的事有利于时代发展，所定的制度有利于物质条件的改善，就可以做。所做的事背离了发展规律，所制定的法令忽视了时代需要，就应该改革。因此制度法令在古代是有实效的，但在今天却不起作用的，就不能不变。变了以后效果还不如以前，改了以后基本失败，那就不能不把它回复到原来的样子。接下去仲长统举了三个例子来说明他的变复观：一是汉初的分封制导致诸侯王“上有篡叛不轨之奸，下有暴乱残贼之害”，景帝、武帝之后“收其奕世之权，校其纵横之势”，“此变之善，可遂行者也”。削除诸侯王权势，这是“变”得好的，应该继续施行。二是井田制废除以后，贫富分化，土地兼并，豪强地主与商人“馆舍布于州郡，田亩连于方国”，生活的豪华和权势的强大都超过官吏，甚至贿赂公行，犯法不坐。这虽然与法网松弛也有关，但主要是由于土地国有的井田制废除所导致的弊端，因此“此变有所败，而宜复者也”。这个变革是失败的，应该回复到西周时的井田制。三是肉刑自汉文帝废除以来，死刑之下是髡钳刑，髡钳刑之下是鞭笞刑，刑罚结构极不合理。髡钳刑不足以惩治中罪，结果大量中罪如偷鸡摸狗、男女通奸、小额贿赂、误至杀伤等只能用死刑来处罚，这就反而使刑罚加重了。不如恢复肉刑，回复到西周的《吕刑》，“此又宜复之善者也”。除以上三例以外，仲长统还主张恢复古代一户出一兵的户兵制度、自下而上的官吏选拔制度、户口什伍制度、十一税制度（提高税率）、提高官吏待遇的重俸养廉制度，恢复丞相制或三公制，废除东汉的台阁制，防止外戚专权等。从以上主张来看，仲长统的法制变复观重心在“复”，即恢复古代的好的制度。既看到现实制度的弊端，又找不到好的出路，只能到古人那里去翻旧货，这是古代思想家和改革家的共同局限性，也是今人所不能苛求于古人的。

第八章　魏晋南北朝隋唐时期的法律思想

从东汉末起，经三国，两晋，南朝的宋、齐、梁、陈和北方的十六国、北朝的北魏、东魏、西魏、北齐、北周，直到隋唐的近四百年的时间里，除西晋有过短暂的统一外，其余时期处于分裂混乱的状态中。这一时期，阶级矛盾、民族矛盾相互交织。

在政治上，门阀士族的出现是这一时期社会政治的一个特点。他们凭借自己的经济、政治力量把持朝政，在思想文化上处处留下了自己的烙印。从思想发展史来看，与政治上的分裂相一致的，是儒学独尊地位的跌落，思想领域出现了一个相对宽松的环境。这样，在法律思想上形成了多元的发展趋势，不过，儒家的礼法名教还是占有主导地位，这是由封建地主阶级专政的本性决定的。这一时期法律思想领域出现三大思潮：一是律学思潮。律学原本是汉代经学的一个分支，在晋朝得到了长足的发展，成为我国法律史学上具有特色的法律注释学。晋朝律学集汉魏律学之大成，开唐朝律疏学之先河，在立法、审判原则方面有了不少独创性的见解。二是玄学的法哲学思潮。玄学是士族的思想意识形态。它反映了士族阶层鄙弃名教又离不开名教的矛盾心理。玄学家们的人生态度往往比较消极，放任自流，空谈玄理，抨击虚伪的名教，有的大胆主张“不事礼法”，从而激荡了法律虚无主义。这种思潮的发展，导致了无君、无国家、无政府、无法律的结果，鲍敬言的“无君论”便是代表。三是北方少数民族在政治改革中学习和制订汉法的法律思潮。三国、两晋、南北朝时期的政治大动乱，也包含着民族大融合的积极因素。北方少数民族入主中原后，受汉族先进的封建主义政治制度、法律制度和传统思想文化的影响，纷纷进行改革，实现政治、经济、文化方面的封建化，制定法律。

公元581年，北周贵族杨坚废静帝自立，定国号为隋。隋朝于公元587年和589年相继消灭后梁和南陈，统一了中国，结束了长期混战的局面。

隋王朝建立后，隋文帝为了巩固统一，采取了一系列有力的政治、经济措施，加强中央集权。与此相应，在法律上废除了历代旧法，强调刑罚的“以轻代重，化死为生”，制定和颁布了《开皇律》，规定诸曹决事，一律以律法为准等，从而为中国法制和法律思想在封建后期的发展，揭开了序幕。然而隋王朝共仅存三十七年。由于隋文帝统治的黑暗，阶级矛盾日益尖锐，到了隋炀帝即位后，这种情况更加严重，最终导致了大规模农民起义的爆发。

继隋而起的是中国历史上最为繁盛的唐朝。唐朝的盛行主要根源于：第一，在思想领域，南北朝时期的民族大融合，导致了唐朝统治阶级的思想上的大解放。唐朝的统治阶级本身就是鲜卑族和汉族融合的产物。第二，在经济上，长江流域的开发和开放为唐朝的繁盛提供了经济基础。长江流域的开发使得政治、经济以及文化中心开始全部南移，出现了南方的经济中心支撑北方的政治中心。

第一节 魏晋南北朝时期的法律思想

三国两晋南北朝的近四百年期间，是中国历史上最长的混乱时期。此期间除了西晋王朝建立之后曾出现一个短暂的安定时期外，其余时期都充满了争夺和残杀。因此，为了维护兼并战争和维护士族特权的需要，各朝统治集团都很重视法典的编纂和法律的适用。因而关于立法、司法的理论以及法律注释学说都有了长足的发展。而在律学的发展过程中，儒家的宗法伦理和纲常名教起了统率作用，为从秦汉的法家立法过渡到隋唐的儒家立法铺平了道路。在政治大分裂、大动乱中，入主中原的北方少数民族吸取并运用了魏晋律学的理论成果和儒家文化传统，实行汉化改革并制订法律，加速了封建法律儒家化的进程。以下择律学家的法律思想、玄学的法哲学思想、鲍敬言的无君论思想等论述之，北魏、北齐、北周等朝则略过。

一、西晋律学家的法律思想

律学在汉朝是经学的一个分支，汉朝的新儒学是以经学的形态存在和发展的，经学统治了整个学术思想领域。东汉后，经学被神学化，一切问题都必须到经书中寻找答案，从而导致东汉许多学者大儒纷纷以经注律，以律解经，通过注释汉律，将儒家的宗法伦理贯彻到律注中去。

东汉末年党锢之祸以后，法律不再为士族所推崇，律学一落千丈，不再成为一门显学。经学家极力从经学中排斥律学，章句学说衰落了。为了保住律学的地位，曹魏时卫向魏明帝建议，仿照经学，在朝廷中建立律学博士，专门传受法律。这一建议得到魏明帝批准。从此经学与律学分家，律学成为独立的学科。

三国及曹魏时期，律学在统治者的提倡下继续发展。曹魏律学已不同于汉代律学那样完全依附于经学发展，曹魏律学开始有逐步发展成为一门独立学科的倾向，至西晋之时，律学进一步繁荣，《泰始律》成后，杜预、张斐都先后加以注释，注释与律一起颁行，具有法律效力，史称“张杜律”。张、杜的注释，不但从理论上论证了律文中确立的儒家伦理制度，而且对律典体例、刑名罪名也从宗法名分的角度重新诠释。张、杜的注律，不但从理论上论证了律文中确立的儒家伦理制度，而且对律典体例、刑名罪名也从宗法名分的角度重新诠释，由此，逐步形成了较完整的儒家法律理论，也解决了“以礼入律”的立法技术问题，为“一准于礼”的唐律的制定奠定了基础。因而，魏晋律学是法律儒家化进程中的一块基石。因此，魏晋律学是法律儒家化进程中的不可或缺的一环。以下分别介绍杜预和张斐的法律思想。

(一) 杜预的法律思想

杜预（222年～284年），字元凯，京兆杜陵人（今陕西长安人）。在晋武定时任河南尹，参加晋律的编修，后拜度支尚书。他熟悉历代政令和儒家经典，在担任河南尹职务时，“与车骑将军贾充等定律令，既成，预为之注解”，（《晋书》，卷34，《杜预传》。）并与贾充等撰“《刑法律本》二十一卷”、《晋令》四十卷”，（《新唐书》，卷58，《艺文志》。载“贾充、杜预《刑法律本》二十一卷，又《晋令》四十卷。”另：《旧唐书》卷46《艺文志》则载“《刑法律本》二十一卷贾充等撰”。）他是一个经学家，也是法律注释家，著作甚多，最有名的是《春秋左氏经传集解》，也是他唯一保存至今的著作。

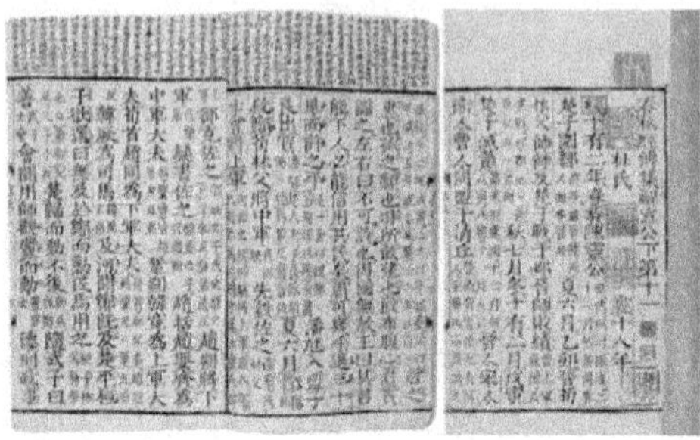

图 8-1 杜预像，《春秋左氏经传集解》书影（宋刊本）

1. 纳礼入律

在法律思想上，杜预坚持的是儒家正统观点，强调简约，他提出“礼律并重”，“纳礼入律”是封建立法的出发点。杜预“与车骑将军贾充等定律令，既成，预为之注解，乃奏之曰：“今所注，皆网罗法意，格之以名分”。（《晋书》，卷34，《杜预传》。）“格之以名分”是杜预贯彻于其修律和注律之始终的基本精神。所谓“名分”，即当时统治者竭力提倡的名教、礼教，是儒家礼的基本内涵。杜预是非常崇礼的，他认为，崇礼乃“圣制移风易俗之本”（《晋书》，卷20，《礼志》），但也主张因时变礼。在西晋武帝泰始十年，因皇太子为武元杨皇后服三年丧可否割情除服的争议中，礼官参议博士张靖等主张“皇太子亦宜割情除服”，博士陈逵等主张“皇太子……非礼所谓称情者也。宜其不除。”杜预认为“靖、逵等议，各见所学之一端，未晓帝者居丧古今之通礼也”，他指出“皇太子配贰至尊，与国为体，固宜远遵古礼，近同时制，屈除以宽诸下，协一代之成典”，“……宜如前奏，除服谅闇终制”（《晋书》，卷20，《礼志》）。即杜预认为皇太子应割情除服，服心丧即可，这一主张为朝廷所认可。他认为，礼是“移风易俗之本”（《晋书》，卷 20，《礼志》），杜预所言的“远遵古礼，近同时制”就体现了这种“变礼”观。

杜预“崇礼”又“变礼”的思想对他的法律观起着指导作用。他在注律时，注意以名分为标准来解释法意，将法律纳入名分的范围之中。同时，他强调指出，法律要既符合名分又不拘泥于小理，这就是杜预的变礼观。他认为，只有这样，立法才能做到“简直”。

2. “法贵简直”

杜预在“纳礼入律”的基础上又提出了“文约而例直，听省而禁简”的立法观点。他认为“刑之本在于简、直”，法律刑典是人们必须遵循的准则，是官吏断案的依据。因此，法典的制定，应该准确、简明、通俗。所谓“文约”，是指文字简明通俗；“例直”指条例准确明白；“听省”即法律形式单纯，概念明确；“禁简”即条文省减删除繁琐。

这充分反映出杜预的立法思想：首先，是为了使人们“知所避就”，即只有人民明白法律，才能有效发挥威吓、警戒作用。可见，他是以劳动人民作为法律制裁的主要对象的。其次，是为了将法制的打击锋芒集中在直接危害封建统治利益的行为上，对一般的违法行为予以宽处，这样人们便不易犯法了。最后，为了使司法官吏不能钻法令繁苛的空子而营私舞弊。只有律、令“简直”，才能罪行相当，名实相符，使法制真正得到贯彻。

3. “法出一门”

与强调立法“简直”相应，杜预提出了“法出一门”的主张。所谓“法出一门”，就是要求立法统一于天子，统一于中央王朝。他认为只有这样才能使“人知恒禁，吏无淫巧，政明于上，民安于下”（【唐】欧阳询：《艺文类聚》卷 54，《刑法部 · 奏事》）。为此，他要求应像古代那样把法“铭之钟鼎，铸之金石”，以示法律的统一性、确定性和权威性，从而达到“远塞异端，使无淫巧”，以保证“法出一门”的主张。此主张系针对汉末以来天下分裂，政出多门，法令不能一统而发，是为司马氏的晋王朝中央政府争立法权，同时也是保证立法“简直”所必需的。

4. 明分律、令

杜预还主张明分律、令必须界限，并强调这是晋律的特点。杜预认为，“律”是专门规定对于违令犯法行为的惩罚与制裁的方式，也就是说，律仅指刑法或刑法典。“令”指规定人们必须遵守的各种规章制度。所谓“律以正罪名，令以存事制”。（【宋】李昉等：《太平御览》卷 638，《刑法部四 · 律令下》；另，《艺文类聚》卷 54，《刑法部 · 序》引“晋杜预《律序》”亦有此言，后者多“两者相须为用”句。）他所谓的“律”仅指刑法，是专门规定关于违法行为所犯罪名及对这种行为的惩罚方法的；“令”指各种规章制度。晋朝以前，律、令相混，界限不清。杜预认为，律、令界限明确，“二者相须为用”，方能做到立法“简直”易知，这正是晋律的特点。杜预的这一见解，是我国历史上最早的明确区分律、令这两种法律规范的定义式的说明。

综上所述，杜预的法律观的主要贡献在于从理论上区分律与经，阐述律学与经学的必要性，并作了初步的论证。他以“崇礼”、“变礼”思想为指导，通过修律、注释法律推进了礼法合一、纳礼入律的过程，这虽然含有不少保守性，但却是顺应着中国古代法律思想的发展方向的。立法“简、直”是中华法系的一大特点，也是一大优点。杜预观点的提出对中华法系这一特点和优点也起了重要作用。

（二）张斐的法律思想

张斐，生卒年月不详，与杜预同时期，是西晋时期与杜预在观点上有所区别的著名法律注释家。在晋武帝时任明法掾，曾集中秦汉以来的法制经验和法律理论，注解晋律，并著有《汉晋律序注》、《律解》二十卷，可惜都已散佚了。现仅存《晋书·刑法志》中所录的他所上注的律表，其中对于晋律的立法原理进行了系统的表述，总结了前代的审判原则。他和杜预对晋律的注解，为后代所沿用，后世常以“张杜律”并称。

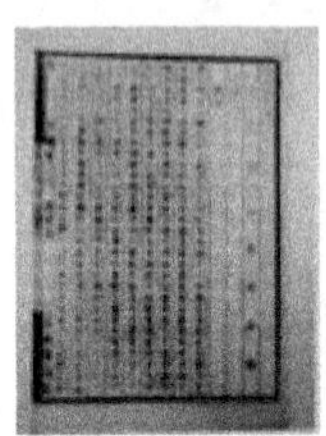

图 8-2 《晋书·刑法志》书影

《晋律》共 20 篇，与之前律相比较，晋律体例完整、严密而有系统。张斐认为“律始于《刑名》，所以定罪制也；终于《诸侯》者，所以毕其正也。王政布于上，诸侯奉于下，礼乐抚于中，故有三才之义焉，其相须而成，若一体焉。”（【唐】房玄龄等：《晋书》，卷 30，《刑法志》）即“刑名”篇规定了关于犯罪和处罚的基本原则，是总纲；其余各篇是关于犯罪的具体处罚和司法机构的详细规定。他认为晋律这样的结构，二十篇相互联系、统一完整，其基本精神是为维护“礼乐”，即为封建专制服务的宗法等级原则。由此可知，张斐的基本立场是封建正统儒家的立场，他对晋律的阐发解释，是以儒家法律思想为依据的。

张斐着重说明了“刑名”篇的性质和作用，认为：“刑名所以经略罪法之轻重，正加减之等差，明发众篇之多义，补其章条之不足，较举上下纲领。”（【唐】房玄龄等：《晋书》，卷 30，《刑法志》）也就是说，整个晋律中，刑名篇规定了以后各篇的定罪量刑、从轻从重的标准与依据，是总的指导原则。其余各篇是刑名的具体运用。由此可见，这样将刑名置于刑法篇首，说明了晋朝封建法制经验，尤其是立法技术的成熟，而张斐的肯定和阐发，无疑是对我国古代立法理论的重要贡献。

另外，在审判心理方面，张斐也有独到的见解。他要求司法官吏都应该下工夫掌握罪犯的心理变化，并认为罪犯的言谈举止都反映了其心理状态，因此，要仔细观察和研究罪犯的种种表现，这对于准确认定罪名有重要作用。张斐在晋朝时期所总结出的立法、司法原则，很多都是合乎客观规律的认识。它对于当时及其以后封建立法和司法所起的作用，应当引起后世的足够重视。

二、魏晋玄学家的法律思想

玄学，是一种以门阀制度为背景的唯心主义哲学思潮，它和当时的政治斗争有着十分密切的联系，是魏晋时代占统治地位的学说，强调人的内心自然本性。“玄”源于《老子》“玄而又玄，众妙之门”一语。当时的士族知识分子纷纷研究《老子》、《庄子》、《周易》三部书，称为“三玄”。玄学家提出了有和无、本和末、形和名等一系列哲学概念，并最终提高到对“名教”与“自然”的关系这一哲学世界观的争论，其中也包含着关于法律的思辨。魏晋之际，思想界发生了一场旷日持久的“名教”与“自然”关系的争论。

图 8-3　反映魏晋玄学思潮的《世说新语》书影

“名教”，是指儒家提倡的以纲常伦理作为最高准则来正名定分的封建礼教，它不仅仅指礼乐教化，主要是一种政治理论，因而成为封建法制的理论核心，并且形成一套与其理论相适应的政治法律制度，故有名教政治的说法。东汉统治者所实行的就是标榜以名教治天下的名教政治。

名教的作用是禁锢人们的思想，麻痹并销蚀人们的斗争意识，镇压人民的反抗，从而在维持统治秩序上起了很大的作用。但是到了汉末、三国时期，天下大乱，名教出现了危机。魏晋之际，在黄巾起义中遭受严重打击的世家豪族已恢复了元气，他们是名教政治的基础。特别是司马氏把名教作为实现政治野心的工具，竭力标榜孝道，提倡名教。在这种情况下，要恢复名教，必须要把它从经学和谶纬神学中剥离出来，这就形成了玄学。

（一）魏晋玄学思潮的兴起

东汉末年，随着天人感应学说的发展把新儒学引向了谶纬学说的异化道路。“谶”是一种预决吉凶的宗教预言，“纬”是假托神意来解释儒家经典，把经学神学化。两汉之际，在儒学谶纬化的情况下，一批思想家开始了批判谶纬神学，以图扭转这种趋势。至东汉末年，承袭这一社会批判思潮的有仲长统、王符等人，他们激烈地批判了汉末的政治腐败和谶纬神学的虚伪，但又对社会前景流露出老庄的悲观情调，从而为两汉经学向魏晋玄学过渡作了准备。

秦朝的经学经过汉朝的变革，日渐式微，于是汉魏时期的一部分士大夫杂采儒、法、道等各家主张，企图借以重建封建统治秩序，思想领域形成了多元发展的局面。三国时曹操的“术兼名法”、诸葛亮的“威之以法”等思想为统一全国做出了贡献。随着门阀士族政治地位的巩固和经济实力的壮大，以崇尚老、庄

“自然无为”为形式，以“名教”为内容，主张“不事礼法”的法律思想也一度兴盛，这就是玄学思潮。

作为魏晋之际的一种时代思潮，玄学的产生有着深刻的社会根源。在政治斗争中，门阀世族集团之间相互争权夺利，相互倾轧，政局多变。在这种情况之下，标榜清淡成了知识分子逃避祸患的一种方式。同时由于两汉谶纬神学不能符合社会的发展变化，被统治者所抛弃，思想家们从先秦诸子思想中寻求出路，并发现老庄学说中的无为、天道的观念对于急需获得精神上安慰的统治阶级很有用处，但是，地主阶级又不可能放弃对其统治十分有利的纲常名教，于是，以老庄学说解释和论证儒家礼法的玄虚思潮就形成了。

名教与自然关系的争论，是玄学家对现实生活中矛盾的概括从而引出的不同派别的争论。“名教”，即封建社会的政治制度和伦理道德等封建文化的总称；“自然”，即玄学家所讲的“道”，指支配自然界和人生、社会的基本规律。玄学家们既要以老庄的消极无为打破礼教的拘束，主张放任和自由，又要利用封建伦理维持封建统治，他们企图从理论上论证“名教”与“自然”之间既有矛盾，又是统一的。

魏晋玄学实质上是儒、道结合的混合体，是一种以道家的虚无来论证儒家纲常的思想理论。它的思辨性较强，但其中也包含着一些法的思考，主要在以下两个方面：一是提倡顺应“自然”，“无为而治”，反对法繁刑酷；二是法律虚无主义倾向，这主要表现在阮籍、嵇康的思想中，他们在抨击现实社会虚伪礼法的同时，主张冲破一切礼法的罗网。

总而言之，玄学的本质在于探求一种建立正常的封建秩序的道，但在特定的社会政治条件下以高玄的方式表现出来。玄学至西晋末年衰微，在思想史上，开始了由汉末谶纬儒学向隋唐复兴儒学的过渡。（丁凌华主编：《中国法律思想史》，华东理工大学出版社 1996 年版，第 125 页。）

（二）魏晋玄学的代表人物

1. 王弼的法哲学观

王弼（226 年～249 年），字辅嗣，山阳（今河南焦作）人，魏晋时期玄学家。他是世家大族的后代，自幼聪慧，少年而享高名，十几岁就好《老子》，官至尚书郎，善谈玄理，远离实务。王弼的理论活动时期主要在曹魏正始年间，故史称以王弼为代表的玄学为“正始之音”，这是玄学的奠基阶段。他们创立了“贵无”的宇宙本体论，认为世界“以无为本”，具体事物以“有”为存在，而“有”皆始于“无”，“无”是“有”的本源。王弼著作很多，主要有《老子注》、《周易注》、《论语释疑》、《老子指略》等。

（1）“名教出于自然”。王弼从“贵无”的宇宙本体论出发，主张“名教出于自然”。王弼的“自然”就是“无”，“无”也就是“道”。“道”，“无形无名”，但

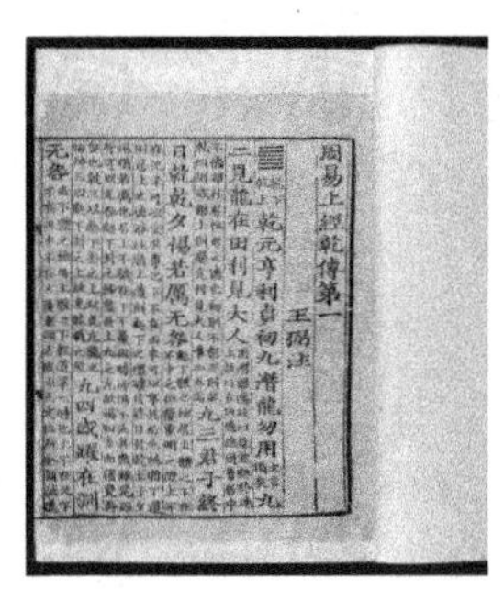

图 8-4 王弼像,《周易注》书影(宋刊本)

却为万物之宗,并“成济万物”,是贯通一切事物的统一原则,是支配自然界、人类社会和人生的基本规律和最高法则。因此,他认为,“自然”为本,“名教”为末,“自然”为母,“名教”为子,“名教”出于“自然”,本于“自然”。王弼竭力证明,提倡名教与崇尚自然并不相悖,而是互为表里的,维护封建等级秩序的“名教”之治,确实出于无为的自然之“道”。曹魏政权后期门阀士族势力抬头,力图恢复名教的权威。王弼的“名教”出于“自然”说,正是为“名教”提供了新的哲学论证。

(2)“无为而治”的主张。王弼认为,社会治理应崇尚和顺应“自然”,“无为而治”。王弼批评先秦儒、墨、名、法各家,认为他们各有弊病,只有道家的“无为而治”符合“自然”。但王弼所主张的“无为而治”与先秦的道家观点并不是简单的重复。他主要主张:

第一,君主无为。在君主的作用问题上,王弼一方面继承发展先秦道家“君道无为,臣道有为”的思想,主张“以无为为君,以不言为教”(王弼:《老子注》,第二十三章)。另一方面又宣扬以少治多,以寡治众,以君御民。同时,他还强调“执一统众”,企图抑制司马氏集团。

第二,愚民政策。同先秦道家一样,王弼的无为而治也包含着对广大人民实行愚民政策。在他看来,既然“名教”出于“自然”,因而尊卑等级都是“自然”秩序,非人所为,老百姓应当安分守己,服从统治。他认为,实行“无为而治”,要对老百姓进行安抚和感化,以“无为”攻其心。老百姓都像孩子一样幼稚愚昧无知,乖乖地服从统治,这确实是一种高明的统治方式。

第三,反对法繁刑酷。王弼主张“无为而治”,由此也反对一切违反“自然”的兵役、刑法等。他认为“名教”、礼法出于“自然”,也必须顺应“自然”,合乎自然无为之道,如果法网繁密,刑罚酷烈,那么万物就会失去“自然”状态,百姓就会手足无措,铤而走险,从而招致天下大乱。在这里,王弼表现出了一种法律虚无主义的倾向。

2. 嵇康、阮籍的法哲学观

司马氏的篡权是在名教的大旗下进行的，名教完全成为他们夺权篡位的工具。嵇康、阮籍政治上倾向于曹魏政权，反对以司马氏为代表的门阀士族专政。他们激烈批评虚伪的“名教，”提出“越名教而任自然”的口号，是玄学中的非正统派。

(1) 嵇康以“任自然”为根本的法哲学观。嵇康（223～262），字叔夜，曾在魏做过中散大夫，故后世又称“嵇中散”，魏晋时期玄学家。嵇康为人“高亮任情”，为文汪洋恣肆，自称“刚肠恶疾，遇事便发”。由于不愿与司马昭合作，最终以“言论放荡，非毁典谟”的罪名被杀，(【唐】房玄龄等：《晋书》，卷 49，《列传第十九·嵇康》)，其著作有《嵇康集》。

在对待名教与自然的关系上，嵇康与王弼不同，强调名教与自然是对立的，名教不出于自然，而是当权者们造立出来的。他公开要求“越名教”，突破名教、礼法的束缚。嵇康的政治法律哲学观以“任自然”为根本出发点。嵇康所谓的“自然”是指人的自然欲望。嵇康也正是以“任自然”为理论武器而抨击现实社会一切恶浊现象和门阀士族专政的残暴的。他认为，统治阶级将礼法刑赏都变成了篡权的工具，天下名分已经颠倒。嵇康这种对门阀士族专政的虚伪礼教和残酷法制的批判无疑是有积极意义的。

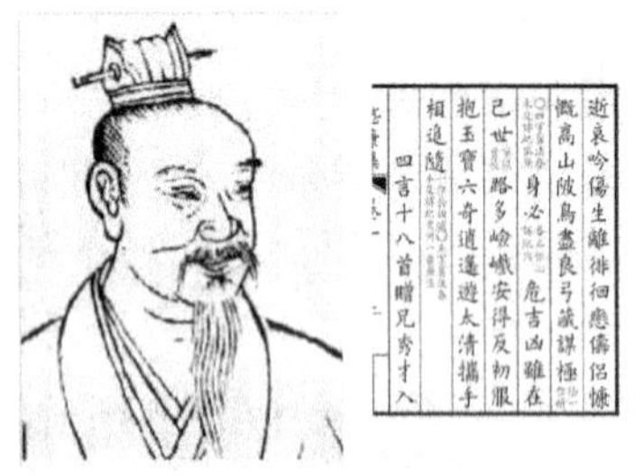
逝哀吟傷生離徘徊戀儔侶慷
慨高山陂鳥盡良弓藏謀極
身必危吉凶雖在
己世路多嶮巇安得反初服
抱玉寶六奇遺邁遊太清攜手
相追隨
四言十八首贈兄秀才入

图 8-5 嵇康像，《嵇康集》书影

嵇康否定现实社会中虚伪的礼法，希望建立“任自然”的理想法制。“任自然”也就是任“无为”，他主张“无为而治”，将古代圣王作为“无为而治”的典范。可以看到，嵇康的法律虚无主义色彩是很浓的，但其主张“简易”，颂扬“简易之教”，却有合理的一面。

(2) 阮籍的法哲学思想。阮籍（210 年～263 年），字嗣宋，陈留尉氏（今河南尉氏县）人，魏晋时玄学家。与嵇康同为“竹林七贤”的核心人物，曾在司马氏父子那里做过散骑常侍、东平相、步兵校尉等官。阮籍政治上比嵇康软弱，生活上更为放荡不羁，不拘礼法。在是非面前，他或以大醉敷衍，或发言高玄，不去臧否人物。其著作有《阮籍集》。

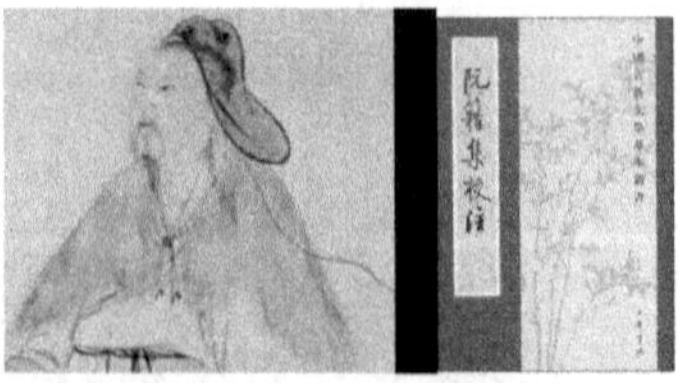

图 8-6 阮籍像，《阮籍集校注》封面（中华书局版）

阮籍的政治法律观，在正始年间以前，基本上遵循和维护儒家正统的德礼刑罚相辅相成论，认为“刑、教一体，礼、乐，外、内也。刑弛则教不独行，礼废则无所立。”强调以礼和刑两手维系尊卑的礼法社会秩序。（阮籍：《阮籍集》，卷 4，《乐论》。）正始年间，阮籍思想的发展是与儒道结合，以道释儒的思想相适应，在“名教”出于“自然”，倡导无为而治等方面与王弼的主张同出一辙。阮籍后期的言论是惊世骇俗的。在法律观方面，他首先抨击礼法和君臣制度。他指出，礼法名教和君臣制度是一切祸乱的根源。阮籍这一时期，在思想上主张冲决一切礼法的罗网，行动上也不拘礼法。

随后，魏晋玄学从主张君主“无为而治”发展到了“无君”。

三、无君论思潮

鲍敬言是“无君论”思潮的代表人物。他的生卒年代以及平生事迹、著作均不详，只有在葛洪的著作《抱朴子·外篇·诘鲍》篇中，因为较多地引述了鲍敬言的言论或者文章，可见其“无君”、“非军”的思想倾向，从而也可以推知他与葛洪当同为东晋时人。

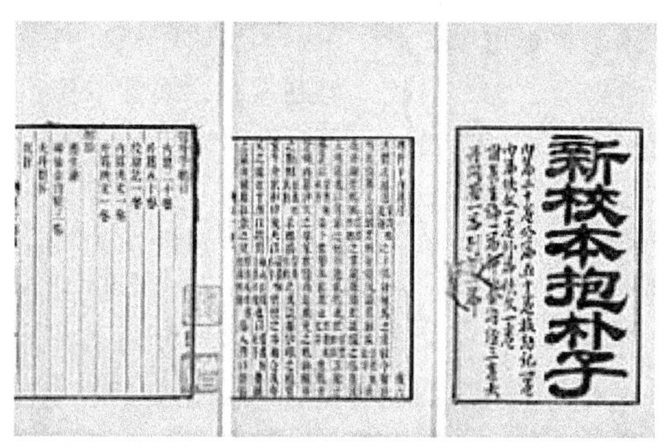

图 8-7 《抱朴子》书影（清刊本）

（一）批判和否定君权

封建统治阶级的辩护士们，总要宣传“君权神授”，鲍敬言却从根本上否认了君权统治的合理性，

据葛洪的《抱朴子·外篇·诘鲍》记载：鲍生敬言，……以为古者无君，胜於今世”。鲍敬言在其著论中说：“儒者曰：‘天生烝民而树之君’，岂其皇天谆谆然亦将欲之者为辞哉！”鲍敬言认为，其实“曩古之世，无君无臣，穿井而饮，耕田而食，日出而作，日入而息，泛然不系，恢尔自得，不竞不营，无荣无辱。”也就没有“聚敛以夺民财、严刑以为坑阱”之事。君主、国家、法律、强权的产生，是暴力和征服的结果。所以，君主并非天授，而是强者制服弱者的工具。而且君主的树立也不是人民的愿望，他是强者强加在弱者头上的枷锁，即所谓“强者凌弱，则弱者服之矣；智者诈愚，则愚者事之矣。服之，故君臣之道起焉；事之，故力寡之民制焉。”鲍敬言指出，天地万物之间，本无尊卑可言，“君臣既立，众慝日滋”。他把君主和民众的关系比作獭和鱼、鹰和鸟的关系，由于统治

者利用权力肆意享乐、恣不已之欲，老百姓受尽盘剥，当人们被逼到不能生存的时候，“食不充口、衣不周身，欲令勿乱其可得乎？”于是，统治者又制定繁苛的法令，增加军备修筑城池，这便增加了对老百姓的盘剥，反抗斗争因此更加激烈。“救祸而祸弥深，峻禁而禁不止”，统治者越是“法令滋彰”，社会上越是“盗贼多有”，而这一切祸乱“皆有君之所致也”（葛洪：《抱朴子·外篇》，卷48，《诘鲍》）。

（二）建立无君、非君的社会

鲍敬言把人类社会的一切丑恶都归结为有君，他认为，君主不仅是人民贫困与饥饿的根源。君主对外发动掠夺战争，他们“推无仇之民，攻无罪之国。僵尸则动以万计”。君主对内又残酷地镇压人民，在老百姓食不果腹、衣不遮体的情况下，还要横征暴敛，加以苦役。更为可悲的则是：“无道之君，无世不有。”因此，理所当然的，鲍敬言提出了无君、非君的主张。他热情歌颂了上古时代没有剥削没有压迫的无君社会，那个时代“势利不萌，祸乱不作；干戈不用，城池不设”。人民“身不在公之役，家无输调之费，安土乐业，顺天分地，内足衣食之用，外无势利之争”，这才是最理想的社会。

鲍敬言的“无君”思想反映了农民群众对封建统治的抗议，明确地对君权提出了挑战，这在思想史上具有重大的启示作用。他能够提出由于封建统治阶级的残酷剥削才逼得老百姓“冒法”和由于疯狂镇压才使得“盗贼多有”的见解，也是比较深刻的。但鲍敬言所追求的，却是一种文化落后、生活闭塞的原始社会，这样，他的“无君论”不仅在实际上只是一种空想，而且也是违背历史的进程。

第二节　唐朝前期统治集团的法律思想

隋朝的短命，从法律制度而言，不在于它专任“法治”，而是由于不能将“德主刑辅”的思想贯彻始终，立法又弃法。励精图治的唐代君主认真吸取隋二世灭亡的经验教训，“以史为鉴”，其效果之一，就是确立和坚持儒家法律思想的主流地位。以礼的精神指导立法，以慎的态度对待执法，使唐前期不仅出现了作为中华法系代表作的《唐律疏议》，而且有过一个封建社会罕见的“法治”局面，为后世的统治者留下来了一份宝贵的精神财富。

一、李世民集团的法律思想

唐太宗李世民（599年～649年），是高祖李渊次子，是中国历史上一个比较开明而颇有作为的皇帝。李世民知人善任，在他为秦王和做皇帝的过程中，招贤纳士，人才济济。他的主要辅佐者有房玄龄、杜如晦、魏征、王珪、长孙无忌、虞世南等，都是一些阅历丰富，有实践经验的能干人物。

唐朝在李渊、李世民建立后积极发展，采取了一系列有利于保持社会安定和

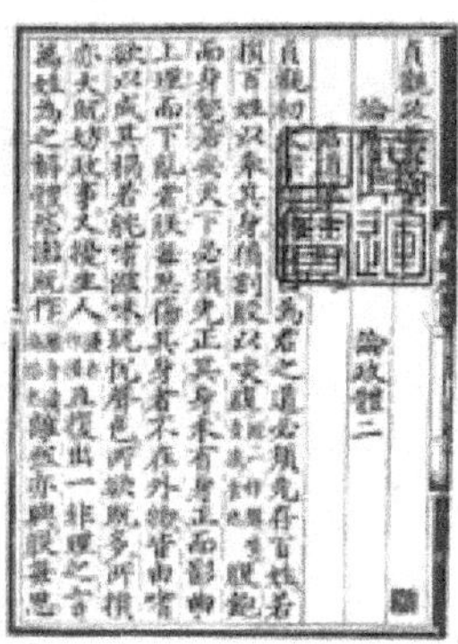

論政體二

图 8-8　李世民像，《贞观政要》书影（明刻本）

恢复、发展生产的政策，很快形成了“贞观之治”的繁荣昌盛的局面。在此期间，以李世民为主的唐朝统治阶级在法律方面形成了一个为“安人宁国”的治国方针服务的思想体系，使得封建正统法律思想得到了充实的发展。

“安人宁国”是李世民统治集团以隋为鉴而制定的治国方针，它的基本点是维护社会的安定，要求偃武修文，改善政治，实行教化，保证老百姓安居乐业，发展生产。摄于农民革命的巨大威力，避免重蹈隋亡的覆辙唐前期统治集团吸取了儒家的民本思想，并融入了道家的“清静无为”，以维护李唐王朝的长治久安。为做到安人宁国，面对残破的局面，统治者采取了一系列与民休息，轻徭薄赋的政策，尽量减轻人民的徭役和赋税负担，同时，也比较注意节制奢纵，从上层统治集团中厉行节俭，又经常采取一些“恤民”措施，为“贞观之治”的局面的出现奠定了基础。

“安人宁国”是李世民集团法律思想的总的治国指导方针，制定于贞观初年。李世民及其辅佐者亲自经历了隋王朝由盛而衰，迅速灭亡的全过程，深深感受到农民起义的威力。李世民及其统治集权“动静必思隋氏，以为殷鉴”。他们从各方面指出隋炀帝残酷的剥削人民，最终激起人们的强烈反抗，强大的隋王朝终于灭亡在波澜壮阔的农民起义的浪潮中。所以，李世民对人民的力量深怀畏惧，时存戒心，力图缓和封建统治阶级和人民的矛盾。“安人宁国”的主张便被提出，作为治国方针。

“安人宁国”的关键在于君主，“君无为则人乐，君多欲则人苦”（吴兢：《贞观政要》，卷 8，《论务农》），即君主如果无为，百姓则生活快乐；君主如果欲望太多，百姓的生活就会痛苦。“君能清静，百姓何得不安乐乎？”（吴兢：《贞观政要》，卷 1，《论政体》。）由此可见，唐初统治阶级所制定的总的治国方针，就是要求社会的安定，改善政治，实行教化，发展生产。

此治国方针政策制定的思想方面的基础就是将儒道两家的思想融于一体：一方面极力崇儒，实行德政；另一方面，又提倡“清静无为”，宣扬“无为而治”。以此思想为前提，使得统治阶级特别重视保持社会的安定，甚至将其作为治国的根本来对待。在“安人宁国”的方针的指导下，唐前期统治集团的法律思想形式成了较为完整的体系。主要表现在以下方面。

（一）立法公平、宽简

贞观元年时，李世民就指出“死者不可复生，用法务在宽简”。虽然此后唐律数次修改，但是始终贯彻公平宽简的法律核心原则。魏征认为，立法要以长远利益，整体利益出发，天下为公，不能以个人好恶为准。

唐律在全篇上都体现了宽简的原则。法律条文简单明了，经过数次修改，“凡削烦去蠹，变重为轻者，不可胜纪”。用刑宽宥，增设了加役流，作为减死之刑。笞、杖、流的数目减少等。总的说来，唐律改革了隋末务求深刻的弊病，力求宽简。这对于保护劳动力，解除人民动辄遭受刑罚的痛苦，有一定的保护作用。

同时，李世民统治集团强调立法公平，法律应当成为衡量人们行为的统一标准。魏征说：“法，国之权衡也，时之准绳也。权衡所以定轻重，准绳所以正曲直。”（吴兢：《贞观政要》，卷5，《论公平》。）切不可舍法不用，徇私枉法，任凭喜怒，高下在心。但是，他们同时要求，立法必须从地主阶级的整体利益和长远利益出发，不要单纯以统治者个人的意志和利益为依归，做到公平立法，不以私乱法。

（二）在司法上，强调恤刑慎杀

隋二世的灭亡，在一定程度上与隋文帝晚年的生杀任情、不依法断罪有关，故而从唐初开始，统治者十分强调依法定罪，慎狱恤刑，他们认识到，执法者若是舞文弄法，任情量刑，造成无辜者受刑，蒙冤者被戮，就会引起民怨，对稳定统治秩序极为不利。唐太宗李世民执政的贞观年间，对司法上的慎刑认识尤为深刻。

因此，他在吸取隋炀帝对劳动人民滥施刑罚最终导致灭亡的经验上，不仅在立法上讲究宽简，而且在司法上注重慎狱恤刑，在司法原则上强调审案慎重，疑案从轻，并在制度上保证此原则的实施。

同时，唐统治阶级除了在立法上大量减死以外，还在司法上，从死刑的判决到推勘、复核、执行都规定了严格的程序，采取严肃慎重的态度。利用“九卿议刑”制度，防止“庶免冤滥”。强化了三司推事和死刑三复奏制度，甚至于在李世民时期曾一度出现过死刑五复奏。慎刑恤杀原则，实质上是封建儒家明德慎刑原则在司法上的体现，也是封建社会礼法结合的重要内容。

为了有利贯彻慎狱恤刑原则，李世民君臣在刑罚的运用上采取了一些措施，还在司法上创立九卿议刑制度。贞观元年，李世民君臣在讨论死刑问题时，要求官员审理案件“必求深刻，欲成其考课”。于是，他明确规定：“大辟罪，皆令中书、门下四品以上及尚书九卿议之，如此，庶免怨滥”（吴兢：《贞观政要》，卷8，《论刑法》）。由此首创“九卿议刑”制度，这对于慎重的使用死刑，起到了积极的作用。

“贞观之治”局面的形成，和李世民“守文定罪”、“恤刑慎杀”（吴兢：《贞观政要》，卷8，《论刑法》）的法治思想是分不开的。他认为只有兴仁义之政，力求恤刑慎杀，才能使百姓知廉耻，上下一致奉公守法，国家才能安定。对于执行者而言，重要的是严格依法办事。李世民说：“人命至重，一死不可再生。”（【后晋】沈昫：《旧唐书》，卷50，《志第三十·刑法》）对于死刑的处理尤其必须审慎，因而唐初对死刑的判决、推勘、复核都规定了严格的程序，并创制和完善了死刑的议定和复奏制度，对后世封建立法和司法有着深远的影响。

（三）明正赏罚，“事须画一”

在执法方面，唐初统治集团的另一个着眼点是重视和正确运用赏罚，统一赏罚标准，不避亲疏贵贱，一切按照法律办事。在李世民和魏征看来，赏以劝善，罚以惩恶，赏和罚的正确运用关系到国家的安危。“古帝王多任情喜怒，喜则滥赏无功，怒则滥杀无罪，是以天下丧乱，莫不由此”，因而坚持“事须画一”原则对于赏罚就十分必要了。此外，还要充分注意官吏任意出入人罪的现象，失出失入者一律严厉制裁。可以说，贞观之初局面的开创和维护，封建法制起了极重要的作用。

赏和罚，是封建帝王手中的两大权柄，是他们统治天下，驾驭臣民的有力工具。所以，李世民君臣十分重视赏罚对治理国家的重要作用。

唐朝统治阶级在法律的执行上的一个着眼点在于，重视和正确运用赏罚，统一赏罚标准，不避亲疏贵贱，一切按照法律办事。李世民在告诫尉迟敬德时说：“国家大事，唯赏与罚。赏当其劳，无功者自退；罚当其罪，为恶者咸惧。则知赏罚不可轻行也。”（【后晋】沈昫：《旧唐书》，卷68，《列传第十八·尉迟敬德》）同时，李世民还认为，除了在统治阶级内部要注意一断以律外，还要充分注意官吏的任意出入人罪的现象，对于此类官吏一律严厉制裁。

二、《唐律疏议》的法律思想

《唐律疏议》作为中国古代集儒家化之大成的法典，在中国封建法律史上的地位是举足轻重的。它不仅体现了中国封建立法技术的成熟，也是中国古代礼法完全融合的产物，标志着儒家法律思想主流地位的最终确立。唐高宗时集中国的封建法律儒家化之大成的《唐律疏议》，总汇魏晋学律之大成又远胜其上，它继承《法经》以来的律统，在封建法典的立法技术上臻于成熟，在内容上，《疏议》把以纲常名教为核心的伦理观念完整地融入律文之中，使之成为儒家法律思想主

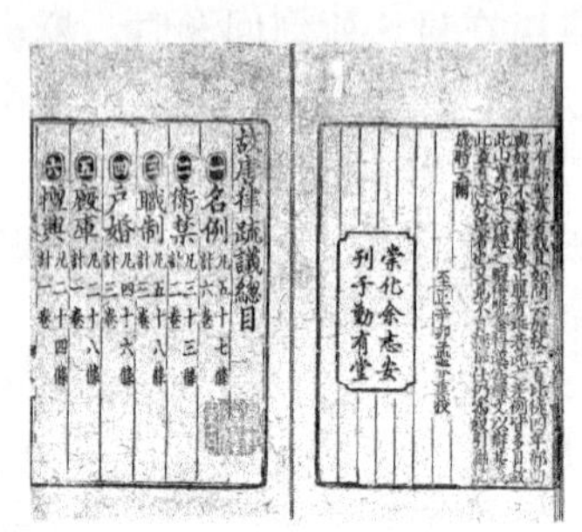

图 8-9 《唐律疏议》书影（元刊本）

流的地位最终确立的标志。

（一）德礼为本，政教为用

作为《法疏》基本原则的《名列律》篇首疏文宣称："德礼为政教之本，刑罚为政教只用，犹昏晓阳秋相须而成者也。"这是说，德礼是刑政教化的根本，刑罚是刑政教化的表现；德礼和刑罚对刑政教化之不可缺少，犹如昏晓相须而成为一昼夜，春阳秋阴相须而成为一岁一样。"德礼"为本，正是《律疏》的指导思想，而"德礼"的核心就是宗法理论，即以"三纲五常"为核心的"名教"观念和准则。经过这一阐述，法律的功效和道德教化的作用就不再是割裂的，而是有机地结合在一起。

《唐律疏议》集前朝礼、法的精髓，把纲常礼教和法律条文有机地融合在一起，形成了完整的礼主刑辅、礼法结合的思想体系。在《唐律疏议·名例律》中有："德礼为政教之本，刑罚为政教之用，犹昏晓阳秋相须而成者也。"由此奠定了以德礼为本的《唐律》指导思想。而德礼的核心就是宗法等级，就是"三纲五常"。也就是，将纲常礼教为核心的宗法等级观念渗透在唐律的方方面面，由此完成了自汉以来的以礼入律的过程。

（二）封建纲常的法律化

《唐律》即以纲常礼教为核心，从而也促使封建纲常法律化。在唐律中有100多条的条文涉及到家族等级等相关的规定，占了唐律近1/3的篇幅。而封建纲常法律化的最为明显的体现就是在"十恶"罪的规定上。"十恶"所侵犯的客体是专制君主、封建政权以及父母尊长，严格的遵从了"君为臣纲，父为子纲，夫为妻纲"的"三纲"原则。

以纲常名教为核心的儒家伦理在《律疏》中最明显的体现，是"十恶"大罪的立法规定。"十恶"的侵犯客体以是专制君主和封建政权，以是父母尊长，它们的立法依据都是纲常名教。其中与"君主臣纲"相违的有谋反、谋大逆、谋叛、大不敬罪。与"父为子纲"相违的是不孝罪。与"夫为妻纲"相违的有"恶逆"、"不睦"、"不义"等罪，此外，"不道"、"内乱"是"背违正道"及伦理的恶行犯罪，故也归入"十恶"之列。

（三）维护等级特权的立法思想

唐律中关于贵族等级特权的规定源自于魏晋南北朝时期，这一时期由于门阀世族的兴盛和"清谈"的兴起，使得各统治阶级开始注重等级特权的维护。至唐时，《唐律》将"八议"，上请，官当，减，赎等制度完善化。一方面，在注重维护法律公平的基础上，给予唐朝统治执行者——官吏以一定的保护，从而使其能够安心工作。另一方面，加强了对官吏的管理和控制，使其不敢枉法。但是无论官吏贵族有多少特权，一旦其违反“十恶”条款，这些特权全部无效，这也是唐律首重封建纲常的重要体现。

（四）罪行原则的伦理化

《律疏》中的“十恶”以外的许多罪行也是依宗法伦理而定的：在犯罪构成方面，“律疏”的公式是，违反道德就构成犯罪。在罪行加减方面，《律疏》以“尊卑贵贱，等数不同，刑名轻重，灿然有别”为据，确认了尊长卑幼相犯、夫、妻妾相犯、良贱相犯、主奴相犯等不同的等级规范原则。对于贵族官僚，依身份及品味不同分别享有议、请、减、赎、当、免的特权，并可荫及亲属。《律疏》关于“同居相隐”不为罪的立法，更是将伦理与法律融为一体的表现。

（五）伦理观念支配下的家庭婚姻立法

婚姻的成立皆有主婚人“父母尊长之命”，而婚姻的目的是，是为了家族繁衍，传宗接代，祖宗血食香火不断。《律疏》规定的离婚理由“七出”和义决，全然不从夫妻关系本身去考虑问题，而在于维护祖法家族伦常关系。在家庭继承关系方面，《律疏》规定了家长在家庭中的至上的地位和财产、立嗣等权利，这些立法是以宗法伦常制度为核心的。

第三节　唐朝后期的法律思想

唐朝建立后，除了儒学兴盛发展，道教和佛教都借统治阶级维护统治之际，开始兴旺发达起来。以至于佛教的“轮回”说和道教的长生不死都对礼法结合产生一定程度的冲击。至唐中期以后，唐朝开始从全盛逐步走向衰落，思想界也开始逐渐注重维护儒家传统，排佛抑道的思潮日增。韩愈、柳宗元就是这一思潮的代表。

一、韩愈的法律思想

韩愈，字退之，号昌黎。唐著名的思想家、文学家。韩愈的法律思想是以“道统论”为指导的。他为官二十二年，之所以成为唐朝中后期的一个代表人物，并不在于他的政绩，而是在于他文学上和思想上的造诣。他的作品收集在《韩昌黎先生文集》。

图 8-10　韩愈像，《昌黎先生文集》书影（明刊本）

（一）道统论

道统论是韩愈在政治思想上排斥佛、道，继承和捍卫儒学正统的基本理论依据。道统，是韩愈仿照佛教的佛法系统而构造的儒学传授系统，其内容见于《韩昌黎集·原道》，主要是探讨儒家思想衰败的原因。他认为，佛、道都有传承的系统，而儒家则没有一个这样的系统。儒家没有一个本体，缺少哲学的根茎，因此思想不牢固。韩愈解决了这个问题，他认为“道”是从尧舜开始传承下来的，直至孔孟，其后则无人可传。韩愈受命于天，继承了中断的“道统”。韩愈所谓之“道”不同于道家的“道”，更不同于佛家的“道”，道家的“道”是“坐井观天”的小人之道，佛家的“道”是“夷狄”之道，这二者之“道”不讲仁义，背弃纲常，危害无穷。

由此可见，韩愈的道统论，具有明确的政治目的，一方面排斥和攻击佛、道，另一方面，通过排斥和攻击佛、道，重新树立儒学的正统地位，维护封建统治秩序。由此，儒家思想被逐步修补起来，并至南宋时期形成了一套儒家思想哲理化的“理学”体系。此外，对当时寺院经济的发展，韩愈反对破坏社会生产，具有积极的意义。

（二）人性论

与韩愈的道统论密切联系的是他的人性论。韩愈的人性论继承了董仲舒的“性三品”说，并且有了发展，将“性”与“情”分开。“性也者，与生俱来也。情也者，接与物而生也。”（韩愈：《韩昌黎文集》，卷11，《杂著一·原性》）他认为人性是与生俱来的，具体有仁、义、礼、智、信五德，人人都有，只是程度上有差别，而这种差别是天生的，五德决定品行，五德俱全者为上品，是完美的人性，生来就是统治者；五德不全者为中品，五德基本没有为下品，下品是天生的恶性，只能靠严刑峻法来使之减少犯罪。情则表现为“七情”：喜、怒、哀、惧、爱、恶、欲。上品体现的七情完全符合道德，下品则不符合，上品与下品人生来俱有，不可改变，只有中品的品性可以通过后天的教化来改变。

韩愈的人性论作为一种唯心主义的人性论，为德礼为先提供了理论上的支持，而且与佛、道教鼓吹的教人解脱君臣、父子、夫妻等世俗封建伦理观的出世论，形成了尖锐的对立。这一理论为后世宋儒提出的“气质之性”、“存天理灭人欲”之说开辟了道路。

（三）德刑关系论

在德刑关系问题的认识，韩愈同样是封建正统法律思想的继承者。对于德、礼、政、刑这些治理国家的手段的具体运用，韩愈沿袭传统的儒家关于德刑关系的观点，明确阐述了他的德礼为主而以政刑辅之的主张。他认为，礼和法都是治理国家的根本手段，他说：“孔子曰，道之以政，齐之以刑，则民免而不耻，不如以德礼为先，而辅之以政刑也”（《潮州·请置乡校牒》）。韩愈所说的“德礼为先”，就是先以“仁义”修其身，而其关键又在于教化，特别是要求以儒家经典《大学》的八目作为“教”的内容，从“格物”、“致知”、“正心”、“诚意”做起，即主张用封建的德礼以“治心”，由“治心”而“治世”。这也是说，“治国平天下”是个人道德修养的结果。这一理论包含的反佛的意义是非常明显的，佛教只讲个人的宗教修养，而不讲治国平天下，与现实的封建统治秩序发生了矛盾，这是韩愈绝对不能容忍的。韩愈在中唐时期潘镇割据的局面下重新提出对《大学》的关注，除了在理论上抗击佛家外，还有加强封建中央集权的现实意义。用儒家的“道统”对抗佛教的法统，用儒家《大学》唯心主义伦理体系对抗佛教的宗教哲学唯心主义体系，是韩愈给宋代理学家留下的宝贵遗产。

二、柳宗元的法律思想

柳宗元，字子厚，是与韩愈齐名的唐代著名文学家、思想家。在政治上，柳宗元曾参加了以王树文为首的，反对贵族官僚特权的永贞革新运动，改革了一些弊政。作为“唐宋八大家”之一，柳宗元在法律思想上也有不少独到的见解。其著作见《柳河东集》。

图 8-11　柳宗元像，《柳河东集》书影（四部备要本）

柳宗元的法律思想以朴素的唯物主义哲学观为基础。认为，天、地、元气、阴阳都属于自然现象，人们求天，怨天都没有必要。天干预不了人事，治理国家只能依靠人的力量。在此哲学观的基础上，柳宗元认为“法源于势”。

（一）法律起源于“势”

柳宗元认为法律起源于“势”，即历史的发展是必然趋势，不以人的意志为转移，有其必然性。法律是社会发展的必然结果，是出于人类社会的需要，是出于争夺而产生的，“非圣人之意，势也。”他认为，人类处于原始阶段时，生活在森林中，与野兽共处，没有锐利和爪牙和羽毛，无法依靠自身的能力寻食、抗寒和自卫。必须“假物”才能生存。于是人与人之间为了“物”经常引起相互的争夺。“争而不已，必就其能断曲直者而听命焉。其智而明者，所伏必众，告知以直而不改，必痛定而后畏。由是君长刑政生焉。”（柳宗元：《柳河东集》，卷 3，《论 · 封建论》）所以说，国家和法的产生，起源于势。

从重“势”的观点出发，柳宗元进一步论证了历史上的治乱兴衰，制度变革都取决于历史发展的必然之“势”。柳宗元能认识到社会是发展的、进步的，并力图从社会现象内部去寻找国家起源的原因，对董仲舒以来的神学目的论无疑是一个有力抨击。

（二）天人不相预

在法源于势的基础上，柳宗元还提出了天人不相预的观点。这一观点与荀子的思想一致，认为，天人之间是没有关系的，是互不干预，没有感应的，天、地、阴阳都是自然现象。在法律上，他反对用“四时”、“五行”等宗教观念牵强附会到行政、司法上，反对治理国家和实施赏罚必须按“时令”办事，他认为：“《月令》之作，所以为君人者法也。盖非为聪明睿智者为之，将虑后代有昏昧傲诞而肆于人上，忽先王之典，举而废之，近而取之，若陈、隋之季是也。”（柳宗元：《柳河东集》，卷3，《论·时令论（下）》。）这一思想是柳宗元积极力图改革积弊的体现。同时柳宗元对汉以来长期占支配地位的天命论产生的原因做了分析，认为是人掌握自然界规律和支配自然界的力量不足的反映，如果人们有足够的能力支配自然，就不会有宗教迷信。

（三）务实的赏罚观

在赏罚的问题上，柳宗元基于他的唯物主义的世界观，反对用宗教迷信附会于行政、司法，反对治理国家和实施赏罚按“时令”办事，主张赏罚要及时迅速，以提高司法行政工作的效率。他认为：“赏务速而后有劝，罚务速而后有惩。”（《柳河东集》，卷3，《论·断刑论（下）》）赏罚的目的是为了劝善惩恶，并没有什么神秘的内容，要达到这一目的，关键在于赏罚及时。柳宗元这一主张虽然没有突破历史的局限性，但是在客观上具有积极的作用。

第九章　宋、明时期的法律思想

宋以后的中国社会，虽然社会经济、文化、科技等方面都有发展，从封建社会自身的经济关系和政治结构的变化来看，已在其内部酝酿着衰变的因素。社会面临严重的伦理危机和信仰危机，而先秦儒学和汉代儒学的思想形式又过于简单、粗糙，经不起佛、道挑战的情形下，理学从中唐以后儒学的复兴运动中，借用了佛道的宇宙论逐渐建立起来。它以儒学六经，特别是《周易》、《论语》、《孟子》、《大学》、《中庸》等为理论依据，有着不同于孔孟儒学原型和董仲舒为代表的汉代儒学的崭新面貌。它以"理"为宇宙的最高本体，在学术思想上分为程朱理学和陆王心学两派，但在宗旨上并无二致，都在于维护以"三纲五常"为核心的礼治秩序，使封建伦常理论化、系统化。理论家们在立法、司法的具体主张上并没有提出什么重要的新见解，大多因袭旧说，他们的主要贡献，是在理论上弥补了先儒和汉儒的缺陷。使"理"成为立法、司法的最高指导原则；在政治实践上，适应了封建社会后期加强中央集权政治体制和传统法制秩序的需要，从而结束了儒释道三家并存的局面，成为占主导思想的思想体系。在法学领域，由于理学的出现，封建正统的法律思想进入了一个新的发展阶段。

第一节　宋、明时期改革家的法律思想

两宋期间，在内外矛盾急剧发展的形势下，为了挽救王朝的命运，在封建统治阶级内部，一批锐意革新的政治家和思想家，先后发动了两次重要的政治改革。首先是以范仲淹为首的"庆历新政"。这次改革在皇帝的支持下，实行了一系列旨在扭转颓局的政治、经济以及军事方面的措施。在改革过程中，范仲淹针对积弊所提出的变法革新，以及从健全和加强法制入手以图中兴的主张，对于改变当时"民讼不能辩，吏奸不能防"等立法和司法方面的状况，具有重要的意义。另一次改革是著名的王安石变法。王安石在神宗熙宁年间担任宰相时，为巩固赵宋王朝的统治，采取了富国强兵的路线。在抑制大官僚地主的兼并，保护中小地主的利益，改善国家经济财政状况以抵御辽和西夏等边地民族的侵扰等方面，着手解决涉及立法和司法的许多重大问题，其中有的虽然未必行之有效，但它在理论上以"天变不足畏，祖宗不足法，人言不足恤"的思想为指导，强调"权时之变"，反对因循守旧，这在封建社会后期却具有振聋发聩的意义。明朝神宗万历年间的张居正改革，实在国势日衰的情况下进行的。在他担任首辅期间，

从时事和民情出发，进行政治和社会改革，整饬吏治，严明刑法，以维护濒临崩溃的封建统治。

一、范仲淹的法律思想

范仲淹，字希文，苏州吴县人。北宋真宗年间入仕，仁宗庆历三年，任参知政事，在任上针对当时积弊，实行变革，被称为“庆历新政”，可惜大多未能实现。范仲淹被认为学名经本，有文武全才。生平以“先天下之忧而忧，后天下之乐而乐”自期。执政期间，对外抵御侵略，加强边防，对内则在其著名的《答手诏条陈十事》中提出明黜涉，抑侥幸，精贡举，择官长，均公田，厚农桑，修武备，减徭役，覃恩信，重命令等十大建议（范仲淹：《范文正公文集》，《政府奏议》卷上，《治体·答手诏条陈十事》。又见，李焘：《续资治通鉴长编》，卷 143，庆历三年九月丁卯条，十事分别为：明黜陟、抑侥幸、精贡举、择官长、均公田、厚农桑、修武备、减徭役、覃恩信、重命令。二书记载相同），企图通过改革官僚制度来挽救危机。同时，在法律上，以封建正统法律思想为指导，针对当时积弊，力主进行司法改革，从健全和加强法制入手，重新建立强有力的封建统治。其著作见《范文正公文集》。（《范文正公文集》自宋以来流传版本颇多，元明通行多为四十二卷本，近世通行为四十八卷本，系清康熙四十六年（1707 年）范时崇岁寒堂刻本，四川大学出版社于 2002 年出版的《范仲淹全集》（上、中、下三册）即主要依据此本。）

范文正公文集卷第二
古詩
謝黃揔太博見示文集
四民詩
寄題孫氏碧鮮亭
贈張先生
明月謠
上漢謠
清風謠

图 9-1 范仲淹像，《范文正公文集》（宋刊本）

北宋王朝吸取唐代藩镇割据、尾大不掉的教训，采取了一系列加强中央集权的措施。权力的空前膨胀，使皇帝个人成了治国的重要因素。范仲淹在承袭先秦政治家的君主主义理论，强调君主独尊的同时，却又反对君主个人专断。他认为皇帝个人的智慧总是有限的，君臣应当共处国事，共商大计。在范仲淹看来，君主独尊不等于独断，相反，为了保持独尊，使政权避免一旦之失，君主应当准许和鼓励群臣上言，以达到“上无蒙蔽，下无壅塞”的目的，以使“君臣共理天下”。这一主张的实现途径，一是提高宰相的权位，重视谏官御史的作用，二是要求君主执法以公赏罚惟一。范仲淹认为，“法者，圣人为天下画一，不以贵贱亲疏而轻重也”（范仲淹：《范文正公文集》，《政府奏议》卷下，《再奏雪张亢》）。皇帝应克制自己的好恶之情，严格执法，做到信赏必罚，防止独断和偏听。范仲淹限制君权的主张，不仅出于当时皇权太重的现实，更在于推行改革的进程，但是，封建制度本身决定了它不可能实现。

（一）改革官制

范仲淹为推行德政，主张“人治”。他认为过去的圣哲明君之所以治绩卓著，关键在于选拔人才：“盖天下治乱，系之于人，得人则治，失人则乱。”（范仲淹：《范文正公文集》，《政府奏议》卷下，《奏杜杞等充馆职》）针对当时朝政昏暗，官僚腐败的局面，范仲淹呼吁改弦更张，革除不合理的官僚制度，纠正有才德的人得不到任用和缺乏才得的人充斥朝廷的现象。在这种风气笼罩下，少数有为之士、清廉之官倍遭打击和排挤，而尸位素餐、无所事事的平庸之辈却步步高升，结帮营私，造成“是使天下赋税不得均，狱讼不得平，水旱不得救，盗贼不得除”的恶果（范仲淹：《范文正公文集》，《补编·论转运得人许自择知州奏》）。为此，范仲淹提出了一整套培养、选拔、任用、考核的官僚制度，作为变法图强的中心内容，主要集中在两个方面：

（1）大力培养和选拔人才。范仲淹十分重视贤才在治理国家中的作用。他说：“王者得贤杰而天下治，失贤杰而天下乱”（范仲淹：《范文正公文集》，卷7，《义·选贤任能论》），因而“自古帝王与佞臣治天下，天下必乱，与忠臣治天下，天下必安”（范仲淹：《范文正公文集》，卷9，《书·奏上时务书》），所以“国家之患，莫大于乏人”（范仲淹：《范文正公文集》，卷8，《记·邠州建学记》），尤其在国家改革政治、变法图强之际，培养和提拔人才尤为重要。他认为，在基层郡县，应该有一批支持改革的官吏，作为改革成功的保障，因此，他主张开学校，设科等，选拔和培养有用之才，并将这些人才用于治理国家。具体而言，即既要通过考试以《六经》、正史、方略、时务选拔出“天下贤俊”，“为我器用”，又要不断培养人才，使应届之士代不乏人，起到储备人才的作用。

（2）改进考核官吏的“磨勘”制度。“磨勘”是考核文武官吏的功过行能，以决定升降的一项制度。进入宋朝，这一制度的弊端十分明显，“文资三年一迁，武职五年一迁”，在这种制度下，官吏有功的得不到提拔，有过的不受惩处，形成了无所作为，论资排辈的风气。有鉴于此，范仲淹在其为仁宗皇帝进用后，于庆历三年上《答手诏条陈十事》，十事之一为“明黜陟”，其中提出系统改进“磨勘”制度的方案，建议有功者进，无功者黜，有特殊才能或谋略的，可由特恩改迁，不受“磨勘”的规定限制。此外，政绩卓著，善辨冤沉、能劝农桑者等，也可在列状奏闻后迁官，不受“磨勘”之限。另一方面，派遣贤能，巡行诸道。以“兴利除害，黜涉幽明”，对于耋、儒、贪、虐、坏法、弃政的地方官吏，也“皆可奏请黜降”。对于司法官吏范仲淹更予以特别的注意，他认为重视对法吏的考核，组织考核司法的专门班子去纠察四方，可以“绝斯民之冤，协先帝之志”，是十分必要的。由上观之，作为一个封建官吏，范仲淹远非一个坐而论道的口头政治家，而是颇具求实精神的。

（二）加强司法监督

范仲淹认为，当时“天下官史明贤者少，愚暗者至多”，尤其突出的是司法官吏的迂腐无能，造成案中差失颇多，用刑滥枉，而上级司法部门又只看案文，不查实情。这样必然造成大量冤案、错案。为了改变这种情况，范仲淹力主加强司法监督，建议采取以下具体措施：

(1) 审慎刑名，限制类推。办案首先要圆其“情理”，审其“刑名”，正确适用罪名。范仲淹认为，像官吏私下挪用“公使钱”的案件，定为“监主自盗”罪，就不适当；而因管理河道交通不善造成损失的案件，定为“私罪”也不恰当。他反对在审判中随意运用比附的草率做法，建议由审刑大理寺精选明晓法律的辅臣，将旧有的案例加以整理，汇编成册，以后断案如遇法无正条的情况，即可据以为准。

(2) 限定权限，统一领导。宋代中央三司沿唐代之旧制，大理寺掌审判，刑部掌复核。范仲淹建议协调大理寺与刑部之间的关系，主张加强朝廷对两个司法机关的统一领导，委派辅臣兼领，同时，令大理寺“每至岁终，具天下断案中大辟流罪以特恩减放，并法寺辨明出入人数呈进”，令刑部“每至岁终，具天下断过大辟。徒、流若干人，并特恩宽减及法寺辨雪人数，并刑部覆校过公案若干道，辨正冤诉若干件进呈，以凭审核”加强司法监督。

(3) 同习法律，提高素质。范仲淹认为，司法官员审判质量差，原因之一在于无德，之二在于无才。对于无德者，他主张严格绳之以法，如“监临主司受财而枉法者，十五匹绞”。对无才者，他主张迅速培训一批粗通法律的司法官员，替代这些庸碌官员，以提高司法人员的业务素质。具体办法是由各县推荐曹司一名，到州府集中学法律，然后经过专门考核后，及格者回原县充任司法官员，经三年判案无误者，提升一级。这样，才能避免和防止大量冤案、错案的发生。

二、王安石的法律思想

王安石（1021年～1086年），字介甫，江西临川人。后人称王荆公。少年时刻苦好学，庆历二年入仕，在仕四十四年，曾两任相职，主持过一系列的变法，制定过一系列的法令。他生活在北宋的中期，对人民的疾苦、社会的黑暗、官场的腐败有深刻的了解。面对日益衰落腐朽的封建王朝，王安石提出变法图强，希望通过自上而下的改革来挽救封建统治。他在宋神宗当政时期，任参知政事，主持了规模很大的变法改革，史称“熙宁变法”。“熙宁变法”所称“变法”包括了“均输法”、“青苗法”、“市易法”、“保甲法”、“方田均税法”等。熙宁变法虽以失败而告终，但对当时及后世都有很大影响，王安石是我国历史上著名和政治家和改

图 9-2　王安石像

革家。

王安石认为世间的万物是独立于人的意志而客观存在的，并且事物时刻处在矛盾对立之中，这是万物变化发展的原因，社会历史也是处于不断发展变化之中的。对于社会的发展变化，他说“夫天下之事，其为变岂一乎哉”（王安石：《临川先生文集》卷 67，《论议 · 非礼之礼》）。并且变革有赖于人发挥主观能动性，即“有待于人力而万物以成”（王安石：《临川先生文集》卷 68，《论议 · 老子》）。以司马光为首的保守派认为王安石变法是不守祖宗之法，不畏天理，不听人言的倒行逆施的举措，以“天变足畏，祖宗足法，人言足恤”为理由攻击王安石。针对保守派的言论，王安石提出了“三不足”理论，该理论成为王安石变法理论的基础。所谓的“三不足”理论就是“天变不足畏，祖宗不足法，人言不足恤”。面对大官僚大地主阶层的阻挠，这一理论为王安石在变法时期，为扫清思想障碍，针对保守派的发难，给予了有力的反击。

针对“天变不足畏”的指责，王安石提出了自己的看法：“天地与人，了不相关，薄食震摇（日月之食与地震），皆有常数，不足畏忌。”即日月之食与地震都是自然现象，有其一定的规律，是与人类无关的。

针对保守派司马光提出的“祖宗之法不可变也”（《宋史》，卷 336，《列传第九十五 · 司马光传》），王安石主张“视时势之可否，而因人情之患苦，变更天下之弊法”（王安石：《临川先生文集》卷 39，《书疏 · 上仁宗皇帝言事书》）。即革除那些不符合社会实际状况，困扰百姓的落后的旧法，制定便民利民的新法。他认为制定法律的目的就是使百姓安居乐业、民富国强，历史上夏、商、周三代帝王都曾根据当时的国情民意确立、修改制度，宋朝为何不可因时制宜地变通旧法呢？

王安石对人言的态度有两种，一是对于有利于改革的意见，广开言路、积极采纳；二是对于不利于革新，反动的言论置之不理。他认为国家的立法不能被“人言”所左右，应以国家和百姓的长远利益为本，即“朝廷立法，当内自断以义，而要久远便民而已，岂须规则恤浅近人之议论。”而如果仅以人言为标准，则根本不能制定善法，只要符合义理和百姓的利益就是善法，就应推行：“苟当于义理，则人言何足恤！……则以人言不足恤，未过也。”（杨仲良：《续资治通鉴长编纪事本末》，卷 59，《王安石事迹 · 上》）

在变法开始时，守旧派纷纷以“直言勇谏”的忠臣面目出现，向皇帝进谏，要求废止新法。如果不采纳他们的意见就是“不恤人言”，不循民意。王安石针对此进行了辩护，他认为宋仁宗已经做到了纳谏，听从臣子意见，已做到了“恤人言”。

在王安石变法开始时，宋朝天灾频繁，保守派借机诬陷是王安石变法触怒了上天，而遭受的惩罚。王安石运用唯物主义天道观进行解释，给予反击，终于打开了变法革新的局面。他认为天地万物相生相克，是对立统一的，并依赖于人的力量“新旧相除”，实现新旧更替，这是天理自有的规律，即事物“其相生也，所以相继也；其相克也，所以相治也”，“有阴有阳，新故相除者，天也；有处有辩，新故相除者，人也。”既然社会是不断变化的，那么就应依天道而变法革新。

他主张因时因地的变法革新，“礼贵从宜，事难泥古”，“度世之宜而通其变”（王安石：《临川先生文集》卷 39，《书疏·上仁宗皇帝言事书》）。对于祖宗之法，不应全盘否定，可沿袭制定法律的精神和宗旨不变，即“法其意”，但不能硬搬过去的“施设之方”，应摒弃不合时宜的规定，增添适应社会和百姓需要的新内容，从而达到改革弊病，富国强民的目的。

从以上理论出发，因此他请求神宗皇帝力排众议，推行新法，进行改革。“三不足”的变法理论也就成为了变法的基础理论，在此基础上，他推行了一系列的变法改革。

（一）制定善法富国强兵

王安石认为只有善法才能治国安邦，如果立法不善的话，人民就会反对，国家将得不到长治久安，即“盖君子之为政，立善法于天下，则天下治；立善法于一国，则一国治；如其不能立法，而欲人人悦之，则日亦不足矣”（王安石：《临川先生文集》，卷 64，《论议·周公》）。

在制定善法这一原则指导下，王安石针对当时存在的问题，颁布了一系列的善法。主要有颁布了以下几部法令。

（1）青苗法。北宋中后期，土地兼并的情况十分严重，因此王安石变法的中心内容就是抑制大官僚大地主阶级的垄断和兼并。大地主大官僚经常通过高利贷的方式吞并农民的土地，针对此王安石推行了“青苗法”，由政府在青黄不接时向贫苦的农民贷放钱粮，以度荒年，这种用官钱以低息放贷给农民的措施有效抑制了地主豪强对农民的重息盘剥，起到了“抑制兼并，均济贫乏”的效果。

（2）均输法。宋时，人民交纳的实物贡赋因路途遥远，往往需要辗转输送，于是一些贪官污吏便私设官卡，敲诈勒索从中盈利。王安石还提出了“均输法”以打击贪官污吏和大商人控制输纳的行为。对此，王安石通过加强国家管理来抵制在输纳赋税过程中的作弊行为。

（3）免疫法。宋朝规定豪绅、官吏、富商等可以不承担国家的赋税，从而加重了劳动人民的赋税负担，王安石颁布了“免疫法”，取消了以上人们的特权，勒令他们也要按时交纳赋税，从而减轻了百姓及中小地主承担全部赋税的痛苦。

（4）市易法和方田均税法。王安石实行了“市易法”、“方田均税法”等意在限制商富大贾囤积居奇、垄断物价、隐产漏税的现象。

这些措施虽然在变法失败后几乎全被废除，但一定程度上起到了抑制兼并的作用，有利于生产的发展和国家的安定。在他看来，当时的宋朝法网繁密，实际执行效果却很差，“滋而不行”，因此他认为善法应该是简约、百姓容易接受并行之有效的。他说：“若法令简而要，则在下易遵行；烦而不要，则在下既难遵行，在上亦难考察。”（王安石：《临川先生文集》，卷 64，《论议·周公》）同时王安石还强调善法应以便民为宗旨，这也是他变法过程中一直遵循的立法原则。

（二）重法律人才的培养

王安石重视改革和加强封建法制，更重视和强调人才在立法和执法中的作用。“大明法度”在王安石看来是治国的首要之务，在变法伊始他就向宋神宗提出：“变风俗、立法度，最方今之急务也。”（【元】佚名撰，李之亮校：《宋史全文》（上册），黑龙江人民出版社，2005 年，第 557 页。）在他看来，国家是否富强，天下是否安宁，关键在于有无法度及法度是否合理。

他认为天下人才不足是“改易更革天下之事”（王安石：《临川先生文集》，卷 42，《札子·拟上殿札子》）的最大困难。这种不足表现在：一是立法离不开贤才；二是执法离不开贤才。因此“天下法度之先，必先索天下之材而用之。如能用天下之材，则能复先王之法度。”（王安石：《临川先生文集》，卷 64，《论议·材论》。）在加强法度建设的同时，要“众建贤才”，即淘汰守旧的官吏，启用真正有才能的贤人。因为立法、执法过程都离不开人，都需要人的参与，即“制而用之存乎法，推而行之存乎人”（王安石：《临川先生文集》，卷 84，《序·周礼义序》）。人才缺乏是改革首要解决的问题，要实行新政，创制新法善法，必须要有贤人出谋划策，“朝廷必欲大修法度、甄序人材，则以至诚、恻怛、求治之心，博延天下论议之士，而与之反复，必有至当之论，可施于当世。”（王安石：《临川先生文集》，卷 62，《论议·详定十二等议》）在执法过程中官吏的作用是巨大的，“守天下之法者吏也，吏不良则有法而莫守也”（王安石：《临川先生文集》，卷 82，《记·度支副使厅壁题名记》）。

同时，他认为当时选拔官吏的弊端有两点：一是选拔的官吏大多没有真才实学，选拔的标准主要是依据身份；二是选任的官吏“不久于其任”，任官之后“往往数日辄迁之”，造成了官吏缺乏责任感和无法“专其业”。为了解决这些弊端，王安石提出了“久其任而待之以考绩之法”的观点。他主张用考试和推荐相结合的方法选拔真正有才能的人任官，反对不问能力，只看资历和身份的选拔方式。具体的作法是由众人以书面的形式推荐，然后朝廷根据此人的德才大小，给予官品。对于频繁调动已任官吏的问题，他主张任官“久于其任”，这样可以“责其有为”，有利于官吏熟悉职事，精于专业，搞好本职工作。在依据以上标准选拔官吏后，再对其进行考试，胜者留任，“其不胜任而辄退之”。

王安石把法度和贤才的作用结合在一起，认为两者是相辅相成的，是统一的。没有好的法度，就不能有效地选拔贤人；而没有贤人，就不能制定好的法度和严格执法。因此，他在变法实践中注重运用法律手段选拔和任用人才。同时也为了更好地解决法律这些弊端，在司法官吏的选拔上，他主张设“明法”新科，以律令、《刑统》大义和断案为考试内容。已经参加过明法考试而被录取的，即由吏部将其列入备用的司法人员名中，其名次列在及第进士之上。(《宋史》，卷155，《志第一百八·选举一（科目上）》)。后又对司法官吏的任官资格做了更加严格的规定。即使是已经参加过进士和诸科考试而被录取，还必须参加“律令大义或断案”的考试，只有这两种考试都合格，才可以被委派官职。这样有助于司法官吏素质和执法司法效果的提高，并且对古代法律研究具有促进作用。同时对于当时法纪松弛，执法不严的情况，王安石进行了分析，认为是“今之典狱者未尝学狱”的原因，因此他十分重视司法官吏的培养，主张设立专门的法律学校，教授律令断案。

（三）改革司法的弊端

王安石在强调立法的同时，也十分重视执法。他指出如不依法办事，会存在很大的弊端。特别是司法官吏在审案时自行其是，如不及时纠正会带来严重的后果。因此他要求君主大臣及司法官带头遵纪守法，特别强调司法官吏在实践中应严格以法律为根据，公正执法。

为了改革司法制度的弊端，王安石强调要加强对司法部门的监督。他在和曾公亮论辩中书论正刑名之时认为：“有司用刑名不当，则审刑、大理当论正；审刑、大理用刑名不当，则差官定议；议既不当，即中书自宜论奏，取决人主。此乃所谓国体。岂有中书不可论正刑名之理。”（【元】马端临：《文献通考》，卷170，《刑考九·详谳（平反）》）因此，他将司法部门的部分职权收归中书省，改变了过去“中书”不过问“议定刑名”之事的旧制度。后来在王安石任宰相期间，中书省在司法方面的监督权力不断得到加强。这些措施对于依法定罪量刑，避免冤假错案，维护和加强封建法制是有利的。同时他还提出了对官吏执法的具体要求。

第一，王安石主张君主应带头守法，强调君主的示范表率作用。“盖宪者，为法以示人之谓也。所以法以示人者，当率法慎为能。”他认为君主应严格依法办事，不能以一己之私任意出入人罪。否则大臣们就会将乱法违纪的责任归在君主身上，各种邪说就会蜂拥而至，败坏君主的盛名。

第二，王安石要求对大臣、贵戚执法要做到“刑平而公”，即对于享有特权的人犯罪要一视同仁，给予罪行相适应的惩罚。只有这样才能够使这些人不敢以身试法、安分守己，并可使老百姓信服，增加法律的权威性。他说：“大臣、贵戚、左右、近习，莫敢强横犯法，其自重慎或甚于闾巷之人，此刑平而公之效也。”（王安石：《临川先生文集》卷42，《劄子·本朝百年无事劄子》）他还主张运用监察手段抑制权贵，使“大臣、贵戚、左右、近习莫能大擅威福、广私货赂”，以此来督促权贵们象平民百姓一样遵纪守法，这样才能真正做到“刑平而公”。

第三，王安石强调司法官吏在执法中应秉公执法，做到公平公正，这是实现法治的关键。针对当时司法实践中司法官吏循礼不循法，甚至贪赃枉法，任意出入人罪的现象，王安石非常担忧，在熙宁元年朝廷论“阿云之狱”时，王安石指出：“臣以为有司议罪，惟当守法。情理轻重，则敕许奏裁。若有司辄得舍法以论罪，则法乱于天下，人无所措手足矣。”（【元】马端临：《文献通考》，卷 170，《刑考九·详谳（平反）》）他反对定罪量刑从礼弃法，认为司法官吏审理案件必须严格以法律为依据，依法断狱，不能法外论罪，以礼代法。这是为纠正当时审判从礼不依法的现象而提出的。

（四）礼法并用，德主刑辅

王安石对孟子的人性善说和荀子的人性恶说进行了批判，他认为说人性是善或恶都是片面的。他提出人性包括性和情两个方面，人性的善恶表现出来见之于行动的称为情；而各种没有表现出来存于心中的喜怒好恶才是性，因此性是情之本，情是性之用，情势可以言善恶，而性是不可以的。

对于具体的人性人情，王安石继承了传统的“性三品说”，即根据道德的高下把人分为三等：中人之上、中人、中人之下。中人之上的人，道德高尚，即使贫穷仍然不会犯罪，是君子；中人之下的人，道德低下，既使生活安逸也可能犯罪，是小人；而大多数的普通人是被称为中人的，即道德一般的人，在生活富足的情况下不会犯罪，而在潦倒的时候就可能犯罪，因此法度应针对中人，即大多数人。

在这样人性论的基础上，王安石提出了他的礼法关系说，认为道德和法律都是不可或缺的统治手段，应德刑并用，礼法兼顾。他说：“昔论者曰：君任德，则天下不忍欺；君任察，则天下不能欺；君任刑，则天下不敢欺；而遂以德察刑为次。盖未之尽也。”（王安石：《临川先生文集》卷 67，《论议·三不欺》）即以前有人认为君主好德行，臣下就不忍欺骗他；君主好明察，臣下就不能欺骗他；君主好动用刑罚，臣下就不敢欺骗，因此有些人就主张治国以德行最好，明察次之，刑罚最次。但王安石对这种说法进行了驳斥：仅凭德行的话，虽然能使大多数人感化，但对于一些穷凶极恶、冥顽不灵的恶人来说，是不起作用的，即“无以正暴恶”；仅以明察来治国，虽然能使许多大臣不敢违法乱纪，但总会有一些善于隐蔽恶行、手段高明的贪官污吏得以蒙混不受惩罚；仅用刑罚的话，其不能感化许多善良之士。因此王安石指出仅靠这三种中的任一种手段，都不能实现“大治”，只有将其结合起来使用，才能做到“仁足以使民不忍欺，智足以使民不能欺，政足以使民不敢欺”。

但在礼刑的地位上，王安石是有所侧重的，他更重视道德的感化作用，主张治国之本在于实行德礼教化，推行仁政。他说严刑峻法并不能使人远离犯罪，不是治国之本，而道德教化可以感化人的内心，从而抑制犯罪。他告诫皇帝只有追求仁道，才能得民心顺天意。但王安石对于法律的重视也是不言而喻的，在他变法革新过程中法治原则一直贯穿始终。王安石也是典型的事功派，讲求实用注重功利，有法家之气。他强调制度改革的作用，重视理财和实效，被反对派讥讽为“但知经术，不晓事务”。

王安石主张改革弊法，创立善法；强调重视法度，选拔人才；主张执法者要依法断案，不徇私情；反对兼并，怜恤百姓；提倡为仁政爱民，为政以德，在当时的历史条件下是由进步意义的。但由于受其阶级的局限，缺乏人民的支持，王安石的新法以失败而告终，但他的哲学思想、经济思想、法律思想对后世影响很大。

三、张居正的法律思想

张居正，字叔大，湖北江陵人。嘉靖年间入仕，以后连续晋升，二十年后即入各参与政事，历六年以后，明神宗即位时，已升任内阁首辅，至神宗万历十年，担任内阁首辅长达十年，掌握明王朝实际统治权。执政期间，针对明室日益加剧的政治危机，厉行改革。政治上大力的加强中央集权，整饬史治；经济上下令清丈田亩，并改革赋役制度，推行一条鞭法。这些改革在守旧派中积怨甚深，张居正死后不久，新发即被一一废除，其家被查抄，封号被诏夺，子女均被杀，直至崇祯年间才遇平反。著作有《太岳集》四十六卷，清时增刊为《张文忠公全集》。民国时期有上海商务印书馆 1935 年出版的《张文忠公全集》（全八册），收入王云五主编之《万有文库》第二集。

明張文忠公全集目錄

奏疏一

陳六事疏

目錄

图 9-3　张居正像，《张文忠公文集》书影（万有文库本）

张居正既讲求实际，反对空谈，又不尽求功利，疏于道统。他认为学术也好，经济也好，都是为了救政治之弊，故不仅要符合时势的需要也要遵循古怪的遗训。他的改革主张，不强调改弦更张，而是立足于扫除阻碍贯彻执行祖宗成法的积弊。主要有以下几点：

（1）依法加强皇权，整饬吏治。张居正认为，嘉靖以来政治腐败、国家衰弱的基本原因是“纲纪坠落，法度陵夷”。宗藩勋戚豪强盗意枉为，使得中央政令无法贯彻实施。匡正这一弊端的办法就是要求朝廷高度地集中权力，用法律来规范天下，果断推行各项政令，皇帝也必须用强有力的手段使“刑赏予夺一归之公道而不必曲循乎私情，政教号令断于宸衷而毋致纷更与浮议”。（张居正：《张文忠公全集》（一），《奏疏一·陈六事疏》）对于一般官吏，张居正主张用法制整饬吏治，慎重决定人才的选用，做到“用人必考其终，授任必求其当”，不惑于虚功，要查与实绩。因此，他主张严格考核之法，严明黜涉，不拘资格，全面审核。明后期的社会，豪强富户大肆兼并，官吏贪污成风，张居正认为，这就是造成百姓“逃亡为乱”的根源。所以，对贪赃枉法的官吏，一定要痛惩。抓住源头调整社会关系，正是张居正的明智之处。

（2）适合时宜的立法观念。历史上关于取法的主张，向来有“法先王”和“法后王”两种。作为改革家的张居正，坚持“法后王”，认为国家各种制度只有不断变革，社会才不会“萎靡不振”，但变革不能轻易进行，否则社会也会“更张无序”。变法应该以时势、民情为要，所谓“法制无常，近民为要；古今异势，便俗为宜”。（张居正：《张文忠公全集》（三），《辛未会试程策（二）》。）在他看来，判别一项法律制度的优劣，不在其创造者的贤愚尊卑，而在于它是否宜于民情时用。这是一种社会进化的理论，含有“民贵君轻”、保民重民的观念，也是对言必称三代的庸儒观念的批判。尽管他变革的目的是为了维护封建统治者的长远利益，但他不作不合时宜和违背民意的改弦更张，不用峻刑酷法虐害百姓的做法还是值得肯定的。

（3）严明刑法、反对宽纵的刑罚观。在德与刑的关系上，张居正依然主张德主刑辅的正统观念，但在刑罚的具体运用上，他是明确主张严厉反对宽缓的。在他看来，宽缓的政策是以仁爱之心导致祸患，而严明刑法则能造成天下安宁。宽缓即是姑息，是“独见犯罪者身被诛戮之可悯，而不知被彼所戕害者皆含冤蓄愤于幽冥之中”（张居正：《张文忠公全集》（一），《奏疏五·请决重囚疏》）的糊涂见解。鉴于此，他主张“法在必行，奸无所赦”。（张居正：《张文忠公全集》（二），《书牍九·答宪长周友山言弭盗非全在不欲》。）严刑包括了对农民起义的镇压，但主要强调了明法，即秉公执法，处断持平的原则，并不是一味地采用严刑峻罚，也并不否定教化的作用。这一观念，在其强调整饬吏治的问题上已经表达清楚。

作为明朝中后期的政治家，张居正能洞察和正视社会的积弊，立足于改革并取得了一定成效。他的法律思想与他的政治实践一样，在明朝历史上占据一定地位。

第二节　理学的兴起及其对封建正统法律思想的影响

理学产生于宋代，是封建社会后期的官方学术。它的产生标志着封建正统法律思想发展到一个新的阶段。宋代以后，中国封建社会开始进入衰落时期，随着阶级矛盾的激化以及商品经济的发展，封建专制制度的反动与腐朽日益明显。为了维护统治，地主阶级一方面不断加强封建专制皇权，另一方面强化礼教对思想意识的禁锢，理学正是在这种情况下产生并被抬高地位的。理学的代表人物是宋代的朱熹、明朝的邱睿和“心学”的集大成者王阳明。但理学一经产生，就有了与程朱理学的空谈谬说相对抗的“实学”，其代表人物是南宋的叶和合陈亮。

一、理学的兴起

理学发萌于唐代中后期的韩愈、李翱，中经北宋的周敦颐，张载、邵雍、程颢、程颐，最后由南宋的朱熹总其成。

中唐以后的儒学复兴运动，由排佛斥道转为“授佛入儒”，这一思潮逐渐露出儒、释、道三家融合的端倪。韩愈的“道统论”在儒学复兴运动中最为著名，他的“道统”论实际上包含了儒家的“法统”。他服膺孟轲，推荐《礼记·大学》，主张道德修养从“治心”始，由“治心”而“治世”，而他的“治心”论以孟学的“心性”学说为本，又糅合进了佛学的“佛性”，这样，激烈援佛的韩愈便以“道统”论和“治心”论不知不觉的吸纳了佛学。与韩愈同时的柳宗元和刘禹锡公开“好佛”，明明白白地宣布要援佛入儒，他们认为佛教有助于稳定封建统治秩序，而不是起破坏和障碍作用。这种融和儒佛的态度和韩愈排佛融佛的思想趋向是一致的，成为宋明理学的先导。问题的另一面是佛教的中国化和儒学化。唐代佛教已从过去的完全的出世求解脱转向不离开世间求解脱，用儒家的经世理论和伦理本休论改造自己，逐渐把忠君孝父，甚至家法族规都引进自己的教义，尤其是极盛于唐的禅宗。可以说，到唐中期，佛教已基本上完成儒学化的过程。因而，儒佛合流的渠道是两家共同开掘而成的。

韩愈的学生李瀚沿袭韩愈排斥佛教的路线并有所发展。他用《礼记·中庸》作为反对佛教的理论根据，并据此提出了“性善情恶”说，使孟轲的“性善”论得到全面的发挥。

北宋的周郭颐被称为“道学宗主”、理学开山，他依据《易传》、《礼记·中庸》和韩愈《原道》的唯心主义，绘制成论证宇宙自无生有的形成发展图式——太极图。他还从宇宙论推演出人道观，强调《中庸》的立诚和主静学说，宣扬认识的关键在于“无欲”，将佛、道的僧侣主义与儒家的道德伦常做了理性的糅合。

与周敦颐同时的邵雍也着重讲宇宙形成论，他从“心”推衍出宇宙万物，再推演到人生，他提出“天下之物莫不有理”，这与理学的思路是一致的，又包含了道教的神话。

程颢、程颐是正统派理学的真正奠基者。他们把“天理”提到一个相当的高度，为构造伦理本体论打下了基础。他们吸取了佛道的宇宙构成、万物化生的理论和思辨哲学，建立了初具体系的客观唯心主义理学。“北宋五子”中张载是唯物主义思想家，他与二程在学术思想上互有影响，也有争论。他的“理”论得到二程很高的评价，为朱熹所吸取。

朱熹是客观唯心主义理学的集大成者。他继承了二程（程颢、程颐）的体系，经过长期的研究，在总结先秦以后各种唯心主义思想因素的基础上，以儒家学说为核心，融合佛、道的唯心主义思辨方法，建立了比较完备的客观唯心主义思想体系，从而使封建正统思想发展到一个前所未有的新阶段。程朱理学被奉为正宗学术，统治中国封建社会后期的思想领域达七百年之久。

二、理学对封建正统法律思想的影响

作为封建后期的官方法律思想，理学的首要任务是重建礼治统治秩序。理学家以“天理”来诠释礼，纳“礼”入“理”，使礼有了全新的面目。在理学家看来，理是本是质，礼是末是文；礼是理的外在的程序，规定人们等级和行为的“礼则”，而这种“礼则”完全与“天理”符合，是作为国家的根本法则和人们的行为准则的地位。理学家对礼的核心“三纲五常”也用“天理”的理论做了更为系统的解释，“三纲五常”经过“天理”的升华和强化，具有了至高无上的绝对性、永恒性和无所不包的普遍性。理学又把这种以“三纲五常”为轴心的礼治统治秩序在理论上概括为“天理”和“人欲”的对立，宣称：“人只要存在一个天理”（程颢、程颐：《二程遗书》，卷 10），“天理存，则人欲亡；人欲胜，则天理灭”（朱熹：《朱子语类》，卷 13），这样，礼治秩序通过人的灵魂净化得到了保证，“三纲五常”掩盖了人世间一切“人欲”，被提升到“天理”的高度，适应了封建社会后期加强中央集权政权体制和传统礼治统治秩序的需要。

“理”是理学思想系统的最高范畴，它取代了先秦儒家的仁、仁义、礼义等概念，也取代了汉儒粗糙、浅陋的“天命”观，成为立法、司法的最高指导原则，以及评价法和法制的最高价值标准。“理”衍生和外化为世间万事万物，包括国家和法律。理学从本体论、宇宙论的高度对法的起源、本质、作用等做了新的论证和阐释，给先秦以来的儒家理论思想及一系列原则提供了法哲学依据。但它的宗旨却仍然离不开宗法伦理，因而对德刑关系、肉刑废复，刑罚宽严等立法、司法的原则和内容，理学家并未跳出汉以来的儒家正统的思维模式。

第三节 朱熹的法律思想

朱熹（1130 年～1200 年），字元晦，徽州婺源（今江西婺源）人，他是继孔子之后我国封建时代影响最深远的唯心主义哲学家。他在总结了先秦以来各种唯心主义思想因素的基础上，以儒家学说为核心，融合了道教和佛教的思想建立了比较完备的客观唯心主义哲学体系，重新对正统法律思想进行了理论论证，使正统法律思想实现了哲学化。朱学术渊博，著作极多，主要有《四书章句集注》、《朱子语类》、《朱文公文集》等。他是南宋著名的思想家，理学集大成者。

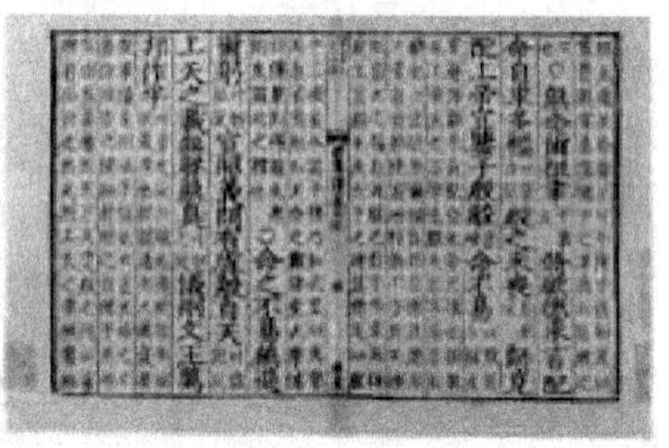

图 9-4 朱熹像，《朱子语类》书影（清刻本）

朱熹的法律思想主要是通过论述理学体现出来的。它既不是对以往的封建正统法律思想的一般因袭，也不是将其哲学观点与以往的正统法律思想的简单糅合，而是在其哲学体系的基础上，对以封建正统法律思想的重新加工和完善，他将封建正统的思想发展到一个前所未有的阶段。

一、朱熹法律思想的理论基础——天理人欲论

“理”是理学体系中最基本的概念，朱熹认为“理”是先于物质产生的，并超越物质之外存在的，还没有天地的时候，理就存在了；没有“理”的话就没有天地之分（朱熹：《朱子语类》卷 1）。理是万物的本原，理与气结合派生万物，并存在于万物之中，成为万物生存发展的内在依据。作为“生物之本”的“理”和“生物之具”的“气”相结合，便产生了人类，产生了国家、社会、政权等物。（朱熹：《朱文公文集》卷 58）这种理论不仅适用于自然界，也适用于人类社会。

他认为人兼有两种属性，其一，源于天理的天命之性，即封建的伦理道德观念；其二，源于气禀的气质之性，即人的感情和物质欲望，因为“日月清明，其后和正，日月昏暗，寒暑反常”（朱熹：《朱子语类》卷 4）的差别，人所禀受的气质不同，接受天理也不同，存在很大的差异，所以气质之性有善有恶，人的资质寿命也有很大区别。朱熹的“理气论”是为其“人性论”服务的，为“人性

论”提供理论依据，据此来证明现实人性善恶品质产生的原因，论证人类社会的不平等是必然的，君主专制和封建伦理纲常是天然合理的。

朱熹认为性分为“天命之性”和“气质之性”，“天命之性”是起主要作用的，是人成为人的依据；“气质之性”即人的气禀，有好坏之分，有清有浊，它使人千差万别。但气质之性是可以改变的，因此他提出了“存天理，灭人欲”的口号。人欲就是指人的各种欲望，主要是超出人的基本需求的欲望和违背礼仪伦常的行为。天理是指宇宙的本原和道德的本原，是构成人的本质。在他看来只要能荡涤物欲，控制人的原始欲望，就能完成人本性的回归，人性就能得到升华。对于什么是人欲，朱熹还举例进行了说明。如饮食是维持人正常生命的需求，是正常的天理，而要求吃的好、吃的丰盛就属于人欲的范畴了，是要抑制的。（朱熹：《朱子语类》卷13。）再如违背礼义道德去偷听偷看，也属于人欲，必须抑制。（朱熹：《朱子语类》卷14。）

“存天理，灭人欲”是朱熹哲学思想的重要组成部分，也是法律思想的基本指导方针。他主张以法律手段严格维护作为“天理”的三纲五常，强调以德、礼、政、刑多种方式实现天理，维护封建统治。他对封建法制建设的作用主要表现在以下几个方面。

首先他把违纲常名教的封建法律制度都说成是违反“天理”，大逆不道，所有违反王法的行为都兼有违背“天理”的双重罪恶。而对犯罪行为的制裁，是为了维护“天理”的正义行为。其次，他认为“天理”是在不断地克服“人欲”的过程中体现出来的。所以要尽量克服心中的“人欲”，教化不能不比刑罚处于更重要的地位。这就为用法律的、伦理道德的手段“以理杀人”提供了思想支柱。最后，“理”也是司法和决狱量刑的最高准则。朱熹强调“原情定罪”，主张按“三纲五常”或“理”去审理案件，认为尊卑、上下、长幼、亲疏之伦理规则比成文法有更高的地位，通过审判加以明教话。

朱熹提出这一口号目的主要是为了镇压人民的反抗，教育人民安分守己，反对离经叛道，维护封建伦理纲常和正常的统治秩序。在他看来，人存在的根本意义就是人能“存天理、灭人欲”，要不“天理之不存，则与禽兽何异矣。”（杨时订定，张栻编著《河南程氏粹言·人物篇》）这个提法发展到后来成为扭曲人性的禁欲主义，成为摧残人基本需求的道德理论规范，为封建统治者打击镇压人民的反抗提供了理论依据。

二、朱熹法律思想的主要内容

（一）变法理论和改革思想

朱熹用区分“天理”、“人欲”的方法来裁判历史，认为夏、商、周三代是人类最完美的时代。后来由于天理没能战胜人欲，三代以下，则是“利欲之私”泛滥的时代，并且世道越来越坏，尧、舜、禹、汤、文武、周公、孔子所传之道，未能行于天地之间。他以继承儒统道德为己任，要求效法三代，进行改革，重建“天理流行”的盛世。

朱熹要求改革变法的思想不但源于仿效“三代之世”的美好理想，还出于他对南宋弊端和政治危机的深刻认识。他指出：当时的南宋犹如患了重病的病人，病根源于肺腑，并扩散到四肢，必须进行改革才能治好。对于祖宗之法，不能一味恪守，必须因地、因时制宜，“必须别有规模，不用前人本子”。因为祖宗之法皆是当时因时而制，时代变了，法律制度也必须有所改革。

在变法的指导原则上，他认为即“盖天下有万世不易之常理，又有权一时之变着。如君君、臣臣、父父、子子，此常理也；有不得处，即是变也。然毕竟还那常理底是。”（朱熹：《朱子全书·历代一·唐虞三代》）由此看出他认为变法应以维护纲常名教为主，封建纲常礼教是本，法律制度是末，不能本末倒置。因此他批评王安石等变法之士变法指导思想不正确，逐本求末，只会做书面文章而不务实，其结果就只能添乱。他认为变法必须以封建的仁义为先，不以功利为急，否则变法不但不能铲除人们的私欲，反而会助长“人欲”。其次，在变法的方法上，要准确找出弊病之所在，对症下药方能奏效。改革应先区分轻重缓急，有计划、有步骤，分清轻重缓急。

朱熹对变法的方案虽然津津乐道，但对变法的作用始终围绕着“存天理、灭人欲”而展开。在他看来，变法不过是改变人心的一个条件，改变时弊的方法应该是改变人心。改革的目的是除去人们的私欲，涤荡人们的思想，使人们的言行、道德等一准“天理”。仅靠改革法律制度，哪怕是最好的法律制度也是远远不够的。同时他认为在治理人心方面，朱熹认为君主的表率感召作用是很重要的。君主的心术必须迎合“天理”，君主心术的优劣是决定社会历史发展的因素：“人主之心一正，则天下之事无有不正。”为了保持君主之心遵循“天理”，朱熹提出了以下四点建议：其一，君主要遵循天下之理，保持其心公正；其二，加强宰相和谏官的职权，以此来避免君主犯错误，宰相和谏官要“共正君心，同断国论”；其三，君主选择好的宰相，宰相选择长官，长官选择其幕僚，通过层层分工负责，不必事事由君主躬亲；其四，通过加强地方权力的方式来制约君主的权力。

朱熹深刻地指出了君主专制的弊端并设法改良是积极的，有进步作用，希望采取措施来限制君主的权力，防止专断，另一方面又鼓吹“君为臣纲”的三纲五常，使自己陷于矛盾之中，至于他所提出的种种建议更是不可能被当时的统治者所采纳。因此，他本人在世时也并不得志。

（二）德、礼、政、刑关系论

朱熹继承了传统儒家德刑关系的主张，朱熹尤其继承并发展了孔子“道之以政，齐之以刑，民免而无耻；道之以德，齐之以礼，有耻且格”的理论。他说

“政者，为治之具；刑者，辅治之法；德礼，则所以出治之本，而德又为礼之本。此其相为终始。”他在这里设计了一个德礼政刑首尾相衔，综合运用的治国模式，达到“明天理、灭人欲”的目的。朱熹关于德礼政刑关系的具体主张有以下几个方面的内容。

首先，德礼、刑罚应相辅相成。两者是一个统一的整体，不可分割。朱熹虽强调德礼的作用但又认为不能忽视法律和刑罚的作用，认为刑罚是促使人民向善的必要补充手段。他认为德治刑罚并用，才达到国泰民安的目的，在南宋这样社会矛盾尖锐、内忧外患、道德伦理混乱的状况下，用刑更是势在必行。“有德礼而无刑政又做不得”，“圣人为天下，何曾废刑政来！”（朱熹：《朱子语类》卷23）刑罚手段亦可在一定程度上遏制“人欲”，维护“天理”，使天下人害怕而不敢作恶，从而为德礼之教创造条件，达到“去刑”的目的，即“明刑以弼教，以期于无刑。”朱熹在他的著作中反复强调治国不能单靠政刑，而是要牢牢抓住德教这个“本”德礼和政刑两者相互依存，互为始终，不可偏废。

其次，德礼、刑罚地位不同。在朱熹看来，“政刑”与“德礼”都是“天理”的产物，都是统治者统治的方法和工具，目的都是“存天理，灭人欲”。但两者地位是不同的。德礼为治国之本，有助于人民日益向善，从而使社会安定和国家稳固；刑罚虽然能够通过威慑作用使人民不敢以身试法，但不是防止犯罪的根本手段。统治者应该手持两柄，德礼为主，刑罚为辅（朱熹：《论语集注》），德礼之教是更高明的统治策略。正是从这个意义从发，朱熹才说“德礼则所以出治之本”，即将德礼视为治国安邦的根本。只有德治才能使人民有耻辱感而不犯恶，逐渐革除“人欲”，恢复“天理”。

朱熹用重刑和重德治的理论是不矛盾的。在他看来，德、礼、政、刑各有适用的明确对象和范围，目的都是为了实现“天理”，应同时并举。德是主要手段，刑是必要的补充，必要时甚至可以撕去教化的外衣，施用严刑峻法。即在特定条件下，先是以政去刑、以礼去政，最后以德去礼，最终实现“天理”。朱熹这些见解极大丰富了传统儒家“德主刑辅”论，使封建统治者可以放开手脚，根据需要，充分发挥刑罚在维护自身统治中的作用了。

最后，朱熹把德政礼教和其主张的人性论结合起来运用。朱熹的人性论认为，人的“气质之性”是先天禀赋的，有善恶和“浅深厚薄”之分。因此根据人不同的“气质之性”，分别施以德礼政刑之术：气禀好的，以“德”导之；次之者，以“礼”弃之；再次之者，以“政”治之；气禀坏的，以“刑”罚之。

（三）执法以严为本，而以宽济之

在司法方面，朱熹提出了“以严为本，而以宽济之”（朱熹：《朱子语类》卷108）的主张，即施用重刑为主，辅之以宽刑。这是因为：在他看来，国家制定法律的目的就是“存天理，灭人欲”，那么，司法中即使“伤民之肌肤，残民之躯命”，也是合乎天理的。因此在执法中法官应严格按照法律条文严加论罪，罪大者罚重，罪小者罚轻，不可故意人为地从轻、从宽，以显示宽仁，这样的小仁反而会败坏司法效果和统治秩序，只有执法以严为本，才能禁奸之乱，制止犯罪，使人民受到保护、安居乐业，从而使刑罚减轻，最终达到“以刑去刑”的目的。其次，朱熹认为传统的儒家思想是德主刑辅，以宽为主。其目的是爱护百姓，但它并不意味着司法领域内的宽刑和轻刑。这与纵容姑息，对犯罪打击力度不够，从而导致“奸豪得志而善良之民反不被其泽”的宽的意义是不相同的。

朱熹提出“严为本”的直接目的是镇压农民起义和加重对伦理犯罪的惩罚，但不等于主张“滥刑”。在具体的决狱的过程中，他主张“明谨用刑而留狱”。（朱熹：《朱子大全》卷 16）他十分强调慎刑，他认为刑事诉讼是人命关天的大事，法官应慎重思量，不得有差错。（朱熹：《朱子全书》卷 64）对待犯罪最好的办法就是“以严为本而以宽济之”。但宽是有条件的，只有在定罪量刑发生疑问时，才可以处以轻刑，他指出“罪之疑者从轻，功之疑者从重。……惟此一条为然耳”（朱熹：《朱子语类》卷 110），“然古人罪疑惟轻，与其杀不辜，宁失不径”。（朱熹：《朱子语类》卷 110）这些都是朱熹“慎刑”思想的表述，他认为只有遵守罪疑惟轻的原则，才能较好地避免刑罚失误。

同时，朱熹在建议法官不得滥刑时，要求法官做到“有罪者不得免，而无罪者不得滥刑”，就是使法官在注重严刑的前提下又能做到“慎刑”，避免“滥刑”。既要“以严为本”又要做到“以宽济之”，在判案断刑发生疑问的情况下，可以对犯人从宽发落，从轻处理。这是朱熹法律思想中比较有特色的一个方面，对今天我们的司法实践仍有启示意义。

朱熹从严执法思想反映在具体的刑罚手段上就是主张恢复肉刑。他认为对于有些犯罪，仅仅处以徒刑、流刑不足以防盗止奸，处以死刑又过重，所以应恢复介于这两者之间的肉刑，残其肢体而保全犯罪者的生命。即“今徒流之法，既不足以止穿窬淫放之奸，而其过于重者，则又不当死而死。如强暴赃满之类者，苟采陈群之议，一以宫剕之辟当之，则虽残其支体，而实全其躯命，且绝其为乱之本，而使后无以肆也。”（朱熹：《朱子大全》卷 33）可见朱熹主张恢复肉刑的依据是儒家的“仁义之说”即“全其性命”，他认为通过肉刑既惩罚了犯罪者，破坏了罪犯的犯罪器官避免其以后再犯，并且保留了其性命，也是仁义之举。

朱熹从严执法思想在诉讼程序上的体现是要求提高审判效率和审判质量，即“明谨用刑而不留狱”。针对当时“奏案一上，动涉年岁”，以及“州郡小大之狱，多失其平”的案件审理拖拉及审判不公现象，朱熹提出了一系列的建议。他认为中央应设置专门机构，“严立程限”，把各地案件“依先后资次，排日结绝”，即建议建立专门的机构把各地的案件依照先后报送的顺序，限定日期结案。各类案件，只要犯罪事实清楚证据确凿，就应及时判处执行，不得拖延。但案件有疑问就必须上报处理，不得搁置，影响审判效率，以便“轻者早得决遣释放，重者不至于仓卒枉滥”。

在具体的审案中，朱熹又特别强调“原情论罪”，注意维护封建的伦理纲常。他主张诉讼不能只依靠成文法，必要时要依据纲常或“理”去审判。“凡有诉讼，必先论其尊卑，上下、长幼、亲疏之分，而后听其曲直之词。”“凡听五刑之讼，必原父子之亲，立君臣之义以权之。”（朱熹：《朱子大全》卷14）要求法官弘扬伦理纲常，通过司法进行伦理教化。

（四）任贤使能的治吏思想

朱熹对于官吏的设置、选拔、任用是国家行政机关的首要任务。领导者应注意识别、发现、提拔人才，不能埋没浪费人才。他对于南宋任官制度存在的弊病进行了批判。他认为正是因为官制管理混乱，才导致南宋官场中黑暗，不良风气盛行，这样下去则“至十年，国家事都无人作矣”。

对于南宋当时盛行的通过“荫恩”和“资考”的方式做官，朱熹进行了批判，认为这些是与“任贤使能”的原则是不符合的。所谓“荫恩”是指那些享有高官厚禄者的子孙可承袭其官爵直接做官，这些靠“荫恩”获得官位的人往往不学无术，给官制带来很坏的影响。所谓“资考”就是指资历资格。南宋时期官吏升迁往往只根据资历而不问其真正的才能，导致官场中充斥的都是无能之辈，庸碌之徒。同时他还指出了审判官员素质低下的问题。朱熹主张选拔和培养司法官吏，来改变当时审判混乱的局面，提出了对官制进行改革的建议。

第一，他建议君主要广纳贤才，“用之惟恐其不速，聚之唯恐其不多”（朱熹：《朱子语类》卷107），尽可能将天下贤才聚集周围，对于小人要疏远“退之惟恐其不早，去之惟恐其不尽”。君主还应特别重视宰相的选用，因为其地位和作用在国家生活中举足轻重。朱熹认为选用宰相不能选用只迎合君主而不纠正君主的错误的人。（朱熹：《朱文公文集》卷12）

第二，朱熹对当时行政机构臃肿、官员办事效率低下的弊端提出了批评。他希望有为君主采取措施痛加改革，精简机构、裁去冗员，依据“任贤使能”的原则选拔任用办事干练、有真才实学的人。正如他所说：“如官制，不若且就今日之官罢其冗员，存其当存者，亦自善。”（朱熹：《朱子语类》卷112）

第三，朱熹主张废除通过“荫恩”和“资考”做官的方式，真正选贤任能。地方官吏有责任定期推举有才之人给朝廷，对于举荐不力的人给予降官、降禄的处分。朱熹还提出了“公议举人”的措施，他认为，根据公众评价来选拔人才，能够避免徇私舞弊、胡乱荐举的弊病。

第四，他主张法官在处理案件中应认真对待，细致分析每个案件，对案情进行客观地考察，不可以事先就存在偏见，否则会影响公平断案。他还将等级观念贯彻到审判领域。可见朱熹为了维护封建宗法等级秩序，不惜抛弃案件是非曲直的标准，抛弃司法审判的公正。在他看来，封建宗法等级制度是天理的表现，维护了宗教伦理就是维护了“天理”，这才是封建司法的最终目的。

第四节　丘濬的法律思想

丘濬（1420 年～1495 年），字仲深，广东琼山人。明代中期著名的政治家和思想家。他出身贫寒，敏而好学，于景泰五年（1454 年）中进士，后历任翰林礼部尚书文渊阁大学士。丘濬生在明朝中期，正值封建专制制度衰败和资本主义开始萌芽时期，面对封建统治阶级的腐败和人民激烈的反抗斗争，他在立法、执法、守法及政治方面提出了自己的见解，对封建正统法律思想进行了总结和发挥。他著有《大学衍义补》、《丘文庄集》、《投笔记》等，所著《世史正纲》33 卷、《朱子学》2 卷，重编《琼台会稿》24 卷，全收于《四库全书》。《大学衍义补》为其代表著作，此书以“经世致用”为指导思想，专门论述了“治国平天下的道理和主张”，在政治制度和法律思想方面，从挽救封建危机的角度出发，提出了富有新意的主张。他在法律的起源、作用、立法和守法等具体问题上具有鲜明的时代特征和启蒙主义因素。他在以下几个方面阐发了封建正统的法律思想。

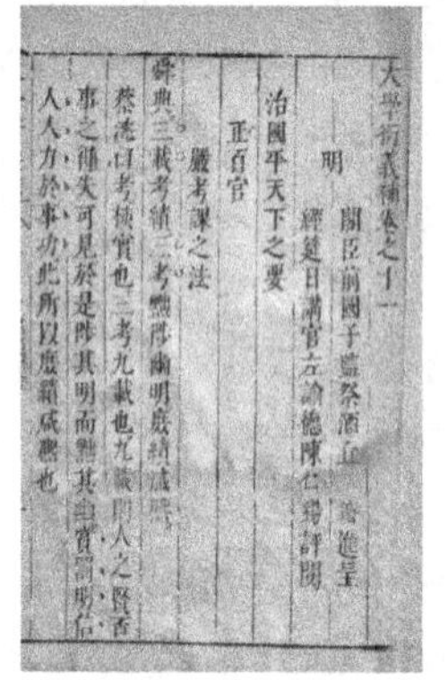

大學衍義補卷之十一
明　閣臣前國子監祭酒丘濬進呈
經筵日講官左諭德陳仁錫評閱
治國平天下之要
正百官
嚴考課之法
舜典三載考績三考黜陟幽明庶績咸熙
蔡沈曰考核實也三考九載也九載則人之賢否
事之得失可見於是陟其明而黜其幽賞罰明信
人人力於事功此所以庶績咸熙也

图 9-5　丘濬像，《大学衍义补》书影（明刊本）

一、德、礼、政、刑论

在道德教化和法律强制的关系上，丘濬用比较分析的方法阐述了德主刑辅，明刑弼教的思想。丘濬和朱熹一样，对德、礼、政、刑四政的作用及其相互关系进行了论证。他认为德治、教化、政令、刑罚是封建统治阶级治理国家的手段，不可或缺，即“德、礼、政、刑四政，王道之治具也。”（丘濬：《大学衍义补》卷 1）其中丘濬将只有政刑没有德礼，称为“徒法”；只有德礼没有刑政称为“徒善”，这两种方法都是不可取的，不能有效治国。在他看来德治是治国的首要方法，即“修德以化民”；对化而不服的，就用礼来统一他们的行动，即“齐之以礼”；在教化和礼都不起作用时，就要动用刑罚政令了。丘濬是从以下几个方面阐述了德礼政刑的关系。

首先，德、政、刑、礼四者为治国的这要手段，缺一不可。在丘濬看来，四者都是维护阶级统治的工具，不可偏废，应结合起来交替使用。即“人君以此四者治天下……本末兼该，始终相成，此所以为王者之道，行之天下万世而无弊。”（丘濬：《大学衍义补》卷 157）在具体德刑关系上，丘濬主张将孔子和朱熹的经典阐述结合起来理解。孔子说：“道之以政，齐之以刑，民免而无耻；道之以德，齐之以礼，有耻且格。”（【春秋】孔丘：《论语·为政》）朱熹说：“政者，为治之具；刑者，辅治之法。德礼则所以出治之本，而德又礼之本也。此其相为终始，虽不可以偏废，然刑政能使民远罪而已。德礼之效。则有以使民日迁善而不自知，故治民者不可徒恃其末，又当深探其本也。”（朱熹：《论语集注》卷 1）丘濬将这两者进行比较研究后认为，孔子从比较的角度，着重强调四者不同的地位和作用；朱熹从统一的角度，则说明了四者之间的联系和一致性。丘濬要求交替使用这四种统治工具，以有效地维护封建秩序。

其次，丘濬从儒家传统出发，主张以教化为先，以德礼为主，这是他面对乱世重点强调的。他坚持“以德行为而人心之所归”，“保民以何为先？曰教之”，“明德新民，能使人没世不忘”。只要统治阶级实行仁政，不需要动用刑罚便可国泰民安。刑罚虽然有威吓的作用，但不是治国安邦的首选方法，因为刑罚是消极惩罚犯罪的方法，它总是在犯罪行为已经发生的情况下实施，不能有效地预防犯罪。（丘濬：《大学衍义补》卷 106）

再次，丘濬在道德和法律的关系上，和朱熹有所不同，他认为道德和法律虽然都是治国手段，但道德是高于法律的，朱熹则认为法律是高于道德，是审判的最重要的依据。丘濬指出：“礼者，其大者在纲常，其小者在制度。”“刑言其法，教言其理，一唯制之以义。”（丘濬：《大学衍义补》卷 39）即是说法律与刑罚制度都要以纲常礼义为依据，只有符合三纲五常的律法才是“良法”、“正礼”，违反的是“非礼”、“淫刑”。丘濬主张，在礼制和法制方面都要体现并服从于纲常，以纲常为准。立法和司法都要以道德准则为标准，法律服从于道德。

最后，丘濬从法律和刑罚的作用出发论证了明刑以弼教的作用。他认为：“明刑以弼教”是刑罚的根本价值所在。刑罚是对犯罪者的一种报复：“有如是之罪，必陷如是之刑”，“设为国刑，以专纠夫不恭之人。”并且可以通过刑罚的惩罚和威吓作用，使他人不敢以身试法，从而起到预防犯罪的作用。这一论述强调了法制思想的重要性。

丘濬生在封建社会衰落时期，统治阶级为了维护统治纷纷加强专制制度，虽然口头上标榜“仁政”，但实际上却不惜动用一切手段。丘濬的德主刑辅、礼教为先的学说就是针对这样的现实提出的。

二、立法以便民为本

丘濬主张立法必须以礼即封建纲常名教为指导思想，他认为礼是国家政治制度和法律的核心，即："礼者，其大者在纲常，其小者在制度"；"礼乐者，政刑之本"。符合礼的原则的法，则是"良法"，违背礼的法，就是"淫刑"。因此，统治者必须以礼为指导制定法律，即"应经合义者，则百世定律之至要道也。"（丘濬：《大学衍义补》卷 9）礼的精神和原则具体体现在儒家经典之中，所以，儒家经典及其所体现的原则就是统治阶级立法的指导思想。丘濬还主张任用通晓法律的学士参与立法活动中，以保障法律符合礼的精神。

丘濬强调要因时立法，即"本天之理，制事之义，为民之利，因时立法，宜时处中。"（丘濬：《大学衍义补》卷 9）他强调立法在保持相对稳定的同时，更应根据时代和现实的变化而变化。统治者所制定的法律不可朝令夕改，应注重法律的连续性和稳定性，即如其所说："国家制为刑书，当有一定之制。"（丘濬：《大学衍义补》卷 100）但同时也应"随时制宜，补偏弃废"，即根据形势的变化而及时修订法律，使之适应现实的需要，及时废除不合时宜的法，制定补充新的法令。

丘濬还主张立法应当以顺应民心、民意为宗旨。他提倡立法应省刑轻罚，将儒家仁爱、宽恕之心贯彻至立法中，即"寓忠爱之意于鞫讯之中"，存"仁厚测怛之心于明慎详审之中"。（丘濬：《大学衍义补》卷 100）他还注重用法律保护人民的财产，主张法律应对人民的赋税、徭役明确加以规定，不能随意征税。他说"财者，民之心"统治者如果横征暴敛，对百姓剥削无度的话，就会失去民心；只有"惜民财爱民力"才能得民心。

他认为，立法应以"顺民"、"便民"为宗旨，这主要表现在以下两个方面：第一，轻徭薄赋，宽法慎刑。他主张立法应当宽严适中，既要以"便民"为本，又要根据形势的变化加以变化和修订。治狱必须以"忠爱"、"仁厚"为本。君主的责任就是养民、教民、保民，尖锐批判专政君主暴政。同时他认为要严格按照法律执法，维护法律的严肃性。君主首先应带头遵纪守法，君主惩罚犯罪是为了国家之公利，是承天意，安民生的需要，为了实现这一目标，君主应以身作则，带头守法。"仁君刑赏，非一人喜怒之私，乃众人好恶之公也。"（丘濬：《大学衍义补》卷 1）"居人上者，立法制，明禁令，必先有诸己，然后为之。"（丘濬：《大学衍义补》卷 81）其次，主要"听民便民"、反对"与民争利"。为了进一步适应商品经济的发展，丘濬猛烈地抨击"重农抑商"的政策，提出听民自便，用法律的手段鼓励经济发展的主张。丘濬认为占有财产是人天生的权利，保障这些权利是国家、法律的职责，这是"天理"的要求和"民心"的体现。

三、慎刑恤狱论

丘濬在司法方面的法律思想很丰富，主要有慎刑恤狱、刑罚适中等内容。丘濬继承发挥了儒家传统“明德慎罚”思想，强调使用刑罚必须慎重，要“恤刑”、“慎刑”。他提出：“治狱必先宽”、“罪疑从轻”等观点，并主张及时结案和善待犯人。他还提出司法官在以法律为依据的前提下，应以同情和怜悯的心来处理案件，即“哀敬折狱”，只有这样罪犯才能心服口服，甘愿受罚。他认为只有精通经学，道德高尚并明义理的司法官才能做到“哀敬折狱”，因此司法官吏的素质在审判中就十分重要，是“民命所系”，国家应重视司法官吏的选任。他主张法律应该具有高度的严肃性和稳定性，执法要有信义，在此基础上他提出了一系列的司法原则。

(1) 原情定罪。丘濬认为审理案件仅靠有限的法律条文是不够的，应结合罪犯的犯罪情节和动机目的来定罪量刑，即司法官应“原其情，揆诸理，定以法比，审故误之因，求法外之意”，然后再根据具体情况“执刑书以断天下之”，对情无宥者，“依律处断”；对“请可原者”，应予以宽免，反对凭司法官主观意志断案。他主张使判决结果“随其情而权其情重，于经于律两无违悖。”（丘濬：《大学衍义补》卷100）

(2) 反对刑讯。丘濬认为在审理案件过程中应听取罪犯的辩解，让其把话说完，“不可以盛怒临之”，“不可以严刑加之”。对封建秩序危害较大的犯罪盗窃、抢劫案，他主张收集“器杖”、“货财”等证据，并通过询问其亲邻，取得证言。他反对刑讯逼供，认为“近年以来，乃有酷虐之吏，恣为刑具，如夹棍、脑箍、烙铁之类，名数不一。”刑讯是造成冤狱的原因。他对汉文帝废除肉刑大加赞扬，认为晋朝、宋朝恢复肉刑是一种倒行逆施的做法，是不可行的。应该“悉令弃毁”。

(3) 限制用赎刑。丘濬认为自宋朝以来，赎刑适用得太滥，甚至连犯死罪者都可以金赎免，这就违背了“圣人制刑之意”，因此他主张对赎刑严加限制，只可适用于轻罪，而不能适用于死刑等严重犯罪。这样才能使“富者不以财而幸免，贫者不以匮而死”。（丘濬：《大学衍义补》卷105）他主张对赎刑严加限制，只可适用于轻罪，不可适用于死刑。

(4) 慎刑赦宥。丘濬认为赦宥和赎刑一样是针对轻罪而设，但明时经常滥用，且定为常制。这样乱施赦宥不但不能使罪犯改过自新，而且会助长犯罪，破坏法律的严肃性，因此他要求限制赦宥的适用，“当承平之世，赦不可有”，“当危疑之时，赦不可无”，即他认为只有在社会动乱和案情可疑之时才可施用赦宥。这样只能放纵犯罪，使犯罪者越来越多。

第五节　宋、明时期的反理学思潮

陈亮、叶适是与朱熹同一时代的思想家。在学术思想上，陈亮是永康学派的代表，叶适是永嘉学派的代表，这两个学派都提倡功利，反对空谈性命。在对待金人入侵的问题上，陈亮、叶适坚决主张抗金，反对苟安求和，他们对理学进行了严厉的批判，是宋、明反理学思潮的主要代表人物。以下对其反理学思想做简要的介绍。

一、陈亮的法律思想

陈亮，字同普永康人，世称龙川先生。自少学问超群、言行豪纵，但屡试不第。五十岁时策进士被光宗皇帝擢为第一，授官后来到任即猝。陈亮少年时即热心国事，喜谈兵略，希望驰骋战场，赶走女真，恢复中原。曾多次上书孝宗皇帝，力主抗战，收复失地，洗刷国耻，因而遭到权臣嫉恨，三次被诬入狱，出狱后志气不灭。著作有《龙川文集》、《龙川词》等，后合为《陈亮集》。

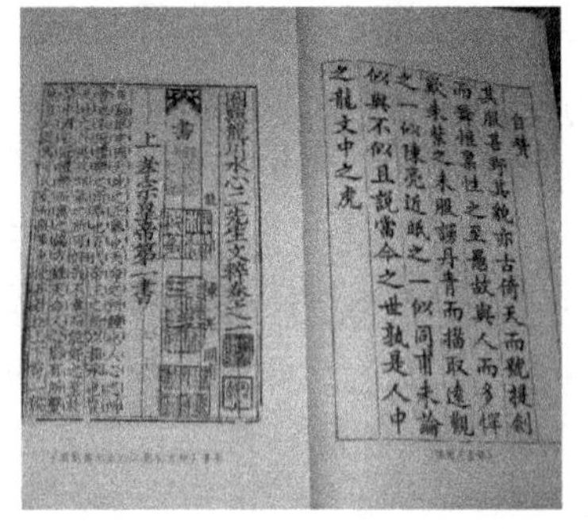

龍川水心二先生文粹卷之一

書

上孝宗皇帝第一書

自贊

其服甚野其貌亦古倚天而號提劍

而舞惟禀性之至愚故與人而多忤

歎朱紫之未服謾丹青而描取遠觀

之一似陳亮近視之一似同甫未論

似與不似且說當今之世孰是人中

之龍文中之虎

图 9-6　陈亮像，《龙川水心二先生文萃》书影（明刻本）

陈亮和朱熹有过关于王霸、义利、理欲的争论。陈亮的法律思想从其著作、上皇帝书及与朱熹的信件往来中可见。

（1）注重事功，反对空谈。陈亮认为，要求得社会的安定和国家强盛，不能空发议论，要有求实精神。理学家专讲“尽心知性”，空谈学道爱人，无助于解决国家所面临的各种实际问题，对国家安危不起任何有益的作用，还败坏了社会风气。要改变这种状况，使“为士者”都有良好的品行，“居官者”都能熟练的处理政务，重要的问题就是“更法易令”，改革弊政。为此，他提出了一系列改革措施，包括任贤使能，选拔有实际才能的人；置台谏择监司，加强监察；简法崇礼，理清法制；节浮费斥虚文；严政条明赏罚等。但这些务实的改革主张并未为统治者采纳和实践。

(2) 王霸杂用、本于公心。在陈亮与朱熹的系列通信中，朱熹认为，王与霸、义与利的对立就是天理与人欲的对立，即陈亮信中指出："近代诸儒遂谓，三代专以天理行，汉唐专以人欲行"（陈亮：《陈亮集》，卷 28，《又甲辰秋书》）的理论。陈亮则认为，不应该将王与霸、义与利、天理与人欲割裂开来，对立起来，"王霸可以杂用，则天理与人欲可以并行矣"。（陈亮：《陈亮集》，卷 28，《丙午复朱元晦秘书书》）他说，三代亦不免有人欲，汉唐能长久统治，行的主要是王道，不然的话，他们早亡国了。陈亮的结论是，只要君主怀有"天下为公"之心，国家就统一和强盛；君主若只有"私天下"之心，国家就会衰落。从这一公私理论出发，陈亮认为，君主的"公心"主要表现在赏罚上，而赏罚本身就包含着利和义的统一，完全离开利的赏罚是不起作用的。人们"有所所利而为善，有所畏而不为善，法也是适应人的本性产生的，利害关系决定人们必须服从君命，否则就要受罚。但人君不能凭个人的喜怒滥施赏罚，治国要坚持以法为公、王道为先的原则，"勿私赏以格公议，勿私刑以亏国律"，（陈亮：《陈亮集》，卷 10，《箴铭赞 · 上光宗皇帝鉴成箴》）势必找来无穷的祸乱。这里，陈亮用功利的观点解释了法的产生与作用，也对理学家尊三代、抑汉唐的理论进行了反驳，虽不尽科学，但有现实意义。

(3) 宽简法令，实施轻刑。陈亮认为，法律法令是治国的重要手段，"举天下皆由于规矩准绳之中"（陈亮：《陈亮集》，卷 1，《上孝宗皇帝第一书》），但法令贵在宽简，所谓"持法深者无善治"，越是防范严密，犯罪就越多，"法愈详而弊愈极"（陈亮：《陈亮集》，卷 12，《铨选资格》），只有法律宽简，才可以达到"善治"。

与简法令相关的是轻刑罚，陈亮针对当时的司法上"以杀为能"的重刑倾向提出了行宽典的主张。他同时极力反对恢复肉刑，针对朱熹等人认为不用肉刑就不能制止犯罪的论调，他批驳说，圣人制刑就是为了消除争夺戕杀之患，是不得已而用之，现在怎么能抛弃圣人留下的好传统呢？有人认为恢复肉刑可以使人们懂得廉耻，陈亮批判说，法律已足可使民知耻了，世道民不聊生，哪怕天天用肉刑，也犹如没有法，哪里能起到使民知耻的作用呢？

陈亮对理学的批判虽有很大的局限性，但将之与当时的民族矛盾，国际民生相联系，还是有相当意义的。

二、叶适的法律思想

叶适，字正则，温州永嘉人，人称水心先生。淳熙年间进士，曾任太学博士、兵部侍郎、史部侍郎等职。著作有《习学记言》、《水心文集》、《水心别集》，此二集后合为《叶适集》。

叶适和陈亮一样，他们的基本观点是唯物主义的，基本理论是功利主义的。叶适在政治思想上注意探求抗击外族侵略的具体措施，重视理财的经济政策，其

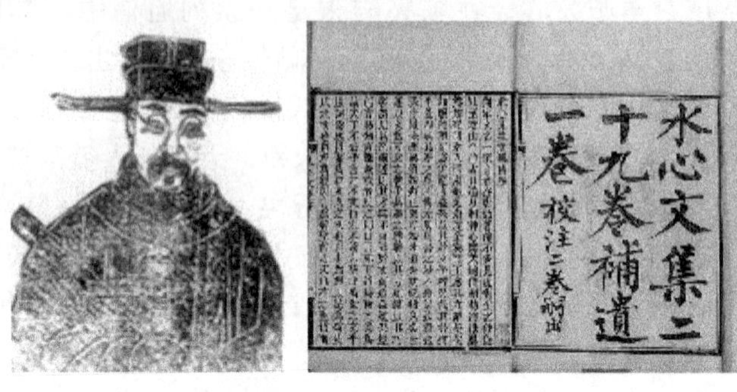

图 9-7 叶适像，《水心文集》书影（宋钞本）

法律观的基本特征是务实际、重事功。

在历史观方面，叶适同柳宗元一样，把历史上制度的兴废归之于时势之必然。三代行分封，秦汉以后行郡县，都是时势决定的。统治者统领天下，最基本的一条是要认识天下之势并能掌握它、控制它。势在变，人和势的关系也在变。人的活动合乎势则治；背离势，则乱。古代的圣帝贤君，正是把握住了势才大有作为的。叶适论势，立足于南宋的抗金，他即比较客观地分析了当时王朝的“积弱”之势，又批评了一些人消极“待时”的理论，强调人要行动才有时机，反对空谈，这是有积极意义的。

在任人任法这一问题上，叶适提出“任人以行罚，使法不为虚文，而人亦因以见其实用，功罪当于赏罚，号令一于观听”（叶适：《水心别集》卷 14，《外稿 · 新书》）。就是说，贤才只有根据并使用法律才可以建功立业，法律亦只有借贤才才得以真正施行。他还认为，治民者贤否与用法轻重密切相关，“其君贤而任者仁人也，则用刑常轻；其君不贤而所任者非仁人也，则用刑常重”（叶适：《水心别集》卷 2，《进卷 · 国本》）。这与荀子的观点相当一致。他不认为贤人是万能的，“其人虽贤也，然而非法无决也，非例无行也”（叶适：《水心别集》卷 15，《外稿 · 终论》）。离开良法，贤人也难以做成任何事。所以，在任用贤人的同时要立宽法善法，才能体现爱民。

此外，叶适与陈亮一样，也特别强调“公天下之法”。反对君主把国家看成自己的私产，把法令制度看作维护自己利益的工具，而不管是否顺乎民心。他说：“命令只设，所以为民，非为君也。”（叶适：《习学记言序目》，卷 45）法令应当本于公益，处于公心，不可成为人君私欲的工具。

第十章　明末清初的法律思想

明末清初，是一个社会各类矛盾非常尖锐的时期。明王朝政治的极端腐败，内部斗争的异常残酷，使人们对专制王权的统治体制产生怀疑。官僚地主的盘剥压榨、兼并土地，使许多农民无立锥之地，揭竿而起，最终推翻了腐朽的明王朝。城市消费型工商业的发展，使市民阶层的生活面有所扩展，进一步开拓了生存与思维的空间。清兵的入关，尤其在一些地区的屠城暴行，残酷镇压抗清力量，又在思想文化方面采用高压政策，使民族矛盾不断加剧。总之，统治集团内部斗争、有关阶级对抗、汉满民族矛盾……交织在一起，动荡的社会和严峻的现实，深深地震撼着一批知识分子，促使他们对原有的统治体制与思想体系进行一些批判和反思，在危机中探求社会的出路。

以黄宗羲、顾炎武、王夫之、唐甄为首的一批思想家，或可作为当时最为进步的代表人物。他们或对传统的君主专制体制进行了尖锐的抨击，或对传统的思想权威进行了一些大胆的否定，提出了一些具有启蒙因素的政治主张，其批判力度更是前所未有的激烈与深刻，可以说是对传统政治法律体制的最为惊心动魄的挑战。然而由于历史与文化的局限，其不可能产生西方文艺复兴时期对人的价值（民权），尤其是个体价值肯定的观念，更没有在此基础上如后来启蒙运动对民主、法治的追求与建构，而只能在原始儒家限制君权的老调上作些重奏，以“托古改制”的思维方式提出一些带有民本色彩、自治空想的改良方案。就是说他们不能从根本上走出传统社会正统意识形态的藩篱，依然徘徊于中世纪的边缘，尽管他们已经尽了最大的努力。

第一节　黄宗羲的法律思想

黄宗羲（1610—1695 年），字太冲，号南雷，尊称梨洲先生，浙江余姚人。父亲黄尊素曾任御史之职，系明末“东林党”名士，因抨击朝政与反对阉党，为宦官所害。黄宗羲十九岁入京为父讼冤，后联合“复社”，参加反对阉宦的斗争。清兵南下，在乡里组织义兵抵抗，失败后遁入四明山寨，跟明鲁王在舟山一带坚持抗清，被鲁王授以左副都御史等职。明亡后隐居，从事讲学和著述，屡拒清廷征召。

黄宗羲知识渊博，对天文地理、经史乐律、诸子百家、佛道思想，无不精研。著述不下数十种，重要者有《宋元学案》、《明儒学案》、《南雷文集》等，尤以康熙二年（1663年）所著《明夷待访录》最具思想深度，《周易·明夷》有“箕子之明夷”句（明夷为《周易》卦名），作者想借以表述自己具有商末名臣箕子的品格，期待“如箕子之见访”，故以名书。分《原君》、《原臣》、《原法》、《置相》、《学校》等二十一篇，初有抄本在学者间流传，乾隆时被列为禁书，嘉庆间始有初刻本行世，清末大量印行。

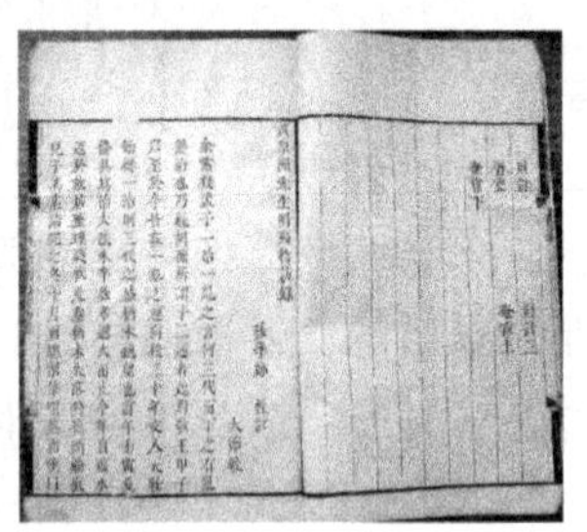

图 10-1　黄宗羲像，《明夷待访录》（郑性订，清二老阁刊本）

黄宗羲在总结明朝灭亡的历史教训的基础上，大胆斥责了传统的君主专制统治体制，对其给中国社会造成的危害，进行了淋漓尽致的揭露，可谓是对中国传统政治法律体制最为激烈的批判书，是其政治法律思想方面的代表作。不过，由于各方面原因，黄宗羲对于社会的改良方案，仍蹈袭儒家之故辙，拿不出有份量的东西；尽管也提出了“有治法而后有治人”的观点，然终不懂近代的法治理念。

一、对专制君主及其法律体系的猛烈抨击

黄宗羲在《明夷待访录·原君》中直言不讳地谴责专制君主，说他们争夺天下时，“荼毒天下之肝脑，离散天下之子女，以博我一人之产业”；夺得天下后，又“敲剥天下之骨髓，离散天下之子女，以奉我一人之淫乐。”“以为天下利害之权皆出于我，我以天下之利尽归于已，以天下之害尽归于人……使天下之人不敢自私、不敢自利，以我之大私为天下之大公。……视天下为莫大之产业，传之子孙，受享无穷。”揭露专制君主如何为一已之私利而残害天下，却又以“天下之大公”为标榜，无耻之极。因此疾呼“为天下之大害者，君而已矣!”“今也天下之人，怨恶其君，视之如寇仇，名之为独夫，因其所也。”指斥程、朱理学所谓“君臣之义无所逃于天地之间，至桀、纣之暴，犹谓汤、武不当诛之”的说教，纯系“小儒”、“腐鼠”之言，《原臣》篇指出：“天下之治乱，不在一姓之兴亡，而在万民之忧乐。”在秦始皇焚书坑儒、汉武帝独尊儒术之后，在残酷的政治镇压、法律严控、思想钳制之中，君主专制权力日益膨胀，皇权神圣不可侵犯，并逐步养成将帝王神化的社会文化氛围，其时敢冒天下之大不韪说皇帝不是者凤毛

麟角。而黄宗羲此时能接过孟子揭橥之旗，发出如此惊世骇俗之语，对君王至高无上的法权地位提出挑战，不得不让人敬佩。

黄宗羲还对传统体制中君臣之间的主仆关系进行了批驳，对“君为臣纲”的伦理原则进行了颠覆。《原臣》篇谈到：“夫治天下犹曳大木然。……君与臣，共曳木之人也。”就是从治理天下为百姓办事的角度来说，两者的性质是一样的。所以说“臣之与君，名异而实同”（《原君》）。“是官者，分身之君也”（《置相》）。那些视臣下如奴仆，“能事我者贤之，不能事我者否之”（《置相》）的帝王是昏君庸主，那些把天下当作君主的橐中私物，甘愿为其效犬马之劳的官吏是卑臣小人。认为：“出而仕于君也，不以天下为事，则君之仆妾也；以天下为事，则君之师友也。”批判历代为臣者缺乏独立人格意识。这里，黄宗羲的话说得颇有骨气，但问题在于实际中人们基本不存在“平等”理念。所以尽管黄宗羲愤慨责问：“岂天地之大，于兆人万姓之中，独私其一人一姓乎？”（《原君》）然而中国传统社会的政治体制就是如此安排的：万民百姓几乎都围绕一人一姓而旋转。由于百官的奴颜婢膝和君主的深宫独裁，时还造成太监专权后的“奄宦之祸”，朝政极度腐败。总之，这种只为一人一姓服务的专制政治体制与法律制度是极为荒唐可笑的。

黄宗羲把专制君主的法律体系指责为“一家之法”，此法律体系只体现了君主及其家族的利益，将天下的权、利尽归之于君主，违背了先王立法的本意，势必在争权夺利之中引发天下大乱，是谓“非法之法”。“夫非法之法，前王不胜其利欲之私以创之，后王或不胜其利欲之私以坏之。坏之者固足以害天下，其创之者亦未始非害天下者也”（《原法》）。由于君主掌握着最高立法与司法权，乃至可以随意根据私欲去立法、改法、毁法，此制度足以害天下。此类法为了维护君主的权利，不得不以天下人为敌，处处提防他人，致使法令烦密，“桎梏天下之手足”，甚至残害人民。从各级官员到胥吏，也多是追随君主的“皇皇求利者”，为了钻营取利，“创为文网以济其私”，结果搞得“凡今所设之科条，皆出于吏，是以天下有吏之法，无朝廷之法”（《胥吏》）。其实不管是君王所立之法律，还是官吏所修之科条，倍受其残害的都是劳苦民众。

二、“托古改制”的虚拟理想

首先是提出“天下为主，君为客”的命题，《原君》篇说：“古者，以天下为主，君为客；凡君之所以毕世而经营者，为天下也。”就是说上古时期，设立君主是为了天下百姓，而不是将天下归于君主，因为天下是万民的天下，不是君主一人的天下。或者说万事应以天下百姓为重，君主不过是百姓请来的客人，君主不能反客为主，窃天下为己有，而应以天下百姓的营生为职志。翻译为最贴切的现代汉语，就是说君主应该“为人民服务”。

可以说在孟子“民贵君轻”说的基础上，黄宗羲的思想有所发展，但其发展是很有限的，依然没有走出“民本主义”的窠臼。“天下为主”绝没有天下百姓要当家作主的含义，而还是国家大事应以天下万民为本的旧意，就是说君主办事应该“为人民服务”，表面上君主是“客”，而实际上国事运作之核心还是在君主。在不做任何权力制衡方面制度规范的条件下，说一声：君主应该“为人民服务”，是不会对专制社会的运作会产生实质性改观的。

其次是提出要以“天下之法”取代“一家之法”的方案。《原法》说：“三代以上有法，三代以下无法。何以言之？二帝三王知天下之不可无养也，为之授田以耕之；知天下之不可无衣也，为之授地桑麻之；知天下之不可无教也，为之学校以兴之；为之婚姻之礼以防其淫，为之卒乘之赋以防其乱。此三代以上之法也，固未尝为一己而立也。后之人主既得天下，唯恐其祚命之不长也，子孙之不能得有也，思患于未然以为之法。然则其所谓法者，一家之法，而非天下之法也。是故，秦变封建而为郡县，以郡县得私于我也。汉建庶孽，以其可以藩屏于我也。宋解方镇之兵，以方镇之不利于我也。此其法何曾有一毫为天下之心哉，而亦可谓之法乎？”指出良“法”应为天下而立，“未尝为一己而立”，用此“天下之法”取代“一家之法”，天下便可归于大治。

那么黄宗羲将什么样的制度分别称作“天下之法”与“一家之法”呢？从上述引文中分析可见，黄宗羲是将先秦时期的授田制、学校、婚姻、赋税诸制划归为“天下之法”，而将秦的郡县制、汉的封建制、宋的集权制都看作为“一家之法”。问题解译的相当模糊且幼稚，似乎国家只要回归到上古三代社会中，一切问题便可迎刃而解了。在黄宗羲“天下之法”的理念中几乎没有“社会正义”之类自然法的内容，没有认识到“法”应是人们平等权利基础上的一种社会契约，所以依然在传统君主制统治模式中，把上古三代社会的一些制度作为典范，寄希望于统治者的道德与恩赐，而根本不懂得如何用法律去保护民众应有的权益。

所以其最后的制度构想，依旧提不出任何取消君主制，代之以其他先进政治制度的设想。最多在“天下之大，非一人之所能治，而分治之以群工。故我之出而仕也，为天下，非为君也；为万民，非为一姓也”（《原臣》）的理想下，提出几项限制君权的建议。如恢复宰相制度和提高相权，使其与天子共治天下，“每日使殿议政，...... 宰相以白天子，同议可否，天子批红；天子不能尽，则宰相批之，下六部施行”（《置相》）。还有学校议政以监督王权，强调“学校不仅为养士而设也”，不是“科举嚣争，富贵熏心”之所，学校应该自治，学官必须“郡县公议，请名儒主之”；“政的缺失，祭酒直言无讳”，“必使治天下之具皆出于学校”，而不能以“天下之是非一出于朝廷”，由是做到“天子之所是未必是，天子之所非未必非，天子亦遂不敢自为非是，而公其非是于学校”（《学校》）。还有地方有相对独立自治权的分治主张，“一切政教张弛，不从中制”，“一方之财，自供一方”（《方镇》）。及整顿吏治、严肃宦官、恢复井田、重定税法之类，其中不乏一些眩目的思想火花（如“学校”部分），但由于缺少对制度层面关键部位的思考与改良，大部分内容空想成份依旧很重。萧公权在其《中国政治思想史》中诚恳指出：“吾人细绎《待访录》之立言，觉梨洲虽反对专制而未能突破君主政体之范围，故其思想实仍蹈袭孟子之故辙，未足以语于真正之转变。”

三、“有治法而后有治人”观点的剖析

《原法》篇中有一个著名观点，就是所谓：“吾以为有治法而后有治人。”它打破了正统儒家的“人治”传统，对“法治”给予了新的解释，也就是站在战国法家“法治”观念的不同立场上，提出了“法治”优于“人治”的主张。不过，有些论著将此观点与近代“法治”理论相提并论，或者将其抬至“民主主义的法治”理论的高度，似有过誉之嫌。

《荀子·君道》提出：“有治人，无治法……故法不能独立，类不能自行，得其人则存，失其人则亡。法者，治之端也；君子者，治之原也。”也就是说“人治”优于“法治”。而黄宗羲的“有治法而后有治人”应为其反命题，《原法》篇如此阐述：“自非法之法桎梏天下人之手足，即有能治之人，终不胜其牵挽嫌疑之顾盼，有所设施，亦就其分之所得，安于苟简，而不能有度外之功名。使先王之法而在，莫不有法外之意存乎其间。其人是也，则可以无不行之意；其人非也，亦不至深刻罗网，反害天下。”是说自秦汉用“非法之法”严酷统治天下，严重束缚了人们的手脚，即使有能力之人为官，也会受其恶法牵制而难有作为，即便采取点办法措施，也会因其既得利益而安于苟且，不会建立卓越的功名事业。假如得用先王之圣法统治，既使在法制之外都存在一定的社会协助机制。那么，其人用的对时，则其法可畅通无阻，很好地发挥出法制的精神；其人用得不对时，亦不至于苛刻残酷大行冤滥，害苦天下。其中，确有“法治”优于“人治”的意思。

问题是黄宗羲的“法治”其内涵到底是什么？《原法》说：“三代以上有法，三代以下无法”，因为三代之法为良好的“天下之法”，三代以下乃恶劣的“一家之法”。就是说黄宗羲要求的“法治”就是上古时代的“先王之法”，幻想“以复井田、封建、学校、卒乘之旧”之类的“法治”。它期望的是以明君代替暴君、圣人代替昏庸，依然在君主制下的一种似乎颇为开明的统治，最多也就是上面描述的“君相共治”、“地方分治”和“学校议政”之类的空想体制，基本没有走出儒家政治思想的有关范畴，与西方启蒙思想家要求实行的民主、法治，是完全不同的两码事，这种将一定的政治统治体系归纳起来的“法治”理论与西方近代的法治理论存在着本质的区别。

如在黄宗羲的“法治”规范中非常注重德化礼教，《原法》篇谈到：“故治之以本，使小民吉凶一循于礼”。《学校》篇非常重视乡饮酒之礼等。黄宗羲强调工商皆本论，反对重农贱商，然而又主张禁止所谓奢侈品的生产和流通，其中将纺织业的机坊也列为“奇技淫巧”，“除布帛外皆有禁”，说“此古圣王崇本抑末之道”（《财计》）。还有要求恢复井田制等的思想，都说明其儒家正统观念依然浓重，离近代法治理念还颇遥远。而黄宗羲思想的最可贵之处在于他对君主专制社会的批判精神，给后人以深刻启迪。

第二节 王夫之的法律思想

王夫之（1619—1692年），字而农，号　斋，湖南衡阳人。年轻时聪明颖悟，十四岁中秀才，二十四岁中举人，不满明末腐败政治，曾组织“匡社”（匡扶社稷）反对宦官专权。清兵入关，在衡山举兵抗击，失败后投奔广东南明政权。因不满朝政，弹劾权臣，受到迫害，辞职逃亡。晚年归隐家乡石船山，著述终老，故尊称船山先生。

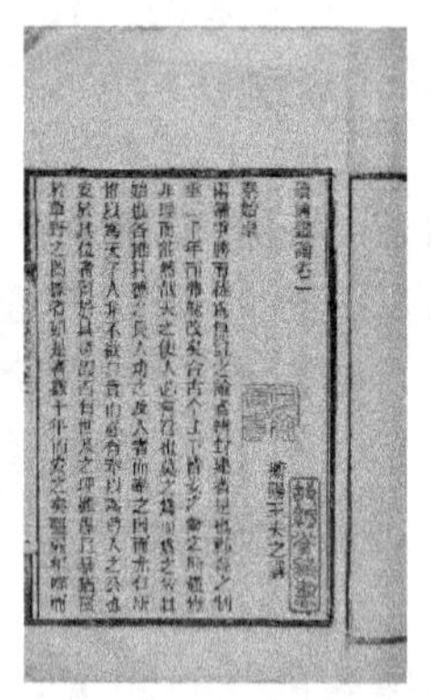

图 10-2 王夫之像，《读通鉴论》书影（清光绪年间刊本）

王夫之博学多识，精于经学、诸子和史学、文学，对天文、地理、历算也均有研究。著述达百余种，其中政治法律思想比较集中的是《黄书》、《读四书大全说》、《读通鉴论》、《宋论》、《噩梦》等。《黄书》完稿于顺治十三年（1656年），分《原极》、《古仪》、《宰制》、《慎选》、《任官》、《大正》、《离合》等七篇，以政论文笔探讨明亡原因，总结经验以求变革。《读四书大全说》竣稿于康熙四年（1665年），以儒家四书为序，作札记为文，对旧说进行评论。《读通鉴论》成书于康熙三十年（1691年），据《通鉴》史实阐释历代制度沿革和有关政治得失，以总结历史经验，共三十卷。然而其著述的出版一直要拖延至近二百年后的同治年间，同乡曾国荃刻出一部《船山遗书》，直到晚清其思想与学术才得以传播。

王夫之一生不忘复兴明朝，不受清廷的征召，隐遁江湖，其“气节”留名青史，特别是他拒不服从大清的剃发令，“完发以终”，算得上是一种骨气。所以其著述被清廷列为禁书，直到清末改良运动时才得以大量刊行。王夫之的思想重心之一在排满恋汉，作为汉人对异族入主中原的敌视，提出民族主义的“保类”、“卫群”诸观念，其立场与观点始终没有脱离儒学夷夏之防的樊笼。其政治法律思想中存在一些稍显进步的主张，然而少有启蒙因素，他不是与传统君主社会及其政治法律体系进行对抗，而主要是想作一种补救。

一、法律时变观与定理不变观

王夫之有法律应“趋时更新”的观点，认为社会有关制度要随时代的发展而变化。《读通鉴论》卷六说：“天下有定理而无定法。定理者，知人而已矣，安民而已矣，进贤远奸而已矣；无定法者，一兴一废一繁一简之间，因乎时而不可执也。”就是说一些基本道理是不变的，而有关的法度是可以兴废的，这需根据时代的发展而变迁，不必太过固执。《宋论》卷七有言：“顺之必然之势，理也；理之自然者，天也。”其将事物的客观趋势称“势”，顺其发展趋势称“理”，如此的自然规律称“天”。人们的行为要顺应其“势”把握其“理”，符合其“天”。《读通鉴论》叙论四总结道：“以古之制，治古之天下，而未可概之今日者，君子不以立事；以今之宜，治今之天下，而非可必之后日者，君子不以垂法。”是说古今时代不同，法制也有区别，反对复古论。一般以为，王夫之的法律时变观包含着一定的哲学思想内涵，是对儒家正统“天不变道亦不变”历史观的挑战。

王夫之以“郡县制”取代“封建制”为例来说明需顺应社会制度的发展变化。指出：“封建、井田、肉刑”是夏、商、周三代社会的主要法度，原因是这些法度在当时是顺“势”合“理”的。但东周以后，由于客观形势的变化，这些制度渐渐与实际相脱离，与时势相违背，不能再适应社会发展的要求，终于为“郡县”等制度所代替，就是说郡县制代替“封建”制是历史发展“势在必革”的趋势，是时代的要求。王夫之依据这样的历史观，对美化三代旧制的复古论进行了批判，指出主张以恢复三代旧制的办法来拯救时弊的观点无异于缘木求鱼。并进而否定“正统”论，认为以前那些只为一姓占据天下的政权都不可称为“正”，而“统”即结合不变与因续不断之意，在中华数千年的历史中，时常发生战争离乱与国脉继绝，既无不变之“合”，也无承接之“续”。离合、治乱之中，“离而合之，合者不继离也；乱而治之，治而不继乱也”（《读通鉴论》卷十六）。那种用“五德终始”来演绎“正统”政权延续的理论是荒唐的，就是说千古不变的“正统”政治观是不存在的。

许多论著对王夫之的上述“法律时变观”给予相当的肯定，实为一种误读。其实，王夫之说得清楚：“天下之势，一离一合，一治一乱而已”（《读通鉴论》卷十六）。就是说人类社会的发展变化，主要就是离、合与治、乱的循环而已，其中“随时势迁而法必变”，确定某王朝为“正统”也不可能，但一些“基本道理”是不变的。除了上述所谓“知人”、“安民”、“进贤远奸”外，其实还有更重要的社会结构原则是不能变的。《读通鉴论》卷十三言："天下所极重而不可窃者二，天子之位也，是为治统；圣人之教也，是谓道统。"这"治统"与"道统"是"极重而不可窃者"，也就是不能变的。还谓："君臣之义，生于性者也，性不随物以迁"（《读通鉴论》卷九）。君臣大义乃一种天性，更是不能"随物以迁"。

所以王夫之的"法律时变观"仍是传统思维模式的变种，是在不违背传统社会基本统治原则基础上的"思想解放"。他反对恢复三代先王之法，是因为其法因时而定，时代不同了就不必盲目仿效，指出："法先王者以道，法其法，有拂道者矣；法其名，并非其法矣"（《读通鉴论》卷十七）。就是说法先王的根本点，在其"道"（社会统治的基本原则），而不在一些具体名称与办法。在此基础上，王夫之提出重建"一代之法"的构想，要求分清制度内部的本末与主次，不可颠倒；也要注意制度的整体性，不可割裂。

二、天下之公与尊君卑臣观念

王夫之在《读通鉴论》"叙论一"中大声疾呼"一姓之兴亡，私也；而生民之生死，公也。""以天下论者，必循天下之公，天下非一姓之私也。"唾骂秦朝统治者只为一姓之私，不知天下之公，所以国运短祚。"秦之所以获罪于万世者，私己而已矣。"后世各朝统治者"斥秦之私，而欲私其子孙以长存，又岂天下之大公哉?"（《读通鉴论》卷一）后世各朝也大都步秦后尘，为了帝王家族能够维持长久统治而"奋斗"。似乎可以说，王夫之对于君主专制的王朝统治历史深恶痛绝，指出"天下非一姓之私"物，要求建立"循天下之公"的社会制度，坚决反对君主专制之下，王朝"家天下"的政治法律体制。

那么如何来改革这一制度呢？与黄宗羲一样，提出宰相分权和地方分治的设想。认为"宰相无权，则天子无纲；天子无纲而不乱者，未之或有"（《读通鉴论》卷十一）。不同的是，王夫之的重相，依然把君主视为"真宰"，把宰相、大臣比做四季之司长。"权者，天子之大用也"，天子应该选任贤相，"相得其人，则宰相之权即天子之权，挚大纲以振天下，易矣"（《读通鉴论》卷二十六）。既然宰相只是天子"真宰"统治的辅助工具，就依然没有跳出君主专制的藩篱。地方分治主要办法是明确地方各级的权限，不得上侵下权，最后统一于中央。"天子之令不行于郡，州牧刺史之令不行于县，郡守之令不行于民，此之谓一统"（《读通鉴论》卷十六）。或者说天子之令只行于朝廷，各级地方官员行令于各级官署，只有县令之令行达于民。所谓"上统之则乱，分统之则治"（同上，卷十六）。同时朝廷也要对国事进行统一管理，即以君主制为核心的中央有最高的权威。此制度中地方与中央的矛盾突出，完全是文人坐在书房中的一种异想天开。

王夫之依旧坚持"尊君卑臣"之传统观念，《读通鉴论》中时见这样的表述："明王之莅民也，定尊卑之秩，敦忠礼之教，不失君臣之义"（卷十七），只有"尊其尊，卑其卑，位其位"，才能确保国家的正常运行。认为："原于天之仁，则不可无父子；原于天之义，则不可无君臣”（卷十一）。“君臣者，彝伦之大者也。君非民，罔與立？民非君，罔克胥匡以生?”“民之血膏原野，骸曝风日者，非必君之剿绝之也，自有剿绝之者矣”（卷二十七）。就是说君主与臣民是互相依赖而存在的，君为民而设，民为君而生，是社会伦理之最重要原则，是天经地义之根本。民众的苦难，不一定是君主的错误造成的，其自有各种原因。总之，臣民对君主须绝对尊敬，“天子者，以绝乎臣民尊者也”（卷二十九），主张以严格的法律维护君主的至尊地位。“尊其君，亲其祖，未有不自敬爱其尊亲而可以持天下之公论者也”（卷四）。似乎所谓“天下之公”的要点就在于“尊君、亲祖”。所以王夫之非常看重儒家之礼教：“夫礼之为教，至矣大矣，天地之所自位也，鬼神之所自馁也，仁义之以为体，孝悌之以为用者也”（卷十七）。还说：臣民之对君，应该做到“辱之不避，斥之不退，刑戮将加而不忧，知必无可为之理而茫昧不知止”（《俟解》）。完全是一种愚忠的样子。乃至不准人们议政，甚至不能怨君、不能反对暴政，“天子即无道如桀、纣，且亦听其自亡以灭宗社”（《读四书大全说》卷十）。在这里，臣民只能是君主的奴婢，而不可能有自己的人格，而这正是先秦法家的论调，是对君主专制政体的一种支持。

当然，王夫之在《黄书·原极》中也指出：君权“可禅、可继、可革”。《黄书·宰制》提出：“不以一人疑天下，不以天下私一人”，以求变革君臣关系。王夫之反对君主以天下财富为一己私占，也反对上行下效的官僚豪强的此类行为，“天子聚之于上，百官聚之于下，豪民聚之于野。”而把天下财富看成人们之公产，“若土，则非王者所得私也，天地之间，有土而人生其上，因资以养焉。有其力者治其地，故改姓受命而民自有其恒畴，不待王者之授之”（《噩梦》）。提出土地诸财产本来就是生产者的，只要统治者不横征暴敛，“人可有田而田自均矣”（《宋论》卷十二）。不懂得如何转变中国传统的产权理念及改革有关的法律制度，以为让地产自由运作就能摆脱“莫非王土”的传统体制，只能是天真而不现实的幻想，由此其所谓“循天下之公”的想法也同样是一个空洞的乌托邦。总之，王夫之的有关政治体制的设想其实是一个相当混杂的矛盾体。

三、法治、人治与天理、人欲

王夫之如何看待法律的作用，《读通鉴论》有许多论述，如说：“法未足以治天下，而天下分崩离析之际，则非法不足定也”（卷二十三）。还说：“任人而废法，治道之蠹也”（卷十）。对法治有一定的重视。同时，“法之立也有限，而人之犯也无方，以有限之法，尽无方之慝，是诚有所不能矣”（卷四）。是说法律规定的内容毕竟有限，而世上的犯罪却形形色色，无一定之规，用有限的法律根本无法消除层出不穷的犯罪，所以说“治之敝也，任法而不任人。夫法者，岂天子一人能持之以遍察臣工乎？势且乃委之人而使之操法”（卷六）。就是对人治与法治都不能偏执。不过两者相较，法是统治工具，主要还须有人，“法者非必治，治者其人也”（卷十九）。两者结合以治的话，其意见是“择人而授以法，非立法以课人也”（卷十）。总之还是以“人治”为主导和重头。

此外，他还要求“任道”，“治天下以道，未闻以法。道者，导之也，上导之而下遵以为路也”（《读通鉴论》卷二十六）。如果任法不任道，就会导致法繁刑酷，司法腐败。而“道”为“导”，“上导下遵”就是用德育教化民众，也就是正统的“德主刑辅”论。他还认可传统的子不讼父、卑不告尊的法律规则，认为“陪隶告其君和子弟讼其父兄，洶然三纲沦，五典败，其不亡也几何哉!”（《读通鉴论》卷六）。儒家道德规范中的三纲五常及其有关法则，依然是王夫之的思维底线。

提倡法简刑轻，统一必行。《读通鉴论》中谈到：“政莫善于简，简则易从”（卷二十四）。“法之密也，尤欺之所藉也”（卷八）。法繁刑酷不但无裨于治理，反而会使奸猾狱吏们有机可乘，舞文弄法、鱼肉百姓，使社会矛盾进一步激化。要求“法定于一王，而狱吏无能移也”（卷一）。就是统一法治，不让胥吏们钻法律的空子。主张“严以治吏，宽以养民”（卷八），严厉打击贪赃枉法和贪官污吏，对人民实行轻徭薄赋的宽松政策。同时，深知民间苦于司法腐败，要求公平断案与明慎用刑，主张原情定罪和废除酷刑，反对官府拖延滞留狱案，反对传统的秋冬行刑制度。总之，“法贵简而能禁，刑贵轻而必行”（卷二十二）。

王夫之主张：“法者，天子操之，持宪大臣裁之，分理之牧帅奉若而守之”（《读通鉴论》卷二十七）。强调人君立法“昭大义于天下，而使奉若天理。”（《读通鉴论》卷十七）。基调上与战国法家的“法治”主张颇为接近。不过，他还是严厉批评了战国法家申、韩之重刑、权术理论，将其与道家老庄、佛教浮屠并列为古今社会的三大害。

王夫之以“求天理于人欲之中”的命题，与程朱理学的“存天理，灭人欲”的理论相对抗，认为“人欲”是人们生存中不可缺少的正当要求，“天理”即在“人欲”之中。提出：“人欲之各得，即天理之大同”；“人欲之大公，即天理之至正”。“是故天地之产，皆有所用；饮食男女，皆有所贞。君子敬天地之产而秩其分；重饮食男女之辩而协其安”（《读四书大全说》卷四、三、一）。其重视人们正当利益的观点，是对理学家的禁欲主义的否定。有意思的是，王夫之却把商贾为利而看作是社会上最卑贱之小人，依然主张重农抑商，甚至将辛勤劳作而关心自己物质经济生活的庶民，比作禽兽，“鸡鸣而起，孳孳为利，谓之勤俭传家，庶民之所以为庶民者此也，此之谓禽兽”（《俟解》）。这里王夫之又接近了理学家的思想。

王夫之著述宏富，思想庞杂，哲学思辩颇有深度，而其政治法律思想却呈现出稍显混乱的自相矛盾。在《俟解》中这样描述自己的人生哲学：“有志者，其量亦远。伊尹当夏桀之世而乐，何屑与之争得失乎！……恶人之得居上而害及人，天也。晦蒙否塞，气数之常也，安之而已。退而自思，吾虽贫贱，亦有居吾下者，亦有取于人者，亦有宜与人者。勿见可为而即为，见可欲而即欲，以求异于彼而不为风气所移，则孤月之明，炳于长夜，充之可以任天下。”其听天由命而安于专制主义统治的面目显露无遗，其消极麻痹的阿Q精神也跃然纸上，所以尽管他对专制社会有所揭露与批判，提出一些改革的设想，对清末改良派产生一些影响，却少有真正值得肯定的启蒙思想。

第三节　唐甄的法律思想

唐甄（1630—1704年），初名大陶，字铸万，别号圃亭。四川达县人，幼随父唐阶泰宦居江苏、江西、北京、南京诸地，明亡后避难隐居浙江，后还居江苏吴江。顺治时回四川考中举人，会试落选，到四十多岁才任山西长子县知县，因受“逃人案”牵连，任职十个月即遭革职。求官无门，五十岁前后变卖家产经商，后又做牙人（经纪人），均告失败，晚年靠设馆授徒和卖文糊口，生活清苦，频受打击，一生蹉跎。

唐甄花了三十年时间，于康熙四十二年（1703年）竣稿，完成一部集中反映他的政治法律思想的重要著作《潜书》。初名《衡书》，“衡者，志在权衡天下也”。分上下篇，上篇主要谈学术，多出自晚年，因失意而时有颓唐处；下篇主要论政治，写作时代较早，对当时的君主专制政体进行严厉批判，为全书的精粹所在。

唐甄在书中纵论中国二千年的历史，有揭露、谴责，甚至痛骂；也有劝诫、献策，济世激情。由于其长期在社会底层磨难，饱经人事之沧桑和生活之风霜，相当了解其社会专制体制下的罪恶，对其有关揭露和抨击时而比黄宗羲还要激烈。也时为其社会制度的改革进行了一些呼吁与探索，但由于种种的局限，唐甄根本找不到出路。

一、痛批君主专制体制下的社会

唐甄的《潜书》猛烈地抨击了君主专制制度。《鲜君》篇指出：“治天下者惟君，乱天下者惟君；治乱，非他人所能为也，君也。小人乱天下，用小人者谁也？女子、寺人乱天下，宠女子、寺人者谁也？奸雄盗贼乱天下，致奸雄盗贼之乱者谁也？”明确君主在传统社会中的决定性作用，上下五千年的中华文明史，可称天下大治的时代寥寥无几，大多在争权夺利乃至残酷战争的乱世中飘移，其主要原因就在于君主专制这个政治体制。在帝王的掠夺与侈靡下，“四海之内，日益困穷”，所以《室语》篇直言：“自秦以来，凡为帝王者皆贼也。”并进一步解释道：“杀一人而取其斗粟，犹谓之贼”，帝王“杀天下之人而尽有其布粟之富，而反不谓之贼呼？”此语将《庄子》中“窃钩者诛，窃国者侯”的古文言进行了白话阐释，清楚认识到帝王们的宫廷富贵生活完全建筑在老百姓的白骨与血泪之上，其只顾自己享乐而不管人民死活的行为，简直就是一个杀人魔王，完全足以判处其极刑。由是愤慨道："若上帝使我治杀人之狱，我则有以处之矣。"应以杀人之罪判处帝王重刑。他对专制帝王的这股疾恶如仇的怒火，除了政治批判之外，也包含穷书生的愤慨与怨气。

《抑尊》开篇就反对等级森严的专制体制，指出："圣人定尊卑之分……为上易骄，为下易谀；君日益尊，臣日益卑。是以人君之贱视其臣民，如犬马虫蚁之不类于我，贤人退，治道远矣。"，君主与臣民之间尊卑悬殊，君主往往视臣民如"犬马虫蚁"，从而"上易骄""下易谀"，这种制度离"治道远矣"。所以首先要破除帝王为圣君，为天神的观念："天子之尊，非天地大神也，皆人也。"《善游》篇也说："天子虽尊，亦人也。"把久已神化的君主还原到普通人的地位，脱去其神秘的面罩。这对崇拜帝王数千年的民族来说，是非常重要的启蒙。帝王就是披着伪装神圣的外衣，欺骗了中华民族数千年。遗憾的是，如唐甄这样能清楚认识此问题者毕竟是个别的，绝大多数民众依然无法从权力崇拜的泥潭中自拔。

同时，唐甄认为，在君主专制统治之下，社会最大的问题就是不平等，贫富悬殊，苦乐不均。许多王公贵族，生活奢侈，"一宴之味，费上农一岁之获，犹食之而不甘"（《大命》），"一袭之裘，值二三百金，其他锦绣视此矣；优人之饰，必数千金，其他玩物视此矣"（《富民》）。另一方面，"吴西之民，非凶岁为麦粥，杂以荞秆之灰，无食者见之，以为天下之美味也。"民众以杂粮粥汤度日，生活质量与贵族官僚真有天壤之别。而贫富悬殊的主要原因就在于官府贪吏的横征暴敛，《存言》篇谈到："吴中之民，多鬻男女于远方，男之美者为优，恶者为奴；女之美者为妾，恶者为婢，遍海内矣。"《富民》篇控诉道："民之毒于贪吏者，无所逃于天地之间。是以数十年以来，富室空虚，中产沦亡，穷民无所为赖，妻去其夫，子离其父，常叹其生之不犬马若也。"唐甄见此大声疾呼："人之生也，无不同也。今若此，不平甚矣！"（《大命》）对如此不平等的社会制度，表示了极大的愤慨。

从人的平等出发，唐甄并不认可当时社会"男尊女卑"、"夫为妻纲"的道德伦理及其制度架构。在当时社会中，妇女长期受到封建道德的桎梏，被压在社会最底层，成为男性中心社会的附属物，是极不合理的。《备孝》篇指出："父母，一也"；"男女，一也"。男女都是父母所生，不应有悬殊的差别，《内伦》篇谈到："今人多暴其妻。屈于外而威于内，忍于仆而逞于内，以妻为迁怒之地。不祥如是，何以为家！"《夫妇》篇也痛斥了社会上丈夫虐待妻子的卑劣行径，要求"五伦百姓，非恕不行，行之自妻始。"就是对妻女也应以恕道平等对待。唐甄对士大夫长期以来把夏、商、西周诸朝的灭亡归罪于一些嫔妃的偏见提出不同的看法，认为："女子，微也，弱也；可与为善，可与为不善"，关键在君主，"君有德，奸化为贤，君无德，贤化为奸”（《女御》）。

总之，“天下之官皆弃民之官，天下之事皆弃民之事，是举天下之父兄子弟尽推之于沟壑也，欲治得乎？”（《考功》）朝廷官僚都以剥削、压迫百姓为能事，以满足其统治集团的侈靡生活要求，这就是当时社会的运作核心。同时，统治集团内部争权夺利的斗争也相当残酷，“功名，险道也；君臣，险交也。不必直谏而险，直言亦险；不必临战而险，立朝亦险；不必事暴君而险，事贤君亦险”（《利才》）。说得非常精辟，在专制体制中，其统治上层都在风口浪尖上玩命，政治风险之诡谲，社会运作之黑暗不言而喻。

二、改革专制社会的天真空想

如何抑制君主权力及其至尊的地位，唐甄在《抑尊》篇中提出，君主要自觉抑制自己的尊位和权威：“位在十人之上者，必处十人之下；位在百人之上者，必处百人之下；位在天下之上者，必处天下之下。”在《施善》篇中要求：君主“接贱士如对公卿，临鄙夫如对上帝。”《尚治》篇要求君主生活俭朴，“处身如农夫，殿陛如田舍，衣食如贫士。”而“人君能俭，则百官化之，庶民化之，于是官不扰民，民不伤财。”（《富民》）。如何使位在天下之上的君主，自觉处天下之下呢？如何使君主能够平等对待每一个臣民呢？更如何使拥有天下主要财富的君主生活俭朴呢？唐甄都拿不出什么办法。在没有任何制度性条件的约束下，要求君主自觉抑制自己的权威，平等待人，生活俭朴，这只能是极其天真的幻想。

主张加强卿相职权以改良政治。要求“得一贤相，必隆师保之礼，重宰衡之权。”让贤相有实际权力以处理国事。以为：“国有贤相，法度不患不修，赏罚不患不中，用舍不患不明，毁誉不患至前，田赋不患不治，吏必尚廉，将必能逞，士必能死，府库充盈，奴仆慑伏”（《任相》）。似乎只要有一个贤能的宰相，国家就可无虞而大治。那么如何能选拔贤者担任宰相呢？就是古之所谓“尚贤”，“唯用贤为国之大事，治乱必于斯，兴亡必于斯”（《主进》）。在“尚贤”也就是选拔出贤能官员的问题上，唐甄主要对群臣无私力荐，君主虚心求贤，明君用贤之长的传统理念抱有很大希望，《主进》篇所谓：“惟贤君，然后能用贤臣；惟君能知人，然后能用知人之臣。”所以关键还是在于有一个好的君主。《达政》篇也说得很清楚：“有明君，则有贤辅；有贤辅，不患有司之不良；有司良，不患政事之不达。”其中充满着对“人治”的天真，及对“贤君”的渴望，而没有改良选拔制度方面的具体考量。

要求开放言路，允许“士议于学”，“庶人谤于道”（《省官》）。要求大臣直言：“直言者，国之良药也；直言之臣，国之良医也。……其上，攻君之过；其次，攻宫闱之过；其下焉者，攻帝族，攻后族，攻宠贵……是故国有直臣，百官有司莫不畏之；畏之，自天子始”（《抑尊》）提倡开放言路、直言救国者，历朝不乏其人，问题是直言者有几个会有好结果的？要使官、民言者无罪，要使君主害怕直言者，这是一个非常棘手的文化与制度需要全面改革的大问题，需对有关政治法律制度方面动大手术，绝非一厢情愿就能有所良好结果的。总之，在专制体制不改变的情况下，君主掌握着所有臣民的生杀大权，有几个人会冒着杀头的危险，即拿自己的生命作赌注去直言议政呢？所以大致情况只能如《远谏》篇所言："臣不敢谏，虽谏不直，直亦不尽。君不纳谏，虽纳不从，从亦不改。"

唐甄的法制意识也有一些特点，他认识到："有法而无实，国亡；赏罚不中，国亡"（《任相》）。法律要能真正制裁那些罪犯，尤其是对于横行不法的达官显贵和贪官污吏，主张严加惩处。《权实》篇特别强调："善为政者，刑先于贵，后于贱；重于贵，轻于贱；密于贵，疏于贱；决于贵，假于贱，则刑约而能威。"《卿牧》篇说："刑自贵始，自宠始，自近始。刑乃威，威则民畏。"刑法作为一种惩罚手段，应该严治有权势的高贵者，这点说得有相当道理，问题是如何实行？怎样才有可能实行？这方面唐甄没作什么论证。而法律应该保护一般民众之权利，而不仅仅是"后"、"轻"、"疏"的问题，这是中国传统知识分子的盲点，或者说中国古代社会的法律概念本身就存在很大的文化缺陷。由此，唐甄的刑法观是："刑者，残民之物，今名为刑，是示天下尚刑，非仁慈之号也"（《卿牧》）。所以主张"省刑"，《权实》提出："刑不可为治"，"德外无治，不言德而言刑者，犹医之治寒疾也。"就是说德治是第一位的，占主导地位，而刑法只是辅助手段。

鼓吹"民惟邦本"，宣传富民经济。《存言》篇说："立国之道无他，惟在于富，自古未有国贫而可以为国者。夫富在编户，不在府库，若编户空虚，虽府库之财积如丘山，实为贫国，不可以为国矣。国家五十年以来，为政者无一人以富民为事，上言者无一人以富民为言。"将富民与富国概念分开，要求"富在编户，不在府库"，要求"以富民为事"、"以富民为言"，认为"虽府库之财积如丘山，实为贫国"，非常了不起。敢于违背儒家义利观而提出："尧舜之道无他，耕 是也，桑蚕是也，鸡豚狗猪是也"（《宗孟》）。同时，坚决反对朝廷官府、贵族巨室对民间财富的掠夺，以柳树为例指出："不扰民者，植枝者也，生不已也；虐取于民者，拔枝者也，绝其生也。"要求政府"因其自然之利而无以扰之，而财不可胜用矣"（《富民》）。这种良好的"富民"愿望，可惜没有设计出一些相关的制度保障，所以充其量也只能是一些美好的空想。

《卿牧》篇提出六卿分责，百官尽职，共同治国的理想蓝图，其中有一个思想颇为深刻："今之议狱者，盗杀为重，财产为轻。乌知财产为四海之大命，有司轻之，恒不为理，理不得宜，亦不卒事。"是说当时官府基本没有保护民众私有财产的理念，一经司法大狱，往往倾家荡产。问题提得非常实在，但出路在何方呢？《大命》篇提出："天地之道故平，平则万物各得其所"的平等思想。认为世界上的事物都应该保持一个"平"，平等是处理好社会关系的重要原则。并且发出了人生无不同，世界不公平的呐喊，结果却仍然找不到出路。最后唐甄假设：“使我立于明主之侧，从容咨询，舍其短而用其长，以授之能者而善行之，可以任官，可以足民，可以弥乱，不出十年，天下大治矣”（《潜存》）。这种自欺欺人的幻觉，自负而且痴得可悲，隐含着知其不可而欲强为之的阿Q精神。当然幻想破灭后只能慨叹：“此古今所同叹，则亦莫可如何也已矣”（《鲜君》）。

许多论著将上述几位明末清初的文人学者赞誉为中国的启蒙思想家，我们以为此提法是不确切的。要知道：文艺复兴是用文艺的形式把人的价值观确立起来，以唤醒人们内心深处对人性的尊重和对自由的渴望；而后来的启蒙运动是在此基础上建构起一个怎样才能够尊重人性和保障自由的制度性框架，也就是如何用法律保障民众的基本权利的（人权）问题，从而对民主、法治理念的具体规范进行了深入的探索。上述几位明末清初的文人学者尽管有人提出了一些具有启蒙因素的政治主张，但总体思想层次根本无法达到启蒙思想家的高度，就是说在他们的思想中，根本找不到中国传统社会的出路。

中国历史上敢于抨击君主专制，反对迫害滥刑，提倡民本思想者几乎代不乏人，其中应以上述几位明末清初的文人学者最有代表性。然而对于确立人的价值观，并对民主、法治进行具体规范，或者说能把国家法律与保护民众基本权利两者统一起来的思想家却始终未有一人。从而在有关立法主体的方面，也提不出任何“主权在民”的有关法律规范。当然，问题不在于是否有人敢于提出这样的理念与规范，而在于由于历史与文化的局限而根本不可能有人能够如此思维，这是任何个人都无法逾越的文化范式。这就是为什么中国古代不可能产生启蒙思想家的根本原因。

第十一章　太平天国时期的法律思想

1851年1月11日，洪秀全在广西桂平县金田村率农民约二万之众起义，建国号太平天国。起义军由广西北上，经两湖沿长江东下，一路所向披靡。1853年1月占领武昌，3月攻克南京，定为都城，改称天京，部众号称百万。到1864年失败，前后坚持了14年，势力扩及十八省，达到了旧式农民“革命”的新高潮，涌现出一批农民革命领袖，其《天朝田亩制度》、《资政新篇》诸文件的有关理论水准也似乎达到了农民起义的巅峰，甚至还进行过一些社会制度方面的试验性实践。

中国古代社会农民的生活境况一般可用“水深火热”来加以概括形容，历代的农民起义确实是被残暴的统治者逼出来的，在无法维持生存的情况下只能揭竿而起，其遭受的苦难叫人同情，其在起义中所表现出的英勇无畏也令人起敬。然而其最后只能起到改朝换代工具的作用，更发人深省。一般都把原因归咎于农民阶级的局限，其实在起义队伍中不断出现中国的精英知识分子，其实践中表现出的文化模式并不仅仅代表农民阶级。我们认为，深层次问题是中国社会整个传统文化的局限。

我们以史料较为翔实的太平天国运动为例，对其革命领袖中的代表人物洪秀全、洪仁玕的政治法律思想进行分析，参之以一系列社会制度方面的试验性实践。可以看到，这场表面上似乎轰轰烈烈，骨子里其实依然在传统文化范畴中运作的“革命”，尽管已经渗入了一些近代先进的思想文化因素，但结果却还是一幕不堪回首的悲剧。

第一节　洪秀全的法律思想

洪秀全（1814年～1864年），原名仁坤，广东花县人，出身中农。七岁入村塾读书，十六岁时辍学务农，十八岁为村塾教师。从1828年到1843年，他先后四次到广州参加科举考试，终未能中秀才。多次科场失意，加深了对社会体制与儒家学说的愤懑不平，决定抛弃科举仕途的幻想，另辟革命起义之路。他从基督教的布道小册子《观世良言》中受到启发，与冯云山等篡改西方基督教的教义，创立了拜上帝会，开始利用宗教形式组织民众，图谋推翻清王朝，建立自己的政权。

图11-1　洪秀全像

1845 年到 1846 年，洪秀全撰写了《原道救世歌》、《原道醒世训》和《原道觉世训》等充溢着一些宗教激情的革命宣传品，为起义作舆论上的准备。从 1851 年起义，1853 年定都南京，到 1864 年病逝南京天王府，洪秀全的政治法律思想散见于他撰写的带有宗教性质的革命宣传品以及以天王名义发布的太平天国诏书、诰谕、法令等文件中，也从其革命活动的一系列制度实验中反映出相当详尽、复杂的思想路程。

一、拜上帝会及其教义、宣传与组织

每次农民起义想改朝换代，都必须找到是上天之意的根据，常常利用宗教迷信作为其起事的依据，也往往就此展开王权主义的文化宣传。秦末陈胜、吴广揭竿而起，就开始了这样的思维旅途，太平天国运动同样非常典型。有意思的是，洪秀全是向西方基督教借了一个上帝观念来作为农民起义的王权思想理论基础。

洪秀全在早年所著的《原道觉世训》中，编造出世界划分为“皇上帝”和“阎罗妖”两大“正”与“邪”阵营的对立和斗争的图景，“皇上帝”阵营包括其子女及其人民大众，“阎罗妖”阵营则是以清朝统治者为首的妖魔集团。洪秀全在用杨秀清名义发布的《太平救世歌》中，又提出“除妖安良”、“斩邪留正”诸口号，揭露清朝统治者以“妖法”桎梏人民、压迫人民的罪恶。为了冲破清朝统治的黑暗罗网，决定制定出代表人民大众意志的，体现“至公”精神的“天法”，去取代“妖法”，以消灭妖界敌人，保护人民大众。由是在起义过程中，洪秀全和有关领导人组织了“拜上帝会”团体，制定和发布了一系列诏旨、诰谕、条例、规则，作为神圣的“天法”，要求民众无条件服从。

同时，利用民族矛盾，以反满相号召。指出满族统治者“每年化中国之金银几千万为烟土，收花民之脂膏数百万为花粉。”“奈何满洲人以暴力侵入中国而强争其兄弟之产耶!”(《洪秀全集》第 23 页)。鼓励人们为眼前及未来的幸福造反，如一再号召：“眼前不贪生怕死，后来上天堂，便长生不死”(《谕众兵将遵天令诏》)。给“同打江山功勋等臣”许愿：“累代世袭，龙袍角带在天朝”。答应让造反者“在世则威风无比，在天则享福无疆”(《谕兵将立志顶天真忠报国到底诏》)。

最为重要的，是伴随起义及其政权建立而兴起的一场声势浩大的造神运动。造神者和被造者主要是洪秀全。洪秀全通过“拜上帝会”精心编造了一个上天受命，下凡救世，宰治天下的神话。洪秀全这样对基督教进行了适合其君主统治的文化改造：自称是上帝的次子、耶稣的弟弟，并称于丁酉年（1837 年）上过高天，亲自见到了上帝，上帝赐给他宝剑、金玺，封他为太平天王大道君王全，令其下凡为君主，所谓“奉上帝圣旨，天兄耶稣圣旨下凡，作天下万国独一真主。”“朕是天差来真命天子，斩邪留正”。还令人撰写《福音敬录》，来证明自己确曾上天受过天命等。这样，给自己赋予了神的品格，是上帝派到人间的代表，从而是“太阳”，是“真命天子”。（张德坚《贼情汇纂》及《太平天日》。）为了使人们相信其所编造的谎言，便和天国其他首领一起，运用诏书、布告、公文、外事往来的文书谈话、会试出题、对《圣经》的批解、编写供孩子识字的启蒙教材、做礼拜讲道理，甚至找人作为旁证等各种方式，大张旗鼓地进行着广泛深入的宣传。

洪秀全既然是神，那么，天王的国为天国，天王的口为天口，天王的言为天言，理所当然地具有至高无上的权力，任何人都要绝对服从。同时，将一切敌对和不合他们口味的人物、政治、文化，极力加以妖魔化，凡不合造反需要的话语统统叫做妖言。洪秀全不仅自我神化，还神化他的儿子。宣布把幼主过继给耶稣，兼祧二宗，“朕立幼主继耶稣，双承哥朕坐天都”，这样“代代幼主上帝子”，以保证天王的继承权不旁落他人，防止臣下僭越篡权，从而建立起万世一系的家天下王朝，“天朝江山万万年”（《打死六兽梦兆诏》）。还包括杨秀清、肖朝贵搞的“天父”、“天兄”下凡附体等一系列连他们自已都可能不相信的鬼把戏。所以洪秀全的上帝决不是西方社会的“平等博爱”之梦，而是中国农民兄弟的复仇王权之神，可以说太平天国已经把基督教改造成完全适合中国传统王权统治的怪物，或可称其为邪教，太平天国就是一个将西方宗教中国化的政教合一政权。

二、平等、平均口号与有关实践

每次农民起义都有各自的特点，但大多提出了一些空想性的平均、平等的口号，或制定有平均主义的纲领性文件。最值得探讨的是太平天国运动，它把平均主义理想贯彻到更为广泛的领域，在金田起义时，洪秀全就下令取消私有财物，实行举家从军，“彼等已将田产屋宇变卖，易为现金，而将一切所有缴纳于公库，全体衣食俱由公款开支，一律平均”。其后加入者，也同样如此，“临行尽毁从者家，欲其无所恋而甘为之死”。在内部实行以“圣库”为核心的类似军事共产主义式的供给制，使人人无后顾之忧，在社会上则在一定程度上剥夺官僚富绅浮财。“令凡拜上帝者团聚一处，同食同穿，人不遵者即依例逐出”（《洪仁玕自述》）。过着较为平等、平均的生活，因此内部也较团结，战斗力颇强，故能成燎原之势。

广西金田起义之初，领袖们的表现也还差强人意。洪秀全、杨秀清们明确宣布，要建立一个“天下一家，共享太平”的理想世界。起义初期，官兵上下，“皆布衣蓝褛，缝数寸黄布于衣襟，以为纪号，囚首垢面，鹑衣百结者，比比皆是。即首逆洪秀全、杨秀清等，亦止红袍红风帽而已，打仗则短衣赤足，取其登涉轻便”。一般见面拱手而已，甚至把“凡打躬叩首，皆呼为妖礼”。见洪秀全也只是一膝跪地，并无繁琐礼节。官兵上下，大体过着平等、平均的生活。众首领“自草莽结盟，寝食必俱，情同骨肉，且有事聚商于一室，得计便行”。“一路士民乐从，秋毫无犯”。（张德坚：《贼情汇纂》）

1853 年 3 月攻克南京并定都于此，颁发了《天朝田亩制度》，洪秀全以改革封建土地所有制为核心，描绘了一个绝对平均主义的理想天国。他宣布一切土地都归国有，所有土地按人口平均分配给农民，“凡天下田，天下人同耕，此处不足则迁彼处，彼处不足则迁此处。”不论男女，十六岁以上按一口分田，十五岁以下减半，田有好坏，搭配各半。甚至每家每户土地以外有财产也要“通一式”，如值桑、养蚕、喂猪、饲鸡之类。每二十五家组成一“两”，设一国库，除每家所需口粮外，其余全由国库保管支配，每家的婚丧诸事“俱用国库，但有限式，不得多用一钱”。这就是洪秀全设想的“天下共享天父上天皇上帝大福，有田同耕，有饭同吃，有衣同穿，有钱同使，无处不均匀，无人不饱暖”的理想社会。

太平天国癸好三年新鐫

天朝田畝制度

图 11-2　洪秀全制定的《天朝田亩制度》

这是一个被严格组织起来的集体化生活场景，一幅权力高度集中的社会结构蓝图，它需要具有极大权威的行政力量来支配执行，乃至要求建立在社会准军事化的基础之上。所以这种绝对平均主义的空想在当时是无法推行的，尤其在战争还在激烈进行的时候，太平天国政权统辖的主要地区都没有进行这一平均主义的试验，就是说并没有废除原来的土地所有制，而大都采取“照旧交粮纳税”的政策。当然，太平军所到之处，地主被迫减租，有的农民甚至抗交田租。农民得到一定实惠，对革命事业的发展起了重要作用。

值得研究的是：一度在天京等地推行了类似“共产主义”方式的财产平均制度。首先是废除生产资料的私有，对军民各等人，一律实行供给制。天朝宣布：“店铺买卖本利，皆系天王之本利，不许百姓使用，总归天王”（《金陵述略》）。“天下农民米谷，商贾赀本，皆天父所有，全应解归圣库，大口岁给一石，小口五斗，以为口食而已”（张德坚：《贼情汇纂》）。接着是对民间一度废除家庭，实行男女隔离，人人过集体化的军营生活。这本来在太平军内部实行的制度，遂推行于攻克的城市。虽夫妻、母子不得相聚，“男有入女馆者，无问军民杀无赦”（胡恩燮：《患难一家言》），“虽夫妻同宿，也视同犯奸，治以极刑”（罗尔纲：

《太平天国史事考》)。再次是废除商品货币，禁止贸易往来。宣称："天京乃定鼎之地，安能妄作生理、潜通商贾"(马寿龄:《金陵癸甲新乐府》)。把天京分散的手工业者集中起来，在"诸匠营"、"百工衙"中进行生产。有木营、金匠营、织营、金靴营、绣锦营、镌刻营，"总之，掳得诸色目人，则分送各匠营，及各典官处，谓之听使，各储其材，各利其器，凡有所需，无不如意"(张德坚:《贼情汇纂》)。

天京城里的"共产风"闹得几乎不可收拾。居民粮食定量供给，整个京城每月所需口粮约三十余万石。当时战争频仍，敌人封锁，粮源不继，几个月就出现了粮荒。1854 年夏，改为"一概吃粥"，人民吃不饱，尤其是女馆中的妇女，"自癸丑岁五月后，每人给米四两，惟许食粥，违者立斩。其总制军帅诸伪官，复从而减克之，妇女不堪其苦，前后死者无数"(张德坚:《贼情汇纂》)。如此军民逃亡不断，《东王杨秀清劝告三就人民诰谕》称："迨其后仰承天意，分为男行女行，以杜淫乱之渐，不过暂时分离，将来罪隶诛除，仍然完聚，在尔民人，以为荡漾我家资，离我骨肉，财物为之一空，妻孥忽然尽散，嗟怨之声至今未息。"。这种荒唐的实验，不得不在 1855 年初宣布废止。此类用共产平均主义改造社会的实践，只留下一份悲剧性的历史记录。百余年后的人们依然重蹈覆辙，亦可见这一传统强势文化对中华民族的无穷魅力。

那么，革命领袖们的生活如何呢？定都天京后，洪秀全"改两江总督为伪天朝宫殿，毁行宫及寺观，取其砖石木植，自督署直至西华门一带，所坏官廨民居不可胜记，以广基址，日驱男妇万人，并力兴筑，半载方成，穷极壮丽"。毁于火后，"四年(1854 年)正月复兴土木，于原址重建伪宫，曰宫禁。城周围十余里，墙高数丈，内外两重，外曰太阳城，内曰金龙城，殿曰金龙殿，苑曰后林苑，雕琢精巧，金碧辉煌"(张德坚:《贼情汇纂》)。开始按照帝王的规则生活，深居不出，后妃众多，纵情享乐。杨秀清的东王府，也"土木冠绝天京"，"所贮珠玉宝器，价不可以数计，陈设纵横，天王宫迥不及也"。东王出行，仪仗队多达千人以上(《天京录》)。

在圣库供给制度之下，天国上下都不领俸禄，是按等级供给衣食器物，原则上从天王到士兵也都不准私蓄财产。然而事实上高层将领在通过各种渠道，以获得各类财宝，拥有私藏。特别是天王，几乎是据国库为私藏。曾国藩《贼酋分别处治粗筹善后事宜摺》载："讯问李秀成据称，'昔年虽有圣库之名，实系洪秀全之私藏，并非伪都之公帑。伪朝官兵向无俸饷，而王长兄次兄且用穷刑峻法搜括各馆之银米。苏州存银稍多于金陵，亦无公帑积储一处。惟秀成所得银物，尽数散给部下，众情翕然。此外则各私其财，而公家贫困'等语"(罗尔纲:《忠王李秀成自述原稿笺证》)。而太平军"顺克苏州后，忠王缴现金七十五万两于天京，又运输大量食粮入京，足供四十万人一年之需，而忠王另将现款一百五十万元及无量数之宝物尽入私囊云”（简又文：《太平天国典制通考》）。据说苏、杭前线告急，忠王要率军离开天京，天王要他拿出十万两助饷银才准南行，忠王凑一凑家中首饰就拿了出来（一说是七万两）。可见诸王私藏各类财产之巨，令人瞠目，1861年封王增至十多个，1863年又封一批达九十多个，其后太平天国已临败亡，然而亲戚封王、捐钱封王，竟达二千七百多个。封王会如此之滥，也充分说明其拥有的特权。

在天京城大刮“共产风”，对下级官兵和民众实行禁欲主义和苦行主义，要求大家过共产平均、艰苦无欲生活的同时，天国的首领们却相对过着极其富足奢淫的生活，追逐声色犬马之乐，形成极大的反差。所以《天朝田亩制度》是把平均主义与封建特权交织在一起，在让广大民众过所谓整齐划一的平均生活的同时，明确规定天国的“功勋等臣世食天禄”，且等级森严，上尊下卑，上贵下贱。说明平均主义成了封建特权主义存在的前提，它在一定条件下的对立，又在一定条件下的相互依存。废除私有制，回到王有制或国有制，表象上看是平均主义的诱人理想，似乎具有反剥削反压迫的进步色彩，而实质上它是王有制与封建特权的基础，它只能是一种历史的倒退。

三、所谓“男女平等”的法律主张

洪秀全在其早期所著的《原道醒世训》中，对男女平等问题作过如此的阐述：“天下多男子，尽是兄弟之辈；天下多女子，尽是姊妹之群，何得有此疆彼界之私，何可起尔吞我并之念?”据说，太平天国政权也制定过否定买卖婚姻、男女平等、婚姻自由的法律。所以一些论著认为：“在太平天国境内，确实出现了伟大的妇女解放运动。太平军把妇女看作姊妹，与看作兄弟的男子平等。在婚姻上，‘凡天下婚姻不论财’（《天朝田亩制度》）。在经济上，‘凡分田照人口，不论男妇’（同上）。在政治地位上，女官与男官同等，最高官级是女军师正副又正副四人；开科取士，男女同有应试权。在军事上，有女军四十军……在生产上，设立女馆，学习工艺。在军律上，‘凡强奸经妇人喊冤，定即斩首示众，妇女释放。’其他如禁缠足，禁买卖奴婢，禁娼妓，禁人民畜妾，所有恶俗，悉数铲除。这是相当彻底的妇女解放运动”（范文澜：《中国近代史》）。果真如此吗?

在起义发动早期，洪秀全就开始拥有不少后妃、娘娘。《洪大泉自述》说：“洪秀全耽于女色，有三十六个女人。”所以在《永乐封五王诏》中已称：“继自今，众兵将呼称朕为主则止，……后宫称娘娘，贵妃称王娘。”定都天京后，洪秀全像皇帝一样，可在各地选妃，如“在武昌选四十人，至江宁选百八人”，“贼又取美女七百置诸舟，送金陵，备伪天王妃嫔用，曰贡女。每岁一贡，总计凡四贡”（王步青：《见闻录》）。据他儿子的《幼天王自述》说：“有八十八个母后，我是第二个赖氏所生。”宫女更是数以千计。

诸王也同样妻妾成群，如东王嫔妃实只略少于天王，也有数十人之众。洪秀全颁发的“妻数应依官阶大小而多少不等”的《多妻诏》曰：“今允东王、西王各十一妻，自南王至豫王等各六妻，高级官员三妻，中级官员二妻，低级官员以及其余人等各一妻。自高而低，依级递减，上多下少，切莫妒忌。”诸王还往往利用权势强纳民女，如忠王李秀成在苏州强行纳妾，毛氏女“坚决不从”，被逼“夜半自刎”（谢绥之：《血丛钞》）。从诸王府中妻妾成群，宫女上千的情景看，统治者们作威作福，实行着一夫多妻制，生活之侈靡无须赘言。然而级别低的官兵，则有男女之禁，连夫妻同居也在禁止之列。军队也是男营、女营分立，不得交往与正常婚配，真荒谬绝伦之极。

洪秀全所写《幼学诗》中，就宣扬：“妻道在三从，无违尔夫主”；“妇道总宜贞，男人应不近”。洪秀全对宫中妇女的管理更是十分严格，规定十该打：宫女若“服事不虔诚”、“硬颈不听教”、“起眼看丈夫”、“问王不虔诚”、“躁气不纯静”、“讲话极大声”、“有喙不应声”、“面情不欢喜”、“眼左望右望”、“讲话不悠然”，都属于该打之列。又有所谓四不准：“一不准多喙争骂，二不准响气喧哗，三不准讲及男人，四不准讲及谎邪”（《天父诗》）。官方文书《天父诗》、《幼主诏书》等文件都进行着男尊女卑、三从四德的说教。天王在深宫中，动辙靴踢有孕王娘，杀戮误窥王居的宫人，等等。可见，太平天国尽管提出某些提高妇女地位的设想，或也在某些方面进行一些实践，但在其上层统治者行为中，依然把妇女捆绑在三从四德的封建囚车上，甚至可以任其玩弄宰割。

在如此的统治集团生活氛围影响下，在太平军一度占领的有关地区中，可以说我们基本看不到在男女平等、婚姻自由诸方面有什么显著的改观。在婚姻上“凡天下婚姻不论财”，实在是空想。在经济上“凡分田照人口，不论男妇”，也几乎没有实行过。在政治地位上“女官与男官同等”，有学者指出：“在太平天国整个职官体系中，女官的地位无足轻重，主要是负责管理女馆，承担王府中的各种杂役，而且不少人属于职同、恩赏性质的虚衔，根本不能参与机要或共谋军政大事。”（夏春涛：《天国的陨落》，中国人民大学出版社 2006 年版，第 353 页。）开科取士“男女同有应试权”，经后人考证所谓“女状元”传说纯属子虚乌有。按照礼制，诸王府内不允许其他男姓居住，由于废弃宦官制度，所以文秘、执事一律由女子担任。太平天国曾于 1853 年在南京专门组织女子考试，旨在物色到各王府供职的文秘人选，这种考试与科举完全是两回事，考取者的地位与诸王的关系也相当微妙。在军事上“有女军四十军”与在生产上“设立女馆学习工艺”，这两点倒不假，难道令妇女在战场上拼命、在工场中劳作，也算男女平等？如对南京全城民女按照军事编制，每 25 人为一馆，从事削竹签、挖壕沟、抬瓦、运粮、割麦、搓麻绳等体力劳作，善女红的则编入绣锦衙，所有劳作领不到任何报酬，仅有口粮供应，实属战时体制下的徭役。总之，一些论著所说：太平天国在中国历史上第一次废除了有关制度，把广大妇女从人吃人的封建礼教中解放出来等观点，不知从何说起？

四、严刑峻法思想与残酷实践

在起义之前，洪秀全宣传过“尚和”、“止杀”的思想。而起义后，面对激烈的战争环境和复杂的斗争形势，思想上完全进入一种亢奋状态，力杀敌人、消灭奸细、严惩违法……成为其日常生活方式与思维方式。同时，在内部争权夺利日益严峻的形势中，也认识到需要用严刑峻法来维护等级特权、打击异己分子……所以，在其体制中很快形成比清朝统治更为严酷的刑法惩罚制度。太平天国刑罚主要有枷、杖、死刑三种：其枷轻重无定式，时用三人一枷之重枷；杖自五至二千，被杖者往往不免一死；死刑除绞、斩外，还有桩沙剥皮、五马分尸、点天灯等残酷手段。其他酷刑五花八门，并无定制。

永安建制时，洪秀全模仿摩西十诫，制定了《十款天条》，它既是拜上帝会教徒的行为规则，也是太平天国政权的革命纪律与法律规范。定都南京后，又详尽制定了有关的刑事法律：《太平刑律》六十二条。内包括违反教规罪十一条，通敌谋反罪六条，违反军纪罪二十六条，不敬长官罪五条，奸邪淫乱罪四条，私藏盗卖财物罪三条，斗殴赌博罪两条，传播邪教思想罪五条。为了保证有关“理想”与政策的实现，洪秀全提出实行“逆者议罪”主张，即对任何破坏有关制度与涉及财产犯罪者严惩不贷。如财产方面，《太平刑律》规定：“凡私藏金银者……定斩不留”；“凡典圣库、圣粮及各典官，如有藏匿盗卖等敝，即属反草变妖，即治以点天灯之罪”。《太平天国诏旨书》中也有同样的诏令：“通军大小兵将，自今不得再私藏、私带金宝，尽缴归天朝圣库。倘再私藏私带，一经察出，斩首示众。”

从广西一路杀出来，凡攻占一地，未及逃走的青年一律被胁迫参军，否则斩首。占领南京后，又大开杀戒，凡满清官员、满族百姓、僧尼道士、商贩大贾，乃至一些知识分子，或杀头或办罪，许多人不堪凌辱和被杀，就举家自杀，整个南京城一片血腥。对各类异己分子的惩处相当严酷。《太平刑律》规定：“凡我兄弟如有被妖魔迷蒙反草通妖……即治以点天灯、五马分尸之罪”。“凡有人私带妖魔入域或妖示张贴谋反诸事……定将此人点天灯，其知情不报者一概斩首不留”。“凡有反草通妖之人……通馆通营皆斩首”。总之，对反对拜上帝教、装神弄鬼者，行“天诛”；宣传信奉异教者，杀无赦；对通敌、谋反等反革命分子，均处重刑。甚至“凡剪发剃胡括面，皆是不脱妖气，斩首不留”；还有诸如赌博、吸洋烟、吃黄烟、饮酒、私藏金银剃刀、口角打架、夫妻同宿、私学孔孟妖书、辱骂长官、不按规定食粥而食饭、见诸王出巡不跪于道旁，等等，都能立时身首异处，所谓“但犯天条者无生理”。其刑罚之残酷程度，已无理性可言。

天朝等级森严，宝塔顶端的洪、杨诸人，头冕王爵，口含天宪，对部下和百姓可以滥施淫威，动辄斩首，甚至点天灯、五马分尸。王、侯、丞相出驾，朝内军中大小官兵“如不回避，冒冲仪仗者，斩首不留”。如秦日纲的马夫因见杨秀清的同庚叔没有起立，即惨遭五马分尸的酷刑。《太平刑律》甚至规定：“凡兄弟俱要熟读赞美天条，如过三个礼拜不能熟记者，斩首不留。”“凡挑濠沟筑土城，一切军中事务如有口出怨言者，斩首不留”。太平天国颁布的一系列禁令及有关实践之严酷程度，已经超过满清王朝。

五、王权主义的深刻影响

农民起义依然是个痴迷的王权主义实践群体，尤其是那些最高层的领袖们。洪秀全不论在太平天国前期还是后期，始终以“朕”自称，摆在皇帝的位置之上。起义之初就规定：“凡一军一切生死黜陟等事……军师奏天王，天王降旨，军师遵行”。1848年他写成《太平天日》，自称“真命天子”，被皇上帝封为“天王大道君王全”。并不断神化自己，称“朕是太阳”。1851～1852年他颁行《幼学诗》，把天朝的秩序规定为：“天朝严肃地，咫尺凛天威，生杀由天子，诸官莫得违。”提出“王独操权柄”。1853年他颁行《建天京于金陵论》说：“天王亲承帝命，永掌山河。”一直着意宣扬自己是“万岁君王”，是“万民之主”，并重视君臣之道，“总要君君、臣臣”，向臣民灌输绝对服从的忠君观念，提倡盲从与奴性，在他看来，只有对他绝对服从的人才能进入天堂，否则就要被贬入地狱。

并完全按照帝王的统治秩序来对待臣民，臣民遇天王必须高呼：“万岁、万岁、万万岁”。君臣之礼繁琐，除杨秀清站奏，余则要跪奏，完全因袭明清王朝的君臣之礼。还下诏全体官兵，一律“学习为官称呼问答礼制”，严格规定，人们见着天国各级官员，必须“各回避，首旁呼万岁、万福、千岁……”如有不遵，严加惩处。如规定：“东王、北王、冀王及各王驾出，侯、丞相轿出，凡朝内、军中大小官员兵士，如不回避，冒冲仪仗者，斩首不留。”更不用说天王洪秀全驾出的森严礼节与浩大场面。明令“总要君君、臣臣、父父、子子、夫夫、妇妇”，重新拾起三纲五常那一套，其等级之森严，比清王朝有过之而无不及。以洪秀全为首的统治集团实已变为高居于群众之上的皇帝贵族，千百万原来的“兄弟姊妹”沦为治下之子民。天王明文宣称：“肃体统，大一尊，一人垂拱于上，万民咸归于下”（《太平天国印书》），已是地地道道的封建帝王。

洪秀全登上天王宝座，就想方设法维护“一家一系”的王权地位，他封幼主洪天贵福为万岁，从而建立起万世一系的家天下王朝。当然这家天下王朝的巩固也必然要付出昔日战友之间互相争权夺利、乃至互相火并厮杀的残重代价。天京洪、杨、韦内讧，使二、三万天朝战士刹那间倒在同胞的血泊之中，这类悲剧其实并非偶然，而是其内在的王权主义文化传统主导着农民政权运作逻辑之必然后果。

在经济上明确奉行王有制或国有制经济形态。1853年颁布的《天朝田亩制度》规定：“凡天下之田，皆天王之田。”其田分九等，按人口分田之制源于《周礼》。规定每家饲养家禽家畜“五母鸡，二母彘”的定额抄自《孟子》。不要商品经济，物资由国库统一调配：“凡当收成时，两司马督伍长除足其二十五家每人所食可接新谷外，余则归国库；凡麦豆、苎麻、布帛、鸡犬各物及银钱亦然。盖天下皆是天父上主皇上帝一大家，天下人人不受私，物物归上主，则主有所运用，天下大家处处平均，人人饱暖矣。”“凡二十五家中所有婚娶、弥月喜事俱用国库。”“其余鳏寡、孤独、废疾免役，皆颁国库以养。”此类王有制经济政策被不断重审。如“天下农民米谷，商贾资本，皆天父所有，全应解归圣库”。1860年洪秀全在《王长次兄亲自亲耳共证福音书》中说：“天下万郭人民归朕管，天下钱粮归朕食，朕乃天父上帝真命子。”并认为天下人只是在享受着天王的种种恩赐，“天下之人，尽是食朕、衣朕，用着、看着、听着都是朕畀的。”

这一王有制经济模式绝非代表历史的进步，而是“普天之下，莫非王土”的翻板。它表面上有所谓农民平均主义的理想，实际上体现了天国的主宰者拥有国家主要财产：土地，并掌握国家财政和均衡天下劳役的设想。天王是上帝派遣的真主，各级乡官代表着他的支配权，监督农民履行侍奉其主的义务：能遵命力农者则为贤良，或举或赏；或违命惰农者则为恶顽，或诛或罚。由是，农民成为天王的农奴，全国民众都成为王权的服役者。这种制度即使在当时的社会推行，也谈不上有什么进步意义。

有人认为太平天国政权反孔，如洪秀全曾拆除村塾的孔子牌位，所以它有一定的反封建性质。其实太平天国反孔主要是为树立皇上帝的独尊权威，而要民众排斥其他的偶象崇拜。洪秀全反孔还有因为自己屡试不第，而发泄自己不得清廷所用的不满之情。另一方面，太平天国在事实上又极力尊崇儒家的基本思想概念。如帝王思想、三纲五常、男尊女卑、等级名分、上智下愚、宗法观念，等等，都浸透于太平天国的官方文书之中。比如历代王朝规定有严密而繁琐的封建礼制，包括登极、郊天、上尊号、立宗庙等仪式，还有圣讳、庙讳、御讳等一套复杂的文字桎梏。太平天国并没有摆脱这个窠臼。太平天国规定有繁琐的朝仪、服饰、舆马、仪卫等王者之制。仅就洪仁玕宣谕发布的《钦定敬避字样》，其避讳面广，要求严繁，便可窥见太平天国等级之森严，王权主义之浓厚。“一是避讳面广：人名、地名、物名、事件，等等，在人名中有皇上帝、救世主、真主、幼主、赎病主、主将、主宰的名字以及洪秀全的父亲的名字；二是森严：‘依字义之尊卑或四抬、三抬、二抬、一抬，不得亵渎也。’同一王字，使用上又有严格规定，除天父、天兄、天王、幼主可单独称王外，余则称列王。天朝宣布，如有对避讳制度‘犯与僭者难免倒乱纪纲之诛’；三是繁琐，为了避讳，新造了不少古怪的字，……四是突出皇权：‘一切至尊至荣之字，必在天父、天兄、天王、幼主分上方可得用’，如圣字专用于天父、天兄、天王、幼主、代代幼主”（沈嘉荣：《太平天国政权性质问题探索》）。

总之，其所采用的王权独裁制、后宫选妃制、官僚等级制、残酷刑事制……都与任何王朝政权在实质上毫无二致。可以说，洪秀全思想的核心就是王权主义，其革命的实践也几乎围绕此核心而运作，而谈不上有多少进步的东西。

第二节 洪仁玕的法律思想

洪仁玕（1822年～1864年），字益谦（一作谦益），号吉甫。广东花县人，洪秀全族弟。少习经史，累试不第。1843年为村塾教师，参加拜上帝会，应聘致清远教书。1851年金田起义，洪仁玕应召赴广西追随，因大军转移而返。1852年避居香港，得传教士之助，于牧师处教书，又任牧师数年。1859年才到达天京，时值太平天国内乱之后“朝中无将”，遂被洪秀全封为干王，总理朝政。

洪仁玕为表现自己的才能，很快作《资政新篇》呈洪秀全，被批准于是年刊刻颁行，成为太平天国后期重要的纲领性文件。继撰《立法制喧谕》、《克敌诱惑论》、《兵要四则》等文，合刊为《干王洪宝制》。1864年7月天京陷落，后被俘，作有供词（即《洪仁玕自述》），11月就义于南昌。所作诗文，尚有《太平天国己未九年会试题》、《英杰归真》、《诛妖檄文》等。

图 11-3 洪仁玕《资政新篇》

洪仁玕由于其特殊经历，思想方面的确超越了其他太平天国领导人的狭隘眼界，似乎已具有近代资产阶级的一些文化素质，其《资政新篇》要求在政权内实施一些较为进步的改革。然而其主张在太平天国没有引起共鸣，也没有得到真正的实践，加上他自己不可跨越的文化局限，也就不可能挽救太平天国革命。

一、法制为先、度势行法与教法兼行

洪仁玕来到天京，正值杨韦事件之后，政权日衰，法纪废弛，太平天国面临严峻局面。洪仁玕授权于危难之时，积极寻求救国方策。《立法制喧谕》文告开宗明义：“国家以法制为先，法制以遵行为要，能遵行而后有法制，有法制而后有国家，此千秋不易之大经，而尤为今兹万不容已之急务也。”认识到法制对于国家之重要，为治国之本。指出现代西方一些资本主义国家之所以强盛，是因为“邦法宏深”。如英国“于今称为最强之邦，由法善也”。

《英杰归真》中指出，国家不但要“立法制”，而且要“立法当”、“立法善”。那么如何使“法善”呢？需要“因时制宜，度势行法”。认为：“凡一切制度考文，无不革故鼎新”才能“兵强国富，俗厚风淳”。还很形象地说：“夫云净而月明，春来而山丽，衣必洗而垢去，物必改而更新，理之自然者也。”洪仁玕认识到社会在进化，事物有变化，立法应该跟上时代的发展要求，就是“视乎时势之

变通为律”。同时，又谈到：“盖法之质在乎大纲一定不易，法之文在乎小纪每多变迁。”法律一旦制定又有相当的稳定性，然而“小纪”方面仍得随时而变化，最好“更当留一律以便随时损益小纪，彰明大纲也”。总之，他用“律法者无定而有定，有定而无定”之言，来说明立法的“变”与“定”之间有一定的辩证关系。

洪仁玕在《资政新编》中谈到“设法”与“用人”两者的关系：“用人不当，适足以坏法；设法不当，适足以害人。”所以立政的关键“惟在设法与用人之得其当耳。”认为立法者应该是贤智之士，不仅深谙律例，且有高尚品德；不但对前人的遗产要批判地继承，且对西方列强的法制也要善于学习；同时要洞悉人情，贴近现实，以易于执行。执法者必须以身作则，带头遵纪守法；应该刚正不阿，不畏权贵；严格赏罚制度，有功必赏，有过必罚。并主张一切法令，“先要禁为官者，渐次严禁在下”；对于那些结党营私、拥兵自重、触犯刑律者，虽身居高位，也必依法惩处。

面对天京事变的严重恶果，《资政新编》特别强调了内部团结问题。提出：“倘中邦人不自爱惜，自暴自弃，则鹬蚌相持，转为渔人之利，那时始悟兄弟不和外人欺，国人不和外邦欺，悔之晚矣!”鉴于有人结盟联党，分裂队伍，在“用人失察”中首列“禁朋党之弊”。最后语重心长地说：“今因人心冷淡，故锐气减半耳。”“师克在和，不和则人心不一，不一则涣，何蓄锐之有？故廉蔺相和，而秦有十五年不敢出函谷关者此也。”团结问题被摆到关系国家生死存亡的高度，其实团结问题也是一个法制问题。团结能否搞好，关键在法制与领导。这似乎也是在对洪秀全进行适时的讽喻。

洪仁玕在主张“法制”的同时，还提出“刑外化之以德”，实施“德化于前，刑罚于后”的原则，反对不教而诛，要求“教法兼行”，也就是德治与法治双管齐下。德化教育不但要使人懂得“纲常伦理”，而且要知法守法。教育方法可多种多样，包括新闻报纸的宣传、公开审判的震慑、社会风气的改良，鼓励人们多去办一些有益的事业，如开办学馆、医院、礼拜堂之类，做到“教行则法著，法著则知恩”，人们在这样的教化下“才德日生，风俗日厚”，达到“不刑而自化”，“不禁而自弭”（《资政新编》）的境地。

针对太平天国存在的轻罪重刑、无罪牵连、屈杀无辜等现象，洪仁玕主张以罪量刑，严格区分轻重等级，对轻犯不仅不施以重刑，而且应予以“善待”，实行劳动改造，使其改过自新。对轻犯应“刑止一身”、“罪人不孥”，反对株连无罪，动辄“通馆能营皆斩”，这样会驱友为敌、逼人造反。当然对于重犯还是要株连其直系亲属的。洪仁玕还主张改革死刑执行方式，废除五马分尸、点天灯等酷刑，主要采用大架吊死的办法。

二、向西方资本主义学习

洪仁玕居留香港多年，对资本主义有所接触也有所了解，其《资政新编》在政治、经济、社会诸方面提出了一系列有关的改革主张。

在政治制度方面，他主张仿效西方国家，创立“新法”，建设舆论监督机制。认为西方强大的主要原因是“法善也”，尤其称赞美国的官员选举制度“有事各省总目会议，呈明决断。取士、立官、补缺，及议大事则限月日，置一大柜在中廷，令凡官民有仁智者写票公举，置于柜内，以多人举者为贤能也，以多议是者为公也。”还推崇西方新闻舆论在政治中的监督作用，指出最高统治者若收新闻“以资圣鉴”，“则奸者股栗存诫，忠者清心可表，一念之善，一念之恶，难逃人心公议矣。人岂有不善，世岂有不平哉?”专门提出了“新闻篇”的系统设想和方案，要点有：设新闻馆、兴新闻官收集舆论，“以收民心公议”，使“上下情通”。监督官吏，将官吏置于“人心公议”之下，“有新闻篇以泄奸谋，纵有一切诡弊，难逃太阳之照矣”。要求新闻“只须实写，勿着一字浮文”，“倘有伪造新闻者，轻者罚，重者罪”。每二十里建一书信馆，“以为四方耳目之便”。传播交流各种商贸信息，促进经济繁荣。所谓“上览之得以资治术，士览之得以识变通，商农览之得以通有无，昭法律，别善恶，励廉耻，表忠孝”。认识到新闻报刊的作用，要求新闻官不受众官节制，“独立”行使权力。

在经济制度方面，《资政新编》的架构方面与《天朝田亩制度》的经济思想已大相径庭。《资政新编》的历史作用在于它抛弃了那些不切实际的空想，勇敢地承认了能人的创造性劳动和富者经营的事业的价值和正当性。主张引进资本主义国家的科学技术，奖励发明创造，还主张保障发明专利，“有能造精奇利便者，惟其自售。他人仿造，罪而罚之”；建议发展交通事业，包括兴建铁路、公路，修浚河道，兴修水利，建造轮船等；提倡正常的对外贸易，鼓励富民投资工商业、银行业、保险业、邮政业、办“学馆”和各种社会福利事业，“准富者请人雇工”；允许私人开矿办厂，由“总领”、“国库”、“开采者”三方按成分利；总之，保护商品经济生产，允许雇工剥削，乃至鼓励自由竞争的经营方式，提高商贾的社会地位。从而把旧式的农民战争与切合中国当时需要的历史进步事业直接联结起来。

在文化教育和改革社会旧习俗方面，提倡兴办有利于社会文化进步的公共事业，如医院、学馆、礼拜堂、报馆等；奖励发展慈善事业，办育婴堂、养老院等。积极改良社会风气，如严禁吸食鸦片、买卖人口、女子裹脚、溺婴、卖淫、赌博……还主张改造惰民，解放生产力。“拯民出于迷昧之途，入于光明之国。”主张国与国之间自由通商，平等往来，重申严禁“洋烟”的法令：“外洋入口之烟，不准过关，走私者杀无赦。”

洪仁玕的以上主张，既反映了他在近代社会初期受到西方文化的影响，也包含有部分的传统思想文化，对太平天国当时的紊乱弊政，或能有所对症下药。问题是由于客观条件的限制，他的各种主张与主要措施并未能真正实施，但不能说洪仁玕的纠偏工作没有一点实际效果。进入19世纪60年代，太平天国统治地区街市繁荣，“商店充塞着商品，处处都显出兴旺景象”（哈唎：《太平天国革命亲历记》），便是很好的说明。当然，此政权当时已病入膏肓，再好的良药已经作用不大。

三、王权主义倾向的分析

此外，洪仁玕对资本主义其实还是一知半解，尤其在政治上仍没有摆脱传统知识分子的固有局限，可以说并没有跳出王权主义的藩篱。沈嘉荣的《太平天国政权性质问题探索》一文指出：《资政新篇》“全文的中心要旨似在顶天扶朝纲，强化皇权。禁朋党、除奸保良，以防君之权谋下夺，实现‘自大至小，由上而下，权归于一’；‘倘至兵强国富，俗厚风淳之日，又有朝发夕至之火船火车，又有新闻篇以泄奸谋，纵有一切诡弊，难逃太阳之照矣。’‘兴车马之利，……虽三四千里之遥，亦可朝发夕至，纵有小寇窃发，岂能漏网乎！’又说：兴舟楫之利，‘国家则战守缉捕，皆不数日而成功’。这几段文字表明，兴铁路、利舟楫、办报馆，都是从强化皇权着眼的。”就是说他要求向西方资本主义学习的许多主张，都基本建立在为太平天国巩固王权统治的基础之上。

洪仁玕在香港生活七年，学习西学的天文、地理、历数、医道，加入了伦敦布道会，担任过教会牧师和汉文教师，应该说他对基督教已有较为深刻的理解。但是他怀着“报知遇之恩”、“竭力效忠”的赤诚之心，不惜歪曲基督教义而对其族兄洪秀全进行神化、美化，编造、宣传天父上帝下旨的神话。他在《英杰归真》中说：“盖谓系天于王，所以大一统也。此天王尊号前代无人敢僭者，实天父留与吾真圣主也。……今吾真圣主天王于天酉年转天时，蒙天父暗置一朱书在燕寝门罅中，批云：‘天王大道君王全’七字，是君王父寻着的，邻县邻乡是人皆知。故吾主天王受天真命为‘天王大道君王全’，非自称，非人称，又非古书所称，实天父真命封为天王也，而较诸古之僭称自称，为至正至顺焉。”洪仁玕还用神话加梦话论证“天王是太阳能照天下”，幼主亦是“太阳”……如此喋喋不休地宣扬君主专制主义、宗教蒙昧主义和封建特权主义。

对生机垂危的太平天国说来，《资政新编》似乎是冀图力挽狂澜的一次重要尝试。可惜，1861年2月后，洪仁玕的权力一再被削弱，很多事情已无能为力了。即使在他握有较大权力的一年半左右的时间内，也没有办法切实推行。然而，从另一方面有关王权主义的倾向上看，洪仁玕如果在当时有一定条件的情况下，是否能对太平天国政权进行资本主义民主性质的改造，疑问还是很大的。

第三节　有关历史教训之总结

在残暴的专制统治之下，中国历史上爆发过无数次大小不等的农民起义，它在中国古代社会进程中所占地位之重要，对于世界历史而言应是罕见的。其中声势浩大、转战南北的起义至少有十余次，提出过“等贵贱、均贫富”之类十分诱人的口号，旧王朝也大都由农民起义所推翻。尤其是近代的太平天国起义可以说达到了旧式农民“革命”的高潮，其《天朝田亩制度》、《资政新篇》诸文件的有关理论水准也似乎达到了农民起义的颠峰，甚至还进行过一些社会制度方面的试验性实践。然而这样频繁的农民起义，其表现出的历史作用除改朝换代的工具之外，几乎很难再找到传统理论所谓的促进社会发展之类的成果，相反许多农民战争对当时人民生命和社会财富的破坏却是巨大的。为什么中国人民付出如此之大的代价进行的“革命”斗争，到头来却几无进步可言？

森严的等级制与绝对的平均主义在中国历史进程中上演着轮番交替的角色，两者貌似对立，其实都统一于王有制经济文化形态之下。在这种文化形态中，底层人民的最高愿望就是绝对的平均主义，而上层的统治集团行使的是“以贵统富”、“富贵合一”的等级制度。由于没有私有制经济及相关法律文化的有力支撑，缺乏对真正的平等理论深切的了解，常常把平均认作是平等，中国人走不出富与贵分离，富与贵斗争，在较为平等的机制中按劳取酬的社会格局，只能一直徘徊于森严的等级制与绝对的平均主义之间。

农民（包括其他平民）与官僚地主之间虽然也可看作存在一种阶级对立，然而由于根深蒂固的王权主义影响，没有任何契约平等、权力制衡的历史文化基因，这些传统社会与农民阶级本身的许多局限，其起义的目的并非是建立一个带有阶级妥协、平等权利、乃至有权力制衡机制的新政权，而只不过是用暴力消灭旧的地主官僚统治集团，自己取而代之。一旦权力在手，没有任何制约，最后同样重复出现利用手中的权力压迫底层的农民和平民。在这个意义上，可以说农民起义并非是一种为了本阶级整体利益而进行的阶级斗争，而主要是一种集团间争夺权力的斗争，争夺皇帝宝座的斗争，广大民众只是其集团利用的工具。

这里值得注意的是，并不是底层出身的人掌握政权就会行善政。元末农民起义领袖朱元璋，出身贫苦，自小孤苦伶仃，后出家为游方和尚，应该说深知民间的疾苦，然而一旦掌握权力，其统治手段之残忍，专制程度之造极，都是一般贵族出身之皇帝所望尘莫及的，为了自己能登上皇帝宝座，他还心狠手辣地镇压各地农民起义达几十次之多。“权力最初与恶的存在有关，这一点是无可争议的。这有两种含义。权力不得不与各种恶的表现作斗争，这是它的功能。但权力自己又在播种恶，常常成为恶的由来。因此就需要有新的权力，以为此设立界限。但随后，为恶的权力的统治设立了界限的那个权力本身又成为恶的。这一循环是没有出口的。”所以“一切权力都公开或隐蔽地含有毒药”（[俄] 别尔嘉耶夫：《精神王国与恺撒王国》）。

可以说不管出身什么阶级，一旦掌握了没有制约的独裁权力，就往往会走向残暴的专制统治，这绝不是历史的偶然，而是很自然的演进逻辑。中国没有权力制衡的文化传统，也不存在相关的民族素质，所谓起义首领蜕变的问题，其实是普通人性与不受制约的权力相结合后的历史必然。

农民起义在其激烈战争的区域与过程中，尤其对当地社会的经济和文化成果的打击是沉重的，所产生破坏力是巨大的。如太平天国运动对江浙一带地区经济与文化的巨大破坏是很难估算且无法弥补的。如果将这一破坏性因素与对自耕农在动乱中经济条件获得改善的积极性因素相比较而论，只能得出得不偿失的结论。

农民起义虽然目的是推翻旧王朝，但他们不可能把它作为一个制度来反对；虽然也揭露皇帝贵族的罪恶，但并不知道需要反对王权主义，不懂得需要废除君主专制统治；所以只是希望有个好皇帝来替换坏皇帝，希望有清官来替换贪官，尽管表面上建立了新王朝，却依旧是旧王朝的专制内核。朱熹曾说：“秦之法，尽是尊君卑臣之事，所以后世不肯变。”不要说官僚地主阶级不肯变，农民阶级不知道如何变，任何人一旦爬上皇帝宝座，尝到了独裁专制的诱惑力，更不肯改变“有权就有一切”的王权统治传统。由是，中国古代社会只能步入一个在不断的权力斗争之后又重蹈覆辙，而无限循环的历史怪圈之中，找不到出路。

中国传统社会政治文化的主要特点，便是进入了唯一只懂得君主专制统治模式的极其狭隘的文化视野之中，形成了“有权就有一切”的社会机制与政治传统。其社会运作的主旋律也就是以各种方式进行的权力斗争，而任何人一旦夺得帝位，便很快陷入专制权力的泥潭。也因为“有权就有一切”的传统作祟，使民众逐渐产生出对权力的崇拜，尤其是潜意识地崇拜没有制约的权力！或者说王权主义逐步成为民族的政治文化基因。政治文化可视为一个国家、民族及相关群体长期形成的心理取向，在其成员中潜移默化的影响或支配他们的政治行为，成为传统的政治文化价值取向。

康德在《什么是启蒙?》中说过，革命也许能够打倒专制和功利主义，但它自身决不能够改变人们的思维方式和文化传统。所以关键问题是中国没有制衡最高权力的历史传统，农民起义除走向王权主义或被王权消灭外别无选择。因此，一个民族与国家千万不要以为进行“枪杆子里面出政权”的革命就能解决所有问题，而重要的是如何培养出对权力进行制衡的文化传统与民族素质，并且如何发展与完善这一权力制衡机制的法治建构，使其在整合国家机器不断进步的道路上发挥出应有的作用。

第十二章　近代初期改革派与洋务派的法律思想

1840 年鸦片战争，英国炮舰轰开了中国紧闭的门户，并用不平等条约来强制中国市场的开放。这样，中国自给自足的经济体系终于被打破，天朝神圣的王权也终于被侵犯。中国开始由昔日天下之“中心”沉沦为西方世界的半殖民地，中国面临亘古未有的严峻挑战。这使传统中国进入了再次的社会转型之中，中国的官僚与知识精英们在危机初期如何应付这一严峻挑战，也拉开了中国社会向近代转型的帷幕。

初期改革派对社会危机的揭露有一定力度，然而魏源“师夷长技以制夷”的呐喊，却没有什么知音，成为没有回声的孤鸣。直到二十多年后，在西方列强的沉重打击下，洋务派才重新拾起魏源的思想，用“中体西用”的思维模式，开始向西方学习军事和科技，以求“富强”。应该说洋务运动是中国社会近代化的起点，其在军事工业上的成就，并且带动民用工业，及国家经济的功绩不容否认。然而正是由于其指导思想的局限，最后的失败也颇为凄惨，竟然如此不堪日本人的一击。

中国进入近代社会是在外界强大的压力下，被迫走出的步伐。它意味着人们将对自己的未来必须重新做出一些艰难的抉择，由于与西方的差距是如此之大，而对世界的了解又是如此之幼稚，所以其每一步的抉择都走得相当艰苦。

第一节　近代初期改革派的法律思想

鸦片战争前后，清王朝的统治危机日益加深。在内外严峻形势的推动下，出现了几个改革派思想家。龚自珍、魏源是其代表人物，他们都主张选拔人才、变法图强，以期挽救日益颓败的清王朝。如果说龚自珍的思想特点在于对当时腐朽统治的揭露和批判，那么魏源的思想特点则在于指出了社会改革之方向。然而可悲的是，这些改革派思想尚为希音早响，社会上理解者不多，尤其是对魏源“师夷长技”诸观点，更应者寥寥，在此后的二十余年中没有得到社会的认同。就是说上层统治者仍然陶醉在“康乾盛世”的余音缭绕和歌舞升平之中，头脑清醒的有识之士屈指可数。同时，有识之士们的思想局限还是很大，主要是不可能突破王朝传统的体制原则，只是想通过改革对其统治机制作些修补。

另外有意思的是，《海国图志》在国内不但很少有人问津，而且许多守旧派官吏的骂声却扑面而来，他们无法接受书中对西方蛮夷的“赞美”之词，更有甚者主张将《海国图志》付之一炬。在腐败守旧的清政府眼中，《海国图志》无疑成了一本大逆不道的书籍。遭到无端非议的《海国图志》最终在国内的印刷数仅有千册左右。而被“偷渡”到日本后却极受欢迎，1854 年，日本人干脆在国内翻印了《海国图志》，引起了更大规模的阅读热潮。此后，《海国图志》在日本被大量翻印，一共印刷了 15 版。一般认为，《海国图志》启发了日本维新派，帮助完善其思想体系。

一、龚自珍的法律思想

龚自珍（1792 年～1841 年），又名巩祚，字瑟人，号定庵，浙江仁和（今杭州）人。出身官僚家庭，自幼从外祖父著名汉学家段玉裁学习经学，后在京城从刘逢禄治公羊春秋之学，他从文字、训诂入手，渐涉金石、目录，泛及诗文、地理、百家，在经史、古文、诗词等方面都较有成就。然而科举仕途却坎坷不平，二十七岁才中举人，三十八岁勉强中个进士出身。历任内阁中书、宗人府主事、礼部主事等闲职小官，一生困处下僚，郁郁不得志。晚年因得罪权贵而辞官南下，于丹阳云阳书院讲学，两年后暴卒。

著有《定庵文集》十三卷，据传为作者手定，同治年间所刻。光绪中，后人又得补编四卷。1935 年，世界书局汇编成《龚定庵全集》，分辑收录诗文三百余篇。1959 年，中华书局整理出版《龚自珍全集》，收三百多篇文章与近八百篇诗词，涉及当时政治、法律、经济、文学、历史、边疆等方面内容。

图 12-1　龚自珍像

龚自珍在学问方面可谓一位典型的杂家，自称治“天地东南西北之学”。文章恢宏，挥洒淋漓，却不够深沉。而揭露和批判清王朝的社会危机和腐朽统治，孜孜探求变革之道，是龚自珍思想的主要特点。在中国历史由传统社会过渡到近代的那瞬间，是他第一个对当时社会的政治法制体制做了强烈而具否定性的批判，第一个站出来疾呼：衰世已经来临。他的呐喊，开始打破“万马齐喑”的局面。

（一）揭露社会腐朽，抨击黑暗法制

中国古代维护皇权的法律严峻细密，控制臣民的规范繁杂苛刻，不要说一般的民众，连官僚们也都被各种条例束缚着手脚，不敢有所作为，而只顾自己的利益，当好皇帝的奴才。龚自珍在《明良论二》中如此直白：“窃窥今政要之官，知车马服饰言词捷给而已，外此非所知也。清暇之官，知作书法，赓诗而已，外此非所知也。堂陛之言，探喜怒以为之节，蒙色笑，获燕闭之赏，则扬扬然以喜，出夸其门生、妻子。小不霁，则头抢地而出，则求夫可以受眷之法，彼其心真敬畏哉？问以大臣应如是乎？则其可耻之言曰：我辈只能如此而已。”即使位

至一二品的大员，也有职无权，不敢放胆“行一谋”，放手“专一事”，事无巨细完全依照旧例或皇帝旨意办理，毫无自主的权利。甚至搞得不好还朝不保夕，随时有被免职、法办的可能。所以大小官员都瞻前顾后，惶惶不可终日。总之，国家政治死气沉沉，毫无生机。

清朝尤其表现在思想文化方面的高压政策，及由此造就的空前惨烈的文字狱，将整个民族羁禁在愚昧窒息的牢笼中，知识分子更是胆战心惊，小心翼翼。连一些号称“大儒”的士人都不敢随便议论时政，惟恐因文字惹来横祸，龚自珍《咏史》诗谓：“避席畏闻文字狱，著书只为稻粱谋”。科举制度也早已僵化腐朽，以八股文取才，选拔出来的不是栋梁，而是只能支撑黄泥亭子或茅草屋子的材料。总之，思想界“万马齐喑”，一片文化萧条的景象。只剩下所谓“乾嘉学派”在那里醉心于烦琐考证，研究一些远离现实的学问。

其司法领域里弥漫着暴虐和镇压，人民品尝着司法专制之苦果。龚自珍专门写就《治狱》一文，大胆揭露当时各级司法部门的黑暗，抨击司法官吏判案时或主观擅断、出入人罪；或任意援引律例，妄加比附罪名；或上下级胡乱窜通，层层核准，颠倒黑白；或上下级判决相异，生死轻重，大相径庭；尤其是权势、贿赂、门荫等各种关系严重干预司法，而司法官员已普遍惟利是图，相互勾结，沆瀣一气；更有幕友胥吏把持刑狱，为非作歹，腐败不堪。刑狱衙门如此胡作非为，冤假错案层出不穷。

统治阶级的横征暴敛，不断加重赋税，“国赋三升民一斗，屠牛那不胜栽禾!”(《乙亥杂诗》)人民处于水深火热之中，社会矛盾日益尖锐。在朝廷与官吏的压榨下，人民生存艰难，失业流离者越来越多，几乎占了人口的大半。龚自珍在《西域置行省议》中谓：“自京师始，概乎四方，大抵富户变贫户，贫户受饿者，四民之首，奔走下贱，岌岌乎皆不可以支月日，奚暇问年岁?”是说从京城到全国各地，到处出现由富裕户变贫困户，贫困户再到饿殍，度日如年，走投无路。其中不愿冻馁而死者，遂参加邪教，或走向山林揭竿而起。这样，朝廷不得不加大镇压力度，而百姓日益陷入深重的苦难中，可谓到处埋藏着干柴烈火……

龚自珍在那篇著名的《尊隐》文章中，用形象的比喻性的警句，表达了他对时运与形势的洞见。指出王朝之运有“三时”之不同：“早时”是“宜君宜王”的好时光；“午时”更见“宜君宜王”之盛景；“昏时”则显一片衰败之象：“日之将夕，悲风骤至，人思灯烛，惨惨目光，吸饮暮气，与梦为邻，未即于床。”认为清王朝已经处于没落之“衰世”，表面上似乎仍在承续着太平之世的气息，但深入观察，就会发现整个社会已经民怨沸腾，离心离德；或者说已经满身疥癣，病体沉重，没有多少日月可支了。同时，精英人才投奔而聚于山林，山林中有可能孕育新王：“山中之民有大音声起，天地为之钟鼓，神人为之波涛矣。”就是说，清王朝如不加以改良，继续顽固守旧，就有可能为新王朝所替代。

（二）“更法改图”与人才兴亡论

龚自珍认为，清王朝如能自我改革，就可避免改朝换代。在《乙丙之际著议第七》中这样说：“一祖之法无不敝，千夫之战无不靡。与其赠来者以劲改革，孰若自改革？抑思我祖所以兴，岂非革前代之败耶？前代所以兴，又非革前代之败耶？何莽然其不一姓也？天何必不乐一姓耶？鬼何必不享一姓耶？奋之！奋之！……《易》曰：‘穷则变，变则通，通则久。’非为黄帝以来六七姓括之也，为一姓劝豫也。”就是说只要进行“更法”、“改图”，清王朝就能保持一姓的永久统治。可谓是对当朝统治者苦口婆心地劝谏和忠告。那么如何进行自我改良呢？

龚自珍的名诗：“九州生气恃风雷，万马齐喑究可哀；我劝天公重抖擞，不拘一格降人才。”人才论，或者说重视人才，是龚自珍政治思想的核心，他的议政文章几乎无不与之有关。在《乙丙之际著议第九》中说：“书契以降，世有三等，三等之世皆观其才。才之差，治世一等，乱世一等，衰世别为一等。”就是说时代分三等：治世、乱世、衰世，它是以人才的重视和使用情况作为分界的。在《上大学士书》中道：“自古及今，法无不改，势无不积，事例无不变迁，风气无不移易。所恃者，人材必不绝于世而已。”是说世间的所有变化与进步，依靠的是人才的成长及其作用的发挥。

当时的社会制度中，最令龚自珍愤慨的事就是对人才的摧残。君主专制体制对人才的横加束缚，使之变形、变残，根本不能发挥其应有的作用。在《古史钩沉论一》中有一针见血的议论：“昔者霸天下之氏，称祖之庙，其力强，其志武，其聪明上，其财多，未尝不仇天下之士。去人之廉，以快号令；去人之耻，以嵩高其身。一人为刚，万夫其柔，以大使其有力强武。”是说那些创业和继业的专制君主，都自以为是超人，什么都比别人强。为了维护其无限的权势、地位和利益，仇视天下读书之人，对人才除施行“顺我者昌，逆我者亡”之政策外，还用去掉世人廉耻的手段，来推行法令，抬高自己，制造天下唯我才高的迷信，天下人才只能驯服在君主绝对权威之脚下。这种形势必然的结果便是忌才、屈才和摧残人才，到了需要人才挽救衰世之时，人才已经被基本摧残殆尽。

所以龚自珍主张调整君臣间的制度与关系，将原来的主奴关系调整为主宾关系，官员从政效力是为国而非为帝王之奴。国家封官设吏，应以选贤与能为意；然而君臣之间，既为主仆关系，官员的才干也就成为次要的东西，往往以君主的好恶来决定其职位之高低与仕途之顺逆。另一方面，江山帝业之稳定与长久，需要政治清明的重才崇贤诸政策才能得以实现。而帝王由于其权位，为了现身的遂心往往不会顾及这些，于是理不胜欲，甚至明知故犯，终于自毁长城。这是专制君主的通病，也是其与官僚体制的主要矛盾。如果以人才为宾客，就是君主以对宾客的尊重来对待官员，给予官员一定的自由选择权，使其从皇帝的独裁下摆脱出来，有如春秋战国时代的游士那样，官员不私于一姓，而是为国家服务；在限制君主过重权力的同时，扩大内外大臣的治理权限，使其对国事进行有效的管理，国家的政事或会有所改观。其中，龚自珍虽然批判了专制统治对人才的摧残，却没有进一步如黄宗羲那样否定专制制度，由是作出的一厢情愿的“主宾”设想，自然只是一些空想。

还指出“今世科场之文，万喙相因，词可猎而取，貌可拟而肖”（《与人笺》）。在科场八股中，大家鹦鹉学舌，抄袭陈词滥调，文章千篇一律。这种制度同样严重地害苦、憋死人才，压制、摧残人才，用科举选拔出的官僚大都昏昏沉沉，如同废物一般，基本不懂经邦济国之道。以致整个社会几乎找不到一个像样的人才，“沉沉心事北南东，一睨人材海内空。”同时，朝廷选官制度的论资排辈也在一定程度上窒息着新生力量，一般须熬上三十年，才能登上高品级的官位，这时的官员大多已为老朽，还能有什么作为呢？龚自珍“我劝天公重抖擞，不拘一格降人才”的呼吁，就是希望改革这些腐朽的人事制度，打破这种束缚人才、摧残人才的局面。龚自珍认为必须废除八股取士，建议皇帝带头“更法”：“删弃文法，捐除科条，裁损吏议，亲总其大纲大纪，以进退一世”（《明良论四》）。还是把希望寄托在君主身上，不懂得只有在改变其政治体制的条件下，有关的人才问题才会真正有所转机。

（三）《农宗》的社会设计与有关学说

在经济制度方面，龚自珍的《平均篇》主张以古为训，效法唐、虞时代，消除社会不均，实现天下大治。强调“小不相齐，渐至大不相齐；大不相齐，即至丧天下。”至于如何“平均”，文章也说不出个所以然来，只空洞地谈到要注意调剂贫富之差距及由此派生的种种矛盾等内容。《农宗》一文设计了具体的社会改良方案，并提出了礼乐刑法有关国家制度皆起源于“农”的学说。

《农宗》认为宗法与农业为国家或社会之根基，它不受改朝换代之影响，所以理想社会是将宗法制度与小土地分配结合起来的一种组织体系。具体方案是：二百亩之宗，长子之大宗有田百亩，次子为小宗，再为群宗，各有田二十五亩，以四家计，也共有田百亩。其他为没有土地的闲民，为佃户。宗主使闲民有地可耕称“养”，闲民替宗主耕种是尽义务。与国家的关系：宗人之田受自天子，要奉什一之税。土地占有发生变化，也必须通知有司。国家官吏可来源于各个阶层，俱可进仕或退农，关键在“贵不夺宗祭，不以朝政乱田政。”因为田政是国家统治稳定之根本。其设想可说是另种版本之井田制，或者以宗法授田之均田制。上有淡泊、公正之天子，中有出自农宗之官吏，下为结构严密之宗法家族，一派安宁祥和之社会气象，一切矛盾相信也会消化在慈孝义悌的宗法礼制之中。中华民族对这样的井田制乌托邦，钟情了两千多年，龚自珍依然如此痴迷，虽显幼稚、滑稽，却也在情理之中。

《农宗》还讨论了人类社会的发展模式，指出：“其先，尽农也。”就是说人类初期时代，大家都是农民。“儒者失其情，不究其本，乃曰：天下之分自上而下。吾则曰：先有下，而渐有上。下上以推之，而卒神其说于天，是故本其所自推也，夫何骇？本其所自名也，夫所疑何惧?”儒家不知道实情，也不研究历史，就说天下制度是圣人、帝王创造的。要我说，是先有农民，后才逐渐产生伯、帝、皇之称。就是说人类开始是没有差别的，后由于对土地和人民占有数量的不同而出现分化，“土广而谷众”的人制定了礼乐刑法。这期间有个由小到大的渐进过程，从五人之政、十人之政，慢慢发展到万人之政。那些将社会发展说成是“天”安排的理论，也是有人自己推绎出来的，有什么可怕而不可以怀疑的?

这一思想颇有历史唯物主义倾向，指出国家法律不是从来就有的，是在社会发展中逐渐形成的。指出国家制度是“人自所造，非圣造，非天地造”（《壬癸之际胎观第一》）。它明确否定了“圣人制礼”和“君权神授”诸理论，明显强调了一般民众（农宗），而贬低了天子和国家的权威，否定了君权及其法律的永恒性。这点是相当难能可贵的。然而他又十分赞赏“专隆大宗”的古代宗法制度，讲究“以士庶而为强干弱枝之谋”（《农宗》），中国的君主专制体制恰恰就以此为基石。同时，主张德礼为本，刑法为具，始终徘徊于正统的统治思维模式之中。可见龚自珍思想的内在矛盾。

龚自珍目睹鸦片倾销，白银外流，民生凋敝，国势衰颓的局面，痛心疾首，力主用严刑重罚禁绝鸦片。1838 年，在林则徐赴广东禁烟前夕，龚自珍写了《送钦差大臣侯官林公序》一文，愤怒驳斥了投降派的谬论，主张用武力抵抗侵略者，尤其是建议用严厉的刑罚手段推行禁烟：其一，种植鸦片者斩首，三族以内亲属沦为官奴；其二，贩卖和制造鸦片者斩首；其三，吸食鸦片者处绞刑；其四，对那些狡猾奸诈的反对禁烟者，也要杀一儆百。

龚自珍对清代政治法制所下的病入膏肓之判断，确是说到其痛处、隐处，有理有据，然而并没有提出一些可行之改良方案。从总体上说，龚自珍的思想并没有突破传统文化的窠臼，如龚自珍也为“私”制辩护，不耻言富，却并非为一般民众的利益着想，基本为封建等级观念所束缚。他对货币、商业的作用，认识也相当肤浅。自谓“何敢自矜医国手，药方只贩古时丹”，所以他还是应算近代以前的历史人物。然而他对现实鞭辟入里的诗文，与一些充满异端情调的观念（所谓“非常异议可怪之论”），还是为中国近代社会奏出一个浪漫的批判性前奏曲。所以梁启超说：“语近世思想自由之向导，必数定庵”。

二、魏源的法律思想

魏源（1794 年～1857 年），原名远达，字默深，一字墨生，或汉士，湖南邵阳人。十五岁中秀才，二十一岁随父到北京，从刘逢禄治公羊春秋学。结识龚自珍、林则徐，共同研究学问，议论时政。二十九岁中举人，之后屡试不第，长期充任幕僚。五十一岁才中进士，曾任内阁中书舍人，江苏东台、兴化知县，两淮盐运司海州分司运判和高邮知州等职。在兴办团练与太平军的对抗中，因“迟误驿报”而被革职。晚年避居兴化、杭州，潜心著述。

魏源一生勤于治学，著述颇丰，主要有《古微堂集》、《元史新编》、《老子本义》、《圣武记》等。尤其是在“夷情备采”思想指导下，据林则徐主持编译的《四洲志》及中外文献资料编成的《海国图志》，是我国近代第一部系统介绍各国历史、地理和政治、法律制度的专著，对中国近代思想文化的发展有较大影响。1842 年刻本是五十卷，1847 年增订为六十卷，1852 年又扩编为一百卷。1975 年，中华书局整理出版《魏源集》。

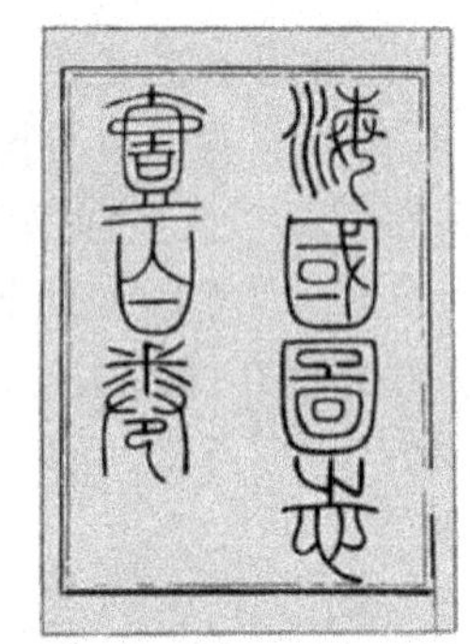

图 12-2　魏源像，《海国图志》书影

魏源亲历了鸦片战争的全过程，目睹了清王朝社会危机的加深。在论著中分析鸦片战争的经验教训，探求富国强兵及抵御外侮之道，积极主张变法改革，学习西方的科学技术，尤其是“师夷长技以制夷”的思想，对于冲破顽固派守旧观念的束缚，转变中国人对世界的认识，并作为洋务运动的思维起点，其影响是相当深远的。同时，魏源也开始接触到一些西方资本主义的政治、法律知识，开始意识到资产阶级民主制度的一些优越之处，其对后人也产生了一定的启蒙作用。当然，《海国图志》对世界的认识还非常有限，其迂腐之论也不少，有些问题还需要进一步的深入探讨。

（一）功利主义与要求变法

经世致用的表现之一，就是功利主义倾向。这方面，魏源有相当积极的宣扬。他在《默觚·治篇一》中说：“自古有不王道之富强，无不富强之王道。”将王道与富强合为一体。又说：“《洪范》八政，始食货而终宾师，无非以足食、足兵为治天下之具。”认为食（粮食）与兵（军队）是国家最重要的事务。而对那些只会空谈的学问及“王道”嗤之以鼻：“使其口心性，躬礼义，动言万物一体，而民瘼之不求，吏治之不习，国计边防之不问，一旦与人家国，上不足制国用，外不足苏民困，举平日胞与民物之空谈，至此无一事可效诸民物，天下亦安用此无用之王道哉?”进而对那些只懂“玄虚之理”的腐儒提出尖锐批判:“工骚墨之士，以农桑为俗务，而不知俗学之病人更甚于俗吏。抚玄虚之理，以政事为粗才，而不知腐儒之无用亦同于异端。”应该说很有道理。不过最后一句“腐儒之无用亦同于异端”就有些无知了，其实“异端”是非常有用的，一个社会的进步往往得益于“异端”的力量。当然这个思想局限不仅仅是魏源个人的，而几乎是整个民族文化的宿命。

魏源对于富强之道的积极宣扬，对于腐儒之学的大声呵斥，是对急剧没落的清王朝的社会危机而言的。当时的社会，政治相当腐败，官吏贪污成风，财政虚耗殆尽，人们因循苟且，世风颓靡不振；而昏庸的官僚们“除富贵而外不知国计民生为何事，除私党而外不知人材为何物”，“以养痈贻患为守旧章，以缄默固宠为保明哲”(《默觚·治篇十一》)。同时，许多儒学之士又空疏误国，搞些精于考证、争治训古之类的学问，把聪明才智都荒废在于国无用的地方；这些人“以其势、利、名私一身，穷天下这乐而不知忧天下之忧”(《默觚·治篇三》)。此外，西方的侵略者早已虎视眈眈，如不加强国力，势必被其鱼肉。魏源从爱国主义立场出现，大声疾呼：要拯救国家，非奋发图强不可。

魏源认为，世界上没有什么永恒不变的东西，社会要进步就必须变法，这是一条普遍的规律。他就古来田制、税制、兵制、选举、刑法的变化，提出：“天下事，人情所不便者，变可复；人情所群便者，变则不可复。”变法应以人情之便为根据，甚至认为：“变古愈尽，便民愈甚”(《默觚·治篇五》)。他还说，“三代”以上，天、地、人、物皆不同于今，“执古以绳今，是为诬今；执今以律古，是为诬古。诬今不可以为治，诬古不可以语学”(《默觚·治篇五》)。强调“以古诬今”之人不可以担当治国的重任，“以今诬古”之人不可以和他谈论学问。总之，“天下无数百年不敝之法，亦无穷极不变之法，亦无不除弊而能兴利之法，亦无不易简而能变通之法”(《筹嵯篇》)。法律不可能经久不变，变法是天经地义之事。

魏源还指出，随着社会状况的变化，改革需“因势利导”，不可泥古守旧。如后世的法制就比古代进步，有三个方面可以说明问题：一是汉文帝废除肉刑，这一改革说明“三代酷而后世仁”；二是郡县制替代封建制，三是选官方面由科举制替代世族制；两者都是以经选拔的官员替代世袭贵族，前者可谓“公”的表现，后者乃是“私”的表现。同时，清朝的法制之所以胜过明朝，就是对前朝法律进行增删修改的结果。所以变法的核心又在于除去“法外之弊”，因为“天下无兴利之法，去其弊则利自兴矣”(《筹嵯篇》)。所以，魏源之“变法”也绝非一种较为彻底的社会改革，而主要是一种“衣垢必浣，身垢必浴”的去弊改良而已。由于种种的局限，魏源依然没有认识到王朝体制已需要动大手术了，而那种小改小闹在一定意义上并不会使国家真正富强。

（二）法制改良方案与有关设想

立法、执法、行法的几个要点。在变法原则为“便民”的基础上，魏源提出：①立法应当“简”、“易”；只有这样的法律才能为人所知晓并加以遵守，以达到它应有的功效。②法信令必，严格执法；这不但取决于法令本身如何，还取决于发令之人是否有德，只有以德统刑，才能使法取信于民，有令必行。③“不难于立法，而难得行法之人”；就是说执法者素质对法律实施效果有很大影响，有些弊端不在法律本身，而在执法者的不善，所以讲求行法之人非常重要。甚至认为：“国以一人兴，以一人亡”（《默觚·治篇八》），而亡天下之患有七，第一患是暴君，其次是强藩、女主、外戚、宦寺、权奸、鄙夫，并不谈法制的败坏（《默觚·治篇十一》），可见魏源受儒家“有治人无治法”的影响很大。

广收人才，“治法在人”。认为：“法令，治之具也，而非所以治也”（《默觚·治篇四》），治理国家重要的是会选拔和任用贤才，有治人才能立善法，有治人才能行善法。当时清政府任人唯私，排斥异己，且贵族子弟无功食禄，总之“贤者不得用，用者未必贤”，不改变这一状况，国家就不会强盛。魏源提出用人唯贤，并要求积极招揽天下才骏，“以实事程实功，以实功程实事”（《海国图志叙》）方法加以考核。就是以善于解决实际问题与解决问题所取得的实际功效，这两方面对人才加以考核与选拔。同时认为：“强人之所不能，法必不立；禁人之所必犯，法必不行。虽然，立能行之法，禁能革之事，而求治太速，疾恶太多，革弊太尽，亦有激而反之者矣”（《默觚·治篇三》）。

民众议政，广开言路。魏源把国家比作一个人，帝王为头脑，宰相为手足，谏臣为喉舌，……百姓为呼吸器官。人体各器官都要靠呼吸，“古圣帝明王，惟恐庶民之不息息相通也。”所以魏源认为，人们要得到对事物的正确认识，就要广征博采，“合四十九人之智，智于尧、舜”。一个人的意见和想法是不全面的，靠不住的，皇帝应当广泛只取民众的意见，使自己变得聪明起来。使人民的“公议无不上达”，“于是明目达聪”。同时，君王还要做到“不以言举人”，才能“明试以功而广收天下之人”；“不以人废言”，才能“敷奏以言而广闻天下之言”。总之，高明之人应该广泛听取意见：“受光于隙见一床，受光于牖见室央，受光于庭户见一堂，受光于天下照四方”（《默觚·治篇十二》）。在万马齐喑的专制王朝统治下，能提出允许民众议政，广开各色言路的主张，是十分可贵的。

人的尊严是最可宝贵的。魏源在《默觚·治篇三》中谈到：“天地之性，人为贵。天子者，众人所积而成。而侮慢人者，非侮慢天乎？人聚则强……人背则亡。故天子自视为众人中之一人，斯视天下为天下之天下。”指出“天子者，众人所积而成”，帝王也只是众人中之一人，没有什么特别的；天下为天下人之天下，是指国家是老百姓的国家。既然天地之间，人是最宝贵的，而帝王也只是众人中之一员，那么帝王若“侮慢人者，非侮慢天乎？”就是说人都应该是平等的，帝王也不能凭借权势“侮慢”人。由是我们以为，魏源已隐约认识到“人的尊严是最可宝贵的”，任何人都不得随意“侮慢”他人。当然，如何将这样的思想写进法律，中国还有很长的一段路要走。

治民之道，莫尚于礼乐化民。魏源还是没有走出“德礼为本、法刑为辅”正统思想体系，认为礼义的教化作用远胜于法律刑赏。由是强调统治者必须有德，而要使礼乐真正成为“治法”，又必须使君、师、道三者统一。就是说作为全国统帅的君主，既是道德的楷模，也是真理的化身。若三者分离，礼乐便成虚文。这种强调礼教德治的主张，其目的是在反对暴政，讲究德治，而实际上又成为君主专制最有效的思想文化基础。同时，魏源又主张对君子和庶人应分而治之：“以名教治天下之君子，以美利利天下之庶人……刑以坊淫，庶民之事也；命以坊欲，士大夫之事也；礼以坊德，圣贤自治之学也”（《默觚·治篇三》）。这种分而治之的思想，建立在董仲舒“性三品”的歪理之上。

（三）“师夷长技以制夷”思想

在一贯以“天朝上国”自居，将四周化外人都视为蛮夷，沉醉于夜郎自大的数千年文化之中的中国人，要讲出向外国人学习的话语是非常困难的，也是非常痛苦的一件事。而鸦片战争失败的耻辱，迫使少数士人重新认识“天朝”之外的世界，希望从封闭愚昧的文化氛围中摆脱出来。魏源就是当时首先睁眼看世界的少数士人中的一员，他继承林则徐编写《四洲志》的事业，又搜集了大量的文献资料，以《海国图志》完成对世界的重新认识。指出不能对外国人一概采取轻慢歧视的态度，西洋人并不是野性动物，其中不乏有知之“奇士”和诚实之“良友”，一些方面比中华民族还要高明，所以应该学习他们的工艺技术。基于这一认识，及鸦片战争中的教训，提出著名的“师夷长技以制夷”思想。

“师夷长技”，用现代的话语说，就是向西方国家学习先进的科学技术，搞一点国防现代化，以应付内外的挑战。“夷之长技有三：一战舰，二火器，三养兵练兵之法。”就是不仅要学他们“船坚炮利”之硬件，还要学他们“养兵练兵”之软件。同时，单靠购买西方的船炮也还不能将其长技真正转为我方之武器，更应该在国内设局置厂，自己动手制造船炮，并可聘请外国工程技术人员来华指导。建议在广东虎门外“置造船厂一，大器局一”，聘请法国、美国等西洋工匠指导，经过一两年学习，就可自己制造，不必再依赖外国。还批评了那些视西方工艺为“奇技淫巧”的守旧思想，指出除了船炮等军事工业外，像火车、轮船、机械等有益于民用的器物，也都应该予以学习和制造，乃至鼓励商民在沿海开办民用企业。最后，魏源还积极要求建立翻译馆，大量翻译西方的书刊，以供学习借鉴之用。应该说这些观点和设想的提出，是相当进步的，超越了时人的步调，也是非常不容易的。然而，实用的功利主义情调也相当浓烈，看不到社会文化上的差距，也是无可奈何之事。

“以制夷”的后半款，一般解读为：用以抵制列强的殖民侵略。其实它应有更深度的内涵，就是向西方学习是为了超越西方、打败西方。首先，单就“夷”之称呼，即可见它依然存在着下意识的天朝上国之情结，甚至以为大清只要“师夷长技”便可“以制夷”，有一股似乎可以玩“夷”于股掌之上的天真劲。其次，还透露出一种“非道德主义现代化思路”，葛红兵在《中国思想的底线》中有一尖锐批评：“近代中国人提‘师夷长技以制夷’，也就是‘向西方人学习是为了打败西方人’，翻译成具有道德讽刺意味的语言就是‘向老师学习是为了打败老师’，这种只讲策略不讲道义的‘非道德主义现代化思路’实际上一直主宰着中国社会的现代化进程。这使得中国社会的现代化向着两个方向背道而驰：一方面是经济的不断发展、军事的不断强大，一句话，综合国力不断提升；另一方面是对西方的嫉恨也与日俱增。”很耐人寻味。所以说这一思想虽提出要向先进者学习，然而依旧缺乏世界的视野和人道主义情怀，在本质上还是跳不出传统文化的窠臼，可悲的是当今许多人依然怀抱着这样的想法来看待西方人及其社会。

在《海国图志》中，魏源还相当赞赏西方一些政治法律制度。在谈到英国的君主立宪制度时说，英王即位必先通过议会，凡用兵、开战、议和、军国大事都须经议会讨论通过：“大众可则可之，大众否则否之”。政府允许民间“刊印逐日新闻纸，讨论国政，如各官宪政事有失，许百姓议”。对美国的民主共和制度有关原则、组织、职能都有所介绍，并给予高度评价。如说美国总统全由选举产生，而非世袭，四年一届，“一变古今官家之局，而人心翕然，可不谓公乎?”刑官“亦以推选充补，有偏私不公者，群众废之。”赞赏其议会民主政治，“议事听讼，选官举贤，皆自下始，众可可之，众否否之，众好好之，众恶恶之，三占从二，舍独绚同。即在下预议之人，亦先由公举，可谓不周乎?”(卷三十八)认为美国的富强发达与它的民主政治有很大关系。

魏源作为一个封建官僚，尽管只是从表面上看到西方国家政治法律制度的某些现象，对其本质尚不可能有深刻的认识，但他确实看到了西方国家制度的一些优越之处，为近代中国开始接触和了解西方社会起到了引导作用。他所提出的变革主张也没有超越王朝制度所允许的范围，主观上是想通过改革来作些修补，以摆脱严重的社会危机，使国家富强起来。然而其有关探索，在一定意义上开始了中国人向西方寻找真理的历程。

第二节　洋务派的法律思想

两次鸦片战争的打击，对清政府最大的思想震动是认识了西方国家的“船坚炮利”，而借助洋枪洋炮镇压太平天国起义的经验又给官僚们以实际体验，于是出现了在认同“师夷之长技以制夷”思想基础上，以“自强”、“求富”为口号的洋务运动。一批官僚在开办近代军事工业，强化国家机器与武装力量的同时，也带动着民族工业的起步。然而，其向西方学习是在排外、非外的心态和思想情绪支配下被迫进行的，当时不仅顽固派，就是洋务派也认为国家的根本即传统体制是不能动的，所以其思想基调为“中体西用”。洋务派主张采用先进技术，其目的只是借助西方军事技术来维护和巩固天朝的专制统治，而不是为了变革天朝的社会制度，更谈不上发展资本主义。

洋务运动是为了巩固传统的封建统治而被迫进行的，所以洋务派没有振兴经济的全局考虑，没有推动民族工业化的连续性措施，更没有保护私有产权、变革有关社会制度的要求。而官营企业经营方式和生产技术落后，成本高浪费大等各类弊端触目皆是。但它毕竟打开了引进西学的大门，培养了一批思想更为开阔的知识分子。然而思想文化方面的局限还是很大，一直到 19 世纪末，人们依然没有要向现代国家转变的基本认识，最终使这场颇显风光的洋务运动，在日本军人的进攻下以惨败收场。

一、曾国藩的法律思想

曾国藩（1811 年～1872 年），原名子城，字伯涵，号涤生，湖南湘乡县人。道光十八年（1838 年）进士，历任翰林院学士、礼、兵、工、刑、吏诸部侍郎等职。1853 年奉命举办团练，后扩编为湘军，在镇压太平天国运动中艰难拼杀，1864 年终于攻克天京。因功晋封侯爵，迁两江总督、直隶总督兼北洋大臣，官居一品。在安庆设局制造洋器，又与李鸿章等创办江南制造总局、福建马尾船政局等军事工业，支持容闳的留学计划，为洋务派之鼻祖。其一生对清王朝的功勋卓著，死后赐谥“文正”。

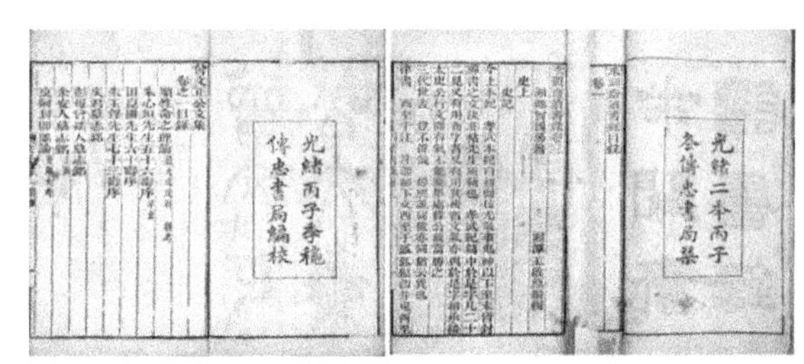

光緒丙子季秋
傳忠書局編校

光緒二年丙子
季春傳忠書局栞

图 12-3 曾国藩像，《曾文正公全集》清光绪刻本书影

曾国藩早年师从多名理学大师，潜心学问，毕生信守儒学，又博采众长，立足于经世致用。随着时间的推移和形势的要求，他成为最早的洋务派大官僚。作为清王朝的中兴名臣，他是中国传统文化的自觉代表；作为自强新政的始作俑者，他又不自愿地为西方文化的引入打开了门洞。他维护传统又超越了传统，他的思想演变反映出当时的统治机制发生了一些有机的转变，深刻呈现了中国艰难

曲折之近代化开端之路。其著作，由李鸿章编辑为《曾文正公全集》，共一百六十七卷，光绪二年（1876年）刊行，此书是研究其思想及当时社会历史的重要资料。随着集外遗漏稿续有发现，1959年刊印《曾国藩未刊信稿》。

曾国藩的为人与思想，受到后世袁世凯、梁启超、蔡锷、蒋介石等名人的极力赞赏，都视曾氏为立德、立功、立言三不朽的典范，被推崇为一代“圣贤”和“英烈”，应该还是有一些道理的。

（一）经世致用的务实思想

曾国藩早年师从理学大师唐鉴，入京后又师从倭仁，对宋明理学有着深厚的涵养。其《全集》首页的开场白就说：“以身之所接言，则有君臣父子，即有仁敬孝慈。其必以仁敬孝慈为则者，性也。其所以纲维乎五伦者，命也。”其将君臣父子之间的纲维五伦道德规范看作是人的“性”、“命”。声称：“君臣父子，上下尊卑，秩然如冠履之不可倒置”（《讨粤匪檄》）。强调“三纲之道”是“地维能赖以立，天柱所赖以尊”（《喻纪泽》）的神圣不可侵犯之基本原则，可见他的正统卫道士立场。

为维护纲常名教，维护传统政体，曾国藩提出“以礼自治，以礼治人”的政纲。指出：“先王之制礼也，人人纳于轨范之中，自其弱齿，已立制防”（《江宁府学记》）。每个人从小到大的行为规范，就是服从传统“礼”制。强调：“修身、齐家、治国、平天下，则一秉于礼。自其内焉者言之，舍礼无所谓道德；自其外焉者言之，舍礼无所谓政事”（《礼》）。在此基点上还极力宣扬“诚”，说：“窃以为天地所以不息，国之所以立，贤人德业之所以可大、可久，皆诚为之也。故曰：诚者，物之始终，不诚无物”（《复贺耦庚中丞》）。将道德规范的“诚”看成是宇宙一切之根源。品衡人才以忠、勤、恕、廉、明为标准，认为：“以人事与天事争衡，莫大于‘忠勤’二字”（《杂著·忠勤》）。

在浓重的理学功底上，曾国藩也涉足汉唐经学，讲究经世致用，反对空谈心性。认为：“天下之大事宜考究者凡十四宗：曰官制、曰财用、曰盐政、曰漕务、曰钱法、曰冠礼、曰昏礼、曰丧礼、曰祭礼、曰兵制、曰兵法、曰刑律、曰地舆、曰河渠”（《求阙斋日记》）。可见其经世之学并不漠视事功。还要求办事实在：“不说大话，不务虚名，不行驾空之事，不谈过高之理”（《求阙斋日记》）。甚至对诸子百家都有相当兴趣：“若游心能如老庄之虚静，治身能如墨翟之勤俭，齐民能如管商之严整，而又持之以不自是之心，偏者裁之，缺者补之，则诸子皆可师也，不可缺也”（《求阙斋日记》）。他在建功立业的鼎盛时期醉心老庄，耐人寻味。因此，曾国藩的思想也有广求博览、兼收并蓄、博采众长之特点。

在对清王朝二百年的统治进行总结时，曾国藩指出：政府“六部之法可谓多矣”，然而书吏之弊更多，因此“任法不如任人”，主张人治。重视执法者的品德才华，认为官员能否治理好一方，全在乎“心”，“心不公明，则虽有良法百条，行之全失其本；心诚公明，则法所未备者，临时可以另增新法，以期便民”（《批牍》卷三）。当然，“才德俱优”之贤才很少，所以“悬格不可太高，但求中材”；只要“能以勤为本，事事必躬必亲，便可选为第一等循吏”（《杂著》卷三）同时，人主“耳目不可寄于人，予夺尤须操于上”。就是不为左右小人所蒙蔽，在独断专任中赏罚分明、选拔人才、整顿吏治。他本人政绩的一大特点就是广收人才，如容闳的事业，就是在他的支持下开始的；近代中国的第一批科学家如李善兰、徐寿、华蘅芳等人都是他幕中人物；郭嵩焘是其挚友，薛福成是在他培育下脱颖而出；他对一批洋务官员的提携就毋庸赘言了。其学生李鸿章赞誉道：“朝廷乏人，取之公旁……知人之鉴，并世无伦”（《曾文正公神道碑》）。

在镇压人民的反抗斗争时，主张严刑峻法进行镇压，而反对“宽仁”。认为古代管子治齐、子产治郑、诸葛亮治蜀和王猛治前秦……都以严刑治国而收显著效果，如今也要用重典治国。在《严办土匪以靖地方折》中直白：“不治以严刑峻法，则鼠子纷起，将来无复措手之处。是以一意残忍，冀回颓风于万一。”在《与徐玉山太守》书中指出：“若非严刑峻法，痛加诛戮，必无以折其不逞之志，而销其逆乱之萌。臣之愚见欲能用重典，以锄强暴，但愿良民有安生之日，即臣身得残忍严酷之名，亦不敢辞。”在镇压太平天国运动中，曾国藩杀人如麻，常常就地正法、立毙杖下，遂得“曾剃头”之恶名。平定太平天国之后，曾国藩认识到需改变镇压方略，采用老庄无为思想，与民休息，缓和矛盾，恢复经济。

曾国藩主张严禁赎刑，不得任意赦免，同时尤为痛恨冤狱累讼。在《备陈民间疾苦疏》中谈到：当时民间疾苦主要有三：一是银价太高，赋税难纳；二是盗罪太多，良民难安；三是“冤狱太多，民气难申”。“一家久讼，十家破产；一人沉冤，百人含痛。往往有纤小之案，累不结，颠倒黑白，老死囹圄，令人闻之发指者。”对当时的司法弊端有比较清醒的认识。为此他拟定《直隶清讼事宜十条》、《直隶清讼限期功过章程》、《四种四柱格式》及《劝戒浅语》十六条等。明确州县长官亲自审案、司法公文不准拖拉、案件处理期限、禁止胥吏敲诈勒索、严禁私自关押、严办诬告讼棍、奖励清明的执法者等规定。诸措施以收“民心”为要，认识到政权的存亡与民心的向背休戚相关。

（二）开拓实践的洋务思想

曾国藩在镇压太平天国运动的过程中，重视引进西方武器，从而促使他开始去了解西方。咸丰十年（1860 年）岁末，在英法联军焚烧圆明园的一把大火之后，曾国藩在《复陈洋人助剿及采米运津折》中设问：“此次款议虽成，中国岂可一日而忘备?”接着引出了“将来师夷智以造船制炮，尤可期永远之利”的主张。二十余年前，魏源提出“师夷长技以制夷”的思想，只能发为朋友间的慷慨议论，由于整个社会的昏庸，成为没有回声的孤鸣。直到此时，曾国藩也认识到“师夷智”的重要性，成为魏源后再鸣此声的第一人。

1861年，奕䜣奏请买洋人"小火轮船，益以精利枪炮"，以剿太平军。曾国藩不但竭力赞议，称为"今日救时之第一要务"。并进一步论述说："轮船之速，洋炮之远，在英法则夸其所独有；在中华则震于所罕见。若能陆续购买，据为己物，在中华则见惯而不惊；在英法亦渐失其所恃"（《复陈购买外洋船炮折》）。可见，购买洋枪洋炮不仅是用来镇压农民起义的，最重要的是向西方学习，可将其技艺"据为己物"，这样洋人就无优势可恃了。年末，曾国藩即在安庆设制造局，后又设内军械所，试制新式船炮。次年，当制造出国产第一艘轮船之际，曾国藩兴奋地在《日记》中写道："窃喜洋人之智巧，我中国人亦能为之，彼不能傲我以其所不知矣。"

1864年，容闳学成归国进入曾国藩幕府，在《西学东渐记》中谈到：曾国藩"其识量能力，足以谋中国进化者也。"当曾国藩询以"今日欲为中国谋最有益最重要之事业，当从何处着手?"容闳便建议设一"制造机器之机器"厂，"以立一切制造厂之基础"。上海江南制造总局便在这样的历史背景下诞生，容闳也受命出洋采办机器。后来，容闳追叙说："自余由美国采购机器归国以来，中国国家已筹备千百万现金，专储此厂，鸠工制造，冀其成为好望角以东第一良好机器厂。故此厂实乃一永久之碑，可以纪念曾文正之高识远见。世无文正，则中国今日，正不知能有一西式之机器厂否耶?"（《西学东渐记》）可见经过西式教育之容闳，对曾国藩洋务思想评价之高。

由买船买枪炮进而主张造船造枪炮，由造船炮进而主张仿制工作母机（机器制造厂），由仿制工作母机进而认识到"洋人制器，出于算学，其中奥妙皆有图说可寻"，主张了解西方在技术领域中的某些专门理论；又鉴于"彼此文义扞格不通，故虽日习其器，究不明夫用器与制器之所以然"，从而主张设立译书局，"专择有裨制造之书，详细译出"（《新造轮船折》）。同时，从船炮、机器的制造，改进了军队的装备，进而认识到军队组织与作战规则也需要相应的变革。同治四年，曾国藩观看了"纯用洋人规矩"操演的淮军，在《日记》中赞叹："余平生所见步队不逮此远矣。"三年后提出，江南水师往年所用之船已不便出洋，现于上海船厂等到地制造新船，"俟船成之后，仍须酌改营制，略仿西洋之法"，乃可角逐海上，日起有功（《拟赴上海查阅铁厂折》）。

由注意收罗各种了解西方技术和情况的人才进而主张有意识地培养和造就自己的人才。1867年，曾国藩视察江南机器制造局，容闳建议可于厂旁建一兵工学校，以期将来中国可用自己的工程师，得到曾的赞许，不久遂得建校。第二年，江南所造出的轮船试航成功，曾国藩欣喜不已，以为"中国自强之道或基于此"（《新造轮船折》）。1871年，曾国藩领衔与李鸿章等奏请选派子弟"赴泰西各国书院学习军政、船政、步算、制造诸书"。近代官费至西方留学自此始。在《拟选子弟出洋学艺折》中，既指望他们能学来新的本领，又要求："随时课以中国文义，俾识立身大节。”所以在后面幼童赴美留学的章程中规定，为使学生出国后“不至囿于异学”，在学习西艺的同时，必须“课以《孝经》、《小学》、五经及《国朝律例》等书”。此中已有“中学为体”之内涵。

凡此种种，表明曾国藩的洋务思想与向西方学习的愿望，已高出当时的士大夫一筹。在众多士人昧于“无事则嗤外国利器为奇技淫巧，以为不必学；有事则惊外国利器为变怪神奇，以为不能学”的时候，他由传统文化而延伸入洋务，以不同于深闭固拒者的见识表现了对西方文化逸出常规的反应。当然这反应也非自愿，而是逼成于西方人的炮口之下。

（三）新旧冲突的矛盾心理

曾国藩作为一个传统的士大夫，看到中国军队在洋人的枪炮下一败涂地，接到中国同英法诸国签订的不平等条约时，“阅之不觉呜咽”，对外国侵略者有一种愤恨之情。同时，在领教了洋鬼子的船坚炮利之后，也产生“惊心动魄”过后的畏惧之心。“四更成眠，五更复醒，念（夷人）纵横中原，无以御之，为之忧悸”（《求阙斋日记》），这是一种真正的食不甘味，寝不安席的表现。随着有关形势的发展，曾国藩逐渐认识到，清政府的力量不足与西方列强抗衡，主张与英法侵略者妥协。1870 年，曾国藩在《奏折》中认为：“伏见道光庚子以后办理夷务，失在朝和夕战，无一定之至计，遂至外患渐深，不可收拾。皇上登极以来，外国强盛如故，惟赖守定和约，绝无改更，用能中外相安，十年无事”。有关思维方式的明显变化是：对外放弃天朝至尊地位，而讲究“守定和约”、“忠信笃敬”、“礼让为国”。

曾国藩多次说过：“中外交涉，总宜坚守条约，条约所无之事，彼亦未便侵我之利权”（《复许缘仲观察》）。因此“守定和约”的本意在于对彼的“不守约而侵占”采用“执约而拒之”（《复丁雨生都转》）的办法，以维护条约之外的民族权益。而另一方面，“守定和约”又意味着对西方列强既得权益的确认，承认这些不平等条约吞噬中华民族权益的合法性。这对于曾国藩的信义观来说，确是一帖难以入口却又不得不咽下的苦药。1867 年，曾国藩提出一个处理对外关系的重要主张：“其争彼我之虚仪者许之，其夺吾民生计者勿许”（《全集·奏稿》）。还曾说：“鄙意办理洋务，小事不妨放松，大事之必不可从者乃可出死力与之苦争”（《复吴竹庄廉访》）。虽全力镇压太平天国，却一贯反对借助外国力量“助剿”，告诫清政府不能给外国人侵犯国家主权之机。诸如此类，可见其用心之良苦。

湘军在镇压太平天国运动中的残酷暴行为许多论著所揭露、批判，足显曾国藩是个杀人不眨眼的刽子手。然而却很少有论著提到曾国藩在制定有关军纪军法时，将爱民思想始终贯穿其中。如提出“行军以不扰民为本”，注重对士兵教育：“每逢二八操演，集诸勇而教之，反复开说至千百语，但令其无扰百姓”（《与张石卿制军》)。还自己编写便于传唱的《爱民歌》:“三军个个仔细听,行军先要爱百姓。第一扎营不要懒,莫走人家取门板。……莫踹禾苗坏田产,莫打民间鸭和鸡,莫借民间锅和碗。……第二行路要端详,夜夜总要支帐房。莫进城市占铺店,莫向乡间借村庄。……无钱莫扯道边菜,无钱莫食便宜茶。更有一句紧要书,切莫掳人当长夫。……第三号令要严明,兵勇不许乱出营。走出营来就学坏……或走大家讹钱文,或走小家调妇人。……日日熟唱爱民歌,天和地和又人和。”真令人不敢相信,此《爱民歌》居然出自一位封建高官与军阀之手。

1870 年,他奉旨审理天津教案,因此而经受了一生中最大的精神窘迫,自谓:“吾目昏头晕,心胆俱裂,不料老年遘此大难”(《家书》二)。作为一个深通世故的官僚,他并非不知道教案的激烈冲突中凝结着民众反侵略的愤怒,他也不喜欢天主教,但作为司法官员与国家的外交代表,他主要责任是摸清案情后秉公办理“平情结案”。最后“严拿凶手,以惩煽乱之徒;弹压士民,以慰各国之心”(《复崇地山宫保》)。似乎有“曲全邻好”,屈服列强和庇护天主教之嫌。不过我们具体了解一下有关案情,似乎并不能下这样的判断。

教案起因:多年积怨加上蒙昧无知,一些无稽谣言迅速传播。说教堂把迷魂药分给教民,拐骗丁口特别是幼童,取脑挖眼剖心以配药等。天津府、县等官员不但不予澄清、制止,反助长流言,致使群情激愤,演为暴行。1870 年 5 月 23 日,法国领事丰大业在与地方官吏交涉中,面对包围的群众,两次开枪,其中一次击毙知县的仆从,成为事件的导火索。最后结果:24 名外国人被打死(计法国 17 人,俄国 3 人,比利时 2 人,英国和意大利各 1 人)。其中包括法驻津领事丰大业和十名修女。另外还有中国神甫 1 人,死伤教徒数十人。并烧毁了法国人办的望海楼教堂、仁慈堂、法国领事馆以及英美人办的耶稣教堂十座。破坏和掠走财物一批。审判处理:行凶人员 16 人斩首,29 人分别判处军杖徒各刑。支付抚恤费和赔偿财产损失 49 万两。派崇厚到法国道歉。天津知府、知县革职和流放黑龙江“效力赎罪”。

此案中,法国领事丰大业确有不可推卸的罪责,然而已被民众打死。在办案中,曾国藩坚持国家主权之立场,拒绝洋人参加审判,也拒绝了他们的一些无理要求,如以“坚执不允”的态度拒绝法国公使“欲杀府县”的照会,保留了天津地方官的几颗脑袋。结案后,不但遭到爱国民众的痛骂,也遭到某些西方人的奚落,至今许多论著仍加以“投降卖国”等罪名。确实很难说这个案件的处理没有可訾议之处,但揆诸中国有关“杀人抵命”之法律,似乎也扯不上“投降卖国”之罪名。

曾国藩是一个对中国传统文化相当拙诚的信奉者,同时又是一个懂“智术”的识时务者,在洋务派中,他是第一个提倡师法西洋技艺的人,又是心中固恋中国传统体制的人。当曾国藩提倡购买、制造洋物,同意接受某部分西学的时候,他并没有想到，由此搬入的西洋文化竟是侵蚀中国五千年文物制度的物质力量和精神力量，而由此为开端的中国近代化路程，将为中国开辟出一条崭新的道路，而这条道路却是曾国藩所极不愿看到的。在他生命的最后一年里，日记中留下了这样的记载："内人病日危笃，儿辈请洋人诊视，心甚非之而姑听之。"寥寥数语，画出了一个传统士大夫面对现实无可奈何之矛盾心理。

曾国藩为西学东渐拓开了门洞，人们也乘机漫步走出传统，于是开始了中国文化漫长而又艰难的近代化历程。

二、张之洞的法律思想

张之洞（1837 年～1909 年），字孝远，号清涛，晚号抱冰，河北南皮人。同治三年（1863 年）进士，历任翰林院学士、四川学政、礼部侍郎、山西巡抚，后长期任两广、湖广、两江总督达三十年。期间，广开学堂、书院，创建枪炮厂、开矿务局、办炼铁厂、设织布局、修建铁路……成为地位仅次于李鸿章的洋务派领袖，是清末举足轻重的封疆大吏。1894 年《马关条约》议订，上疏阻止议和，要求变法，力除积弊。1901 年，与刘坤一联衔上奏"变法三折"，备受朝廷赞赏。次年，兼充督办商务大臣。1907 年奉召入京，任军机大臣、体仁阁大学士，并奉旨管理学部事务，兼充督办铁路大臣。死后追谥"文襄"，一生著述颇丰，后人集为《张文襄公全集》。

图 12-4　张之洞像，河北人民出版社 1998 年版《张之洞全集》书影

张之洞一生跨越咸丰、同治、光绪、宣统诸朝，这是中国社会发生巨变的时代，张之洞于其中也作了相当精彩的表现。作为最后一个洋务派领袖，他不但完成了许多实务，还参与了清末新政。在 20 世纪初法律改革中发表的识见，也集中代表了洋务派先辈的思想。其"中体西用"的思想核心，不仅代表了一大批士大夫的心声，简直就是中国文化在这一巨变中所作的本质反映，影响极为深远。

（一）任人者治，任法者乱

张之洞作为封疆大吏，号令数省垂三十年，在一方掌生杀予夺之权，自然赞赏中国传统之人治，而排斥西方"法律面前人人平等"之法治。在读经札记《议事以制说》中，不但认为人治优于法治，甚至反对公布成文法，欣赏"先王用刑，临事酌断，不豫设详细条目。"认为："若纤悉毕载刑书，布之民间，则奸民必有挺身干法、避就、告讦诸弊，蠹吏亦有舞文鬻狱之弊。"反而不能维持正常的统治秩序，只有"临事酌断"的人治才好管理。当然，"随时酌断，岂得无弊。但任人之弊，弊在官；任法之弊，弊在吏。任人之弊在国家，任法之弊在奸民。两害相形取其轻，不如任人也。"可见完全不懂"法治"的基本含义，却懂笼络人心之重要，“尝考从古帝王所以享国长久者，财力兵力权谋术数皆不足恃，惟民心可恃”（《重案定拟未协折》）。主要靠“赋敛轻”、“刑罚平”等人治手段来笼络民心。

基于这种认识，张之洞在其官僚生涯中，始终以“任人”为要，鼓吹仁政，或施重罚，或宽猛相济，“抚良民则以熙媪宽平为治，惩乱民则以刚断疾速为功”（《全集》卷六）。既不为文法所拘，亦不为律法所限，往往“因时立制”。1882年任山西巡抚，就要求朝廷授他就地处决乱匪的权力，并扩大死刑的范围。1887年为两广总督，一再申请下获“就地正法”之权，在广东查办匪乱，一年之内便“就地正法”九百零六人。1900年为湖广总督，在汉口镇压自立军，将唐才常、林奎等首领一网打尽，“就地正法”数百人。1901年，上海“苏报案”刚发，他就策划与各国交涉，将章太炎、邹容等引渡“正法”。

在晚清修律过程中，凡涉西方法治关键内容的议题，均遭他的反对和驳斥。如反对司法独立，认为与国情不合。“中国民智未尽开通，爱国者固多，而持破坏主义志在乱国者亦复不少”。法官中难保有心思不端者，如庇护乱党，后果不堪设想。甚至认为传统旧制中已含司法独立之意，“一省之中，臬司即是高等审判厅”（《全集》卷一九七）。同时，坚决排斥罪刑法定原则，赞赏“援引比附”制度。更以“讼师”、“劣坤”、“讼棍”之旧观念批驳律师制度、陪审制度。司法独立与罪刑法定、律师制度、陪审制度等，都为西方法治之核心，张之洞全力抨击的目的，就在于其要求坚持传统之“人治”。

当然，张之洞非常重视人才的培养、选拔与任用。他在《整饬治理人才片》中说：“凡百政事，皆须得人。”在《吁请修备储才折》中指出：“人皆知外洋各国之强由于兵，而不知外洋之强由于学。”所以非常重视中国如何用学校教育来培养人才。在《劝学篇》中明确提出必须改革科举制度，在创办新式学堂的经验中又体会到其明显优于科举，所以要逐步取消科举制度，广泛推行新式学校教育。1903年，他参与会奏商办京师大学堂事宜，并强调办学要重视师范教育，拟定初级、优级师范学堂及有关章程，并另拟各等农工商实业学堂章程，供请清政府代摘实行，对清末教育产生很大影响。同时，赞同向外国派遣留学生。在《劝学篇》中谈到：“出洋一年，胜于读西书五年”；“入外国学堂一年，胜于中国学堂三年”。并将翻译西方论著看作第一要务。他说：“尝考讲求西学之法，以译书为第一义，欲令天下人皆通西学，莫若译成中文之书，俾中国百万学人，人人能解，成为自众，然后可供国家之用”（《上海强学会章程》）。许多外国法学著作如《公法总论》、《各国交涉便法论》等相继译成中文，成为后来立宪运动的参考书，推动了中国社会近代化的进程。

（二）整顿中法，谨采西法

张之洞曾把《大清律》与前朝诸律进行比较，列举出《大清律》有十二项仁政：无族诛、无肉刑、老幼从宽、孤子留养、不准非刑拷讯、杖一百折实杖四十、职官妇女犯罪收赎、死罪不绝其嗣、死罪分情实缓决从轻比者居多等。从而得出结论：自秦汉以来，有清一代之制最为宽平仁恕。这一观点不但与同僚薛允升、沈家本诸人的观点相左，其实就连他自己也很快就不相信了。随着时局的发展，在列强的侵略下，中国不断遭受奇耻大辱，张之洞在逐渐认识到清廷的统治危机基础上，也发现了本朝法律的许多弊端。1901 年，在与两江总督刘坤一联衔上奏的“变法三折”的第二折中，提出了对清律进行改革的意见。

变法第二折罗列了十二条应该变通整顿的法规，其中第七条“恤刑狱”，对清律改革提出九项具体建议：一曰禁讼累，建议革除吏役，代之以警察，以消除胥吏扰民坏法的弊政。二曰省文法，减省诉讼中的繁文缛节，以消除拖延、讳饰等积弊。三曰省刑责，除重大案件需要，一般小案及各式人证不准轻加刑讯。四曰重众证，轻口供而重证据，除死罪必须供词，其他案件只要证据确凿便可定罪。五曰修监羁，改善监狱与看守所的关押条件，减少犯人瘐死之冤。六曰教工艺，让犯人学习生产技能，监内可自给，释放后谋生。七曰恤相验，勘验命案轻骑从简，减轻当事人负担和科派。八曰改罚锾，一般民事案件乃到轻微刑事案件，都可缴银赎罪。九曰派专官，监狱事务有专门官员管理稽查。纵观其改革措施，均未超越儒家之仁政范畴，并没有触及当时司法弊政之实质。

在变法第三折中，张之洞又提出采用一些西法之主张。其要旨在采用西方一些工商经济之法，以促进中国工商经济之发展。如制定矿律、路律、商律，以保护矿产的开采，铁路的修筑和市场的运作，建办大工厂、大公司，及画章程、立合同、分权利、调纠纷、判诉讼，同时“禁讹诈、禁假冒、禁亏塌、准专利”等都需借鉴外国的有关法律规范。还需制定中外交涉刑律，凡遇中外交涉之案，由于中外刑律迥异，罪名轻重不同，审理之法有异，矛盾重重，宜商定一交涉刑律，酌情处理，以减后患，稍平民心。建议制定此四律由总理各国事务衙门负责，电致各国使节，访求各国名律师，来华充当编纂律法之教习。设立有关法律学堂，选职官、进士等为学生，学习各种律法与司法审判，帮同翻译缮写。编纂时，博采各国的法律，结合中国的国情。四律既定，颁行天下，一体遵守。最后他与刘坤一、袁世凯保荐沈家本、伍廷芳主持修订律法，从而开始了清末不时十年的法律改革。

尽管张之洞时也会说：“变中国旧法，从西法也，非泛泛改章整顿之谓也。”“若变新法不仿西人，不惟精意全失，恐皮毛亦不能似矣”之类的话，甚至有“故欲救中国残局，惟有变西法一策”（《谨拟采用西法十一条折》）这样的呼吁。但是，张之洞采用西法是有选择的，也就是主要学工商经济立法，前述司法独立、罪刑法定、律师制度、陪审制度等都不能学，西方诉讼法的主体内容都遭到张之洞的反对。认为西方诉讼法违背中国立国之本：礼制，使“父子必异财，兄弟必析产，夫妇必分资，甚至妇人女子，责令到堂做证。袭西俗财产之制，坏中国名教之防，启男女平等之风，悖圣贤修齐之教，纲伦法败，隐患实深”（《遵旨复议新编刑事民事诉讼法折》）。而对于宪政、国会之类西方法律的精粹核心内容，就更是排斥和反对。《劝学篇·正权第六》中，罗列了种种原因，论证议会制不符合中国国情，断不可行。直到清政府决定仿行“新政”之时，张之洞依然坚决反对宪政的主张。

（三）中学为体，西学为用

张之洞于1898年撰写《劝学篇》，以“会通中西，权衡新旧”为宗旨，全面、系统地论述了“中学为体、西学为用”思想。此前，冯桂芬在《校庐抗议》中，孙家鼐在《遵议开办京师大学堂折》中都曾有论及，都不如张之洞这样系统、深入。在清廷统治者看来，张之洞系统的“中体西用”理论不啻是一帖救世治弊的良药，表彰其“于学术人心大有裨益”，并下令“颁发各省督抚、学政各一部，俾得广为刊布，实力劝导，以重名教而杜卮言”。于是乎，《劝学篇》“挟朝廷之力以行之，不胫而遍于海内”，成为清末官方认可的国家指导思想。所以世人总喜欢把“中体西用”思想与张之洞联系，因为他不仅是身体力行的实践者和理论体系的集大成者，而且是国家意识形态的代言人。

所谓“中学为体”，就是治国立法必须坚持“三纲五常”的基本原则。认为：“三纲为中国神圣相传之圣教，礼政之原本，人禽之大防。”“五伦之要，百行之原，相传数千年，更无异义，圣人所以为圣人，中国所以为中国，实在于此。”极力挞伐“民权”思想，“故知君臣之纲，则民权之说不可行也；知父子之纲，则父子同罪免丧废祀之说不可行也；知夫妇之纲，则男女平权之说不可行也。”认为民智未开，谈何民权？“民权之说一倡，愚民必喜，乱民必作，纪纲不行，大乱四起。”所以“民权之说，无一益而有百害。”

所谓“西学为用”，就是“择西学之可以补吾阙者用之，西政之可以起吾疾者取之。”比起曾国藩、李鸿章等前辈，张之洞所谓的“西学”，已不再局限于西方的技艺、器物层面，而是主张“政艺兼学”，甚至认为“西艺非要，西政为要”。不过，张之洞的“西艺”包括“算、绘、矿、医、声、光、化、电”诸方面的内容，较之以前的军事器械、民用工艺之类，有了更深层次的拓展。“西政”是指“学校、地理、度支、武备、律例、劝工、通商”方面的制度，而非西方的民主共和之政治制度。

中学与西学的“体”“用”关系，中学是根本和基础，西学不过是手段和方法，目的是为了更好地加强中学，巩固中国的统治体制。“今欲强中国、存中学，则不得不讲西学。然不先以中学固其根柢，端其识趣，则强者为乱首，弱者为人奴，其祸更烈于不通西学者矣。”如不以中学为根本，一味地讲求西学，其祸害更甚于不通西学。《张文襄幕府纪闻》中作者说得清楚：“文襄（即张之洞）之效西法，非慕欧化也，文襄之图富强，志不在富强也。盖欲借富强以保中国，保中国即所以保名教。”所以张之洞的“西学为用”，必须坚持“有益于中国，无损于圣教”的基本原则。

在清末修律过程中，引发的旷日持久的“礼法之争”，其实质就是维护三纲五常与突破纲常礼教之斗争。张之洞成为驳议新法最为猛烈者之一，对新法草案进行了全面的否定，以为“万不可行”。最后“礼教派”占上风的结果，实为张之洞“中体西用”思想的胜利。中国作为一个文化大国，在深层上对西方文化是排斥的，而中国在近代所遇到的问题又不是传统文化能够解决的。中国官僚知识分子站在国家的立场上，以不牺牲自己的文化传统为前提，向西方（敌手）寻求摆脱困境走向富强的途径，这就出现了“中体西用”这样的“非牛非马”（严复语）的学理定式，这样的选择也得之于儒家“经世致用”的传统支持。所以近代官僚知识分子从一开始就没有打算用西方的宪政彻底取代中国的政治传统，而只是想用它来主要解决中国的生存困境问题。

应该承认，“中体西用”思想在其行用初期，对打破一个封闭千年的大国壁垒，引进一些西方先进的科技、器物来说，是有一定的积极作用。张之洞所进行的洋务活动，对国家军事和社会经济的进步，颇有功绩。然而随着形势的变化，国事的进步，张之洞始终站在这一思想立场上，“法律之设，所以纳民于轨物之中，而法律原与经术相表里。其最著者为亲亲之义、男女之别、天经地义、万古不刊”（《遵旨复议新编刑事民事诉讼法折》）。说法律是统治者强制老百姓服从其统治秩序的工具，而法律的根本原则就是坚持纲常礼制为万世不易之本。张之洞坚定的“卫道”言行，成为清末新政中的保守派领袖，严重阻碍了中国法律近代化的进程，阻碍了社会制度的进步，最后的结果便是腐朽的清王朝无法进行较为明智的政治改革，而只能走向灭亡。

第十三章　资产阶级改良派的法律思想

19世纪60年代兴起的洋务运动，经过中日两次战争，遭到沉重的打击。于是，中国政治法律制度的近代化就成为一个不可回避而又亟需解决的问题摆到了人们面前。资产阶级改良派主张通过自上而下的改良道路，使中国的政治法律制度近代化。戊戌变法在他们的主持下，也应运而生了。

第一节　资产阶级改良派法律思想的概述

第二次鸦片战争以后，中国的洋务派大力推进洋务运动，其中着力最多的是建立军用企业，先后建起了机器厂、轮船厂、枪炮厂、火药厂等。与此同时，还训练新式陆军和建立新式海军。洋务派为了供应军用工业所需的各种原料、燃料和运输，后来还陆续创办了一些资本主义的工矿业和运输业。洋务运动对建立和发展中国近代企业，促进生产力的发展，一定程度上抵制外国企业对中国企业的垄断都有一些积极作用。但是，这些企业带有浓厚的封建性，具有官办性质，而且还依赖于外国企业，尖端技术还为外国人所控制，实际上是一种半殖民地半封建社会的产物，其弊端十分明显。

中日甲午战争的爆发和中国的失败，给予洋务运动以更沉重地打击，人们深深体会到洋务运动不能救中国。于是，中国的一些有识之士便进一步从变革维新的角度进行思考，并逐渐形成了资产阶级改良派，其代表人物有康有为、梁启超、谭嗣同和严复等人。他们从救亡图存的爱国要求和资本主义利益出发，以西方的进化论和社会政治学说为理论依据，对封建的专制制度和伦理纲常进行了猛烈的批判，对洋务运动也进行了抨击。同时，还竭力主张通过维新走西方资本主义的道路，以达到民族独立和国家富强的目的。

围绕着变法，资产阶级改良派提出了一些自己的法律思想，总结起来主要有以下三个方面的内容。

一、反对君主专制制度

资产阶级改良派把君主专制制度看作是一种腐朽的政治法律制度。他们都极其痛恨这一制度，如同严复所言："专制之治者，可谓痛心疾首者矣。"（王栻主编：《严复集》（第四册），中华书局1986年版，第939页。）因此，他们都主张应予废除。他们中的一些人从洋务运动的挫折中引出教训，认为中国要富强必须废止君主专制制度。谭嗣同认为，君主专制统治必须推翻，因为他们是"独夫民贼。”（蔡尚思等主编：《谭嗣同全集》（下册），中华书局 1981 年版，第 343 页。）梁启超则认为，中国落后的原因在于君主专制制度，因为它“收人人自主权而归于一人，以一人而夺众人之权”。而且，“一人独享天下人所当得之利”。因此，中国要强盛，必须废除这一制度，建立新制度。这种新制度是“人人有自主之权”，而且“各尽其所当为之事，各得其所应有之利，则公莫大焉，如此则天下平矣”。（梁启超著：《饮冰室合集》（1）“饮冰室文集之一”，中华书局 1989 年版，第 99 页。）

资产阶级改良派主张建立三权分立制度，并取代君主专制制度。他们针对专制制度的弊端，认为分权是必要的，其中有人竭力主张仿行西方国家的三权分立制度，把它作为中国变法的楷模。康有为说：“近泰西论政，皆言三权：有议政之官，有行政之官，有司法之官。三权立，然后政体备。”（汤志钧编：《康有为政论集》（上册），中华书局 1981 年版，第 214 页。）根据西方国家的经验，他们还认为，这种分权制度须有宪法保障，因此立宪是必要的。康有为把立宪作为三权分立的前提，认为：“立行宪法，大开国会，以庶政与国民共之，行三权鼎立之制，则中国之治强，可计日待也。”（同上，第 339 页。）

资产阶级改良派虽看到了君主专制制度的腐败，也主张用分权形式来改变这种制度，但是这仅仅是一种不彻底的改良，他们仍把大权归于皇帝。康有为提出，无论立宪法、开国会和三权分立等，都应取决于“皇上一转移间耳”。（同上，第 342 页。）从中可见资产阶级改良派变法的不彻底性和妥协性。

二、鼓吹变法维新

变法维新是资产阶级改良派的重要主张。他们认为，中国只有经过变法维新，才能救亡图强。变法维新的实质是变封建主义为资本主义，变封建制度为资本主义制度。

资产阶级改良派的代表人物都用进化论来论证世界上的万事万物的不断变化和发展，并以此来反对守旧，强调变法维新的必要性。严复从物质世界的变化与发展来论证变是一种规律，他在《天演论》中明确说：“知不变一言，决非天运。”（王栻主编：《严复集》（第五册），中华书局 1986 年版，第 1324 页。）康有为引用《周易》里“穷则变，变则通，通则久”的说法，认为变法是必要的，是图强的必经之路。他讲：“无百年不变之法”，而且“法久则弊”。他在得出这一结论之前，还以世界各国变法的经验为借鉴，“观万国之势，能变则全，不变则亡；全变则强，小变仍亡。”（汤志钧编：《康有为政论集》（上册），中华书局 1981 年版，第 211 页。）因此，他主张“全变”，而不是“小变”。这是资产阶级改良派与洋务派的一个重要区别。谭嗣同也持与康有为相似的变法观点，他从万物的不断变化来论述变法维新，说：“夫善至于日新而止矣，夫恶至于不日新而止矣。”（蔡尚思等编：《谭嗣同全集》（下册），中华书局 1981 年版，第 318 页。）

而且，还明确提出："变法则民富"，"变法则民强"。（同上，第 343 页）

资产阶级改良派的变法中包括一些具体的法律制度，他们甚至提出要采用某些国家的法律。康有为公开主张要接受欧洲和日本的法律，把它们作为中国法律的范例。"非皇上采法俄、日，亦不能为天下雄也"。究其原因是它们都有成功的先例，虽然其路径各不相同，但都有可借鉴之处。"择法俄日以定国是，愿皇上以俄国大彼得之心为心法，以日本明治之政为政法而已。"（汤志钧编：《康有为政论集》（上册），中华书局 1981 年版，第 208～209 页。）

资产阶级改良派鼓吹的变法维新主张有其积极的一面，这一主张成为以后指导变法的主导思想，并促使戊戌变法的出台和推动这一变法的发展。但是，它的理论基础只是进化论，改良派不可能从根本上找到中国衰落的真正原因，因此这一主张在提出时就先天不足，这也成为戊戌变法很快就失败的原因之一。

三、主张改革旧律

资产阶级改良派在鼓吹变法维新的同时，还主张改革旧律。他们把清朝的旧律与西方国家的法律作了比较，看到了清朝旧律的落后，认为不改不行。另外，他们还过分地相信列强们提出的中国法制改革后可以取消领事裁判权的承诺。康有为认为，外国罪犯都以中国"刑律太重"为借口，拒绝和逃避中国法律的制裁，并据此在中国取得了领事裁判权，这是中国的"国耻"，所以中国的旧律必须改革。（汤志钧编：《康有为政论集》（上册），中华书局 1981 年版，第 215 页。）严复还认为，西方的法制比我国的强，"彼西洋者，无法与法并用而皆有以胜我者也。"（王栻主编：《严复集》（第一册），中华书局 1986 年版，第 11 页。）所以，有必要在改革旧律时，引用西方的法律。

那么，新的法律如何产生呢？资产阶级改良派认为应依"公意"来立法，即法律应由多数人共同制度并合乎"公意"，只有这样的法律才是真正的法律，可以成为"公器"。梁启超说："法者，天下之公器也。"（梁启超著：《饮冰室合集》（1）"饮冰室文集之一"，中华书局 1989 年版，第 8 页。）他们还以西方议会的性质来解释"民意"法律的产生。谭嗣同认为，西方的议会是立法机关，而它本身又是一个传达民意的机关，"议院以达下情"（蔡尚思等编：《谭嗣同全集》（上册），中华书局 1981 年版，第 160 页），所以由它来制订的法律便优于中国的法律了。

资产阶级改良派一方面主张引进西方的法律，另一方面又强调中国要学习西方的法学。他们认为，与西方的法学相比，中国的法学明显落后；要使中国强大，非学西方的法学不行。梁启超明确说："今日非发明法律之学，不是以自存矣。"这里的"法学"就是指西方的法学。为此，他还大声疾呼："发明西人法律之学，以文明我中国。"（梁启超著：《饮冰室合集》（1）"饮冰室文集之一"，中华书局 1989 年版，第 94 页。）

资产阶级改良派强调要改变旧律的主张无疑需要肯定，因为这符合时代和法制发展的潮流。但是，在改革旧律的动因上，他们过分地相信列强们有关取消领事裁判权的承诺却不可取。这说明，他们没有看清列强们的侵略本性和中国近代社会的性质，所以对封建法制也只能是改良，不可能彻底地改革。

第二节　严复的法律思想

严复（1854 年～1921 年），字又陵，又字幾道，福建侯官人。少时师从黄少岩，接受儒学教育，十四岁时以优异成绩考入洋务派创办的马江学堂学习海军。毕业后，先在海军实习，后又被派往英国留学。1879 年回国后，曾任北洋水师学堂总教习和总办、京师大学堂译局总办、复旦公学校长、安徽高师校长、学部（教育部）名词馆总纂等职。辛亥革命后，一度担任北京大学校长，还受聘为袁世凯政府的顾问参政及约法议员。1896 年他曾赞助梁启超在沪创办《时务报》，1897 年他自己又在天津创办《国闻报》，在戊戌维新运动期间，它们都是宣传维新思想的舆论中心。严复曾先后翻译《天演论》、《法意》、《名学》、《群学肄言》等九部西方学术名著，把西方的哲学、法学、经济学、政治学等介绍到中国。其著译已编为《严复集》等。

图 13-1　严复像

一、揭露中国封建法制的弊端

严复非常熟悉中国的封建法制并把它界定为一种专制法制。他认为，这种法制把国家的所有权力都集中于君主一人，推行个人的专制。在这一专制之下，“往往法徒立而不行，众虽具而不合，则由是其众治者废，而独治势成”（王栻主编：《严复集》（第一册），中华书局 1986 年版，第 221 页）。在这种法制之下，人民没有自由。进而，严复还专门揭露、批判了中国的专制立法，指出它的危害。他认为，君主立法往往只顾自己的利益，不顾人民的利益，因此这种立法利民的成分很少。他说“专制之国家，其立法也，塞奸之事九，而善国利民之事一。”（王栻主编：《严复集》（第四册），中华书局 1986 年版，第 970 页。）

严复同时认为，中国封建的司法制度十分不仁，比如刑讯制度实是一种酷刑，一种“不仁之政”。这种酷刑在没有判刑以前就被使用，非常惨酷。他说：“吾国治狱之用刑讯，其惨酷无人理，传于五洲，而为此土之大诟久矣。”（同上，第 954 页）还说：“今夫狱未定而加人以刑，天下至不仁之政也。”（同上，第 995 页）究其原因是由于司法官素质差。他们因怕“烦”、“劳”等因素，急于用刑讯迫使被讯人自吐实言，以便迅速结案。他说：“吾闻西士之论矣，听讼治狱，刑讯与不刑讯，所争者在烦简、纡直、难易、迟速之间而已。夫不欲烦其心虑，劳其精力，为吏者与常同也。得一囚而炮烙之，攒刺之，矐其目，拔其齿，而使之自吐实者，其法以此之钩距征验旁搜避访，而后得其与事相发明者，其劳佚之殊不可以道理计矣!”（同上，第 954 页）因此，这一“不仁之政”弊端很大。

二、推崇西方的法制

严复研究了西方法制后认为，西方法制与中国封建法制不同，而且还具有中国封建法制所不具有的优越性，即“今之西洋，则与此不可同日而语”。西方法制保护公民的自由与平等权利，人人都有言论自由，“人人得以行其意，申其言”；人人都地位平等，在法律上没有尊贱之别，“上下之势不相悬隔，君不甚尊，民不甚贱”。而且，人们的行为皆有法律规定，人人都可依法行事。“自官工兵商贾法制之明备而观之”，所以“不督而办，事至纤悉，莫不备举，进退作息，皆有常节”，这些都是中国封建专制法制所不可比拟的。究其原因在于西方国家所强调的自由与民主，“以自由为体，以民主为用”。因此，西方的法制是先进的法制，中国封建法制则是落后的法制，而先进的西方法制必定会战胜落后的封建法制，“彼法日胜，吾法日消”。（王栻主编：《严复集》（第一册），中华书局 1986 年版，第 22～23 页。）

严复推崇西方法制，特别是其中的宪法。他认为，中国古代没有宪法，宪法是西方民主在根本法中的体现，所以立宪就是“众治”，就是要建立西方的民主制度。“立宪非他，即是众治，众治则不得不用从众代表一制。”（王栻主编：《严复集》（第五册），中华书局 1986 年版，第 1311 页。）而且，宪法的制定由民众参加，决不是由君主一人确定，所以它应被君民共同遵守。

严复还推崇西方的三权分立制度。他所认为的三权即是立法、行政与司法三权。他以英国的议院和阁部为例来说明立法与行政的分立，说：“阁部之职，专于行法，而议院者，乃立法之源也。”（王栻主编：《严复集》（第一册），中华书局 1986 年版，第 222 页。）司法则独立于立法与行政，而且司法官还独立行使职权，司法权不受其他权力的侵害。这样的分权确立以后，人民的自由就有了保证，专制也就无法再逞凶了。“果必分立，且必分立而后国民自由乃可长保，专制凶威，乃不至于暗长而忽成也。”（同上，第 222 页。）

三、强调中国必须变法

在揭露中国封建法制的弊端与推崇西方法制的同时，严复还强调中国必须变法，认为只有通过变法才能改变旧法制和社会。他的变法思想源于达尔文的进化论，并吸取了斯宾塞的普遍进化论。他十分欣赏斯宾塞的进化论，说：“斯宾塞以天演自然言化，贯天地人而一理之。此晚近之绝作也。”（王栻主编：《严复集》（第五册），中华书局 1986 年版，第 1320 页。）把这种进化论运用在社会领域，就转化为变法的理论。他认为，中国已到了必须变法的时刻，不然就会亡国，这是大势所趋。“天下理之最明，而势所必至者，如今日中国不变法，则必亡是已。”中国的变法就是要学习西方，引进西学，尽管许多中国人对西学还存有恶意。但是，向西方学习是必经之路，如同当年日本卧薪尝胆学习西学一样。“彼日本非不深恶西洋也，而于西学，则痛心疾首，卧薪尝胆求之，知非此不独无以制人，且将无以存国也。”(《侯官严氏丛刻·救亡决论》)

严复认为，在变法中，首先要变革中国的专制制度，因为这种制度的弊端很大，把家与国合二为一，人民无权。“中国自秦以来，无所谓天下也，无所谓国也，皆家而已。一姓之兴，则亿兆为臣妾。其兴也，此一家之兴也，其亡也，一家之亡也。”(王栻主编：《严复集》(第四册)，中华书局 1986 年版，第 948 页。)要改变这种状况就必须引用西方的三权分立制度，即“分统治之权为三：曰立法、曰行政、曰司法”。(王栻主编：《严复集》(第二册)，中华书局 1986 年版，第 325 页。)只有废除中国的专制制度，实行西方的三权分立制度，中国才会强盛起来。

同时，严复还认为，中国的变法还包括要变革其他法制，废除刑讯制度是其中之一。中国的这一制度之所以能长期存在，是因为它得到法律的承认，是一种合法行为，因此要禁用刑讯，必须在法律上废止这一制度。他说：“然而卒不废者，吏为乎？法为之乎？曰法实为之，吏特加厉之而已。故不变其法，虽上有流涕之治，下有大声之呼，彼为吏者，终自顾其考成，无益也。”(王栻主编：《严复集》(第四册)，中华书局 1986 年版，第 954 页。)

严复从西方的法律思想与理论出发，研究了中国封建法制，从中发现了种种弊端，并在理论上对其进行了批判。同时，他还积极宣扬西方国家的先进法制，赞扬其优越性，让人们了解中国法制发展的方向。这些对于唤起中国民众的民主法制意识，认清中国封建法制的危害，积极投身变法，无疑具有积极作用。可是，严复所推崇的有些西方法学思想与理论本身就具有明显的局限性，斯宾塞的普遍进化论就是如此。这一理论是一种社会达尔文主义，是一种为西方国家推行弱肉强食政策、进行殖民统治的侵略理论。他把这一理论作为中国变法的理论基础，显然是不可取的。

另外，严复的法律思想在他的晚年发生了变化，有复古的倾向，即由原来的主张变法逐渐向鼓吹复古演变，特别是在辛亥革命以后，这一倾向比较明显。他在自己的遗嘱里竟称“中国必不亡，旧法可损益，必不可叛”。(王栻主编：《严复集》(第五册)，中华书局 1986 年版，第 1552 页。)所以，对于严复的法律思想，不可一概而论，要作具体分析。

第三节 康有为的法律思想

康有为（1858年～1927年），原名祖诒，字广夏，号长素，广东南海人，人称“南海先生”、“康南海”等，出生于封建官僚地主家庭，幼年时接受传统的封建教育。1879年游学香港时，亲眼目睹了比封建制度更为先进的资本主义制度。自1888至1898年间，先后七次上书光绪皇帝，请求变法维新。1895年第二次上书时，与梁启超等人鼓动1300多名举人署名，要求拒签对日和约，这就是有名的“公车上书”。不久，得进士，授工部主事衔。此后，在京、沪等地分别组织强学会，创办了《万国民报》、《中外纪闻》和《强学报》，进行维新变法的宣传。“戊戌变法”期间，康有为提出了许多关于变法的具体建议。变法失败后，逃亡日本。1899年在加拿大组织“保皇会”，鼓吹立宪，反对民主革命。辛亥革命后，发起组织孔教会，力图恢复清朝统治。1917年参与张勋拥立溥仪的复辟活动，终为时代所摒弃。1927年病逝于青岛。主要著作有《新学伪经考》、《孔子改制考》、《戊戌奏稿》和《大同书》等。

图13-2 康有为像，《强学报》第一期，1895年上海

一、变法维新论

康有为变法维新的理论基础是“公羊三世说”。“公羊三世说”原渊于汉代人何休对孔子删订的《春秋》一书所作《公羊传注》里提出的社会历史演进的看法，认为人类社会的发展经历了三个阶段，从“据乱世”进入“升平世”，再进入“太平世”。（汤志钧编：《康有为政论集》（上册），中华书局1981年版，第536页。）康有为把这三个阶段说成孔子创新的治世之法，并将它运用到国家演化的过程中去，认为国家的演化也有三个阶段，即从“专制”进到“立宪”，再进入到“共和”。到那时，国家就进入了一个新的阶段。在这一阶段中，没有专制，却有共和立宪和民主权利。他在《大同书》中说，“那时诸君主专制体必尽

扫除，共和立宪必将自尽行，民党平权必将大炽。”（同上，第521页。）

从“公羊三世说”出发，康有为强调中国的出路在于变法维新，只有变法维新，中国才能由弱变强。如果不变法，中国的前途将十分危险。他说：“法既积久，弊必丛生，故无百年不变之法。”（同上，第212页。）从以后他所提出的一系列变法主张看，他迫切希望中国从一条维新的道路中走出困境。

然而，康有为的变法维新只是在不根本触动封建统治基础上的改良。他认为，中国社会的发展只能循序渐进地改良，不能采用革命手段，他说：“凡君主专制、立宪、民主三法，必当一一循序行之，若紊其序则必大乱”。（同上，第476页。）可见，在康有为变法维新的思想中，本身就包含有反对革命的因素，因此他以后走上保皇之路有其必然性。

二、君主立宪论

在中国选用哪种政体的问题上，康有为主张实行君主立宪制和三权分立原则。其中，他较多地提及设议院开国会、制定宪法和实行三权分立的问题。

（一）设议院开国会

康有为认为，中国应该像西方国家那样设议院开国会，因为这样可以避免一些弊端的产生。他主张要设立议院，并通过它来传达下情，即“设议院以通下情也”。同时，他还专门阐述了传达下情的重要性，以进一步论证设立议院的必要性。“人皆来自西方，故疾苦无不上闻；政皆出于一堂，故德意无不下达；事皆本于众议，故权奸无所容其私；动皆溢于众听，故中饱无所容其弊。”（汤志钧编：《康有为政论文集》（下册），中华书局1981年版，第150页。）所以，他认为议院制是十分适合中国国情的一种制度。

（二）制定宪法

康有为根据日本明治维新的经验，把制定宪法作为维新的开始。他指出，只有制定了宪法，有了奉行准则，才能推行变法，最后实现新政。“宪章草定，奉行有准，然后变法可成，新政有效也。”因此，他竭力主张“草定宪法”，并把其作为三大维新的“要义”之一。“考其维新之始，百度甚多，惟要义有三：一曰大誓群臣以定国是，二曰立对策所以征贤才，三曰开制度局而定宪法。”（汤志钧编：《康有为政论文集》（上册），中华书局1981年版，第213～216页。）

（三）行三权分立

康有为考察了当时西方国家的政体，发现他们都采用了三权分立形式，而且三权分立也确有比专制政体优越之处，因此他主张在中国也应建立这样的政体。他说：“以国会立法，以法官司法，以政府行政。”（同上，第338页。）同时，他认为，即使采用三权分立形式，中国的君主还是需要保留并由君主来统领三权，国家三权需有“人主总之”（同上，第338页）。从中可见，康有为只是企图改良专制制度，并非要彻底根除这一制度。

康有为的君主立宪论吸取了西方国家政权建设的经验，主张在中国用君主立宪取代君主专制，克服封建制度的一些弊病，有其一定的积极意义。但是，他仍要求保留君主，目标只是改良封建制度，不是进行彻底的资产阶级革命，这就决定了他的法律主张在中国行不通，他的法制改革也就必然会遭到失败。

三、保皇复古论

戊戌变法失败以后，康有为逃亡国外。在国外，他还是坚持改良立场，不主张革命，甚至反对革命。对于孙中山领导的资产阶级民主革命，他顽固地站在保皇派立场上，竭力反对，鼓吹中国只能立宪不可革命。他认为，在中国进行资产阶级民主革命必会造成内乱局面，在中国实行民主共和政体也定会自取灭亡。他说："中国乎，采积四千年君主之俗，欲一旦废之，以起争乱，甚非策也。"（汤志钧编：《康有为政论文集》（下册），中华书局 1981 年版，第 675 页。）以此来作为反对资产阶级革命派进行民主革命的理由。

在这一思想支配下，康有为的后期法律思想发生了很大的变化。从过去的宣传变法转为反对变法，从过去的主张采用资产阶级法制转为反对采用资产阶级法制，乃至否定辛亥革命。他在《中华救国论》一文中，竭力歪曲辛亥革命，把它描述得一无是处。"嗟呼！号为共和，而实共拿共乱；号为自由，而实自死自亡；号为爱国，而实卖国害国。"（同上，第 703 页）以后，他还参与了张勋的复辟丑剧，以自己的行动证实了这一复古主张。

康有为的保皇复古论违背了历史的发展方向，成为阻碍资产阶级民主革命和建立资产阶级法制的一种反动理论，没有可取之处。它只能以一种反面的角色，在中国近代法律思想史上被作为教训而加以引证。

四、法律消亡论

康有为在《大同书》里讲到了法律消亡问题。这本书成书较晚，但其中的思想早在戊戌变法前就已经形成了。它是我国古代的大同思想与西方空想社会主义学说相结合的产物。

在《大同书》中，康有为认为，犯罪都有其一定的原因，但根源都在于"私"，出于"私"，人们才会有各种犯罪活动。对此，他还举例作了说明：有了贫穷，就有了窃盗、诈骗、杀人的犯罪；有了夫妇，就有了奸淫的犯罪；有了私产，就有争夺田宅、商货的犯罪；有了名分，就有了欺凌、干犯的犯罪，等等。因此，只有去掉"私"，才能消灭犯罪。否则，就是法律再多，也无济于事。"日张法律如牛毛，日议轻刑如慈母，日讲道德如诸圣主，终不能救之也。"（康有为：《大同书》，中华书局 1935 年版，第 421 页。）

在大同世界里，可以消灭犯罪。这是因为康有为所描写的大同世界是一个无"私"的社会，一个天下为民的社会。在这个社会中，无贫穷、无私产、无名分、无夫妇，即没有了构成犯罪的一切因素，所以犯罪就不存在了。他说：“我思大同之时，或有过失而必无罪恶也。”（同上，第421页）在这个无犯罪的世界也就没有必要再用刑了，即“太平之世不立刑”。（同上，第425页）

为了到达大同世界，消灭犯罪，消亡法律，康有为认为根本的途径在于“去九界”。这个“去九界”是依据犯罪的原因，有针对性地提出的。具体是：去国界、级界、种界、形界、家界、产界、乱界、类界、苦界等。没有了这九界，人类就获得了彻底的自由，到达了大同世界。在这个世界里人们都可“超然飞度，浩然自在”（同上，第79页）。

为了避免“去九界”以后出现的无政府主义状态，康有为设想要在大同世界里设立一个“公政府”，由它来管理社会。公政府的议员由人民公举，每三年或每一年选举一次，“议员但为世界人民之代表”，议院中不设议长，一切事务由表决来决定。公政府还设有行政官，他们“由上下议员公举”。在公政府里，绝对禁止个人独裁，有人妄图进行“称帝王君长之尊号”等独裁活动的，“皆为叛逆最大罪”（同上，第144～146页）。

大同世界是康有为对未来理想世界的想象和描绘，这种想象和描绘比前人的更为完美和详尽，但它缺乏科学的理论基础，只能是一种乌托邦式的奇思冥想，没有也不可能找到一条到达大同的路。

第四节　梁启超的法律思想

梁启超（1873年～1929年），字卓如，号任公，又号饮冰室主人，广东新会人，出生于官僚地主家庭。自幼研读经史，17岁中举人。18岁在广州师从康有为，系统接受了他的政治法律思想，是他最杰出的弟子之一。1895年随康有为入京会试，代表190名广东籍举人参加了“公车上书”。1898年入京，是戊戌变法的主要成员，史有“康梁变法”之称。在此期间，以六品衔办京师大学堂、译书局。变法失败后出逃日本，1902年在日本创办了《新民丛报》，宣传改良。1903年赴美洲游历，次年回国。1905年在《新民丛报》上与革命的《民报》展开论战，鼓吹“开明专制”，反对革命。辛亥革命后，曾提出“虚君共和”主张，希图维护清王朝的统治。以后，又在袁世凯政府中任司法总长，在段祺瑞政府里任财政总长。1918年以后，放弃政治活动，致力于教育事业和学术研究。1929年病逝于北平。梁启超一生著述宏富，合编为《饮冰室合集》。

一、立宪思想

梁启超的立宪思想是他的法律思想中的重要组成部分。首先，梁启超认为宪法不仅是人人必须遵守的法律，还是制定其他法律的基础。“宪法者何物也，立万世不易之宪典；而一国之人，无论为君主为官吏为人民皆共守之者也，为国家

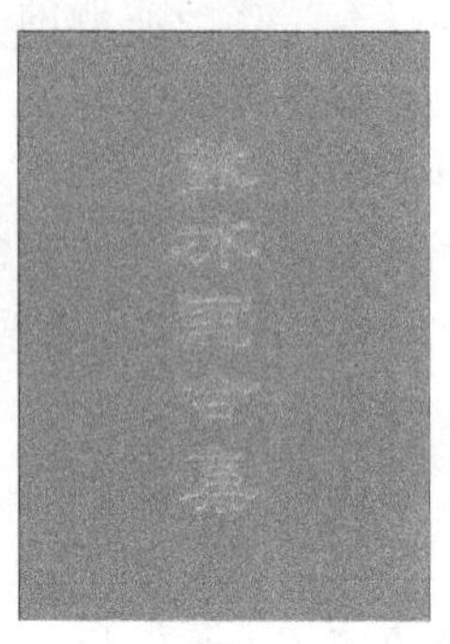

图 13-3 梁启超像，《新民丛报》（半月刊，第二十四期），《饮冰室合集》书影

一切法度之根源。”其次，梁启超认为君主专制政体的弊端很大。在这一政体之下君主掌握着国家所有的权力，为此人民受苦，社会矛盾尖锐。“君主专制政体，朝廷无视民如草芥，而其防之如盗贼；民之畏朝廷如狱吏，而其嫉之如伍仇，故其民极苦，而其君与大臣亦极危”。最后，梁启超认为君主立宪政体是世界上多数国家所采用的政体。他综合了世界上所有的立宪政体，认为可以分为两大类，即“君主立宪政体”和“民主立宪政体”。世界上采用民主立宪政体的国家不多，只是美国和法国等。这一政体有不足，比如在选举中过于激烈，会影响到社会的幸福度。“民主立宪政体，其施政之方略变易太数。选举总统时，竞争太烈，于国家幸福，未尝不间有阻力。”所以，他认为君主立宪政体是最为理想的政体。“君主立宪者，政体之最良者也。”（梁启超著：《饮冰室合集》（1）“饮冰室文集之五”，中华书局 1989 年版，第 1 页。）

梁启超还认为，世界上虽有许多国家采用君主立宪政体，可是由于各国的情况不同，具体情况也不尽相同。“全世界上之立宪君主国共和国等，其名称虽同，至其国内之实情则皆各国不同。其君主政府之权力若何，国会之权力若何，人民之权利若何，互有大小强弱之异，不可不察也。”但是，梁启超认为英国的君主立宪政体比较理想，它采用渐进的方法加以实现，社会动荡较小。他说：“英人于七百年前，已由专制之政体渐变为立宪之政体”，以后“又能使立宪政体益加进步，成完全无缺之宪政焉”。（梁启超著：《饮冰室合集》（1）“饮冰室文集之四”，中华书局 1989 年版，第 72 页。）在这一政体之下，虽然立法、行政、司法三权分立，但仍设君主，而且君主仍有相当的权力，这三权还是要受制于君主，即“三权之体皆莞于君主”（梁启超著：《饮冰室合集》（3）“饮冰室文集之二十三”，中华书局 1989 年版，第 40 页）。

通过对世界上宪政政体的考察和研究，梁启超主张在中国也建立君主立宪政体，并提出自己的实施方案。其内容包括：由清帝宣告中国建立君主立宪政体；

选派重臣三人到欧美等一些国家进行考察；设立立法局，负责草拟宪法草案；组织民众讨论宪法草案；确定实施宪政时间等。同时，他还呼吁中国应尽快制订宪法，说："宪法之当速立。"（梁启超著：《饮冰室合集》（1）"饮冰室文集之五"，中华书局 1989 年版，第 6～7 页。）

梁启超的立宪思想反对封建专制制度，提倡走资本主义道路，建立资本主义法制，有其积极的一面。这对于宣传资本主义法制，唤起人民的反封建意识都十分可贵。可是，君主立宪政体在半殖民地半封建的中国缺乏生存的土壤，也不可能被移植成功，顽固的封建政权不会自动退出历史舞台，因此这一思想的空想性十分明显，缺乏客观的现实性，不可能成为指导中国革命的思想。

二、立法思想

梁启超重视一个国家的立法，提出了自己的立法思想。首先，梁启超认为中国传统上没有独立的立法机构，这是造成腐败的一个根源。他考察了中国的法制历史，认为在专制制度之下，实行的是人治，以致中国传统上没有独立的立法机构，权力过于集中，这是造成中国腐败的一个原因。"荀卿有治人而无治法一言，误尽天下，遂使中华数千年，国为无法之国，民为无法之民，并立法部无之"，"此真中国特有之现象，而腐败之根源所从出也"。（梁启超著：《饮冰室合集》（1）"饮冰室文集之九"，中华书局 1989 年版，第 103 页。）其次，梁启超认为立法权应当独立于行政权而存在。他了解了当时西方国家和日本的情况以后，认识到立法与行政权分立，是西方国家和日本的做法，而且都为民众所接受，只是中国还没有这一分权理论。"立法、行政、司法，诸权分立，在欧美、日本，既成陈言，妇孺尽解矣。然吾中国立国数千年，于此等政学原理，尚未有发明之者。"（同上，第 101 页）立法与行政的分立是为了互相制衡。"夫所谓分立者，必彼此之权，互相均平，行政者不能强立法者以从成"（同上，第 105 页），以此来实现制衡，防止腐败。最后，梁启超还认为立法权是为民谋幸福之权。他运用西方国家的立法理论来分析和论证，立法权是国家一项为民谋幸福的权力。他说："英儒边沁之论政治也，谓当以求国民最多数之最大幸福为正鹄。此论近世之言，政学者多宗之。夫立法则政治之本原也。故国民之能得幸福与否，得之者为多数人与否，皆不可不于立法决定之。"正因为如此，必须由民众来控制立法权，以实现立法权能为多数人来谋利。"使众人操其权，则所立之法必利众人。"（同上，第 106 页）

梁启超考察、利用西方法学中的立法理论，并把它与中国的情况结合起来，告诫中国的当权者要走三权分立之路并正确行使好立法权，具有其进步的一面。但是，那时中国还是封建专制当道，不可能自觉走上资本主义道路，其关于立法的思想，不会在中国变成现实。

三、司法改良思想

梁启超在辞去司法总长时，根据自己的任职体会，专门呈上了改良司法的报告，取名为《改良司法文》。在此文中，他提出了改良中国司法的十大建议。这十大建议分别是：宜修改四级三审制的审级；审理轻微的案件宜采用简易形式；宜确立审限；上诉宜分别情况作出一定的限制；宜迅速编定刑律的实施细则；宜酌情恢复刺配、笞、杖等刑罚，以疏通监狱；宜设立法官养成所；宜严限律师资格；宜将一部分之罪犯，划归庭外审判；宜保存现有机关而由国税支应经费等。(梁启超著：《饮冰室合集》(4)“饮冰室文集之三十一”，中华书局 1989 年版，第 28～33 页。）在每一个改良的建议中，梁启超都提出了当时的弊端和相应的改良措施。比如，在宜修改四级三审判审级的建议中，他首先提出这审级来自日本和欧洲，“采自日本，而日本复采自欧洲大陆”。但是，这一审级运用到中国以后，就需有大量的法官和司法费用与之相适应。“然欲实行于我国则略计法官人才，须在万五千人以上，司法经费须在四五千万之以上。”实际情况是无法得到这种满足，于是在审级上就作了变通“改为县知事兼理审判，皆所以救现行编制法之穷也。然此等皆权宜之制”。因此，梁启超提出改良措施，即将审级从四级改为三级并“将初级管辖名目废去”。(同上，第 28～29 页)

梁启超从推行和完善司法出发，并根据自己的司法实践，提出中国存在的司法问题，设想了改良措施，其出发点有积极的一面。可是，有些建议却不符合现代法制的要求，带有倒退的倾向。他提出的宜酌情恢复刺配、笞、杖等刑罚就是如此。这些刑罚都是中国古代长期使用的刑罚，以肉刑为基本特征，与现代法制文明格格不入。而且，他提出使用这些刑罚的目的是为了减少监狱的压力，即“疏通监狱也”。他认为，国家的监狱已人满为患。“狱囚之充塞，殆未有过于今日者矣。各地模范监狱，囚至如归，久已溢盈。”(同上，第 31 页）因此，只能用使用肉刑的措施来缓解监狱的压力。但是，这不是现代法制的理念和做法，不能用旧制度来解决现代司法中的问题，其改良思路不正确。

第五节　谭嗣同的法律思想

谭嗣同（1865 年～1898 年），字复生，号壮飞，湖南浏阳人，出生于封建官僚家庭，其父曾任湖北巡抚。他从小接受正统的封建教育，但鄙视科举，爱好今文经学，赞赏龚自珍和魏源的思想，喜探讨自然科学。甲午战争后，在浏阳创立学社。1896 年入资为候补知府，在南京候缺期间，著《仁学》。次年，协助湖南巡抚陈宝箴等人设立时务学堂，筹办内河轮船、开矿、修铁路等新政。另倡设南学会，办《湘报》，宣传变法。1898 年被征召入京，任四品衔军机章京，参与戊戌变法。变法失败后，梁启超劝其一起东渡日本，但遭拒绝。

与林旭、杨锐、刘光弟等五人同时遇害，史称“戊戌六君子”。其著述被收入《谭嗣同全集》。

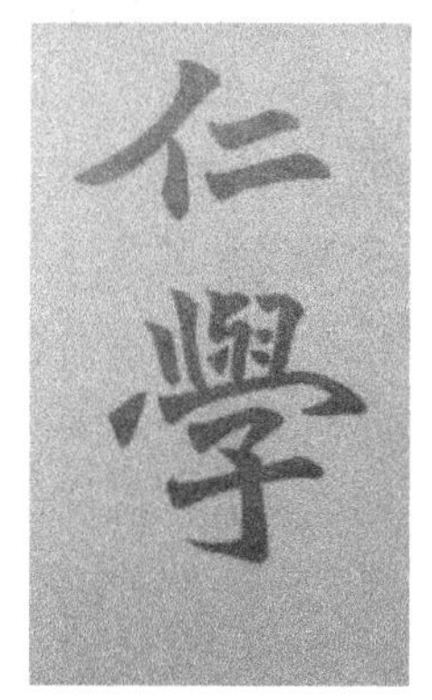

图 13-4　谭嗣同像，《仁学》书影

一、批判封建君主专制制度

在戊戌变法中，谭嗣同是维新志士内的激进派，他的思想在很多方面已超越了改良主义的范围，成为资产阶级民主革命的思想先驱。他在批判封建君主专制制度方面比其他人更为彻底和坚决。

谭嗣同揭露和批判专制制度的腐败性。他认为，封建君主假借天来统治、欺压百姓。“天子既挟一天以压制天下，天下遂望天子严然一天，虽胥天下而残贼之，犹以为天之所命，不敢不受。”（蔡尚思等编：《谭嗣同全集》（下册），中华书局 1981 年版，第 333 页。）但是，在君民关系中，民是本，即“君末也，民本也”（同上，第 339 页）。实际情况却相反，人民受尽了压迫。而且，君主以及所建立起来的一套专制制度都极其腐败，因此人民应该与之斗争，甚至可以处死他。“彼君之不善，人人得而戮之”。（同上，第 334 页）

谭嗣同考察了中国历史上的君主专制制度，并对其进行了狠狠的批判。他认为，历代的封建君主不仅把广大人民群众当作奴隶，而且还有一套维护他们专制统治的制度，反对者要受到种种酷刑，“犹一身而断其元首，刳其肺肠，东裂支解四律，磔膊脔割其饥肉”等（同上，第 299 页）。这些君主把社会变成人间地狱，其毒害无穷。

基于以上思想，谭嗣同坚决主张废止君主专制制度，代之以资产阶级民主制度，在中国也建立一个人人可以享有平等、自由的国家，即“世法平等，则人人不失自主之权”（同上，第 351 页）。为了实现这一目标，他甚至不惜自己的生命，表示：“各国变法，无不以流血而成。今日中国未闻有因变法而流血者，此国之所以不昌。有之，请自嗣同始。”（梁启超著：《饮冰室合集》（6）“饮冰室专集之一”，中华书局 1989 年版，第 109 页。）这种反君主专制制度的坚决态度，远远超过康有为等人。

尽管谭嗣同把君主与天联系在一起的说法并不科学，但他在理论上对专制制度批判的彻底性和在实践中表示的坚决性，均领先于其他资产阶级改良派成员，并为世人所敬佩。

二、抨击封建三纲五常制度

谭嗣同万分痛恨封建的三纲名教，认为这是中国的一大弊端。他说：“数千年来，三纲五论之惨祸烈毒，由是酷焉矣。”接着，他还从君臣、父子、夫妻三个方面的关系来论证三纲五常制度的不平等，“君以名桎臣，官以名轭民，父以名压文，夫以名困妻”（蔡尚思等编：《谭嗣同全集》（下册），中华书局 1981 年版，第 299 页）。

在君臣关系中，谭嗣同认为历来都是突出君权，维护君权，而臣只能忠君，这完全无复人理。“二千年来君臣一伦，尤为黑暗否塞，无复人理，治及今兹，方愈剧矣。”（同上，第 337 页）他认为，君臣关系与封建伦常宗法关系极大。“封建世，君臣上下，一以宗法统之。天下大宗也，诸侯、卿大夫皆世及，复各为其宗。”（同上，第 368 页）这是一种不平等关系。他主张君臣之间应是一种平等关系，要变不平等为平等。

在父子关系中，谭嗣同认为“孝”与“忠”一样，都是一种为统治服务的手段，并且都是为箝制人民的反抗而设立的。他在“仁学”中说：“君父以责臣子，臣子亦可反之君父，于箝制之术不便，故不能不有忠孝廉节，一切分别等衰之名。”（同上，第 299 页）他认为，在大同世界里，父子会是一种平等关系。“夫大同之治，不独父其父，不独子其子；父子平等。”（同上，第 335 页）

在夫妻关系中，谭嗣同认为在中国的封建社会里，妻子的地位低于丈夫。他猛烈抨击“女一淫即罪至死”的做法，指出这是因为“重男轻女”所造成的。他同时认为，夫妻关系也应该是一种平等关系，也应该地位平等，因为“男女同为天地之菁英，同有无量之盛德大业，平等相均”。（同上，第 304 页）

谭嗣同站在资产阶级民主、平等的立场上，指出了封建纲常制度的危害，并从理论上有力地抨击了这一制度，这对于激发人们的民主、平等意识，促进反封建的民主革命运动都具有进步意义。

三、提倡变法强国

与其他维新志士一样，谭嗣同正视了中国日益变衰的现实，也提出了变法强国的主张。他认为，在世界历史上好古而不变法的都难逃灭亡之运，中国也应是如此。“亚、非、澳三洲，以好古而亡。中国动辄援古制，死亡之在眉睫”。相反，“好新”变法者则兴，欧美都是如此。“欧、美二洲，以好新而兴。”（同上，第 319 页）他认识到，社会在发展，法制也应该发展，不同的时代应适用不同的法制，用旧法治理当今社会，就是有圣人也无济于事。因此，他呼吁学“西国之治”（同上，第 329 页），以此来改变中国落后的法制，实现富民强国的目的。

谭嗣同看到了中西方的差距，认清了中弱西强的客观事实。他说：“今之时，中西争雄，中国日弱而下，西人日强而上。”（蔡尚思等编：《谭嗣同全集》（上册），中华书局 1981 年版，第 131 页。）因此，他主张要向西方学习，包含学习西法。其中，包括要办大书院，招收学习法律的学生等等，其目的是为了培养专门人才，从事法律职业。他指出：“考律学者使刑部”，“考律学即令决狱”，“考公法者使充使臣”，以使“各有专门之学以待录用。”（同上，第 159 页）逐渐使中国强盛起来。

与康有为、梁启超的改良主张不同，谭嗣同在提倡变法强国的同时，主张使用更为激烈的斗争手段以复兴中国，而不是仅仅停留在不流血的改良中。他甚至提出：“烈士所以先众人而流血也。”（蔡尚思等编：《谭嗣同全集》（下册），中华书局 1981 年版，第 374 页。）他的变法决心和用流血斗争来换取中国复兴的“勇猛”精神，十分可贵。这也是他最为后来的资产阶级革命派所称道之处。

第十四章　清末“新政”时期的法律思想

19世纪末，华北地区掀起愚昧野蛮的义和团运动，遭到八国联军的入侵和镇压，北京城很快就为侵略者的铁蹄所占领，清廷统治集团仓皇西逃。面对不堪一击的衰弱国力，为了维持岌岌可危的统治，1901年1月，流亡在西安的慈禧太后不得不以光绪皇帝的名义下诏变法。诏称：“世有万古不易之常经，无一成不变之治法……盖不易者三纲五常，昭然若日星之照世；而可变者令甲令乙，不妨如琴瑟之改弦。”（《清德宗实录》卷四七六）愚蠢的排外政策导致庚子战争的重挫，在列强瓜分的危机面前，又在国内反清斗争的潜在威胁下，清政权不得不采取接受外来法律文化以改良自身统治的方法来拯救这个王朝外，已经没有其他任何选择的余地。

此后的十年，清政府进行了一系列的法制改革，从预备立宪，到修订各部门法律，便是所谓清末的“新政”时期。在这段时期的修律活动中，爆发了一场开明的法理派与保守的礼教派之间的激烈论战。就是以沈家本、杨度为代表的法理派，主张引进西方的先进法律及其理论，对中国旧有的法律制度进行大刀阔斧的改造；以张之洞、劳乃宣为代表的礼教派，则主张修律须适合中国国情，要求保留传统的礼教原则。这场“礼法之争”的大论战深刻反映出中西法律文化的冲突与碰撞，不仅对当时的法制改革产生了很大影响，而且在近代法律思想史上也留下了色彩浓重的一笔，呈现出中国近代法律思想演变的轨迹，成为中国社会在法制近代化道路上相当重要的一幕历史剧。

第一节　沈家本的法律思想

沈家本（1840年～1913年），字子惇，别号寄簃，浙江归安（今湖州）人。自幼好学，勤于思考。同治三年（1864年）进刑部为郎中，次年考取举人。光绪九年（1883年）考中进士，依然留刑部任职，为同光时期刑部最为出色的司员之一。1893年出任天津知府，1897年改保定知府。1900年迁山西巡抚，未及上任，八国联军进犯北京而随行西安，遂任刑部左侍郎。1903年与伍廷芳共同主持法律的修改与制订，为总领修订法律馆事。1906年任大理院正卿，兼任修订法律大臣，并兼法部右侍郎。1909年兼资政院副总裁，改法部左侍郎。1911年因受礼教派排挤，先后辞去各职。辛亥革命后，出任袁世凯内阁的法部大臣，并担任北京法学会会长。1913年卒于北京。

图 14-1　沈家本像，《沈寄簃先生遗书》书影

沈家本从 24 岁入刑部任职，至辛亥革命后任法部大臣，50 年中大部分时间在政府的司法、立法部门工作，在司法实践的同时，专心法律学。从传统的训诂方法入手，追本溯源，考辩文献，引经据典，治学严谨，对中国传统的法律制度与文化研究卓有成就。曾任京师法律学堂事务大臣，该学堂毕业学生近千人，一时称盛。难能可贵的是，他认为：“有志之士当讨究治道之源，旁考各国制度，观其会通，庶几采撷精华，稍有补于当世。”（《政治类典序》）于是努力学习和研究西方法律及其著述，探索西方法学的精华所在，志在改革中国的法律制度，曾清醒指出：“我法之不善者当去之，当去不去，是之谓悖；彼法之善者当取之，当取不取，是之谓愚。”（《裁判访问录序》）在他主持清末修律的 10 年中，使中国的法制建设向近代化迈出了相当坚实的一步，为中国近代法学的兴起，作出重要贡献。一生著述颇丰，主要有《历代刑法考》、《汉律摭遗》等鸿篇巨制，后人将其集为《沈寄簃先生遗书》。

一、仁政、法治与人道主义

沈家本受儒家仁政思想的影响，认为自唐虞时代起，便“以钦恤为风，以明允为用”，形成德化传统。尽管法律起源于“争”，但解决纷争的主要方法是教化，“先王之世，以教为先，而刑其后焉者也”，“不教而诛，先王所不忍”（《历代刑官上》），赞赏德主刑辅，先德后刑的思想主张。如谈到神农立刑而不用，以教养在先，“刑罚不施于人而俗善”。尧有“象刑”，以衣冠服色来区别犯罪，使人见而知耻。舜时“五刑者所以待蛮夷也”，对一般人依然用象刑，采用德刑分施、区别对待的治国宗旨。然而这一传统至商鞅变法重刑而治便断绝了，沈家本痛恨严刑峻法的统治，把古代的一切重刑重法斥之为“非法之法”。他认为：“先王之道在德教而不在刑政”，“刑非威民之具，而以辅教之不足。”（《历代刑法考 · 刑制总考》卷一）主张宽平治国，赞誉唐律的“宽平”、“得中”，特别推崇汉初的“文景之治”，认为：“汉初除秦苛法……汉文除肉刑，千古之仁政也。”（《汉律摭遗》卷一）其所上的《删除律例内重法折》就是要求用“仁政”思想改造旧律废除酷刑的一篇脍炙人口的代表作。

沈家本也相当重视法治，指出：“法者，天下之程式，万事之仪表”；“国不可无法，有法而不善与无法等”（《法学名著序》）。治国必须有法可依，法贵统一，“法必定于一，而后人可以遵之信之，未有两歧而可以为法者”（《删除同姓为婚律议》），因为“法不一，则民志疑……法一，则民志自靖”（《旗人遣军流徒各罪照民人发配折》）；法尚稳定，“法必有限断，若任意轻重，即属非法”（《律例偶笺》）。提出法律“根极于天理民彝，称量于人情世故，非穷理无以察情伪之端，非清心无以祛意见之妄。”非常重视律条中法理的透彻：“欲法之审，法之明，不可不穷其理”（《法学通论讲义序》）；“若设一律而未能尽合于法理……则何贵乎有些法也。”（《论故杀》）只有重视和精通法理，才能制订出善法。在《法学盛衰说》中谈到：“法学之盛衰与政之治忽，实息息相通。然当学之盛，不能必政之皆盛；而当学之衰也，可决其政之必衰。”认识到法学的繁荣是政治清明的重要条件之一。

有善法的同时，还必须由熟悉法律的“仁人”执法。沈家本多次提到：“法贵得人”，“用法在人”，“法之善者，仍在有用法之人，苟非其人，徒法而已”。“用法得其人，法即严厉亦能施其仁于法之中；用法失其人，法即宽平亦能逞其暴于法之外。”（《历代刑法考·刑制总考》卷四）要求大力培养法学专门人才，在《设律博士议》中说：“律博士一官，其所系甚重，而不可无专也。法律为专门之学，非俗吏之所能通晓，必有专门之人，斯其析理也精而密，其创制也公而允，以至公、至久之法律，而运以至精至密之心思，则法安有不善者。”在沈家本的奏请下，1906 年京师法律学堂正式成立，开创了中国近代设立专门法律学校的先河。

沈家本十分强调法律与民生之关系，要求慎重判决民案。“律者，民命之所系也，其用甚重而其义至精也。根极于天理民彝，称量于人情世故，非穷理无以察情伪之端，非清心无以祛意见之妄。设使手操三尺，不知深切究明，而但取于临时之检按，一案之误，动累数人，一例之差，贻害数世，岂不大可惧哉。”（《重刻唐律疏议序》）对残民以逞，贻害民生之法及有关做法大张挞伐，痛予抨击。如在盗贼问题严重方面，他首先指出的是：“盗贼之多，由于政令之烦苛而民生贫困。”（《汉律摭遗》卷七）由是反对置民生于不顾而重法治盗，乃至滥杀无辜，“盗多之区，势岂能尽人而诛之，操纵之方，其机万变，一不慎即贻祸无穷。”（《书李慕皋郡尊蜀中公牍后》）批评古代监狱之惨毒残刻，盛赞西方近代狱政之进步，主张认真学习而改良中国之现行狱政，“监狱者，感化人而非苦人辱人者也”（《监狱访问录序》），最终达到改造罪犯的目的。

尤其值得注意的是，沈家本反对把奴婢不当“人”，反对把人当作畜产的法律。如在《禁革买卖人口变通旧例议》中说：“官员打死奴婢，仅予罚俸；旗人故杀奴婢，仅予枷号。较之宰杀牛马，拟罪反轻，亦殊非重视人命之义。”在《删除奴婢律例议》中愤怒指出：“奴亦人也，岂容任意残害！生命固应重，人格尤宜尊。正未可因仍故习，等人类于畜产也。”尊重“人格”的命题油然而生。再如他相当赞赏东汉光武帝刘秀提升奴婢法律地位的一些做法：废除奴婢射伤人弃市之律，其杀奴婢者不得减罪，炙灼奴婢者论如律，略为奴婢者免为庶人……称刘秀的这些举动为“尊重人格之权舆”（《汉律摭遗》卷五）。沈家本的这些思想已经颇为接近资产阶级人道主义立场，乃至反对因身份之异而“急黎庶而缓权贵”之类等级森严的法律条款，“以人之品类强为轩轾，殊乖协中之意，而於立宪国保护权利之说尤属背驰”（《秋审条款按语·奏疏》）。最终接受西方平等权利学说，成为其法律思想之人文基础，这从他后来主持制定的《大清现行刑律》禁革买卖人口，删除奴婢律例的新规范中有较为充分的体现。

有学者指出，沈家本的法律思想，完成了由儒家“仁政”到西方资产阶级“人道主义”的过渡，其中有质的飞跃。“在表现这个飞跃的过程中，尽管他经常穿着古式的服装，说着古代的语言，把新酒装在旧瓶中，也丝毫掩盖不了他的这种思想实质。”（陈鹏生主编：《中国法律思想通史》第十卷，山西人民出版社1996年版，第95页。）

二、法律救国论与托古改制

当时的清朝正处于风雨飘摇、内外交困之中，如何拯救和治理好国家，是士大夫们必须面对和思考的问题。尽管沈家本数次目睹了侵略者对国土的野蛮践踏，对侵略军的残暴行径也有着亲身体验与切肤之痛，然而他却没有因为国耻家仇而成为一个狂热的排外主义者。他清醒地意识到，要使国家摆脱贫穷落后，一步步富强起来，就不能不学习西方列强的治国经验，而西方列强治国方面最重要的经验就是他们的法律以及以法治国的模式。沈家本认识到中国当时的法律制度与西方相比已经远远落后，与西方各国法治革新时代的世界进步趋势不相适应；堂堂中华大国，却因法律不同而被列强视为三等国，这与中国在世界上的地位不合；由于中国司法制度的缺陷，列强加之以领事裁判权，也有悖于国际法中的属地主义原则……总之，中国当时的法律制度不利于中国与国际的文化交流，不利于中外纠纷（如教案）的公平审理，不利于国家法权地位的独立，所以必须改革中国的法律制度。

奉命修律后，沈家本对西法西学的翻译极为重视，不但自己大量研读西方的法律典籍，还十分热心地向国人推荐有关的法律译作，并为不少译作撰写序言，冀期广为流传。在深明西法优于中法的基础上，这一采西法改造中国旧法的“法律救国”思想就更明显了。这个时期沈家本的大量奏疏、论说、序跋等文字，处处强调取人之长，补己之短，采西法之善，去中法之弊，不厌其烦地反复阐述西方列强如何通过革新法典而日益强盛，中国不能守旧和必须改造旧律的道理。如《禁革买卖人口变通旧例议》中说："本大臣奉命纂修新律，参酌中外，择善而从。现在欧美各国，均无买卖人口之事，系用尊重人格之主义，其法实可采取。"《删除律例内重法折》言："盖西国从前刑法，较中国尤为惨酷，近百数十年来，经律学家几经讨论，逐渐改而从轻，政治日臻美善。故中国之重法，西人每訾为不仁。"《实行改良监狱注意四事折》中说："中国监狱责之典吏司狱等官，品秩卑下，……悍吏蠹胥，从而横据，持较泰西，仁暴悬如霄壤。"在《裁判访问录序》中赞赏西方的司法独立："西国司法独立，无论何人皆不能干涉裁判之事，虽以君主之命，总统之权，但有赦免，而无改正。中国则由州县而道府，而司，而督抚，而部，层层辖制，不能自由。"总之，要求博采西法以补中法，使新法适应社会之发展。

同时，沈家本认为西方法律的许多原则和优点，中国古已有之，只是到了晚近反而遗失了，从而用托古改制的言述方法表达向西方学习法制改革的有关问题。如在《删除律例内重法折》中说："以中国法律与各国参互考证，各国法律之精意，固不能出中律之范围。""今世各国，咸主持刑罚止及一身之意，与古人罪人不孥之古训相符合。洵仁政之所当先也。"为探讨西律之大旨，中律尽以包涵之问题，沈家本对中国法律旧籍之搜求几乎到了如醉如狂的地步。他用《尚书·康诰》中"非眚惟终，非终惟眚"来附和"宥过刑故"的道理，用《尚书·吕刑》中"刑疑有赦，罚疑有赦"来说明"罪疑惟轻"的做法，用《左传》引《夏书》所载"与其杀不辜，宁失不经"来要求司法审判严谨，不能错杀无辜（《历代刑法考·刑制总考一》）。认为上诉程序"乞鞫限以期日，今东西各国皆用此法，而其法则原于周，亦去古矣"（《汉律摭遗》卷六）。援引《晋书·刑法志》中"律法断罪，皆当以法律令正文，若无正文，依附名例断之；其正文，名例所不及，皆勿论。"指同于西方的"罪刑法定"原则。认为"近日欧洲制度，政刑分离，颇与周官相合"（《历代刑官考上》）。指出三代之狱"以感化为宗旨，尤与近世新学说相合"。只不过中国"无人推阐其说，遂至湮没不彰"（《监狱访问录序》）。诸如此类，不一而足。

沈家本也能清晰看到先秦法家的法治与西方法治之间存在的根本区别："申韩之学，以刻核为宗旨，持威相劫，实专制之尤。泰西之学，以保护治安为宗旨，人人有自由之便利，仍人人不得稍越法律之范围。二者相衡，判断各别。"（《法学名著序》）沈家本认为，中西方社会有着同样辉煌的过去，而西方在后来由于法学昌明、法律进步而致使国家强盛。"近今泰西政事，纯以法治，三权分立，互相维持。其学说之嬗衍，推明法理，专而能精。流风余韵，东渐三岛，何其盛也。"（《法学名著序》）中国应当以其为师，努力学习，改造法律制度，从而迎头赶上。并告诉国人，日本“其君臣上下同心同德，发愤为雄，不惜财力以编译西人之书，以研究西人之学，弃去糟粕而撷其英华，举全国之精神，胥贯注于法律之内，故国势日张，非偶然也”（《新译法规大全序》）。日本就是因为采用西法而逐渐强盛的，中国只有这样才能赶上诸国，走向富强。

三、新旧之争与修律实践

对于新学与旧学之争，沈家本在总体上持融合两者的态度：认为新旧之学各有其是，不应互相倾轧，各立门户而敌视对方。他曾谈到：“方今学之大势，分为二派，守旧图新，各执其是，分驰并骛，时相倾轧。世方以为患，而非患也。旧有旧之是，新有新之是，究其真是，何旧何新？守旧者思以学济天下之变，非得真是，变安能济也？图新者思以学定天下之局，非得真是，局莫可定也。世运推演，真是必出，倾轧者方将融化矣，故曰非患也。”（《浙江留京同学录序》）《法学名著序》中也说：“夫吾国旧学，自成法系，精微之处，仁至义尽，新学要旨，已在包涵之内，乌可弁髦等视，不复研求。新学往往从旧学推演而出，事变愈多，法理愈密，然大理总不外情理二字。无论旧学新学，不能舍情理而别为法也。所贵融会而贯通之，保守经常，革除弊俗，旧不俱废，新亦当参，但期推行尽利，正未可持门户之见也。”沈家本希望在修律中博采众议，酌古准今，注意法制沿革，通过融合新旧两派的主张达到扬长避短，会通中西，改进法治。其中庸之态度虽然可嘉，然而现实中两派之观点却往往矛盾尖锐，难以做到适中调和。认识到法制改革“唯以渐进为主义，庶众论不至纷拿，而新法可以决定，亦事之次序本当如是，非依违也。”希望用渐进之方法，收稳健进步之功效。

在修律的实践过程中，沈始终站在新派一边，对旧律中当“去”之“不善”之处有痛切的认识，因而积极地革除旧律中的落后部分。如废除各类酷刑、刑讯、比附等制度，改革民族异法、男女异法、贵贱异法等条款。同时也颇照顾到中国的传统，体察有关的国情，“余奉命修律，采用西法互让参稽，同异参半，然不深究夫中律之本原而考其得失，而遽以西法杂糅之，正如枘凿之不相入，安望其会通哉？是中律讲读之功，仍不可废也”（《大清律例讲义序》）。由于对传统和国情的考虑与尊重，有些方面的改革还很不彻底，似有保守之嫌。然而即使如此，沈家本在改革中的表现不仅相当难能可贵，而且十分困难和危险。如奴婢律例的删除，即遭王公贵族们的极力反对，最后他虽未被加罪，改革方案的暂时搁浅在所难免。新刑律的制定更是充满险情，他把许多法典的编著都交给外国人（主要是日本法学家）主笔，因而在许多方面与守旧派官员的意见激烈对抗，险进大狱。其中的困难与阻力之大，是今人难以想象的，若没有相当的远见卓识和坚定勇气，是根本不可能完成如此艰难的修律工作的。他是清末预备立宪大骗局中的大认真，给沉闷窒息的旧统治机制带来相当的新气息。

然而，沈家本毕竟仍是一位封建王朝的大臣，一个儒家型文化人格的开明官僚，不是资产阶级政治家，其采用西法改革旧律的目的在于救国强国，是为了寻求新的“治道”以稳固王朝的统治。加上自身的旧学根底，也使他无法摆脱传统文化对他的影响和束缚；而精博的中西法律知识又使他具有一定的资产阶级法学思想，倾向于对传统封建法律文化作一些力所能及的挑战，却又不能自觉将国家引向民主法治的方向。所以沈家本的法律思想是一个中西、新旧的矛盾结合体，进步与保守俱存，很难完全走出旧统治体制的窠臼，全面接受西方近代法学的所有成果；然而在改革旧律的新政中，在立法的表层改良方面（如有关体例、原则及一些制度方面），他还是立下了促使社会进步的重大功绩，开辟了中国近代法制的新时代，是位中国近代史上具有深刻影响的法学家。

第二节　劳乃宣的法律思想

劳乃宣（1843 年～1921 年），字季瑄，号玉初，又名矩斋，晚号韧叟，浙江桐乡人（一说山东阳信人）。出身官宦世家，1871 年考中进士，先后任河北省临榆、南皮、完县、蠡县、吴桥、清苑等县知县。1900 年辞官隐居，曾主持上海南洋公学、杭州求是大学堂，1902 年任浙江大学堂总理。1904 年出任两江总督衙门幕僚，1908 年经推荐进京，任宪政编查馆参议。1910 年又钦选资政院硕学通儒议员，1911 年去南京改任江宁提学使，不久便回京任京师大学堂总监，后兼学部副大臣。清亡后，以清朝遗老自居，为复辟清朝而积极活动。1914 年，袁世凯邀劳乃宣出任参政院参议，劳辞谢不就，希望袁世凯等宣统成年时“还政于大清”，引发社会舆论的广泛谴责。1917 年，张勋复辟，授劳乃宣法部尚书之职，还未到任，复辟已失败。1921 年病逝青岛。

图 14-2　劳乃宣像

劳乃宣一生以儒学为宗，以礼学教育为己任，尊崇“亲亲”、“尊尊”的宗法制度，提倡圣人之“德治”。在基层政权知县职位上坐了 20 年，对基层社会的了解也颇为深入。在清末修律中坚决主张维护纲常伦理，要求保留三纲五常的正统规范。持循序渐进、立足本国国情的变法修律主张，反对用西方先进法制取代中国的封建旧律，在礼法论战中，站在法理派的对立面，成为“礼教派”的核心人物，风骚一时。尽管在主观上自以为并不反对法制方面的渐进变革，但在客观上扮演了阻碍社会进步的保守角色。

一、风俗、礼教之法律观

认为各国法律的起源与分类不同，人类的经济生活可分三类：农桑、猎牧、工商，在此基础上产生三种不同类型的风俗政体，从而又产生出家法、军法、商法三种类型的法律。“中国农桑之国也，故政治从家法；朔方猎牧之国也，故政治从兵法；欧美工商之国也，故政治从商法。”三者之法是不能互为使用的，“若以中国家法政治治朔方，以朔方兵法政治治欧美，不待智者而知其不可行也。今欲以欧美之商法政治治中国，抑独可行之无弊乎?”由是反对全面引进西方先进的法律制度。而对“因俗制宜，华夷并用”的清朝法制却推崇备至：“我朝起于东土，兼耕猎以立国，故八旗之制兼家法、兵法而有之，定鼎之后，以兵法御朔漠，而以家法治中原，正圣人之善于因也。”(《新刑律修正案汇录序》)

提出法律产生于政体礼教与风俗生计，“法律何自生乎？生于政体。政体何自生乎？生于礼教。礼教何自生乎？生于风俗。风俗何自生乎？生于生计。”简言之“风俗者法律之母也”。(《新刑律修正案汇录序》)中国长期以农桑立国，居有定所，男耕女织，父兄为一家之主，家法也随之而立，家法实为国家风俗之根本，政体、礼教都从家法产生，国家法律也以维持家法为核心，所以“家族者，肇造邦国之大本也”。天下只不过是家族的集合体而已，人道就是家族间的“亲亲之道”。所撰《江宁陶氏族谱序》谈到：“亲亲故尊祖，尊祖故敬宗，敬宗故收族，收族故宗庙严，宗庙严故重社稷，重社稷故爱百姓，爱百姓故刑罚中，刑罚中故庶民安，庶民安则财用足，财用足故百志成。”总之，中国社会之制度与道德，无不本于家族，家族之道乃是“数千年相传之国粹”，是“治天下之要道”。破坏家族制度是“忘其本”，是“废人道”，其结果会“日言治天下而天下卒莫能治”。(《涞水赵氏家谱序》)

中国的国家是以家族主义为基础的社会结构，其家长制政体与纲常礼教都是家族主义风俗生计的产物，本于家法、风俗而形成的礼教，自然成为法律的起点和归宿。或者说礼教是本，法令为末，法律不能与道德风俗相背离，要以维护纲常礼教为宗旨。国家“植基立本之道，以德育为要”，其所谓“德育”，即家族主义的纲常礼教，它是国家制度之根本，是神圣不可侵犯的法律基础。家族主义的纲常礼教及其法律体系产生于中国也完全适合中国，而中国的有关风俗、礼教、法律、政治、道德都是世界上最优秀的。

在家族社会的基础上，重民、安民是劳乃宣法律观的核心内容，是对儒家传统民本思想的继承。他在《修正刑律草案说帖》里说：“立宪以顺民心为主”。其为官多年，行政、司法中都以此为实践活动的主旨。劳乃宣不仅是一名淳儒，也是一名勤政近民的循吏。37岁任临榆县知县时，“终日坐于二堂，重门洞开，旁无吏役，读书治事始在书室，民有呼吁者，唤入问之，应鞫讯，乃召吏役，以致官民无阻阂”(《劳乃宣自订年谱》第31页)。及时评判纠纷，缓解民怨，且不滥用刑，以理服人。

严禁党团民乱，稳定社会秩序也是其法律观的重点。1899年义和团运动兴起，劳时任吴桥知县，写出《义和拳教门源流考》、《奉禁义和拳江录》等书，称义和团“实系邪教，久奉明禁”。对当地一些义和团活动进行镇压，破除其“神灵附体”诸迷信，为北方少有的“主剿派”官员之一。其后在致袁世凯禀文中称八国联军出兵是“迫于不得不然”，主张“剿拳和洋”。这些思想，在当时官员中都不多见。

二、保守的变法主张

劳乃宣也看到清末社会之危机，“今天下事变亟矣，国家多故，风俗陵夷，官无善政，士无实学；刑不足以止奸，兵不足以御侮，而数万里十数国之强敌环逼而虎视。”所以“当今之时，犹拘于成法以治之，鲜不败矣。则法之不得不变者，势也。”（《变法论》）但为了保持社会的稳定和法律的持续性，“不可妄变”。认为清朝法律制度二百年来随着社会形势的发展，尽管积弊丛生，但由于其基本理念与规则已经深入人心，“大经大法昭垂百世者，固卓然而不可易”，所以变法应相当慎重。那些“欲举一世之法而悉变之”者，由于过于偏激，其造成的危害会比不变革更大。批评这些人“欲以一时之力尽矫天下之失，而不知风气当以渐开，欲以一己之见，尽废众人之论，而不知人情之不能尽拂。”提出“变法必以道为本，以时为衡”（《谈瀛漫录》）；“不变者道，而不能不变者法也”（《变法论》）诸观点。其所谓“道”，即“三纲五常”之制度。主张形而上之道不可变，形而下之器可变；道则古胜于今，器则今胜于古。因为道本于天，是万古不能违背的；所以王者有改制之名，而无变道之实。

各国的变法不必趋同，主要是善于借鉴、因地制宜，而不是一味的模仿，法可变而不可全变，可以引进西方的一些法律文化以弥补中国法制技术方面的有关缺失处，而不能因此危及中国传统的统治体制。“外国之俗重平等，而中国之俗重伦常，周孔之教，深入人心者，已数千年。所谓久则难变也。骤以外国平等之道施之，其凿枘也必矣。夫修订新刑律为立宪之预备也，立宪以顺民心为主，则刑律之修，可不合乎中国人情风俗为先务哉？”（《修正刑律草案说帖》）就是说中国修律不必完全照搬西方的法制原则，以改变中国的伦理纲常，而应遵循现实中的礼教民情，如果脱离中国社会的现实情况，改革过于西化，中国是会亡国的。他指责以沈家本为首的法理派：“修律则专主平等自由，尊卑之分、长幼之伦，男女之别一扫而空之。不数年而三纲沦、九法斁，纲纪法度荡然无存，一夫振臂天下土崩，而国竟亡矣。”（《论古今新旧》）

主张将新旧之学与相关体制熔为一炉，所谓“新学在所必兴，而不可因而废儒术之旧。”改良中应该注意保持各自的特色和利用原有的资源。如在《江氏刑律争论平议》中说：“今欲提倡国家主义，正宜利用旧有之家族主义为之宿根。”强调“利用旧有者，成功易；创造新有者，成功难；破坏旧有以创造新有者，成功尤难；况所破坏之旧有即为所欲创造之新有，则破坏创造已为多事而横生阻力扰乱人心……不可不察也。”问题在于：旧体制中哪些东西是值得继承的？哪些是应该抛弃的？哪些方面新旧是可以融合的？哪些方面新旧是不能融合的？只有在原则上搞清上述问题的基础上，社会的改革才能有实效。而从上面有关的思想来看，劳乃宣的这方面认识还相当肤浅。

劳乃宣强调人是变法之本，认为：“执不变之道，以驭乎万变之法者，人也。得其人则法变而道益昌；不得其人，加尧舜之道、周公之法有不能以自行者矣。”在“新政”中赞成实行立宪、地方自治，要求提高选民的文化素质，以有效地参与地方选举及有关治理。所以对当时“新政”的发展趋势充满希望，认为其中新旧体制会有进一步的融合，家国一体之政将进一步得到光大：“今中国已预备立宪矣，地方自治之规、国民代表之制，次第发生矣，假以岁月，加以提撕，家国一体之理渐明于天下，天下之人皆知保国正所以保家，则推广其爱家之心而爱国之心将油然而生，不期然而然者。”（《新刑律修正案汇录序》）

表面上看，劳氏也非铁板一块的守旧派，没有反对“新政”及其对旧律的修订，主要是希望国家在变革中循序渐进，并能维持纲常礼教之国粹。然而就是因为他把“礼教”为核心的法律制度和民族文化看作是无比优越的，此“道”是不能更改的，便使他终为阻碍社会变革的顽固保守派。

第三节　立法改革与礼法之争

1901年4月，清政府设立以庆亲王奕劻为首的“督办政务处”，具体负责“新政”的施行。8月，慈西太后又发懿旨，要求众臣集思广益、力任其难，重申了国家必须变法改革之决心：“兹据政务处大臣荣禄等面奏，变法一事，关系甚重，请重新诫谕，示天下以朝廷立意坚定，志在必行，并饬政务处随时督催，务使中外同心合力，期于必成。用是特颁懿旨，严加责成。尔中外臣工，须知国势至此，断非苟且补苴所能挽回厄运，惟有变法自强，为国家安危之命脉，亦即中国民生之转机。予与皇帝为宗庙计，为臣民计，舍此更无他策。”（《光绪朝东华录》四）期间，一些洋务派高官也频上议变法的奏折，其中涉及许多法制改革的内容和问题，如禁讼累、省文法、恤刑狱、重众证、改罚锾、修监羁等……这些主张受到清政府的高度重视。

张之洞参与和英国的商务谈判，提出中国改革法律，英国应放弃在华的治外法权。1902年9月，签订的《中英续议通商行船条约》中第12条规定：“中国深欲整顿本国律例，以期与各西国律例改同一律，英同允愿尽力协助，以成此举。一俟查悉中国律例情形，及其审判方法及一切相关事宜皆臻妥善，英国即允弃其治外法权。”在取得英国首肯并列入条约后，清政府更增加了修订法律的紧迫性。1902年初下诏责成洋务派高官保举官员来京，听候简派。在众大臣的保举下，4月6日朝廷下诏："现在通商交涉，事益繁多，着派沈家本、伍廷芳，将一切现行律例，按照交涉情形，参酌各国法律，悉心考订，妥为拟议，务期中外通行，有裨治理。俟修订呈览，候旨颁行。"（《德宗景皇帝实录》卷四九八）这样拉开了清末法制改革的帷幕。

1903年，成立修订法律馆，任命沈家本、伍廷芳为修订法律大臣。1904年5月该馆正式开始工作，着手修订现行律例和制定新法律。修律的指导方针即诏旨所谓"按照交涉情形，参酌各国法律，悉心考订，妥为拟议，务期中外通行，有裨治理"，就是按照列强在获取治处法权诸有关外交活动中对中国法律的批评内容，再参考西方国家的法律制度，经心修订出新的法律制度，使其既能在中国实施，又能与外国法律相衔接，以助于收回治外法权，进一步巩固王朝统治。然而在修订法律的具体操作中，即在如何处理好移植西方法文化与参酌中国国情两者之间的关系问题时，法理派与礼教派之间产生了激烈的争执，核心问题是：修律应以西方法律原则为主要根据，还是仍以传统的纲常礼教为制定新律的根本，其实质就是一场中西方法律思想与文化方面短兵相接的斗争。

一、沈家本与张之洞的争论

1901年，张之洞、刘坤一《江楚会奏变法三折》提出一套较为系统的改革方案，其中主张将刑讯限制在重案范围内。1905年，沈家本与伍廷芳复奏表示赞同，要求进一步缩小刑讯的范围，提出"徒流以下罪名，概不准刑讯"。朝廷批准并通令全国遵守后，遭到一些官员的反对。如御史刘彭年上奏认为，中国现在诉讼诸法不完备，还不具备禁用刑讯的条件。沈家本、伍廷芳对其意见进行了批驳，不但坚持原来的主张，且随后修改为全面废除刑讯。这一修改引起张之洞的不满，上奏坚持应有限制地禁用刑讯，认为重案犯如证据太少，又拼命抵赖，不用刑讯将难以结案。

图 14-3　伍廷芳像

1906年，沈家本与伍廷芳注意到中国旧律诸法不分，诉讼法附在刑法之中的问题，草拟了（伍廷芳执笔）单独的《刑事民事诉讼法》5章260条，仿英美之制，引进陪审制、律师制、罪刑法定、公开审判等一系列西方审判制度。在进呈此法草案的奏折中说明，陪审制能依靠众人之力辨明真伪，弥补审判官一人难以判断的缺陷，还可防止司法官员的贪赃枉法诸弊端；而律师代被告原告申诉权利，参与诉讼也有利于查明案件。特别是近来通商各埠已准外国律师办案，如不及时补救中国律师制度的施行，则收回治外法权之期更为遥远。此法中还同意采用父子异财、兄弟析产、夫妇分资等的西方法律原则，来解决中国社会中的各类民事财产纠纷案件。

上奏后，即遭到以湖广总督张之洞为首的“礼教派”的反对。张之洞在次年7月的《复议新编刑事民事诉讼法折》中对新法签出60余条进行逐条驳议，认为陪审制由于缺乏有关的民众自治的素质条件，会使“到堂陪审者，非干预词讼之劣坤，即横行乡曲之讼棍”；而律师制由于未经学校的培养和国家的选拔，用不合格的律师办案，会使“讼师奸谋得其尝试”；并反对家族析产异财的做法，指责该法：“袭西俗财产之制，坏中国名教之防；启男女平等之风，悖圣贤修齐之教，纲沦法败，隐患实深。”如照此律办理，必致父子异宅、兄弟分宅、骨肉分离，“悖理甚矣”，故“此法万不可行”。总的结论是该法有违中国的伦纪礼教和风俗民情，“不无疏漏混淆之处”，“似有碍难通行之处”，如贸然颁行，其结果便是“难挽法权而转滋狱讼”。张之洞还明确指出，中国能否收回治外法权，关键是国家的军事实力，“专视国家兵力之强弱，战守之成效以为转移”。因为张之洞及其他各省督抚的反对，致使《大清刑事民事诉讼法》未及公布就夭折了。

1907年，沈家本聘日本学者冈田朝太郎负责《大清新刑律草案》，其修订宗旨是：“折衷各国大同之良规，兼采近世最新之学说”（《修订法律大臣沈家本进逞刑律分律草案折》）。该法采用西方刑法体例，在相当程度上接纳了罪刑法定、罪刑相适应和人道主义原则，改革旧刑，酌减死罪，死刑唯绞，删除比附，对青少年惩治教育，对公民权利有所维护。草案上奏后，同样遭到以张之洞为首的礼教派的反对。张之洞先以草案中对“内乱罪”不全部处死刑，指责起草者庇护革命党。其后又对草案进行全面批驳，指责草案违背君臣、父子、夫妇及男女、尊卑之伦纲，罪重罚轻，不审国情而败坏礼教。认为旧刑不能尽废，罚金不尽可行，死刑不可仅用绞刑，比附之法切不可废。指出其成律过速，法律条文的内容大都根据日本所拟，所以于中国社会不能相合，提议对草案作进一步的修改。

1909年，朝廷根据礼教派的意见，指令修订法律馆对《新刑律草案》进行全面修订。2月17日的上谕谓：“刑法之源，本乎礼教；中外各国礼教不同，故刑法亦因之而异。中国素重纲常，故于干犯名义之条，立法特为严重，良以三纲五常，阐自唐虞，圣帝明王，兢兢保守，实为数千年相传之国粹，立国之大本。今寰海大通，国际每多交涉，固不宜墨守故常，致使变通宜民之意；但祗可采彼所长，益我所短，凡我旧律义关伦常诸条，不可率行变革，庶以维天理民彝之不敝。该大臣等务本此意以为修改宗旨，是为至要。”（《新刑律修正案汇录·谕旨》）沈家本在这种政治压力下，只得将草案中有关伦纪条款的处罚都予以加重一等，修改后送交法部。法部尚书廷杰在修改稿的正文后面加上《附则五条》，明确规定：“大清律中，十恶、亲属容隐、干犯名义、存留养亲以及亲属相奸相盗相殴，并发冢犯奸各条，均有关伦纪礼教，未便蔑弃。”中国人若有触犯，仍照旧律惩处。新刑律在如此的修订中，尤其是《附则五条》的规定，显得有些不伦不类。

二、沈家本与劳乃宣的争论

1910 年，新刑律经全面修订后定名《修正刑律草案》，由廷杰、沈家本联名上奏。这时，张之洞已去世，由资政院议员劳乃宣接替张之洞成为礼教派代表人物。劳乃宣认为该草案正文“有数条于父子之伦，长幼之序，男女之别有所妨”（《韧叟自订年谱》）。且用《附则》规定有关礼教条款而不入正文也是“本末倒置”。因此在《修正刑律草案说帖》中，要求把旧律中有关伦纪礼教的各条“逐一修入新刑律正文”，并坚决反对新刑律中违背礼教将“无夫奸”、“子孙违犯教令”等都划属非罪的范畴。总之，礼教派对此草案群起而攻之，使新律几有被推倒之势。沈家本对此写了《书劳提学新刑律说帖后》进行反驳，协同修律的日本学者冈田朝太郎、松冈义正等也助沈氏一臂之力，著文驳斥。劳乃宣又写《管见声明说帖》作为回击。两派争论的焦点主要表现在以下几方面：

（1）旧律中有关伦纪礼教诸条款是否入新刑律的问题。礼教派认为，旧律中“干犯名义”、“存留养亲”、“亲属相奸”、“亲属相盗”、“亲属相殴”、“亲属相隐”、“十恶”、“发冢”、“犯奸”诸有关伦常理纪之条款，为中国纲常礼教社会之基本秩序与行为规范，在新刑律中必须有明确而特别的规定。法理派认为，“干犯名义”属诉讼法范畴，不必在新刑律中另立专条。“存留养亲”此规定不合理，前人对此早有非议，嘉庆帝也有谕旨：认为凶恶之徒自恃单丁，有罪不死，竟至逞凶肆恶，此条非以施仁，实以长奸，诱人狂法。“亲属相奸”在新律中已有“和奸有夫之妇处二等至五等有期徒刑”，其他未害于社会之过错无需再另设条款。总之，上述各条中合乎法理的一些问题在新刑律中已有相应的规定，而不合法理的条款就不能列入新刑律正文。

（2）关于“无夫奸”是否有罪的问题。礼教派认为，新刑律中“无夫奸非罪”的规定不符合中国国情，中国社会风俗非常重视处女和寡妇的和奸问题，所以应当按照旧律分别无夫奸和有夫奸进行定罪，对前者的惩处可稍轻于后者。否则将有碍社会治安，造成道德败坏。因为伦理道德是法律之根本，舍去伦理道德还算什么法律？法理派则认为，这是道德风化问题，应从教育方面想办法，要靠父兄对子弟之教训来禁止它，保全风化，而不是用法律来维护道德风化。这种法律不符合西方法理，会受到外国人的指摘，增入这一条款会妨碍收回治外法权。劳乃宣反驳说：“畏外国人指摘，独不畏中国人指摘乎？况外国无此律无害治安，中国无此律有害治安乎！因避外人指摘致损本国治安，窃恐得不偿失也。”同时“要知裁判权之能收回与否，尚有种种方面，非止刑律一端，更非止刑律中无夫奸罪一端也。”（《管见声明说帖》）最终，劳乃宣要求修改无夫奸非罪的提案在表决中以多数通过。自此，劳乃宣以“韧叟”为号，表示维护礼教之坚强决心。

还有一个本夫是否可在奸所擅杀奸夫奸妇的问题。沈家本在《论杀死奸夫》一文中运用有关“法理”，详尽论证了本夫在奸所擅自杀死奸夫奸妇应为非法：

①凡人和奸，唐律等仅处徒、杖诸刑，所以不当杀；②旧律对死罪犯人拒捕而捕人擅杀者杖一百，对死罪犯人也不得任意杀之，何况不获死罪之和奸犯；③妇人淫佚，于礼当出，并无死法；④好生恶杀，人之常情。而西法禁止此等擅杀，所以中国法律应效法，旧律中有关规定应予废除。沈家本用非常有力的情、理根据否定了本夫有擅杀奸夫奸妇的权利，此问题是法理派反击礼教派的重要论点。

（3）关于“子孙违犯教令”及相关的“正当防卫”的问题。旧律规定，子孙违犯教令者，官府便可根据尊长之意加以严厉惩处。劳乃宣认为：“子孙治罪之权，全在祖父母父母，实为教孝之盛轨”（《修正刑律草案说帖》）。沈家本反驳道，子孙违犯教令属于家庭教育问题，和刑法无关，不必写入刑律中，或可设感化院之类机构来解决此类问题。劳乃宣称，中国不可能设立那么多的感化院，它涉及中国的礼教伦常，而法律与道德教化不可分离，所以刑律中“万不可删”，如没有法律来惩治子孙违犯教令，“实为大拂民情之事”。

与此相关，还牵涉出另外一个话题：关于卑幼对尊长可否“正当防卫”？礼教派认为，一般人可以有正当防卫，但子女对父母尊长不能适用。法理派回应：子弟在幼稚时代，尊长得干涉其行为，尊长有管束权；子弟如果犯法，国家便代为管束，不能由尊长用暴力惩处；尊长对卑幼可以管束而不能侵害，不能随意殴打甚至杀害卑幼，私刑制度必须禁止。如果规定了卑幼不得使用正当防卫，那就等于说父母的一切管束行为都是正当的，而子女有违父母意志的一切行为都是“不孝”或不正当的，这显然是不公正和不符合事实的。此问题最后用表决的方法，法理派占得上风。

宪政编查馆在听取各方意见后，基本上采取了沈家本的主张对《修正刑律草案》加以核定，个别条款也有所调和。最后将《修正刑律草案》更名为《大清新刑律》，《附则》更名为《暂行章程》，交资政院议决。

三、杨度与劳乃宣的争论

1910 年 10 月，资政院开议新刑律。宪政编查馆派杨度为特派员，到场阐述新刑律的立法宗旨。杨度（1874 年～1932 年），字皙子，号虎公，湖南湘潭人。早年曾师从国学大师王闿运。1902 年由地方当局选派东渡日本留学，就读于东京弘文书院和法政大学。期间，深受改良派思想之影响，从西方寻求救国之术，建立国家主义法律观，成为一个坚定的君主立宪派。1906 年创办《中国新报》，鼓吹改良主义。1907 年回国，被保举担任宪政编查馆提调、颐和园皇族宪法讲师。

图 14-4　杨度像

杨度到资政院发表演说，猛烈批评中国传统法律所依据的家族主义原理，就是以家族为本位的国家制度，它以严定家族内部的尊卑等级和赋予家长以专制全家之权并对朝廷负责为特点，一般民众只知有家而不对国家负责，指出家族主义法律只适合于秦汉以来封闭的家族制时代。而现时形势已变，海禁大开，列强入侵，国际观念明确，迫使中国必须从家族主义向国家主义转化。就是转向以个人为本位的国家制度，公民对国家承担义务，国家保证公民的自由权利。认为要使中国国家富强，法律就必须保护个人自由而采用西方的国家主义原则。就是以西方法制的原则立法，以维护国家利益而不以维护家族利益为根本。在这种形势下，法律不能“一方面增长国家制度之进行，一方面保全家族制度之存在”，两者决然不同而相冲突，“实无并行之理”。当今发达国家都已进入到国家主义阶段，中国只有跟随世界潮流，实行国家主义，保护人民的基本“人权”，使人有“独立之生计与独立之能力”，给其“营业、居住、言论等等之自由，使其对于国家担负责任”，“使全国的孝子慈父贤兄悌弟都变为忠臣”（《资政院议场速记录》第 23 号）。认为只要认真修订法律，删除有关家族伦纪礼教的条款，确立个人在法律上应有的地位，当然个人的自由权利应局限在法律的范围之内，国家主义法律体系便可逐步建立，而国家主义之法律精神即宪政之精神。

对于杨度的国家主义法律观，劳乃宣大张挞伐，强调家族主义完全适合中国国情。使国人只知有家而不知有国者，并非家法政治使然，如在家法政治盛行的春秋战国之际，民何尝不爱其国哉？导致中国贫弱和民众不知有国的根本原因在于秦朝以来的专制体制。劳指出：“秦并天下，焚诗书以愚其民，销锋镝以弱其民，一国政权悉操诸官吏之手，而人民不得预闻。田野小氓，任耕锄供租税之外，不复知有国家之事，其爱情之所施一家之外，无所用也。则其但知有家，不知有国也。”而西方人“其所以人人深明家国一体之理，则由于立宪政体，人人得预闻国事。是以人人与国家休戚相关，而爱国之心自有不能已者。”中国现已预备实行君主立宪制度，只要假以岁月，定会使“家国一体之理渐明于天下，天下之人皆知保国正所以保家，则推知其爱家之心，而爱国心也将有油然而生，不其然而然者”（《新刑律修正案汇录序》）。而我国固有之家族主义并非是立宪修律之障碍，只要“修而明之，扩而充之”，便可事半功倍地渐进到国民主义。劳乃宣避而不谈清朝统治实继承专制之秦法，既然秦法不善，清朝统治同样大有问题。而只是用一些“朝廷亦无虐政，德泽犹在人心”（《论变法》）之类的话来搪塞。

礼教派邀集亲贵议员 105 人，向资政院提出《新刑律修正案》，动议修改《大清新刑律》，反对将西方的立法精神和原则融入新律中，复修、增纂维护纲常礼教条款十三条又二项，坚持等级森严的身份差别，全面保护亲亲尊尊这核心的纲常名教。这一动议，经资政院法典股审查而被否定。但是，这并不意味着礼教派的失败，宪政编查馆最终屈从于礼教派，将《暂行章程》附于《大清新刑律》后加以颁行，便是礼教派的胜利。《暂行章程》共五条，凡侵犯皇权罪、内乱罪、外患罪、杀伤尊亲属罪处死刑；凡犯发冢、盗墓诸罪处死刑；强盗行为中重罪犯处死刑；无夫妇女犯奸有罪；对尊亲属有犯，卑幼不得适用正当防卫条例。它实际上否定了《大清新刑律》中引进的一些西方先进的刑法原理，维护了传统的纲常礼教之法律原则。同时，议场辩论虽告一段落，而两派的政治斗争并未结束。礼教派在口诛笔伐之外，对沈家本、杨度提起弹劾。在一片“离经叛道”、“抗命之臣”、“陷皇上以废礼教之名”的指责声中，沈家本被迫于宣统三年（1911 年）辞去修订法律大臣和资政院总裁的职务。

但这次立法改革中两派之争论，尤其是许多新法典（除新刑法外，还有民法、商法、诉讼法等）的公布，法理派毕竟系统而全面地向国人介绍了西方法律及其法学理论，极大地冲击和破坏了中国传统的法律制度和礼教风俗。颁布的新法典尽管保留有部分礼教的内容，但毕竟在大力洗涤着纲常名教的基础，引进的是西方社会的法律体系和一些原理，中国的法制改革从此走上了扭转乾坤的不归路。礼教派的“胜利”是要打折扣的，《暂行章程》也只是暂行的，而不是新法典的正文，其可以在适当的时候加以取消，而不必永远遵行。法理派无所畏惧地向西方先进文化学习的精神，敢于向保守力量顽强斗争的勇气，主要是他们在论战中所表达出来的进步法律思想，都在中国法制史和法律思想史上留下重要的一页。这场法律改革方面的论战，斗争之尖锐，辩析之深刻，涉及之广泛，都是空前的，充分体现了中国法制走向现代化的曲折性、复杂性和艰巨性，其影响是深远的。在法理派以法治国思想的影响下，研讨法制的气氛日益浓厚，翻译外国法典、开设法律学堂、建立法学会、编辑法学杂志……尤其是许多新法典与法律思想为民国初年的法制建设，准备了相当不错的条件。

第十五章　资产阶级革命派的法律思想

1898年“戊戌变法”的失败，充分表明资产阶级改良运动在中国行不通，同时，也标志着资产阶级改良运动在中国已经完成了它的历史使命。此后，资产阶级革命派便取代改良派，登上了历史舞台，其代表人物是孙中山和章太炎。他们的法律思想在中国近、现代法律思想史中占有很重要的地位，并对中国的近代法制产生过深刻的影响。

第一节　资产阶级革命派法律思想概况

资产阶级革命派法律思想产生和发展的重要历史背景是中国民族矛盾与阶级矛盾的不断激化。帝国主义国家的不断入侵，加剧了中国的民族矛盾。自1840年的鸦片战争以后，中国一次又一次地受到外国列强的侵略。20世纪初，帝国主义国家以义和团运动为由，悍然发动了“八国联军”的入侵，并迫使清政府在1901年9月签定了丧权辱国的《辛丑条约》。根据这个条约的规定，中国的主权进一步丧失，而他们则取得了更多的在华特权和利益。从此以后，帝国主义国家更注意推行炮舰与收买两手政策，促使清政府进一步地卖身投靠，充当他们“以华制华”的代言人，变中国为他们角逐的场所。但是，广大中国人民则不愿受侵略者的欺凌，他们的反侵略斗争一浪高过一浪。中国人民与帝国主义之间的民族矛盾就这样不断尖锐起来了。

与此同时，中国国内的阶级矛盾也不断激化。甲午战争暴露出清政府的腐败和无能，为了维护摇摇欲坠的统治，清政府竟采取了“量中华之物力，结与国之欢心”的奴颜卖国政策，用出卖主权来换取帝国主义国家的支持。据统计，自1901年至1911年的10年间，清政府与外国签订的条约、合同多达500多个，大批路、矿权利都被拱手交到帝国主义手中，清政府简直成了“洋人的朝廷”。中国资源的大量流失，使原来就很落后的中国经济雪上加霜。于是，清政府就加紧从百姓身上搜刮，造成了人民生活的进一步贫困化。为此，广大人民群众不得不用抗税抗捐、罢学罢市等方法进行反抗，阶级矛盾也不断激化。

在这种情况下，中国向何处去，怎样才能解救处在水火之中的广大民众，这些问题都很现实地摆在资产阶级革命派的面前，他们必须回答这些问题，并确定相应的政策和策略。

20世纪初期，资产阶级革命派已经结聚了一定的力量，有了领导革命的条件。由于资本主义经济的初步发展，民族资产阶级已具有初步的社会基础，形成了自主的政治力量。资产阶级和小资产阶级知识分子日益倾向革命，树起了资产阶级民主共和的旗帜。革命与改良的分野日趋清晰。以孙中山为代表的资产阶级革命派在国外广泛进行活动，有力地推动着革命运动的发展。1905 年，以兴中会、光复会和华兴会为主要力量，成立了中国革命同盟会，公推孙中山为总理。从此，资产阶级领导的革命运动，更为迅速地向前发展。1906 年在同盟会的号召下，湘赣两省交界的萍乡、浏阳等地爆发了大规模的武装起义。从 1907 年至 1908 年的一年中，在孙中山的直接领导下，同盟会在华南沿海等地区连续发动了 6 次武装起义。这以后，较大规模的还有 1910 的广州起义和 1911 年的黄花岗起义等。在革命运动中，资产阶级革命派的法律思想也随之趋向成熟。

综观资产阶级革命派的法律思想，它与资产阶级改良派的法律思想有明显的区别，相比之下，它的主要特点是以下三个方面。

一、更具有革命性

资产阶级革命派认为，中国的封建法制已经腐败不堪，必须废除，并从各种角度对它进行了强烈的抨击。他们认为，清政府一直推行民族歧视与压迫政策，而且还肆意压迫中国人民，以致他们过着水深火热的日子。章太炎在《讨满洲檄》一文中归纳了清廷的十四个大类的罪状，其中他说："满洲玄烨以后，诛求日深，反唇腹诽，皆肆市朝。"他们还大量制造文字狱，对文人学识之士施以酷刑。"处以极刑，课及种嗣，展转相牵，断头千数。"总之，中华数千年的良好社会风气，因为满族人的入侵而"奄然荡覆。"（《章太炎全集》（四），上海人民出版社 1986 年版，第 191～192 页。）

资产阶级革命派还揭露清廷法制的腐败。孙中山在《伦敦被难记》中对法制的腐败作了精辟的论述。他说："其身为民牧者，操有审判全权，人民身受冤抑，无所吁诉。且官场一语等于法律，上下相蒙相结，有利则各饱其私囊，有害则各委其责任。"（《孙中山选集》，人民出版社 1981 年版，第 18 页。）

资产阶级革命派还猛烈抨击资产阶级改良派和保皇派。孙中山认为，资产阶级改良派在百日维新以后虽然名声大振，但是他们不仅不是革命派，反而走上了保皇之路，不齿于人类。他说："百日维新，言听计从，事虽不成，而康梁从此大名已震动天下。"可是，百日维新失败，他们却走上了保皇之路，特别是康有为。他在出版的《最近政见书》里，反对革命，极力保皇。孙中山说：在这一政见书里"康有为劝南北美洲华裔不可行革命，不可谈革命，不可思革命，只可死心塌地以图保皇之宪，而延长满洲人之国命，续长我汉人之身契。"这些人"尚得齿于人类乎？直禽兽不若也!"（同上，第 58 页。）

那么，如何改变这种腐败、黑暗的法制呢？资产阶级革命派认为，首先要进行革命，推翻万恶的清政府，建立一个资产阶级政权。孙中山在《中国问题的真解决》中明确表示，全国革命的时机已经成熟，“清政府的垮台只是一个时间问题而已。”（同上，第 66 页）其中，要克服一些模糊认识，比如，是否可由清政府自己来改革，以达到民主共和的目的。孙中山认为，这行不通。“由满洲人来将国家进行改革，那是绝对不可能的，因为改革意味着给他们以损害。”（同上，第 64 页）所以，决不能对他们的改革抱以幻想。

二、更具有民主性

资产阶级革命派以资产阶级民主思想为指导，有力地批判封建专制制度，宣传资产阶级民主制度，主张在中国建立民主共和国。他们认为，封建君主专制是万恶的制度，是给人民带来深重灾难的枷锁。这一制度在中国已根深蒂固，并渗透到了文化等各领域。孙中山指出：中国政体，专制已久，“习尚专制，士人束发受书之后，所诵习者不外四书五经及其笺注文字；然其中有不合于奉令承教、一味服从之义者，则任意删节，或曲为解说，以养成其盲从之性。学者如此，平民可知。此所以中国之政治无论仁暴美恶，而国民对于现行之法律典章，惟有兢兢遵守而已。”（同上，第 19 页）

资产阶级革命派理想中的民主制度是一种立法、行政和司法分权而治的制度。章太炎认为，总统是国家元首，主持国家的行政，包括军事和外交。但是，总统不能独裁和专断。整个国家事务，都依法行事，即“专以法律为治”。立法是国家的一大职能，需由专家组成的专门机构来制定法律。一旦法律确定下来，任何人不可改变，都必须遵守。“法律既定，总统无得改，百官有司勿得擅越”。如有人不遵守法律，“人人得诉于法吏，法吏逮而治之”。法官由专家选定，分立于立法和行政，独立行使司法权，就是总统犯法，亦与民同罪，“得逮治罢黜”。（《章太炎全集》（四），上海人民出版社 1986 年版，第 306～307 页。）

他们还认为，人民的民主权利应该得到保障。人民的集会、结社、出版和言论等自由都要得到法律的保护。章太炎说：“除劝告外叛，宣说淫秽者，一切无得解散禁止。”为了确保人民的民主权利不受侵犯，“民无罪，无得逮捕，有则诉于法吏而治之。”（同上，第 307 页）

三、更具有民族性

在资产阶级革命派的法律思想中还充满着民族性。他们力图把资产阶级的法律观与中国的实际国情相结合，形成具有中国民族特色的法律思想。民族主义普遍存在于他们的法律思想之中。

资产阶级革命派提倡法律思想的民族主义，是为了救中国。孙中山认为，民族主义就是国族主义。“我可以用一句简单话说，民族主义就是国族主义。”（《孙中山选集》，人民出版社 1981 年版，第 617 页。）实际上，就是强调国家要独立，民族要团结。因此，提倡民族主义是救中国的途径。他说：“我们鉴于古今民族生存的道理，要求了中国，想中国民族永远存在，必要提倡民族主义。”“我们要提倡民族主义来挽救中国。”（同上，第 19 页）

在这种民族主义中，也包含有民族独立的内容。章太炎认为，近代以来，中国不断受到外国列强的入侵，现在已面临沦为它们殖民地的危险。同时，中国的一些周边国家，如印度、缅甸等国家，也受到外国列强的侵略与掠夺。被侵略国家的人民要摆脱殖民统治，就必须进行斗争，恢复民族独立，“执着民族主义”，实现“圆满民族主义”。（《章太炎全集》，上海人民出版社 1986 年版，第 430 页。）这个“圆满民族主义”的要旨就是把外国列强的侵略势力从中国驱除出去，真正实现民族独立。

19 世纪末 20 世纪初，资本主义向帝国主义转化。向外侵略扩张，争夺殖民地成了帝国主义的本性。他们不断入侵中国，对独立的民族构成了很大的威胁。资产阶级革命派认为，中国要取得民族独立，也要反帝。帝国主义已经给中国带来了深重的灾难。孙中山认为，中国已经受到了帝国主义国家长期以来的政治与经济压迫。他说：“中国受欧美政治力的压迫，将及百年”；“这百年以来，中国便失去了许多领土。”（《孙中山选集》，人民出版社 1981 年版，第 632 页。）同时，他们“还用经济力来压迫我们。”（同上，第 634 页）其结果是中国变成了一个半殖民地社会，但这个半殖民社会比殖民地社会更殖民化。“这半殖民地的名词，是自己安慰自己，其实中国所受过了列强经济力的压迫，不只是半殖民地，比较殖民地还要厉害。”（同上，第 635 页）因此，孙中山十分推崇十月革命。“自欧战以后，俄国人自己推翻帝国主义，把帝国主义的国家变成新社会主义的国家”。（同上，第 624 页）

资产阶级革命派的法律思想既反封建，又与资产阶级改良派的思想不同，具有历史的进步性。它在揭露封建法制的腐败，唤起人们的反封建意识，进行反封建专制的斗争等方面，都有积极意义。但是，这一思想仍有空想成分和虚伪因素，具有明显的历史局限性，这就决定了这一思想不可能指导彻底的反帝反封建运动，建立反映广大民众意志的民主主义法制，这个任务只能由马克思主义及其法律思想才能完成。

第二节　孙中山的法律思想

孙中山（1866 年～1925 年），名文，字德明，号逸仙。1897 年在日本曾化名为中山樵，所以常以中山为名。广东香山县（今中山县）翠亨村人。父亲孙达成年轻时在澳门做过裁缝、鞋匠，后还乡佃耕。哥哥孙眉早年去美国檀香山作雇工，后来经营畜牧业，发展成为华侨实业家。12 岁那年，孙中山赴檀香山，就读于英、美教会学校。1883 年回国，1886 年进广州博济医院附设的南华医校学医。第二年，转入香港西医书院，1892 年毕业。以后，便在澳门、广州开业行医，并结识爱国青年，寻求救国道路，开展政治活动。1894 年他写了《上李鸿章书》，寄希望于清政府实行改良政策。上书失败后，孙中山摈弃了改良主义思想，转向革命民主主义。同年 11 月赴檀香山成立“兴中会”，提出了“驱除鞑虏，恢复中华，创立合众政府”的主张。1895 年初在香港成立了兴中会总部，10 月组织广州起义，失败后赴日本，在横滨设立了兴中会分会。同年年底，经檀香山去英国，从事资产阶级革命理论的研究和宣传。1896 年 10 月在伦敦被清政府驻英使馆诱骗绑架，后经其英国老师的营救脱险。此后数年便奔走于日本、欧美等地，为革命作理论和经济上的准备。1900 年义和团运动爆发，孙中山领导、发起了惠州起义。

1905 年 8 月以兴中会和华兴会为基本力量，在日本东京成立了“中国同盟会”，孙中山被推选为总理，并提出了“驱除鞑虏，恢复中华，建立民国，平均地权”的政治纲领。同年 11 月孙中山在《民报》创刊号上首次提出了“三民主义”，奠定了资产阶级民主革命的理论基础。在此后的一段时间里，他一方面在舆论上与资产阶级政良派进行革命与保皇的论战，另一方面领导、组织了包括广州黄花岗起义在内的 8 次武装起义。这些起义为武昌起义的举行准备了条件。

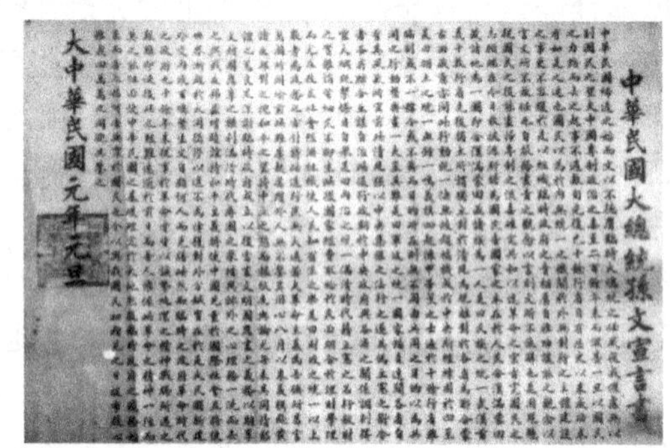

中華民國大總統孫文宣言書

大中華民國元年元旦

图 15-1　孙中山像，孙中山就任中华民国大总统的宣言书

1911 年 10 月武昌起义爆发，12 月孙中山被推举为中华民国临时大总统。任职期间，孙中山公布了具有资产阶级共和国宪法性质的《中华民国临时约法》，主持颁布了三十多件有利于发展民主政治和资本主义经济的法令。1912 年 4 月 1 日被迫辞去临时大总统职务后，改组同盟会为国民党，孙中山任理事长职。同年 9 月，宣布专心致志办理实业，受命筹划全国铁路事宜。

1913 年 3 月宋教仁被袁世凯派人在上海刺杀，孙中山觉醒，决定“除袁”。7 月国民党人发动讨袁的“二次革命”，失败后出走日本。1914 年在日本组织“中华革命党”，任总理，继续反袁斗争。1917 年因军阀段祺瑞拒绝恢复国会，他组织和领导了护法运动。同年 9 月在广州成立了中华民国军政府，任大元帅。第二年被军阀排挤，又被迫辞职。接着便赴上海，开始撰写《建国方略》，两年后完成全书，1919 年改中华革命党为中国国民党。1920 年依靠陈炯明部赶走桂系军阀，重返广州。第二年 5 月成立中华民国正式政府，孙中山被选为非常大总统。1922 年 6 月陈炯明叛乱，孙中山仓促脱险，坐中山舰转赴上海。这次失败使孙中山认识到应当改变用军阀打军阀的老办法。

孙中山在濒临绝境中，仍坚持不懈地探索救国的道路。也就在此时，共产国际和中国共产党向他伸出了热情的手。1912 年 12 月他接受了共产国际代表提出的联合工农，改组国民党和创建革命武装的建议。1924 年在广州召开的中国国民党第一次全国代表大会上，制定了联俄、联共、扶助农工的三大政策，重新解释了三民主义，建立了国共合作基础上的民族统一战线。大会以后，在中国共产党的帮助下，创办了黄埔军校，组织北伐战争。同年 10 月冯玉祥发动北京政变，并电邀孙中山到北京商讨和主持解决时局问题。为了国家的和平与统一，他抱病北上。但到北京时，政局发生了变化，冯玉祥被排挤，并成立了以段祺瑞为首的临时执政府。孙中山因此忧愤疾发，于 1925 年 3 月 12 日在北京逝世。

孙中山一生著述颇多，均已汇编入《孙中山全集》。其中，集中反映他法律思想的文稿多已编入《孙中山选集》。

一、立法指导思想——三民主义

孙中山的三民主义是民族主义、民权主义和民生主义的总称。它首先在 1905 年的《民报》发刊词中被公开提出，史称旧三民主义。（同上，第 75 页）1924 年孙中山提出了联俄、联共、扶助工农的三大政策并重新解释了三民主义，为区别旧三民主义，人称此为新三民主义。它是孙中山根据中国面临的民族解放、民主革命和社会改革三大历史任务而提出的革命纲领和政治主张，也是他立法的指导思想。

（一）民族主义

民族主义的基本要求是驱除入侵者，建立独立自主的国家。在孙中山的三民主义学说中，最早被提出的是民族主义，主要解决民族解放的问题。民族主义在三民主义中最早和最广泛得到民众的理解和支持，因此它实际上是一面革命统一战线的旗帜。

在旧三民主义的民族主义里，孙中山曾把“排满”，推翻满清政府与民族主义联系在一起，在 1894 年底制定的《兴中会章程》中，“振兴中华、维护国体”（同上，第 14 页）就含有这种意思。以后，他又提出要“救国救种”就要推翻“满洲之专制”。（同上，第 116 页）但是，满族作为一个民族、作为中国大家庭中的一个成员，孙中山还是主张要团结在一起。他说：“合汉、满、蒙、回、藏诸为一国，即合汉、满、蒙、回、藏诸族为一人。”（同上，第 90 页）孙中山的旧民族主义是把矛头对准腐朽的清政府，并以推翻这一政府作为奋斗目标。但是，它没有明确提出反帝纲领，并包含有大汉族主义的因素，这是它明显的不足。

当孙中山受到共产国际代表和中国共产党人的影响以后，他的民族主义思想有了发展，从旧民族主义演变为新民族主义，这一变化主要是以下三个方面：

第一，新民族主义明确地提出了反帝纲领。它克服了旧民族主义的不足，把反帝作为民族主义的基本内容。孙中山在1924年1月《中国国民党第一次全国代表大会宣言》中说："吾人欲证实民族主义实为健全之反帝国主义，则当努力赞助国内各种平民阶级之组织，以发扬国民之能力。"（同上，第591页）这一变化是飞跃性的。

第二，新民族主义更强调国内各民族之间的平等与团结。它消弥了旧民族主义中的大汉族主义因素，主张国内各民族实施真正的平等与团结。在这一基础上，孙中山多次讲到各民族的自决自治和自由统一的问题。他在《中国国民党第一次全国代表大会宣言》里说："承认中国以内各民族之自决权，于反对帝国主义及军阀之革命获得胜利以后，当组织自由统一的（各民族自由联合的）中华民国。"（同上，第592页）这也是新民族主义的一大进步。

第三，新民族主义主张联合世界上其他能平等待我之民族。它把视野扩展到了世界上各个其他民族。只要他们能平等对待我国的，都在联合之列。这种联合和支持的目的，是为了抵抗强权，共同奋斗，这是孙中山赋予新民族主义的新含义。他在《遗嘱》里更是强调："必须唤起民众及联合世界上以平等待我之民族，共同奋斗。"（同上，第994页）这一新含义使新民族主义发展到一个更高的境界。

孙中山的民族主义思想在法制上的主张表现为，要求废除各种不平等条约，取消帝国主义在华的各种特权，收回治外法权，收复租界与失地，恢复关税自主权等。

（二）民权主义

民权主义的基本要求是推翻封建君主专制制度，建立资产阶级共和国。在孙中山的三民主义学说中，民权主义是核心，主要解决民主革命问题。作为三民主义中的重要组成部分，民权主义既反映了孙中山的救国愿望，又是他终生奋斗的目标。

旧民权主义基本上没有冲破西方"天赋人权"的樊篱，主张人人生而平等，没有尊卑贵贱之分，君主不能把臣民当作奴隶等。新民权主义对旧民权主义作了重大修正，并赋予它以新的内容，主要表现在这样两个方面：第一，新民权主义不再主张像西方那样，主权掌握在资产阶级手里，而强调"主权在民"。对于这一点，孙中山本人有过论述。他说："近世各国所谓民权制度，往往为资产阶级所专有，适成为压迫平民之工具。若国民党之民权主义，则为一般平民所共有，非少数者所得而私也。”（同上，第 592 页）第二，新民权主义不再强调间接民权，而坚持直接民权。关于这一点，他也有阐述。它说：“国民党之民权主义，于间接民权之外，复行直接民权，即为国民者不但有选举权，且兼有创制、复决、罢官诸权也。”（同上，第 592 页）修正了这两个方面以后，民权主义便更符合中国民主革命的要求了。

为了实现民权，孙中山认为要推翻君主专制统治，建立共和国家。他说：“世界潮流到了现在，不但是神权不能够存在，就是君权也不能够长久。”取代君权的就是共和国家。他说：要用“民权主义来建设共和国家。”（同上，第 707 页）

以民权主义为理论基础，孙中山提出了“五权宪法”的构想。它是民权主义在政权建设中的具体化，同时也为保障民权开辟了一条通道。

（三）民生主义

民生主义的基本要求是重视解决人民的经济生活等问题。其中主要包括社会的生存、国民的生计和群众的生命等。民生主义是三民主义中最有特色的部分，是孙中山自认为超越西方资本主义自由、平等、博爱理论的地方。它的主要内容是提倡社会改革。民生主义主要包含两部分内容：第一部分是孙中山的社会历史观，即“民生”史观；第二部分是孙中山的经济建设思想，即“务实”部分。

孙中山的“民生”史观认为，政府应当与人民协力，共同解决他们的衣、食、住、行等一些生存的基本问题。他在《国民政府建国大纲》一文中说：“建设之首要在民生。故对于全国人民之食衣住行四大需要，政府当与人民协力，共谋农业之发展，以足民食；共谋织造之发展；以裕民衣；建筑大计划之各式屋舍，以乐民居；修治道路、运河，以利民行。”（同上，第 601 页）

孙中山的民生主义认为，要进行经济建设，主要要解决土地与资本两大问题。在旧民生主义中，孙中山提出用“平均地权”的方法解决土地问题，具体为土地国有与照价纳税。他认为，土地原则上应为国家所有；国家用渐进收买的方式，集聚土地；国家用缴税的办法，收缴土地私有者的土地税，并可以按价收买私有土地。由于地价由地主自报和采取重税政策，地主不敢以少报多，也不敢以多报少，这样便可取得一定的平衡。可见，孙中山的“平均地权”不是平均分配土地，也没从根本上触及地主阶级的根本利益，这正是资产阶级妥协性的一种表现。孙中山还提出用搞“资产社会主义”，即国家资本主义的方法，解决资本问题。设想把铁路、矿产等收归国有，并由国家经营，不让少数资本家垄断。这样，既找到了一条发展大工业的道路，又避免走入资本主义的歧途。

在新民生主义中，孙中山提出了新的设想，主要是以下两个方面。一是用“耕者有其田”来解决土地问题。他在《在农民运动讲习所第一届毕业典礼的演说》里主张学习俄国耕者有其田的办法，彻底解决土地问题。他指出：“（俄国）耕者有了田，只对于国家纳税，另外便没有地主来收租钱，这是一种最公平的办法。我们现在革命，要仿效俄国这种公平办法，也要耕者有其田，才算是彻底的革命。”（同上，第 973 页）二是用“节制资本”来解决资本问题。他在《中国国民党第一次全国代表大会宣言》中指出，要用国家经营的办法来节制私有资本。“凡本国人及外国人之企业，或有独占的性质，或规模过大为私人之力所不能办者，如银行、铁道、航路之属，由国家经营管理之，使私有资本制度不能操纵国民之生计，此则节制资本之要旨也。”（同上，第 593 页）

民生主义也关系到一系列法律问题，是经济立法的指导思想。孙中山曾以民生主义为指导，要求“由国家规定土地法、土地使用法、土地征收法及地价税法”等一整套经济法律，（同上，第 593 页）并用这些法律来维护劳工民众的合法权益。

孙中山的三民主义揭露了封建专制主义、帝国主义的罪恶，促使人们尽早觉悟，并鼓舞人民反帝反封建的斗志。但是，它毕竟是资产阶级的思想与理论，具有不可避免的历史局限性，如反帝不够彻底、具有空想因素、与地主阶级有妥协的一面等等。

二、权能分治的国家政体——“五权宪法”

以民权主义为基础，孙中山提出了“五权宪法”这一宪政思想。“五权宪法”是他在研究各国宪法以后，依据中国的历史与国情，加以结合的产物。这一思想既是孙中山独特的宪政思想，也是近代具有中国特色的资产阶级民主主义宪政学说。

（一）有必要权能分治

权能分治是指政权与治权相分离，以政权制约治权。孙中山把国家的权力分为政权与治权两类，并对它们进行了解释。他说：“政就是众人的事，治就是管理，管理众人的事便是政治。”（同上，第 692 页）政治之中，包含有两个力量：一个是政权，一个是治权。这两个力量，一个是管理政府的力量，一个是政府自身的力量。民权可以简称为“权”，政府权可以被简称“能”。要把中国改造成为一个新国家，就必须把权和能分开，“要把权与能来分开”，（同上，第 769 页）即把政权与治权分离。孙中山还设想了它们的各自定位：政权“放在人民掌握之中”；（同上，第 769 页）治权则完全交到政府的机关之内，要政府有很大的力量，治理全国事务。“他们的分工很明确。国民是主人，就是有权的人，政府是专门家，就是有能的人。”（同上，第 776 页）权能分治的目的是为了保障人民能真正掌握管理政府的权力。为此，孙中山还用汽车的主人与驾驶员作比喻来说明他们之间的权能关系。他说：“驾驶汽车的车夫是有能而无权的，汽车的主人是无能而有权的，这个有权的主人便应该靠有能的专门家去代他驾驶汽车。”（同

上，第776页）

（二）三权分立不适合中国国情

权能必须分治，但选用哪种分治的方式呢？西方资本主义国家普遍采用三权分立的形式。但是，孙中山认为，三权分立并不理想。他说："美国底三权宪法到底如何呢？研究底结果，觉得他那不完备底地方很多，而且流弊亦不少。"（同上，第486页）孙中山还认为，三权分立有两大缺陷。第一，选拔官吏的制度不完备，考试权附属于行政权。在美国，采用选举与委任两个途径选任官吏，但选举全凭口才巴结，而委任又跟随总统进退，两者都有很大弊端，所以美国政治腐败散漫。后来，美国虽然学了中国的考试制度，可这个制度只适用于那些下级官吏，而且考试权为行政部所控制，易失公平。因而，孙中山认为，中国的政体不适宜采用三权分立的形式。第二，议会权力过重，监察权附属于立法权。经过考察，孙中山认为，在三权分立的国家中，监察权都依附于立法机关，不能独立行使，因此弊病横生。在美国，议会掌有纠察权，并往往擅用此权挟制行政机关，使总统不得不俯首听命。所以，孙中山认为三权分立不适合中国，而要探索一个新的模式，使中国成为一个民主共和国。"有了良好的宪法，才能建立一个真正底共和国家。"（同上，第488页）

（三）五权分立是理想的政体

孙中山认为，中国的政体不应是三权分立，而应是五权分立，即分设行政院、立法院、司法院、考试院和监察院五院，分别行使国家的行政权、立法权、司法权、考试权和监察权五权。他说："五权宪法，分立法、司法、行政、弹劾、考试五权，各个独立。"（同上，第494页）这五权分别有国家的机构来行使。"立法是国会，行政是大总统，司法是裁判官，其余弹劾有监察官，考试有考试的官。"（同上，第496页）他们既互相独立，又互相制约。以五权分立思想为指导而制定的宪法，就称为五权宪法。中国要制定的就是五权宪法。他在《五权宪法》中指出："要求在广州的国会制定五权宪法，作个治国的根本法。"（同上，第498页）

孙中山权能分治的思想既反对封建专制统治，又不照搬西方的政体模式，有其独特和进步的一面。但是，孙中山理想中的社会仍是一个资本主义社会，它不能从根本上解决反帝反封建问题，也不能真正把中国建设成为一个富强的、独立自主的国家，这是它的一个很大的缺陷。

三、建立资产阶级国家——法治国家

孙中山一生为谋求在中国建立一个以自由、平等、博爱精神为基础的资产阶级法治国家而奋斗，并为此提出了许多有关法治的主张，主要是以下这些方面。

首先，提出民主政治的根本在于法律。孙中山十分痛恨封建专制制度与封建法律。他在《伦敦被难记》中揭露说："官场一语，等于法律，上下相蒙相结，有利则各饱其私囊，有害则各委其责任。”“国家之法律，非人民所能与闻。”（同上，第 18 页）因此，他十分重视民主法制的建设，明确提出“政治方面，由于专制制度过渡于民权制度。”（同上，第 586 页）在以后的《中国国民党第一次全国代表大会宣言》中，他再次强调法制的作用，加强法制建设，提出要“自定宪法”、“实行普通选举制”、“厘订各种考试制度”（同上，第 596 页）等等。

其次，民权需有法律作保障。孙中山认为，有法律的保障，民权才得以存在，否则就会烟消云散，不复存在。因此，南京临时政府时期，孙中山以临时大总统名义发布了许多关于保护民权的法令。他在《临时大总统关于禁止刑讯致内务司法两部令》中认为，刑讯严重侵犯民权，因此必须废止。他指出，刑讯的弊端很大。“三木之下，何求不得”，“日糜吾民之血肉以快其淫威”；“刑讯一端，尤深恶痛绝”。所以，孙中山明令：“不论行政司法官署及何种案件，一概不准刑讯。”（王立民主编：《中国法制史参考资料》，北京大学出版社 2006 年版，第 239 页。）在《大总统令内务司法部通饬所属禁止体罚文》、《大总统通令开放疍户、惰民等许其一体享有公权私权》等法律文件中，也都能体现他的这一思想。

最后，司法必须独立。孙中山依据五权分立的思想与原则，多次强调司法必须独立，认为这是民主国家、法治国家的一个必要条件。他认为，在专制制度下，司法不能独立，危害极大。因此，他极力主张司法独立，形成法治体制。《中华民国临时约法》规定：“法官独立审判，不受上级官厅之干涉”，“法官在任中不得减俸或转职，非依法律受刑罚宣告，或应免职之惩戒处分，不得解职。”（同上，第 236～237 页）与之配套，孙中山还主张建立相应的陪审制度、律师制度等。

孙中山关于建立法治国家的主张具有反封建的进步性，顺应了历史发展的潮流，值得肯定。但是，在当时的历史条件下，他的很多设想都因缺乏社会基础而无法实现。所以，在他以后相当长的时间里，中国人民仍饱受军阀独裁之苦，法治被束之高阁。

孙中山的法律思想在革命斗争中逐渐形成和发展成熟，它是我国资产阶级法律思想的代表，在我国近代法律思想史上占有极为重要的地位。他在探索和融合中西法律学说中，创立了自己的里程碑，达到了革命民主主义的高度，成绩斐然。列宁曾对他有过较高的评价，他说：孙中山是一位“能够代表真实的、战斗的、彻底的民主主义的资产阶级”的杰出领袖，“不愧为法国十八世纪末叶的伟大宣传家和伟大活动家的同志。”（《列宁选集》第二卷，人民出版社 1960 年出版，第 359 页）

第三节　章太炎的法律思想

章太炎（1869年～1936年），名炳麟，字枚叔，别号太炎，浙江余杭人，出生于世代书香门第。少年时代的章太炎，生活的年代正值太平天国农民起义失败，中国的危机也更为深重。他在时代的风云变幻中，逐渐树立了反抗外来侵略，热爱祖国，为国奋斗的宏愿。约在十五、六岁时，开始读经，接受封建教育。二十余岁时，师从著名学者俞樾，致力于语言学和历史考证学，在学术研究方面打下了坚实的基础。

甲午战争后，章太炎把目光投向国家和民族的前途命运，开始参加政治活动。1895年康有为倡导变法维新时，章太炎积极参加强学会，为《时务报》撰写文章。后来，因与康有为、梁启超意见不合而离去。戊戌变法失败后，遭清政府通缉，逃亡日本，在横滨结识了孙中山，开始接受资产阶级革命派的主张。从此，便摆脱了康、梁的影响，走上了资产阶级革命的道路。

1900年义和团运动爆发，章太炎满怀反帝爱国热忱，参加了唐才常领导的自立军活动。但当他知道唐要把自立军变成保清工具时，便毅然出走。1902年，为了逃避清政府的追捕，再次东渡日本。1903年回国后，仍积极参加集会、演讲等革命活动，并为邹容撰写的《革命军》作序，公开宣传革命。同年，与邹容一起被捕，关押在公共租界的西牢，为时三年。1906年出狱后，即被孙中山派人迎赴日本，参加了同盟会，主编同盟会机关报《民报》。1908年《民报》被东京警察封禁，他遂而从事讲学和撰述工作。

1911年辛亥革命爆发后，章太炎返回祖国，在上海参加了革命运动。不久，他提出了“革命军兴，革命党消”的错误口号，主张解散同盟会，反对南京临时政府。袁世凯窃国后，他一度充任袁的高级顾问和东三省筹边使。但是，他竭力反对袁称帝，并因此而被软禁三年，直至袁死后才获自由。1917年孙中山在广州成立军政府，章太炎担任大帅府的秘书长职务，并随军参加了北伐。不久，又离开孙中山，回到上海从事学术研究。1931年日本帝国主义发动“九·一八”事变后，他旗帜鲜明地反对日本帝国主义的侵略暴行，反对蒋介石的妥协退让政策。临终前，他还是深明大义，拥护中国共产党发布的《八一宣言》，赞成团结抗日、一致对外的主张。

章太炎一生著述甚多，现有《章太炎全集》等。他的法律思想散见于他的论文中，并以辛亥革命前的文章较富战斗性。

一、政体观——主张分权制和直接民主制

章太炎在与封建专制制度的斗争中，探索着适合于中国的政体，并在他的著述中表达自己的观念，归纳起来主要是分权制和直接民主制。

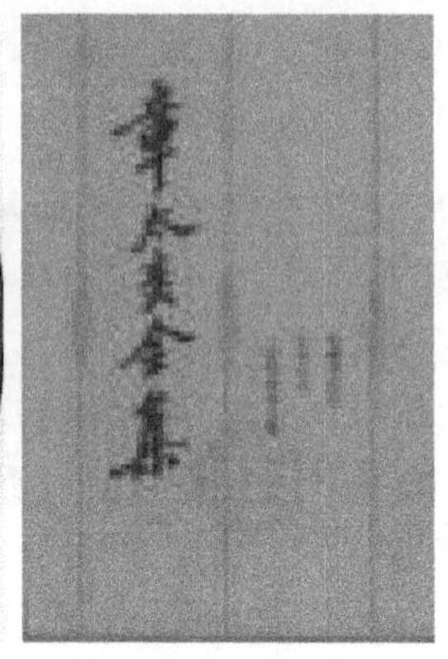

图 15-2 章太炎像，《章太炎全集》书影

章太炎主张分权制。他很痛恨专制独权，推崇资产阶级的分权政体，认为这是民主政治的基础。但是，他又反对照搬西方资本主义国家的分权体系，觉得他们的分权体系不适合中国的情况。那么，什么适合中国的分权政体呢？章太炎对这个问题的认识也有个过程。开始，他认为四权分立比较妥当。在《代议然否论》一文中，他提出了立法、行政、司法、教育四权分立的设想，说："总统惟主行政、国防，于外交则为代表，他无得与"；"司法不为元首陪属，其长官与总统敌体，官府之处分，吏民之狱讼，皆主之"；至于立法，"不自政府定之，不自豪右定之，令明习法律者与通达历史、周知民间利病之士参伍定之"，一旦法律确定"总统毋得改，百官有司毋得违越，有不守者，人人得诉于法吏"；还有，教育应该独立，"不当隶属政府"，而且其官也"与总统敌体，所以使民智发越，毋枉执事也"。(《章太炎全集》（四），上海人民出版社 1986 年版，第 306 页。)辛亥革命后，在孙中山"五权宪法"的影响下，章太炎改变了初衷，提出了五权分立的思想，即立法、行政、司法、教育、纠察五权分立的思想。不论是四权分立，还是五权分立，其出发点都是分权，而非专制集权，其民主、进步性不言而喻。

章太炎主张直接民主制。他反对专制，主张共和，但在共和政体中，又主张直接民主制，反对代议制。章太炎认为代议制有以下三大担缺陷。首先，他认为代议制是封建遗制。在《与马良书》一文中，他说："代议政体者，封建之变相。"因为，在君主国中，如果实行代法制，议院里"上必有贵族院，下必审谛户口、土田、钱币之数，至纤至悉，非承封建末流弗能"。(同上，第 185 页）所以，他认为代议制只是封建的变种，不适用于平等社会。其次，他认为代议制有害无益。章太炎在《五无论》一文中集中揭露了代议制的各种弊端。他说：议员大多来自有钱有势之家，"选充议士者，大抵出于豪家"，往往不能代表民意；议员常勾结政府，“依附政府，与官吏相朋比”，起不到监督作用；而且，议会本身靠他人之财支撑，有受贿之弊，“议院者，受贿之奸府；富民者，盗国之渠魁。”（同上，第431页）因此，中国不宜采用这种有明显弊端的制度。最后，他认为代议制也不适合中国的情况。他在《代议然否论》一文中认为，代议制将有损中国的“清风素气”，说：“君主之国，有代议则贵贱不齿；民主之国，有代议则贫富不相齿；横于无阶级中增之阶级，使中国清风素气因之摧伤。”（同上，第306页）因此，章太炎极力推崇在中国实行直接民主制，建立没有常设议会的、民选的总统制。

章太炎的政体观以民主为前提，与封建专制制度针锋相对，固然有其积极意义。但是，他没有从根本上找出中国问题的症结所在，没有把反帝反封建作为中国革命的根本任务，因此尽管高谈分权制的民主制，仍无法找到拯救中国的真正途径，以致留下了深深的遗憾。

二、立法观——主张适合本国国情

章太炎主张法治主义，以法治国。然而，法治以立法为前提，立法对法治的关系甚大。为了便于法律的实施和保证法律的质量，他在《新纪年星期报发刊辞》里说：“制大法者，当察于历史，不在法理悬谈；求民情者，当顺于偏氓，不在豪家荡子。”从这个观点出发，他坚决反对照搬照抄外国法律，即反对“横取他国已行之法”。章太炎主张在制定法律时，要充分考虑中国的国情，其中包括历史、民情风俗和习惯等。以后，根据他对中国历史、民情、风俗和习惯等诸因素的考察，他又提出了应在立法中加以考虑的八点“美俗良法”（《章太炎政论选集》（下册），中华书局1977年版，第624～625页），它们是：

（1）除了要禁止早婚和纳妾外，中国的“婚姻制度宜仍旧”。另外，官吏不得有妾，否则要“免职撤消”。

（2）除了要禁止死后继嗣外，中国的“家庭制度宜仍旧”。

（3）要继承中国历史上政教分离，并且无专一宗教的传统。仍然允许各宗教的存在和信教自由；不定国教，避免强制推行某一宗教；僧侣和宣教师不得从政做官，亦没有选举和被选举权；各宗教的教理，“由学部检定”。

（4）继续禁止中国人在国境内加入外国国籍。华侨要加入外国国籍的，须经政府批准同意。

（5）选举权的确定，以识字与否为标准，不可按财产和纳税数额的多少来定。

（6）统一中国语言，但不准使用拼音。

（7）禁止赌博、西方式的竞马和斗牛等。

（8）在公开场所，禁男女间的接吻、跳舞，以维持社会道德风纪。

章太炎这一主张比较符合本国实际，是积极可取的。但是，他提出的要在中国的立法中继续保留的八条“美俗良法”，却又留有很深的封建烙印，那些“婚姻制度宜仍旧”、“家族制度宜仍旧”即可证之。从中也可以看到，章太炎尽管已经接受了不少西方国家的民主思想，但在他的脑海里仍留有很多封建糟粕。这就成了他走上复古倒退之路的思想基础。

三、治国观——主张法律与道德并用

在治国问题上，章太炎主张法律与道德并用，认为两者均不可偏废。

章太炎认为治国就要用法治，要以法治国，就不可废除刑罚。章太炎并不一般地否定重刑，而是把重刑分为两类，一类是“以刑维其法”，就是用重刑维护法律的实施；另一类是“以刑为鹄”，就是用重刑讨好主子，最终满足自己的私欲。他认为商鞅和韩非属于第一类，这一类是值得称道的。在《商鞅》一文中，章太炎指出他们行重刑不是“以刑为法之本”，而是把它作为行法的一种有效手段，通过重刑使法律得到施行。尽管那时用刑很重，甚至“一日刑七百人以赤渭水”，但毕竟给秦国带来富强，“商鞅行法而秦日富”，并使社会治安得到很好的治理，天下道不拾遗，门不闭户，山无盗贼。因此，刑虽重，但无可非议。汉朝的公孙弘、张汤、赵禹属于第二类。他们也用重刑，但目的不是为了保证法律的实施。章太炎指出，他们一伙用重刑为是了讨好皇帝。“专以见知、腹诽之法震怖臣下，诛鉏谏士，艾杀豪杰，以称天子专制之意”，他们每审一案“不千金不足以成狱”。其结果是“百姓怨声载道，民不聊生，社会治安也因此而恶化”。张汤“行法而汉日贫”，以致“盗贼满山”。通过这两类使用重刑的比较，章太炎认为商鞅等人是“知有大法”的政治家，而张汤之流只是“以媚人主”的小人。(《章太炎全集》(三)，上海人民出版社 1986 年版，第 605～608 页。)

章太炎虽然非常重视法治，但也不轻视道德，不否认道德有其特殊的治国作用。他在《革命道德说》一文中，借鉴前人“道德沦丧”为“亡天下”的观点，认为“道德衰亡诚亡国灭种之根极也”。关于这一点，章太炎还作过论证。他认为中国历史上不是没有法治，“秦汉以降，政虽专制，非无宪章著于官府，良治善法，足以佐百姓者，亦往往而有”，而且“中国之学术，章章如彼，其民不可谓愚”(《章太炎全集》(四)，上海人民出版社 1986 年版，第 276～277 页)，但是中国还是被列强入侵，原因是什么呢？是道德衰亡。所以，他主张要讲道德，并且认为无道德便不能革命，即使革命了，也会失败。由此出发，他把道德看成是生死攸关的大事，是革命成败的关键和治国的必要手段。

章太炎把道德经分为公德和私德。公德被法律所确认，违反公德，就要受到处罚，甚至“不免于刑戮”。私德对国家和社会的危害不大，所以违反了也不受法律的制裁，只受社会舆论的谴责。它们之间有一定的联系，表现为：优于私德者必优于公德，薄于私德者亦必薄于公德。革命者必须用公德和私德来约束自己，否则，就将一事无成，“事有易于革命者，而无道德亦不可就”（同上，第

279 页）。革命如此，治国也是如此。

章太炎把法律和道德都看作为治国的手段，认为两者不可偏废，显然有其合理性。但是，在论述过程中，仍然有失偏颇。如用刑问题，他过分偏袒重刑轻罪的做法，在理论上否认了罪刑一致的原则。又如在道德的分类问题上，也不尽科学，这些都不足取。

四、权利观——主张维护人民的平等权利

章太炎亲眼目睹了在封建专制制度下，人民受苦受迫的悲惨情景，认为这与人民没有平等的地位有关。因此，他全力主张人民应该享受立法、司法等方面的平等权利，特别要保护下层群众的权益。为了维护人民的平等权利，他提出了抑强辅微、抑富振贫和抑官伸民的主张。

第一，在立法方面，要做到抑强辅微。章太炎极力反对"刑不上大夫"的不平等立法原则。他认为，在法律面前，不论是总统、行政长官，还是平民百姓，都应一视同仁，一律平等。在《代议然否论》一文中，他甚至提出总统与百官有罪，同样应该惩治的主张。"总统与百官行政有过，及溺职受赇诸罪，人人得诉于法吏，法吏征之逮之而治之"。（同上，第 307 页）章太炎还仔细考察了中国历史上的立法，认为汉、唐之法都维护特权，违反平等原则，不可取；而魏、晋、宋、齐、梁五朝立法"宽平无害"，有可取之处。他在《五朝法律索引》一文中说：汉代法律采用董仲舒的"春秋诛心之法"，不可依准；唐律虽"文帙完具"，但承用"十恶"之条，也不可用。相反，五朝的立法"举其封略，则有损上益下之美；抽其条目，则有抑强辅微之心"。所以，他主张中国应以五朝之法为主干，再揉合其它诸律，制定出"庇民"、"持国"的法律。（同上，第 78～79 页）章太炎的这一立法主张反映了他要求官民、贫富之间平等的思想，具有维护下层民众权利的进步一面。但是，他对五朝法律的分析，却带有片面性和主观性，有失偏颇，因而得出的结论也有缺陷。

第二，在经济方面，要做到抑富振贫。章太炎十分体恤平民百姓的苦衷，认为中国存在严重的贫富不均。对于这种经济上的不平等，他主张采取抑富振贫的手段，提出了一些措施。这些措施包括：平分土地，设立官营工场、限制继承等等。"一曰，均配土田，使耕者不为佃奴；二曰，官立工场，使佣人得分赢；三曰，限制相续，使富厚不传子孙"（同上，第 430 页），等等。章太炎抑富振贫的经济观念与孙中山"平均地权"等主张有相通之处。他的思想在一定程度上反映了中国广大小资产阶级和农民的要求，充满了对封建经济制度的愤恨，具有积极因素。但是，他的这一思想又含有严重的平均主义和空想色彩，带有历史的局限性。

第三，在政治方面，要做到抑官伸民。从保护民权出发，章太炎主张在政治上要抑官伸民，使人人都能享受平等的政治权利。为了实现这一主张，他提出了许多措施，其中主要有三个方面。首先，人人都须守法，就是总统、百官违法，同样要按法追究。其次，依法任免官吏，总统也不可违法任官，更不能以个人的好恶任黜官吏。再次，以学官牵制司法，司法官违法的“集法学者共治之”，以防司法专断。最后，切实保障人民的各项政治权利，对于侵犯者，人民可以诉诸法官惩治（同上，第 306～307 页）。

章太炎站在资产阶级革命派的立场上，反对封建专制政权和理论，批驳资产阶级改良派，唤起人们争取民主民权的斗争，充分表现了一个革命斗士的风采，他的法律思想在中国近代法律思想史上留有不可磨灭的一页。但是，由于时代和阶级的局限，他的法律思想中还有一些消极因素，以上所述的封建化痕迹、平均主义和空想色彩等都是如此。尽管这样，章太炎在资产阶级革命运动中的作用仍很突出，不可抹杀。

后　记

本书是由华东政法大学法律学院法制史教研室教师集体编写的中国法律思想史课程教材。编写本教材的作者，均为拥有数年至二十余年本课程教学经验与科研成果的资深教授与青年才俊。本书撰稿人为（以撰写章节先后为序）：

丁凌华教授——绪论、第五章、第六章、第七章；

徐永康教授——第一章、第二章、第三章、第四章；

王沛博士——第八章、第九章；

杨师群教授——第十章、第十一章、第十二章、第十四章；

王立民教授——第十三章、第十五章。

全书由丁凌华、王沛统稿。北京师范大学珠海分校法学院王捷老师为本书提供了精美的图片，并作了大量的编辑整理工作，特此致谢！

本书在撰写过程中，参考了中国法律思想史前辈学人张国华、陈鹏生、杨鹤皋等以及有关学者的论著，限于教材体例不能一一标示，谨在此一并致谢！

本次修订，主要重新改写了第十章“明末清初的法律思想”，特此说明。

编　者

2012年1月